喜楽研の DVD つき授業シリーズ

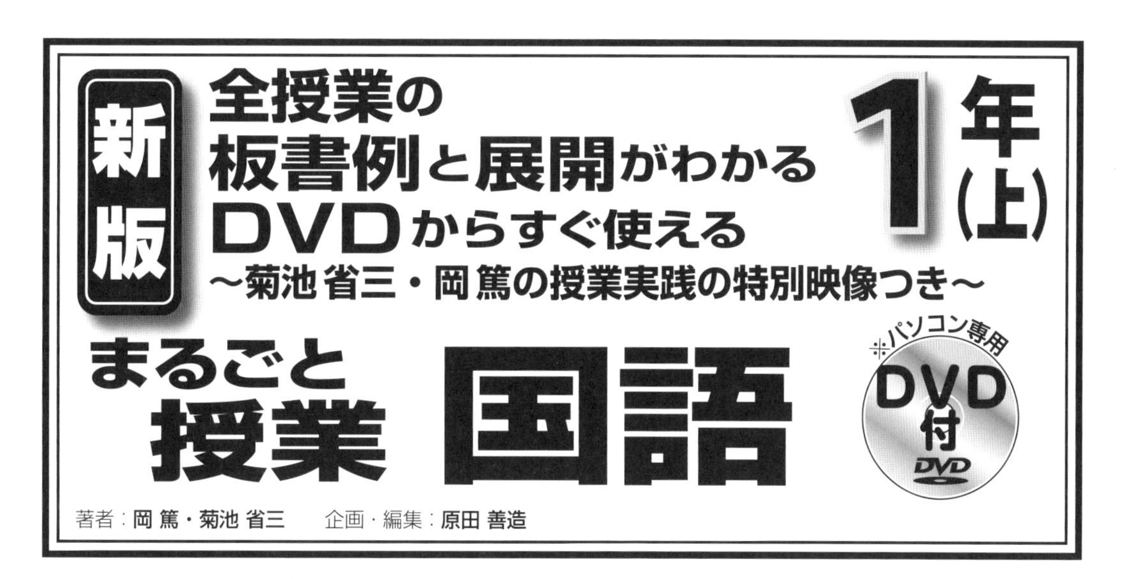
新版
全授業の
板書例と展開がわかる
DVDからすぐ使える
1年(上)
～菊池省三・岡篤の授業実践の特別映像つき～
まるごと
授業
国語
※パソコン専用
DVD付
DVD
著者：岡 篤・菊池 省三　企画・編集：原田 善造

JN078368

わかる喜び学ぶ楽しさを創造する教育研究所　略称 **喜 楽 研**

はじめに

教育現場の厳しさは，増していくばかりです。多様な子どもや保護者への対応や様々な課題が求められ，教師の中心的活動であるはずの授業の準備に注ぐことができる時間は，とても十分とはいえません。

このような状況の中で，授業の進め方や方法についても，制限が加えられつつあるという現状があります。制限の中で与えられた手立てが，目の前の子どもたちと指導する教師に合っていればよいのですが，残念ながらそうとばかりはいえないようです。

そんなときは，派手さは無くても，きちんと基礎をおさえ，着実に子どもに達成感を味わわせることができる授業ができれば，まずは十分です。そんな授業を作るには，以下の２つの視点が必要です。

１つ目は，子どもに伝えたいことを明確に持つことです。

音読を例に取れば，「初期の段階なので子どもたちに自分がどの程度の読みができるのかを自覚させる」のか，「最終的な段階なので指導した読み方の技術を生かして，登場人物の心情を思い浮かべながら読む」のかといったことです。

２つ目は，子どもがどんな状態にあるのかを具体的に把握するということです。

どうしても音読に集中できない子がいた場合，指で本文をなぞらせることが有効かもしれません。また，隣の子と交代しながら読ませれば楽しんで取り組むかもしれません。

こういった手立ても，指導者の観察，判断があってこそ，出てくるものです。

幸い，前版の「まるごと授業　国語」は，多くの先生方に受け入れていただくことができました。指導要領の改訂に伴い，この「まるごと授業　国語」を新たに作り直すことになりました。もちろん，好評であった前版のメインの方針は残しつつ，改善できる部分はできる限りの手を加えています。

前回同様，執筆メンバーと編集担当で何度も打ち合わせをくり返し，方針についての確認や改善部分についての共通理解を図りました。また，それぞれの原稿についても，お互い読み合い，検討したことも同じです。

新版では，授業展開の中のイラストの位置をより分かりやすい部分に変えたり，「主体的・対話的で深い学び」についての解説文をつけたりといった変更を行っています。

その結果，前版以上に，分かりやすく，日々の実践に役立つ本になったと思います。

この本が，過酷な教育現場に向かい合っている方々の実践に生かされることを心から願ってやみません。

本書の特色

全ての単元・全ての授業の指導の流れが分かる

学習する全単元・全授業の進め方が掲載されています。学級での日々の授業や参観日の授業，研究授業や指導計画作成等の参考にしていただけます。

本書の各単元の授業案の時数は，ほぼ教科書の配当時数にしてあります。

主体的・対話的な学びを深める授業ができる

各単元のはじめのページや，各授業案のページに，『主体的・対話的な深い学び』の欄を設けています。また，展開例の４コマの小見出しに，「読む」「音読する」「書く」「対話する」「発表する」「交流する」「振り返る」等を掲載し，児童の活動内容が一目で具体的に分かるように工夫しています。

1時間の展開例や板書例を見開き１ページで説明

どのような発問や指示をすればよいか具体例が掲載されています。先生方の発問や指示の参考にして下さい。

実際の板書をイメージしやすいように，２色刷りで見やすく工夫しています。また，板書例だけでは，細かい指導の流れが分かりにくいので，詳しく展開例を掲載しています。

DVDに菊池 省三・岡 篤の授業実践の特別映像を収録

菊池 省三の「対話・話し合いのある授業」についての解説付き授業映像と，岡 篤の各学年に応じた「指導のコツ」の講義映像を収録しています。映像による解説は分かりやすく，日々の授業実践のヒントにしていただけます。また，特別映像に寄せて，解説文を巻頭ページに掲載しています。

DVD利用で，楽しい授業，きれいな板書づくりができる

授業で活用できる黒板掲示用イラストや児童用ワークシート見本を，単元内容に応じて収録しています。カードやイラストは黒板上での操作がしやすく，楽しい授業，きれいな板書づくりに役立ちます。

１年上（目次）

本書の使い方

◆板書例について

時間ごとに，教材名，本時のめあてを掲載しました。実際の板書に近づけるよう，特に目立たせたいところは，赤字で示したり，赤のアンダーラインを引いたりしています。DVD に収録されているカード等を利用すると，手軽に，きれいな板書ができあがります。

◆授業の展開について

①１時間の授業の中身を3コマ～4コマの場面に切り分け，およその授業内容を表示しています。

②展開例の小見出しで，「読む」「書く」「対話する」「発表する」「振り返る」等，具体的な児童の活動内容を表しています。

③本文中の「　」表示は，教師の発問です。

④本文中の　・　表示は，教師の発問に対する児童の反応等です。

⑤「　」や　・　がない文は，教師への指示や留意点などが書かれています。

⑥□の中に，教師や児童の顔イラスト，吹き出し，授業風景イラスト等を使って，授業の進め方をイメージしやすいように工夫しています。

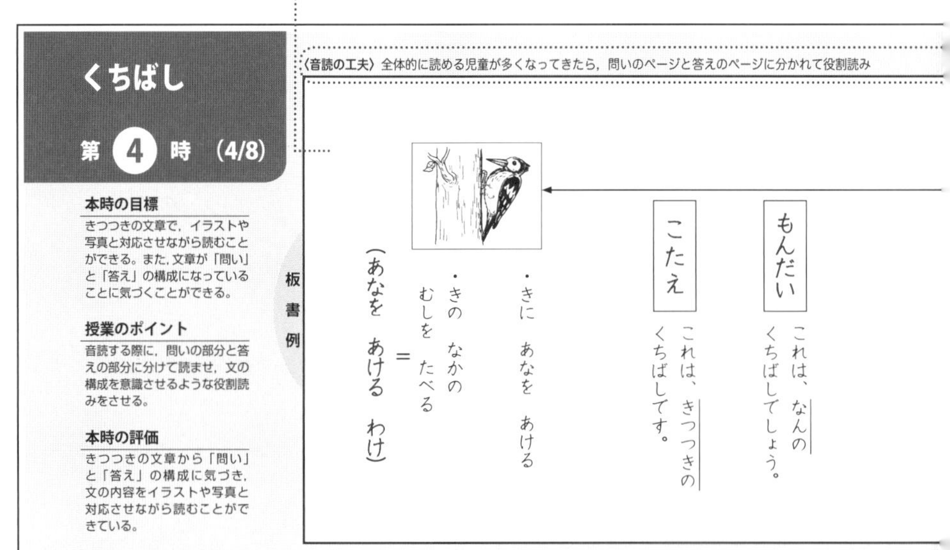

くちばし

第 4 時 (4/8)

〈音読の工夫〉全体的に読める児童が多くなってきたら，問いのページと答えのページに分かれて役割読み

本時の目標

きつつきの文章で，イラストや写真と対応させながら読むことができる。また，文章が「問い」と「答え」の構成になっていることに気づくことができる。

授業のポイント

音読する際に，問いの部分と答えの部分に分けて読ませ，文の構成を意識させるような役割読みをさせる。

本時の評価

きつつきの文章から「問い」と「答え」の構成に気づき，文の内容をイラストや写真と対応させながら読むことができている。

板書例

もんだい
これは、なんの　くちばしでしょう。
こたえ
これは、きつつきの　くちばしです。
・きに　あなを　あける
・きの　なかの　むしを　たべる
＝
(あなを　あける　わけ)

1 音読する 全文を音読しよう。

一斉音読する。

「今度は最初の52ページは先生が読みます。くちばしの絵のページは窓側半分の人が読んで，鳥の写真のページの方は残り半分の人が読みます。」
・1ページずつ，かわりばんこで読んでいくんだね。

さきがするどくとがったくちばしです。
これは，なんのくちばしでしょう。
これは，きつつきのくちばしです。きつつきは…

全体的に読めるようになったら，問いの部分と答えの部分を分担して読ませ，文の構成を意識させるような役割読みをさせる。

また，できるだけ音読は毎日の宿題，国語の時間は音読で始まる，などクラスのパターンを作るようにする。児童が迷いなく授業準備できる。

2 確かめる とらえる きつつきの「問題」の文を確かめよう。

「53ページの文を読みましょう。」
・(全員で) さきがするどくとがったくちばしです。これは，なんのくちばしでしょう。

53ページには，何が書かれていますか。54ページと見比べてみましょう。
問題です。
「これは，なんのくちばしでしょう。」っていう文が問題になっています。

「では，54ページには何が書かれているのですか。」
・問題の答えが書いてあります。
・「これは，きつつきのくちばしです。」がそうです。

「そうですね。問題があって答えがあるのですね。このような問題と答えの文があったのは，きつつきだけでしたか。」
・おうむや，はちどりも同じような文がありました。

144

◆スキルアップ一行文について

時間ごとに，授業準備や授業を進めるときのちょっとしたコツを掲載しています。

◆「主体的・対話的で深い学び」欄について

この授業で，「主体的・対話的で深い学び」として考えられる活動内容や留意点について掲載しています。

をさせましょう。文の構成を自然と意識できるようになるでしょう。

くちばし

(め) ひとつめの　くちばしの　もんだいを　えや　しゃしんと　くらべて　よもう

さきが　するどく　とがった　くちばしです。

主体的・対話的で深い学び

・展開2で「問い」の文，展開3では「答え」の文を確かめているが，その前に，音読の役割読みで文の構成に自然と気づかせておきたい。
・きちんとした発問としてではなく，授業の合間の確認程度に，「本当に木に穴をあけられると思う？」などと尋ねてみるのもよい。自分の体験や考えを答える児童が出てきて，全体に教材への関心が高まる。

準備物

・黒板掲示用カード DVD 収録【1_19_01】

◆準備物について

1時間の授業で使用する準備物が書かれています。準備物の一部は，DVD の中に収録されています。準備物の数や量は，児童の人数やグループ数などでも異なってきますので，確認して準備してください。

◆本書付録 DVD について

（DVD の取り扱いについては，本書 P8，9に掲載しています）

DVD マークが付いている資料は，付録 DVD にデータ収録しています。授業のためのワークシート見本，黒板掲示用イラスト，板書作りに役立つカード，画像等があります。

3 読み取る 絵や写真を見ながら，きつつきのくちばしの特徴を理解しよう。

「教科書 55 ページの初めの文は『答え』の文でしたね。では，そのあとの文も詳しく見ていきましょう。」

きつつきは，とがったくちばしで何をするのでしょう。写真もよく見てみましょう。
写真のきつつきは，木に穴をあけようとしているところなのかな。
木に穴をあけます。

ここで，前ページのきつつきのくちばしの絵を見せる。

「このくちばしで木に穴をあけるのですね。」
・こんなにするどくとがっているから，穴があくのか。
「何のために木に穴をあけるのか，分かりますか。」
・木の中にいる虫を食べます。
・最後の文に，書いてあります。

穴をあける理由が書かれていることに気づいた児童はおおいにほめるとよい。

4 視写する きつつきの問題と答えのページを書き写そう。

今日は，53 ページと 54 ページを書き写しましょう。
勉強したきつつきの「問題」と「答え」のところだね。

前時が教科書 1 ページ分で，本時は 2 ページ分の視写となる。今回は詳しく学習した箇所を視写する。
実際には，クラスの実態で，もっと長くできるところも，時間が足りない場合も考えられる。視写は，急がせて雑に書かせるよりは，改行や句読点など注意することをきちんと意識できるようなペースで取り組むことに重点をおくのがよい。実態にあわせて分量を調整して取り組ませたい。

くちばし　145

◆赤のアンダーラインについて

本時の展開でとくに大切な発問や留意点にアンダーラインを引いています。

付録ＤＶＤ－ＲＯＭについて

DVD の利用で，楽しい授業・わかる授業ができます。きれいな板書づくりや授業準備に，とても役立ちます。

◆ＤＶＤ－ＲＯＭの内容について

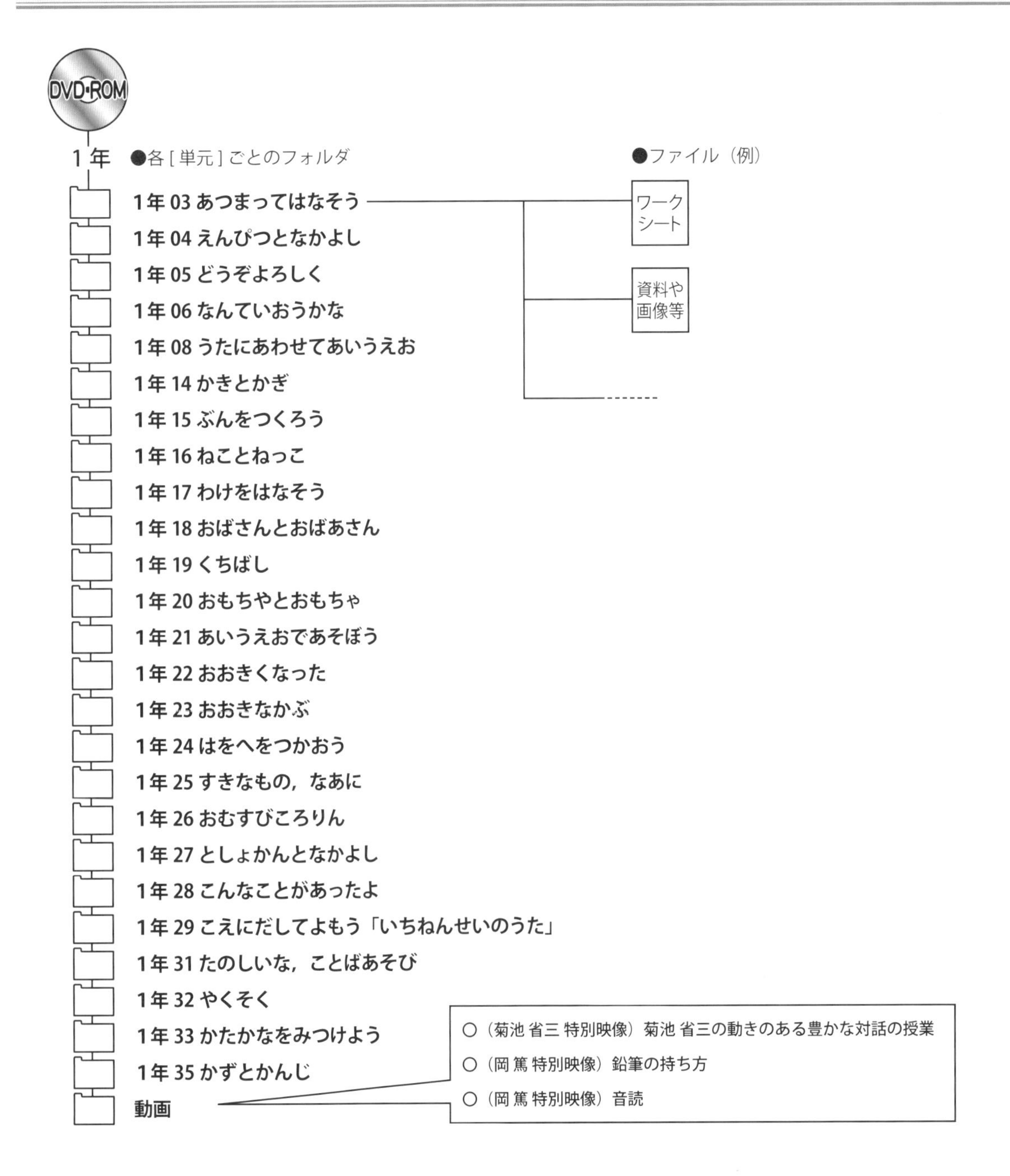

DVD•ROM
1年
●各［単元］ごとのフォルダ
●ファイル（例）
1年 03 あつまってはなそう
ワークシート
資料や画像等
1年 04 えんぴつとなかよし
1年 05 どうぞよろしく
1年 06 なんていおうかな
1年 08 うたにあわせてあいうえお
1年 14 かきとかぎ
1年 15 ぶんをつくろう
1年 16 ねことねっこ
1年 17 わけをはなそう
1年 18 おばさんとおばあさん
1年 19 くちばし
1年 20 おもちやとおもちゃ
1年 21 あいうえおであそぼう
1年 22 おおきくなった
1年 23 おおきなかぶ
1年 24 はをへをつかおう
1年 25 すきなもの，なあに
1年 26 おむすびころりん
1年 27 としょかんとなかよし
1年 28 こんなことがあったよ
1年 29 こえにだしてよもう「いちねんせいのうた」
1年 31 たのしいな，ことばあそび
1年 32 やくそく
1年 33 かたかなをみつけよう
1年 35 かずとかんじ
動画
○（菊池 省三 特別映像）菊池 省三の動きのある豊かな対話の授業
○（岡 篤 特別映像）鉛筆の持ち方
○（岡 篤 特別映像）音読

◆使用上のご注意

このＤＶＤ－ＲＯＭはパソコン専用となっております。DVD プレイヤーでの再生はできません。
ＤＶＤプレイヤーで再生した場合，DVD プレイヤー及び，ＤＶＤ－ＲＯＭが破損するおそれがあります。
※ OS 以外に，ファイルを再生できるアプリケーションが必要となります。
PDF ファイルは Adobe Acrobat および Adobe Reader5.0 以降で開くことができます。

【その他】
このＤＶＤ－ＲＯＭに収録されている動画の中で，各単元フォルダ内の動画には，音声は含まれておりません。
プロジェクターや TV モニターで投影する場合は，各機器および使用しているパソコンの説明書を参照してください。

◆動作環境　Windows

【CPU】　Intel®Celeron®M プロセッサ 360J1.40GHz 以上推奨
【空メモリ】　256MB 以上（512MB 以上推奨）
【ディスプレイ】　解像度 640 × 480，256 色以上の表示が可能なこと
【OS】　Microsoft windows XP 以上
【ドライブ】　ＤＶＤ－ＲＯＭドライブ

◆動作環境　Macintosh

【CPU】　Power PC G4 1.33 GHz 以上推奨
【空メモリ】　256MB 以上（512MB 以上推奨）
【ディスプレイ】　解像度 640 × 480，256 色以上の表示が可能なこと
【OS】　MacOS X 10.4.11 (tiger) 以上
【ドライブ】　DVD コンボドライブ
※ wmv 等の動画ファイルは，Windows Media Video 等のフリーソフトをご使用ください。

上記のハードウエア，OS，ソフト名などは , 各メーカーの商標 , または登録商標です。

※ファイルや画像を開く際に時間がかかる原因の多くは，コンピュータのメモリ不足が考えられます。
詳しくは，お使いのコンピュータの取扱説明書をご覧ください。

◆複製、転載、再販売について

本書およびＤＶＤ－ＲＯＭ収録データは著作権法によって守られています。
個人で使用する以外は無断で複製することは禁じられています。
第三者に譲渡・販売・頒布 (インターネット等を通じた提供も含む) することや、貸与及び再使用することなど，営利目的に使用することはできません。
本書付属ＤＶＤ－ＲＯＭのご使用により生じた損害，障害，被害，その他いかなる事態について著者及び弊社は一切の責任を負いません。
ご不明な場合は小社までお問い合わせください。

◆お問い合わせについて

本書付録ＤＶＤ－ＲＯＭ内のプログラムについてのお問い合わせは，メール，FAX でのみ受け付けております。

メール：kirakuken@yahoo.co.jp
ＦＡＸ：075-213-7706

紛失・破損されたＤＶＤ－ＲＯＭや電話でのサポートは行っておりませんので何卒ご了承ください。
アプリケーションソフトの操作方法については各ソフトウェアの販売元にお問い合せください。小社ではお応えいたしかねます。

【発行元】
株式会社喜楽研（わかる喜び学ぶ楽しさを創造する教育研究所：略称）
〒 604-0827 京都市中京区高倉通二条下ル瓦町 543-1　TEL：075-213-7701　FAX：075-213-7706

対話・話し合いのある授業に，一歩踏み出そう

菊池　省三

教育の世界は，「多忙」「ブラック」と言われています。不祥事も後を絶ちません。

しかし，多くの先生方は，子どもたちと毎日向き合い，その中で輝いています。やりがいや生きがいを感じながら，がんばっています。

このことは，全国の学校を訪問して，私が強く感じていることです。

先日，関西のある中学校に行きました。明るい笑顔あふれる素敵な学校でした。

３年生と授業をした後に，「気持ちのいい中学生ですね。いい学校ですね」

と話した私に，校長先生は，

「私は，子どもたちに支えられています。子どもたちから元気をもらっているのです。我々教師は，子どもたちと支え合っている，そんな感じでしょうか」

と話されました。なるほどと思いました。

四国のある小学校で，授業参観後に，

「とてもいい学級でしたね。どうして，あんないい学級が育つのだろうか」

ということが，参観された先生方の話題になりました。担任の先生は，

「あの子たち，とてもかわいいんです。かわいくて仕方ないんです」

と，幸せそうな笑顔で何度も何度も話されていました。

教師は，子どもたちと一緒に生きているのです。担任した１年間は，少なくとも教室で一緒に生きているのです。

このことは，とても尊いことだと思います。「お互いに人として，共に生きている」……こう思えることが，教師としての生きがいであり，最高の喜びだと思います。

私自身の体験です。数年前の出来事です。30年近く前に担任した教え子から，素敵なプレゼントをもらいました。ライターになっている彼から，「恩師」である私の本を書いてもらったのです。たった１年間しか担任していない彼からの，思いがけないプレゼントでした。

教師という仕事は，仮にどんなに辛いことがあっても，最後には「幸せ」が待っているものだと実感しています。

私は，「対話・話し合い」の指導を重視し，大切にしてきました。

ここでは，その中から６つの取り組みについて説明します。

1.　価値語の指導

荒れた学校に勤務していた20数年前のことです。私の教室に参観者が増え始めたころです。ある先生が，

「菊池先生のよく使う言葉をまとめてみました。菊池語録です」

と，私が子どもたちによく話す言葉の一覧を見せてくれました。

子どもたちを言葉で正す，ということを意識せざるを得なかった私は，どちらかといえば父性的な言葉を使っていました。

一人でいる力
を
高めよう!!

・私，します。
・やる気のある人だけでします。
・心の芯をビシッとしなさい。
・何のために小学生をしているのですか。
・さぼる人の２倍働くのです。
・恥ずかしいと言って何もしない。
　それを恥ずかしいというんです。

といった言葉です。

このような言葉を，私だけではなく子どもたちも使うようになりました。

価値語の誕生です。

全国の学校，学級を訪れると，価値語に出合うことが多くなりました。その学校，学級独自の価値語も増えています。子どもたちの素敵な姿の写真とともに，価値語が書かれている「価値語モデルのシャワー」も一般的になりつつあります。

言葉が生まれ育つ教室が，全国に広がっているのです。

教師になったころに出合った言葉があります。大村はま先生の「ことばが育つとこころが育つ　人が育つ　教育そのものである」というお言葉です。忘れてはいけない言葉です。

「言葉で人間を育てる」という菊池実践の根幹にあたる指導が，この価値語の指導です。

2. スピーチ指導

私は，スピーチ指導からコミュニケーション教育に入りました。自己紹介もできない6年生に出会ったことがきっかけです。

お師匠さんでもある桑田泰助先生から，

「スピーチができない子どもたちと出会ったんだから，1年かけてスピーチができる子どもに育てなさい。走って痛くなった足は，走ってでしか治せない。挑戦しなさい」

という言葉をいただいたことを，30年近くたった今でも思い出します。

私が，スピーチという言葉を平仮名と漢字で表すとしたら，

『人前で，ひとまとまりの話を，筋道を立てて話すこと』

とします。

そして，スピーチ力を次のような公式で表しています。

『スピーチ力＝（内容＋声＋表情・態度）×思いやり』

このように考えると，スピーチ力は，やり方を一度教えたからすぐに伸びるという単純なものではないと言えます。たくさんの

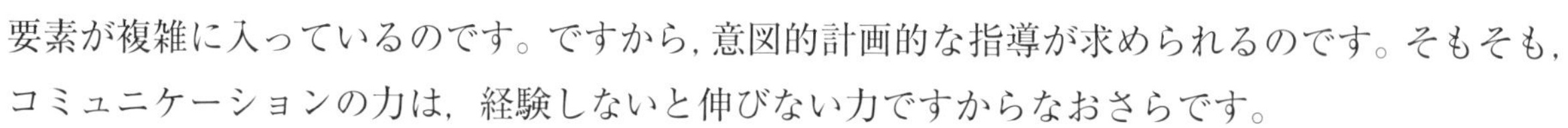

要素が複雑に入っているのです。ですから，意図的計画的な指導が求められるのです。そもそも，コミュニケーションの力は，経験しないと伸びない力ですからなおさらです。

私が，スピーチ指導で大切にしていることは，「失敗感を与えない」ということです。学年が上がるにつれて，表現したがらない子どもが増えるのは，過去に「失敗」した経験があるからです。ですから，

「ちょうどよい声で聞きやすかったですよ。安心して聞ける声ですね」

「話すときの表情が柔らかくて素敵でした。聞き手に優しいですね」

などと，内容面ばかりの評価ではなく，非言語の部分にも目を向け，プラスの評価を繰り返すことが重要です。適切な指導を継続すれば必ず伸びます。

3. コミュニケーションゲーム

私が教職に就いた昭和50年代は，コミュニケーションという言葉は，教育界の中ではほとんど聞くことがありませんでした。「話し言葉教育」とか「独話指導」といったものでした。

平成になり，「音声言語指導」と呼ばれるようになりましたが，その多くの実践は音読や朗読の指導でした。

そのような時代から，私はコミュニケーションの指導に力を入れようとしていました。しかし，そのための教材や先行実践はあまりありませんでした。私は，多くの書店を回り，「会議の仕方」「スピーチ事例集」といった一般ビジネス書を買いあさりました。指導のポイントを探すためです。

しかし，教室で実践しましたが，大人向けのそれらをストレートに指導しても，小学生には上手くいきませんでした。楽しい活動を行いながら，その中で子どもたち自らが気づき発見していくことが指導のポイントだと気がついていきました。子どもたちが喜ぶように，活動をゲーム化させる中で，コミュニケーションの力は育っていくことに気づいたのです。

例えば，対決型の音声言語コミュニケーションでは，

・問答ゲーム（根拠を整理して話す）
・友だち紹介質問ゲーム（質問への抵抗感をなくす）
・でもでもボクシング（反対意見のポイントを知る）

といった，対話の基本となるゲームです。朝の会や帰りの会，ちょっとした隙間時間に行いました。コミュニケーション量が，「圧倒的」に増えました。

ゆるやかな勝ち負けのあるコミュニケーションゲームを，子どもたちは大変喜びます。教室の雰囲気がガラリと変わり，笑顔があふれます。

4. ほめ言葉のシャワー

菊池実践の代名詞ともいわれている実践です。30年近く前から行っている実践です。

2012年にNHK「プロフェッショナル仕事の流儀」で取り上げていただいたことをきっかけに，全国の多くの教室で行われているようです。

「本年度は，全校で取り組んでいます」

「教室の雰囲気が温かいものに変わりました」

「取り組み始めて５年が過ぎました」

といった，うれしい言葉も多く耳にします。

また，実際に訪れた教室で，ほめ言葉のシャワーを見せていただく機会もたくさんあります。どの教室も笑顔があふれていて，参観させていただく私も幸せな気持ちになります。

最近では，「ほめ言葉のシャワーのレベルアップ」の授業をお願いされることが増えました。

下の写真がその授業の板書です。内容面，声の面，表情や態度面のポイントを子どもたちと考え出し合って，挑戦したい項目を自分で決め，子どもたち自らがレベルを上げていくという授業です。

どんな指導も同じですが，ほめ言葉のシャワーも子どもたちのいいところを取り上げ，なぜいいのかを価値づけて，子どもたちと一緒にそれらを喜び合うことが大切です。

どの子も主人公になれ，自信と安心感が広がり，絆の強い学級を生み出すほめ言葉のシャワーが，もっと多くの教室で行われることを願っています。

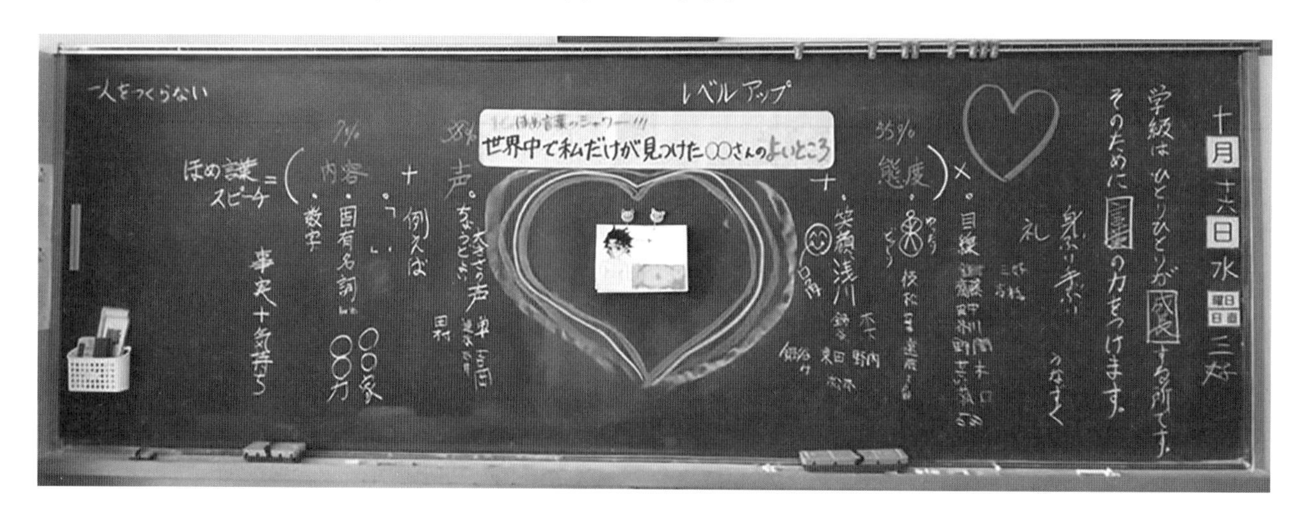
十月十六日水
学級はひとりひとりが成長する所です。
そのために言葉の力をつけます。
一人をつくらない
レベルアップ
世界中で私だけが見つけた○○さんのよいところ
内容
声
態度
事実＋気持ち

5. 対話のある授業

菊池実践の授業の主流は，対話のある授業です。具体的には，

・自由な立ち歩きのある少人数の話し合いが行われ

・黒板が子どもたちにも開放され

・教師が子どもたちの視界から消えていく

授業です。教師主導の一斉指導と対極にある，子ども主体の授業です。

私は，対話の態度目標を次の３つだと考えています。

① しゃべる

② 質問する

③ 説明する

それぞれの技術指導は当然ですが，私が重視しているのは，学級づくり的な視点です。以下のような価値語を示しながら指導します。

「あたたかいほめ合い」が
34人でできる学級
「聞き合える話し合い」が
34人でできる学級
23

例えば，

・自分から立ち歩く

・一人をつくらない

・男子女子関係なく

・質問は思いやり

・笑顔でキャッチボール

・人と論を区別する

などです。

対話のある授業は，学級づくりと同時進行で行うべきだと考えているからです。技術指導だけでは，豊かな対話は生まれません。形式的で冷たい活動で終わってしまうのです。

学級づくりの視点を取り入れることで，子どもたちの対話の質は飛躍的に高まります。話す言葉や声，表情，態度が，相手を思いやったものになっていきます。聞き手も温かい態度で受け止めることが「普通」になってきます。教室全体も学び合う雰囲気になってきます。学び合う教室になるのです。

正解だけを求める授業ではなく，新たな気づきや発見を大事にする対話のある授業は，学級づくりと連動して創り上げることが大切です。

6. ディベート指導

私の学級の話し合いは，ディベート的でした。

私は，スピーチ指導から子どもたちの実態に合わせて，ディベート指導に軸を移してきました。その理由は，ディベートには安定したルールがあり，それを経験させることで，対話や話し合いに必要な態度や技術の指導がしやすいからです。

私は，在職中，年に２回ディベート指導を計画的に行っていました。

１回目は，ディベートを体験することに重きを置いていました。１つ１つのルールの価値を，学級づくりの視点とからめて指導しました。

例えば，「根拠のない発言は暴言であり，丁寧な根拠を作ることで主張にしなさい」「相手の意見を聞かなければ，確かな反論はできません。傾聴することが大事です」「ディベートは，意見をつぶし合うのではなく，質問や反論をし合うことで，お互いの意見を成長させ合うのです。思いやりのゲームです」といったことです。これらは，全て学級づくりでもあります。

２回目のディベートでは，対話の基礎である「話す」「質問する」「説明する（反論し合う）」ということの，技術的な指導を中心に行いました。

例えば，「根拠を丁寧に作ります。三角ロジックを意識します」「連続質問ができるように。論理はエンドレスです」「反論は，きちんと相手の意見を引用します。根拠を丁寧に述べます」といった指導を，具体的な議論をふまえて行います。

このような指導を行うことで，噛み合った議論の仕方や，その楽しさを子どもたちは知ります。そして，「意見はどこかにあるのではなく，自分（たち）で作るもの」「よりよい意見は，議論を通して生み出すことができる」ということも理解していきます。知識を覚えることが中心だった今までの学びとは，180 度違うこれからの時代に必要な学びを体験することになります。個と集団が育ち，学びの「社会化」が促されます。

ディベートの持つ教育観は，これからの時代を生きる子どもたちにとって，とても重要だと考えています。

【1年生の授業】

1年生は，言葉遊びの授業です。1年生には，「言葉って面白いんだ」「言葉を知ることは楽しいことなんだ」といったことを，体験を通して実感させたいと思っています。

この授業は，

○○まった

① 「○まった」という言葉をみんなで集める
　（例：あまった，うまった，こまった　など）
② 「○○まった」という言葉を一人で考える
　（例：あやまった，かくまった，まとまった　など）
③ ②で集めた言葉をグループで出し合う
④ 教室の中から「○○まった」の言葉をグループで集める
⑤ グループ対抗のチョークリレーで出し合い全員で学び合う
⑥ 感想を書いて発表し合う

といった流れで行いました。DVDには，②から④あたりの様子が収められています。

最初に学習の仕方を全員に理解させ，その後にレベルを上げた問題を，個人→グループ→全体という流れで取り組ませたのです。

活動的な1年生に，「黙って，静かに，座って話を聞かせる」ということに，あまりにも指導の力点が行き過ぎている教室もあります。そうではなくて，活動的な1年生の特性を生かしながら，変化のある授業の構成を考えたいものです。そのような指導を通して，友だちと学び合う楽しさやできる喜びを感じさせてあげたいものです。

また，1年生ですから，教師のパフォーマンス力も問われます。立ち位置や声の変化，体や手の動きの工夫が必要です。子どもたちを惹きつける，そんな魅力ある教師でいたいと思っています。

【２年生】

２年生は，簡単な討論の授業です。対立する話し合いの基本型を教えた授業です。

授業は，次のような流れです。

① たくさん咲いている学校のチューリップを１本取った花子さんの行動について，○か×かの自分の立場を決める

② ①の理由を書いて話し合う

③ 花子さんには，病気で寝たきりのチューリップの好きなおばあさんがいることを知り，花子さんの行動について○か×かの立場を決める

チューリップ
花子(小二)○
りゆう
おばあさん

④ ③の理由を書いて，同じ立場の友だちと話し合う

⑤ 理由を出し合って，全体で討論をする

⑥ 花子さんが取ったらいいと考えられる方法を出し合う

⑦ 感想を書いて発表し合う

私は，基本的な討論の流れを，

・自分の立場（賛成反対，ＡかＢか，など）を決める
・各自，理由を考える
・同じ立場のチームで理由を考え合う
・それぞれのチームの理由を出し合う

と考えています。

２年生の授業 DVD では，③から④あたりが収められています。「自由な立ち歩き」をして，学び合うための対話，話し合いをしている様子が分かると思います。

このような動きのある授業を行うことで，友だちと学び合うことは楽しい，自分で意見を作ることは大切なんだ，ひとりひとり意見が違っていいんだ，といったことを子どもたちは学びます。

【3年生】

3年生は，スピーチの授業です。「ほめ言葉のシャワー」につなげるという意図を持って行ったものです。

ほめ言葉のスピーチは，

『事実＋意見』

の構成が基本です。

授業では，

成長
声が大きい。
しせいがいい。

まず，その基本の構成を板書し，事実にあたる友だちのよいところをノートに書かせました。書かせるという指導は，全員参加を促します。

その後，ひとりひとりが書いたことを認め，黒板に書かせました。このように，黒板に書かせると教室に勢いが出てきます。みんなで学び合う雰囲気になってきます。

そして，実際に「ほめ言葉のシャワー」をさせました。

先にも述べましたが，私は，スピーチの公式を次のように考えています。

『スピーチ力＝（内容＋声＋表情・態度）×思いやり』

主人公の友だちに伝えるほめ言葉１つ１つに，私が「ほめ言葉」を言っています。プラスの評価をしているのです。例えば，

「（お辞儀をした子どもに）体を使ってほめ言葉を言っている（拍手）」

「（ノートから目を離した子どもに）書いたことを見ません（読むのではなく話す）（拍手）」

「（柔らかな表情で話した子どもに）口角が挙がっていますね（拍手）」

「（下半身がどっしりして，上半身がゆったりとしているこどもに）その姿勢が抜群にいい（拍手）」

といって，ほめています。スピーチの公式の非言語の部分を意識してほめています。内容よりも，声や表情・態度の部分です。スピーチ指導の初期の段階は，このような指導が効果的だと考えているからです。

1年「鉛筆の持ち方」～もっとも難しい指導

岡　篤

〈研究授業で思ったこと〉

ある研究授業（小１）の後の会で，「鉛筆の持ち方も指導できていない」という発言をした人がいました。私は，それを聞いて，「違う」と感じました。「鉛筆の持ち方も」の「も」にひっかかったのでした。

その人は，鉛筆の持ち方の指導が簡単なことであり，当たり前にできることと考えていたのです。後から聞くと，その人は低学年の担任をしたことがないということでした。

基礎的な指導内容という意味では，「鉛筆の持ち方も」だったかもしれません。しかし，本気で鉛筆の持ち方を指導したことのある人なら，いかに難しい指導かを知っています。

〈教えるだけなら簡単だが〉

「教える」だけなら簡単です。教科書の出ている鉛筆の持ち方の写真を見せて，「こんなふうに持ちなさい」といえばよいのです。しかし，実際に教科書の写真のように持つことができるようにするには，一人ずつチェックをしていく必要があります。「正しい持ち方を教えること」と「正しく持つことができるようにする」とは全く別の次元なのです。

持つことができたら終わりではありません。いざその持ち方で書こうとすると多くの子が，とても書きにくそうにぎこちない手の動きをしたり，元の持ち方にもどってしまったり，となるでしょう。「正しく持つことができるようにすること」と「正しい持ち方で書くことができるようにすること」との間にも大きな溝があります。

まだあります。正しい持ち方で書くことができたとしても，それを継続させ，定着させるのは，さらに大変なことです。元の持ち方は，それが習慣になっているのです。持ち方を変えることは，習慣を変えることでもあります。だから大変なのです。「正しい持ち方で書くことができるようにすること」と「正しい持ち方を習慣として定着させること」の差を本当に理解しているのは，指導に悩んだ経験のある人だけでしょう。

〈正しい持ち方は一生の宝〉

正しい持ち方には，次のようなメリットがあります。

- 手が疲れない。
- 線が書きやすい。
- 姿勢が崩れにくい。

さらに，見た目がよいことも加えられるでしょう。高学年になると，自分の持ち方の悪さを指摘された経験がある子は少なくありません。自分でも分かっているし，気にはなるけど，直せないのです。

持ち方の指導を本気でするなら，「持ち方を直すには，それまでの持ち方で書いてきたのと同じ期間がかかる」と覚悟した方がよいでしょう。実際に学校ではそんなに時間はかけてはいられません。そこで，文字だけでなく，線をたくさん書かせたり，さらに線さえ書かせず正しい持ち方で鉛筆を動かす練習を大量にする必要があります。

1年「音読」～まずは，目で追えているか

岡　篤

〈指なぞりでクラスの実態を把握する〉

たかが音読ですが，子供の実態は様々です。家庭で十分に読み聞かせをしてもらい，本を手にとることが当たり前の環境で育っている子と，そうでない子では音読の土台が違います。

例えば，声に出す前の文字を目で追うことができているかどうかも差があるはずです。教師が範読をしているときに，目が追いついていかずに違うところを見ていたり，集中ができずに他のことをし始める子は，音読の土台ができていないといえるでしょう。

まず，指で読んでいる部分を追うことができているかを確認しましょう。指で文字を追わせることのメリットは，子ども自身が集中しやすいということと，子どもがきちんと読んでいる部分についてきているかを教師が一目で確認できるということがあります。

1年生であれば，すぐに指が止まっていたり，うろうろしたりする子がクラスにいる方が普通です。その子は，配慮なしに範読していても，何となく耳から聞いているだけで，目からの情報は入っていないままです。当然，伸びるペースは遅くなります。

〈間を教える〉

音読の際に，句点（。），読点（、）を意識させる方法として，間の取り方をクラスでそろえるという方法があります。例えば，句点は２拍，読点は１拍，といった具合です。はじめは，教師が「いち，に」と声を出して間を取ります。次に，黒板や机を叩いてトントンと音を立てて同じように間を取ります。次は，子どもが句点で２回，読点で１回，軽くうなずきます。最後に，「心の中で数えましょう」とすれば，比較的短期間で，句読点を意識することができます。

もちろん，この読み方は絶対ではありません。句読点の使い方や文脈によっては，ふさわしくない場合も出てきます。そのときは，そこで指導をすればよいのです。あくまで，初歩の段階で，句読点を意識させる手立てとして，この方法があるということです。

〈会話文（「　」）の前後も間をあける〉

「　」の間を指導すると，読み方が大きく変わります。私は，「　」も２拍あけるように言う場合が多いです。子どもには，「聞いている人には，かぎかっこがついているのか，どうか分かりません。それを，間をとって伝えます」と教えています。

さらに，いわゆる「地の文」と登場人物の話す言葉との区別がこの「　」でつけられているということも教えます。地の文はふつうの読み方で読み，「　」になると，登場人物の様子を頭にイメージしながら読むようにいいます。

実際に，読み方を大きく変えることは難しいので強要はしません。しかし，子どもなりに，登場人物をイメージして読もうとすることで，読解へつながる音読になることでしょう。

まるごと授業
国語 1 年(上)

いい　てんき

全授業時間２時間

◎ 指導目標 ◎

・互いの話に関心をもつことができる。
・言葉には，事物の内容を表す働きがあることに気づくことができる。
・進んで友達の話に関心をもち，これまでの経験をいかして話したり応答したりしようとすることができる。

◎ 指導にあたって ◎

①　教材について

１年生のはじめに，国語の授業開きに出会う絵とお話として，児童の想像のつばさを広げるとてもすてきな教材です。児童が思ったことを素直に表現できるよう，楽しい教室の雰囲気作りが何よりも大切です。児童の何気ないちょっとした仕草や言葉に気をつけ，ほめることに気を配りましょう。

ほとんど絵だけの教材です。巨大なキノコや魚が出てくるなど想像力を刺激するような場面もあります。児童は，少しヒントを与えれば次々に発言することを見つけるでしょう。動植物の様子や山の景色など様々なところに着目させて，発言を促したいものです。自分たちの学校や教室に話がひろがってもよいでしょう。発言の仕方を指導しながらも，この時期の大前提は，児童が楽しく，安心して授業に参加できることだと言えます。

②　主体的・対話的で深い学びのために

児童が主体的に学ぶ大前提として，クラスの雰囲気がよいことがあります。１年生の４月は，教師は，児童の個性がよく分からず，児童も教師の言動が理解しにくいという場合が少なくありません。

そんなときだからこそ，じっくりていねいに進めていきたいものです。そのために，児童が楽しんで絵を見て発見をするように，促していきます。

その一方で，発言の仕方を覚えることは，人間関係の初歩を覚えることと考えたいものです。３ヶ月，半年先を見て，あせらず，じっくりと，しかし，あきらめず，ゆずらず，指導を続けることが発言の指導についても必要でしょう。

◉ 評価規準 ◉

知識 及び 技能	言葉には，事物の内容を表す働きがあることに気づいている。
思考力，判断力，表現力等	「話すこと・聞くこと」において，互いの話に関心をもっている。
主体的に学習に取り組む態度	進んで友達の話に関心をもち，これまでの経験をいかして話したり応答したりしようとしている。

◉ 学習指導計画　全 2 時間 ◉

次	時	学習活動	指導上の留意点
1	1	・「いいてんき」と，教師に続いて音読する。 ・絵（教科書の表紙裏-P5）を見て，見つけたものや気づいたことを話す。	・絵の細かい部分にも着目させる。 ・隣の人と一緒に絵を見ながら話し合わせる。
	2	・絵（教科書 P6-8）を見て，見つけたことや想像したことを言ったり，絵の中の人物になりきって話したりする。 ・教科書 P8 の文章を，教師に続いて音読する。	・まずは 1 人で見つけさせ，それから隣の人と話し合わせる。 ・絵から想像したことも言わせる。 ・いろいろなパターンで繰り返し読ませる。

いい　てんき

第 1 時　(1/2)

本時の目標

教師に続いて音読する。また，絵を見て，見つけたことや思ったことを発言する。

授業のポイント

国語の授業開き，楽しさが一番大切である。安心して楽しい雰囲気で過ごせるよう，簡単すぎるくらいの分かりやすい発問や指示を心がける。

本時の評価

教師に続いて音読することができる。また，絵を見て，見つけたことや思ったことを発言することができる。

板書例

〈発表〉児童にとって，初めての授業です。児童の気づきや発見を大いにほめて認めましょう。

※教科書 P2-3

きのこ
むし
はしご

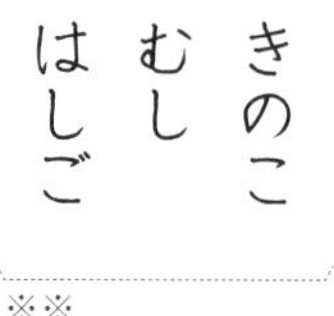

※※

※教科書 P4-5

さかな
なみ
にじ

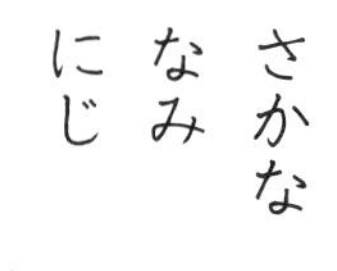

※※

※教科書の拡大コピーを貼る。（または，投影する。）

1 音読する　先生に続いて「いいてんき」と読んでみよう。

教科書の表紙をめくって開かせる。

「『いいてんき』と書いてあるところが分かりますか。見つけたら指でおさえてみましょう。」
・あった。　・どこかな？

先生が読みますから，続けて読んでみましょう。「いいてんき」，はい。
いいてんき。

「上手です。では，もっとみんなで揃えて言ってみましょう。『いいてんき』，はい。」
・（みんな揃って）いいてんき。
「とても上手です！これは，いいてんきの絵ですね。何が描いてあるかな。」
・子どもがいっぱい。　・鳥もいる。
・船が見えるよ。

2 絵を見る 想像する　絵の中の子どもたちは何をしているのか見てみよう。

教科書をめくらせる。

「次のページ（木の橋を渡っている絵）を開きましょう。今度は何が描いてありますか？」
・大きなキノコがある。子どもが乗っているよ。
・また船が見えるね。
・虫がとんでいる。

子どもたちは何をしているかな。
楽しそうに走っている。
おにぎりを落とした子がいるよ。
はしごをのぼっている子もいるね。

「子どもたちは，どんなことを言っているだろうね。」
・はしごの子は「たすけて」って言っている。
・走っている子は，「わーい」かな。

いい てんき
め えを みて おはなしを しよう
こども
とり
ふね
※※
※教科書 P0-1

※※児童の発言を板書する。

主体的・対話的で深い学び

- 同じ絵からでも，児童によって見つけられるものが違うはずである。分かりにくいものは，児童みんなでどの部分を見て思ったことかを確認しながら進める。
- 友だちの発表で「ああ，そうか」「へえ」という気持ちが持てれば，聞く意欲にもつながり，発表する児童も積極的になれる。
- 一生懸命探していること自体を大いにほめたい。

準備物

- 教科書のP0-P5の拡大コピー（黒板掲示用）

3 絵を見る 話し合う　隣の人と一緒に絵を見て話し合おう。

教科書 P4-5 を開かせる。

「このページ (巨大な魚の絵) の子どもは何と言っているだろうね。」
- 木の陰で見ている子が「わー，大きな魚！」
- 逃げている子が「波がすごい！」
- 虹もきれいだし，子どもはうれしそう。

隣の人とどの子が何て言っているか話し合ってみましょう。
網をもっている子は「つかまえるぞ」って言ってると思うよ。
この網じゃ小さすぎるよね。

- 水が雨みたい。「ぬれるから走ろう」とか。
- カッパを着ている子は「わたしは大丈夫」じゃない？

「隣の人と上手に話し合っている人がたくさんいますね。」

4 発表する　どんなことを話し合ったか発表しよう。

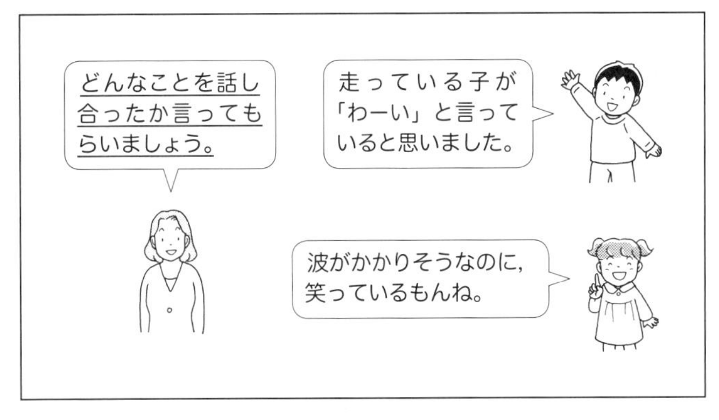
どんなことを話し合ったか言ってもらいましょう。
走っている子が「わーい」と言っていると思いました。
波がかかりそうなのに，笑っているもんね。

最初に，手をしっかりあげる，あてられたら返事をする，返事をしてから発言する，といったことができている児童を大いにほめて，ルール作りの布石にする。

- 魚も笑っているよ。「ぼくもなかまに入れて」って言っていると思いました。
- みんなもそんなに怖がっていないね。
- 絵をかいている子が「すごい魚だから，絵にかこう」って思ったのかな。
- 「帰ったら，お母さんに話そう」かもね。

「今日は，絵をみてたくさん見つけられましたね。隣の人との話し合いも発表も上手でした。」

いい　てんき

第2時　(2/2)

本時の目標

絵を見て想像したことを発表したり，人物の気持ちになって話したりすることができる。

授業のポイント

細かいことにはあまりこだわらず，どんどん発表させる。

本時の評価

絵を見て想像したことを発表したり，人物の気持ちになって話したりすることができる。

板書例

〈発表〉最後のページの子どもになりきって言葉を言わせます。「どんな気持ちで言ったのかな」

※教科書 P8

てっぺん
ききゅう

※※

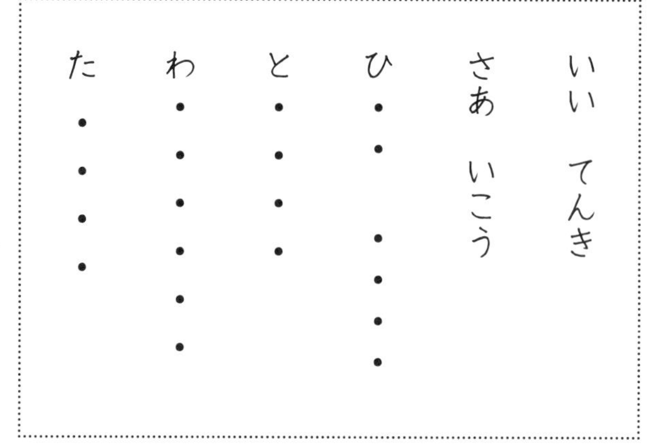

いい　てんき
さあ　いこう
ひ・・・・・・
と・・・・
わ・・・・・・
た・・・・

※教科書 P8 の文章を板書（掲示）する。

※教科書の拡大コピーを貼る。
（または，投影する。）

1　絵を見る　絵にはどんなことが描いてあるか考えよう。

教科書 P6-7 を開かせる。

「今日は，大きなキノコの絵のページからです。」
- うわ，こんなの見たこと無い。
- キノコに乗ってみたいな。楽しそう！

この絵には，キノコの他に何が描いてあるかな。
にじがあります。
鳥がとんでいます。

「そうですね。他にもたくさんありますよ。まずは，１人で探してみましょう。」
- あれ，雨が降っている。
- 大きなおなべで先生が何か作っている。
- キノコのお山にたくさん登っているよ。

2　話し合う　発表する　見つけたものを隣の人と話し合い，発表しよう。

見つけたものを隣の人に教えてあげましょう。２人で他にも見つけられるといいですね。
雲の上にのっている子がいるよ。
ほんとだ，落ちないのかな。

- チョウチョもいるよ。
- どこ？
- ほら，この草の上。
- 白い雲が上にも下にもいっぱいあるね。

「では，どんなことを話し合ったか言ってもらいましょう。」

教師がいろいろな意見をどんどん認め，間違いがあっても「先生は思わなかったけど，そうかもしれないね」「言われてみると，そんなふうにも見えてきたなあ」といった反応をしていく。

と理由を聞いてみましょう。

いい てんき

㋱ えを よくみて たくさん みつけよう

※教科書 P6-7

おおきな きのこ
にじ
あめ

※※

※※児童の発言を板書する。

主体的・対話的で深い学び

- まず，児童が自由に絵を見て感じたことを発表させたい。絵の中の会話を想像する場面では，話すことが得意そうな児童には，「どうしてそう思ったの」などとさらにくわしい意見を引き出すことを，できる範囲でやりたい。
- 発表することでせいいっぱいの児童も少なくない。意見をいったり，返事をしたりするだけでも緊張している児童もいるはずである。そんな児童にも目を向け，それぞれの様子を見て，たくさんほめるところを見つけたい。

準備物

- 教科書 P6-8の拡大コピー（黒板掲示用）

3 絵を見る 最後のページの子どもはなんと言っているか想像しよう。

「では，最後のページを見てみましょう。」

教科書 P8 を開かせる。

- 山のてっぺんに着いたんだ。
- みんなよろこんでいるね。

最後のページの子どもはなんと言っているかな。
やった，ついた！
海が見えるよ！

- 気球に乗っている人がいるよ。「おーい」って言っているんじゃないかな。
- 手をふっている子もいるね。
- もうすぐ，山の上にとうちゃくする子たちは，「ゴールが見えた」「あと少し」かな。

4 音読する 先生に続いて繰り返し音読しよう。

最後のページの文を先生の後に続いて読みましょう。
「いいてんき」はい。
いいてんき　さあ…　ひろい…

「では，廊下がわの半分の子だけで。さん，はい。」

- いいてんき　さあ…　ひろい…

いろいろなパターンで繰り返し読む。できれば，暗誦するくらいに読み，元気よく声を出させて大いにほめたい。最後は，最初の１文字だけを黒板に残して暗唱させてもよい。

「大きな声でしっかり読めましたね。」

さあ　はじめよう

おはなし　たのしいな

全授業時間２時間

◉ 指導目標 ◉

- 読書に親しみ，いろいろな本があることを知ることができる。
- 文章の内容と自分の体験とを結び付けて，感想をもつことができる。
- これまでの経験をいかし，積極的にいろいろな本を手に取り，読み聞かせを楽しもうとすることができる。

◉ 指導にあたって ◉

①　教材について

読み聞かせの教材です。あえて授業の時間に行うのですから，ただ読むだけでなく，読み聞かせの聞き方，聞く態度についても指導しましょう。児童の興味に任せるだけではなく，「おしゃべりをしない」「知っている本でも先を言わない」など具体的に理解させたいものです。

読み聞かせにおいては，聞く態度こそ，言葉の力と言えます。「もう読んだ」「他の本がいい」などと，じっと聞くことができない児童がいるかもしれません。そういう児童が，３ヶ月，６ヶ月先には，落ち着いて聞くことができるになっているように，指導を続けていきましょう。

読み聞かせも，「時間があったらしよう」と考えていては，なかなか回数をこなすことができません。朝の会，国語の時間のはじめなど，できるだけ読み聞かせの時間を設定して，優先的に行うようにします。読み聞かせは国語の時間であり，学級経営の手立てでもあることを考えると，１年生においては，かなり重要度の高い活動と考えることができるでしょう。

また，読み聞かせは，児童の想像をふくらませます。「国語の時間が楽しい」「学校に来るのが楽しい」と１年生の児童が思える活動です。学級づくりの一貫として取り組みましょう。

②　主体的・対話的で深い学びのために

自分が読んだ本や読み聞かせで聞いた本についての発表をするには，それぞれが思いを持つ必要があります。すぐに思いつかない児童や発表が苦手な児童には，「考えなさい」といっても難しいでしょう。具体的に目の前の本の表紙や挿絵などを見せながら，「何が描いてあるかな」「この絵はどう思う」など意見を持ちやすい問いかけをすることで，考えを持たせるようにしましょう。

◎ 評価規準 ◎

知識 及び 技能	読書に親しみ，いろいろな本があることを知っている。
思考力，判断力，表現力等	「読むこと」において，文章の内容と自分の体験とを結び付けて，感想をもっている。
主体的に学習に取り組む態度	これまでの経験をいかし，積極的にいろいろな本を手に取り，読み聞かせを楽しもうとしている。

◎ 学習指導計画　全２時間 ◎

次	時	学習活動	指導上の留意点
1	1	・教科書の絵を見て，読み聞かせをしてもらった体験を想起し，自分の好きな本を発表する。 ・教科書で紹介されている本の読み聞かせを聞き，感想を発表する。	・読み聞かせを聞くときに決まりについても指導する。
	2	・教師の選んだ本や読んでもらいたい作品を選んで，読んでもらう。 ・読み聞かせを聞き，本の内容について感想を発表する。	・読み聞かせの決まりを再確認する。 ・読み聞かせ前に，話し合いをすることを先に予告しておく。

おはなし たのしいな
第 1 時 （1/2）

本時の目標

読み聞かせを楽しんで聞く。

授業のポイント

とにかく読み聞かせの楽しさを感じさせたいので，できるだけ読んでいる間に注意をしなくてすむように事前に指導しておく。

本時の評価

読み聞かせを楽しんで聞くことができる。

〈読み聞かせ〉読むスピード，言葉の強弱を意識して読みます。また，ページをめくる時の間を

板書例

「一（いち）ねんせいに　なったら」

（※読む本の題名）

一ねんせいに　なったら

※読む本の表紙の拡大コピー

これから よむ ほん

さくら

ぐり と ぐら

※絵本の表紙の拡大コピー

1 発表する　好きな本や読書体験について発表しよう。

みんなは，どんな本を読んだことがありますか。
ぐるんぱの ようちえん。
からすの パンやさん。

「どんな本でしたか。面白いお話でしたか。だれかが読んでくれたのかな。」

- 面白い，楽しいお話だよ。
- 寝る前に，毎日お母さんに本を読んでもらっている。

好きな本や読書体験について自由に発表させる。

今後読み聞かせをしようと思う本を何冊か用意しておき，それを見せながら，「これを知っている人はいるかな」などと尋ねれば，話が広がる。

2 つかむ　読み聞かせを聞くときの約束をしよう。

読んでもらって聞くことを「読み聞かせ」と言います。聞くときの約束があります。

- つくえの うえに ものを ださない。
- しっている おはなしでも さきを いわない。
- しずかに きく。

分かった！

「作品が良ければ自然に集中するので，形式的な約束はしないほうがよい」という考えもある。

しかし，筆箱を触って音を立てられたり，話の先を勝手にしゃべったりする児童がいると，読んでいるときにとても気になるものである。おそらく聞いている児童も同じように感じているだろう。

ここでは，先に指導しておくことを提案している。ただし，読んでいる最中に言葉で注意することはできるだけ避けたい。じっと見つめたり，指をさしたりすると中断せずにすむものである。

あけると，児童の心を引きつけることができます。

おはなし　たのしいな

㋱　よみきかせを　きいて
おもった　ことを　いおう

◎よみきかせの　ときの　やくそく
○つくえの　うえを　かたづける
○さきを　いわない
○しずかに　きく

主体的・対話的で深い学び

・読んだ絵本について発表できない児童には，ほかの児童の発言にあった絵本について「見たことあるかな？」等と，答えやすい形で尋ねるとよい。

準備物

・読み聞かせ用の本数冊
・読む本の表紙の拡大コピー

3 聞く　お話をよく聞こう。

今日は先生が読み聞かせをします。
約束を守って，静かに聞きましょう。

私（筆者）も読み聞かせを録音して聞き，その下手さに愕然としたことがある。それ以降，色々と工夫を重ねている。

なかなか上手くはならないが，以下のような点にいつも気をつけている。

○表紙もじっくり見せる。
○表紙はゆっくりめくり，話の始まりを感じさせる。
○早口にならない。
○のどに力を入れず，腹から声を響かせる。
○せりふの部分は，前後に間をあける。

自分の読み聞かせを録音して聞いてみると，改善点が見えてくるかもしれない。

4 発表する　感想を発表しよう。

「お話を聞いて，思ったことを言ってください。」

○○がとっても
すきです。
おもしろかった。
もっと読んで
ほしいです！

「みんなが上手に聞いてくれたので，先生も読んでいて楽しかったです。また，朝の会や終わりの会に読みたいと思います。」

低学年では，ぜひ継続して読み聞かせに取り組みたい。

児童は，読み聞かせをしてもらった本を自分でも読んでみたくなるものである。例えば，「先生がよんだ本」というコーナーを教室に作り，そこに読み聞かせをした本を置く方法がある。児童はそこから自由にとってよく，読み終えたらそこに返すことにするとよい。

おはなし たのしいな 第2時 (2/2)

本時の目標

読み聞かせを聞いて，作品の内容について話すことができる。

授業のポイント

とにかく読み聞かせの楽しさを感じさせたい。できるだけ読んでいる間に注意をしなくてすむように，約束を確認する。

本時の評価

読み聞かせを聞いて，作品の内容について話すことができる。

板書例

〈感想〉感想をペアで交流したり，感想の視点（登場人物のしたことやお話の終わり方について等）

ぐり と ぐら

※読む本の表紙の拡大コピー

2ひきの ねずみ
おおきな たまご
かすてら

※児童の発言を板書する。

○でて きた ひと
○かいて あった こと

◎よみきかせの ときの やくそく

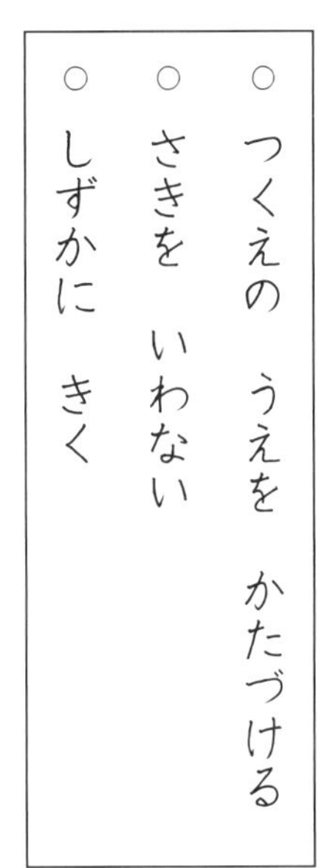
○つくえの うえを かたづける
○さきを いわない
○しずかに きく

1 選ぶ　読んでほしい本を選ぼう。

教科書に出ている本をできるだけ用意する。なければ，ほかの読み聞かせをしたい本を準備する。

今日は，この中から読み聞かせする本を選んでもらいます。
わたしは「ぐりとぐら」がいい！
どれがいいかな。

せっかく用意して，児童の興味を引きつけた本なので，その日に読む時間がなくても，いずれ読み聞かせをするつもりで，教室に置いておくとよい。

読んで欲しい本が選ばれなかった児童も次の機会に読んでもらえると分かれば，納得しやすい。

2 確かめる　読み聞かせを聞くときの約束を思い出そう。

読み聞かせのときの約束は何だったかな。
ちゃんと覚えているよ。
○つくえの うえに ものを ださない。
○しっている おはなしでも さきを いわない。
○しずかに きく。

前時にできていないことがあれば，あらかじめ注意をしておき，少しでも変化があるようにしたい。

「前の時間は，知っている人や予想した人が先を言ってしまいましたね。今日は，言う人がいないとうれしいな。」
- 今日は最後まで静かに聞こう。
- 机の上もかたづけるんだったね。

を示したりすると，感想を言いやすくなるでしょう。

おはなし　たのしいな

㋱ ほんを　えらんで
よみきかせを　きこう

◇ ほんを　えらぼう
「ぐりと　ぐら」
（※選んだ本の題名）

主体的・対話的で深い学び

・絵本の場合，挿絵に注目すると教師が気づかなかったようなことを発見する児童が出てくる場合もある。プロジェクターで本を写したり，挿絵を拡大して見せたりなどの手立てが用意できるとよい。

準備物

・読み聞かせ用の本数冊
・（できれば）プロジェクター

3 聞く　読み聞かせを聞こう。

あとで，この本についての話し合いをします。どんなことが書いてあったか，出てきた人はどんな人だったか，覚えておきましょう。
よし，しっかり聞こう。
覚えていられるかな…。

読み聞かせ後に，作品についての話をすることを事前に予告しておく。また，登場人物についての部分を強調しておくとよい。

「では，読みます。しっかり聞きましょう。」

読み聞かせをするときは，プロジェクターなどを用いて，挿絵などがよく見えるように工夫することも考えたい。

4 発表する　作品について思ったことを発表しよう。

どんなお話だったかな。
お料理が大好きな２匹の野ねずみ。
ぐりとぐらのお話。

思ったことや感想というと，何を言ってよいのか分からない児童がいるかもしれない。

あらすじや，登場人物の姿や行動など，書いていることをそのまま言ってもよいことにする。

もし，出なければ，教師から質問してもよい。

「どんな人が出てきたかな。その人は何をしたかな。」
・ぐりとぐらが大きな卵を見つけた。
・その卵で大きなカステラを作ったんだね。
・大きなカステラ，食べてみたいなあ。

「本は楽しいね。たくさん読むといいですね。」

さあ　はじめよう

あつまって　はなそう

全授業時間１時間

◉ 指導目標 ◉

・話し手が知らせたいことや自分が聞きたいことを落とさないように集中して聞くことができる。
・言葉には，事物の内容を表す働きがあることに気づくことができる。
・積極的に友達の話を聞き，学習課題に沿って友達と伝え合おうとすることができる。

◉ 指導にあたって ◉

① 教材について

好きな動物の絵を選ぶことをきっかけとして，話し合いをする学習です。動物は比較的児童が入りやすい素材です。楽しく選ぶことが期待できます。

そうはいっても，好きな動物を決められない場合は，先に進めません。まずは，どれか１つが選べているかを確認してから次に移ります。

それぞれの動物について，簡単に知っていることや思いを語らせてもよいでしょう。友達の意見を聞いて，記憶がよみがえる児童も出てくるかもしれません。

② 主体的・対話的で深い学びのために

いきなり全員に動物を選ばせるのではなく，選んだ動物への思いを語れる何人かの児童に発表してもらうことで，他の児童も次々と思いが広がっていくことが予想されます。また，選んだ理由を話し合う場面でも，先に発表した児童にふれて「○○さんのように言うといいですね」と教師が言って，みんなのお手本とすることもできます。

◎ 評価規準 ◎

知識 及び 技能	言葉には，事物の内容を表す働きがあることに気づいている。
思考力，判断力，表現力等	「話すこと・聞くこと」において，話し手が知らせたいことや自分が聞きたいことを落とさないように集中して聞いている。
主体的に学習に取り組む態度	積極的に友達の話を聞き，学習課題に沿って友達と伝え合おうとしている。

◎ 学習指導計画　全 1 時間 ◎

次	時	学習活動	指導上の留意点
1	1	・教師の示した絵を見て，好きな動物を選ぶ。 ・好きな動物と選んだ理由について，隣の人と伝え合う。 ・立ち歩いてだれかとペアになり，自分が選んだ理由を伝えたり，相手の話を聞いて感想を話したりする。	・全員がいずれか 1 つの動物を選んでいることを確認する。 ・理由を話す見本として，1 人か 2 人に先に発表させる。

DVD 収録（カラーイラスト）

あつまって はなそう
第 1 時 (1/1)

〈話し方〉 教師が活動の前にお手本を示すと，イメージしやすくなります。また，児童の中から

本時の目標
好きな動物について，理由を話したり聞いたりする。

授業のポイント
自分の考えをきちんと持たせて話し合いをスタートさせる。挙手をさせて確認するなどする。

本時の評価
選んだ動物を好きな理由について話したり，友達の好きな理由を聞いたりすることができた。

板書例

ねこ

あたたかい
かわいい

らいおん

つよい

ぞう

おおきい
ちからもち

ぱんだ

もこもこ
かわいい

おねがいします。

◎はじめに

※児童の発言を板書する。

1 出し合う　好きな動物の名前を出し合おう。

「みんなの好きな動物は何ですか。」
・ねこ。
・わたしは，いぬ！

他にも好きな動物はいますか。
動物園の生き物でもいいですか。
ぞう！
ライオン！
きりん!!

「今日は，みんなが好きな動物について話し合ってもらいます。」
・いっぱいあるなあ。
・どれにしようかな。
・なんて言ったらいいのかな。

2 決める　好きな動物を絵の中から1つ選ぼう。

「では，今から絵を貼りますから見て下さい。」
・犬だ！
・ライオンもいた。やった！

動物の絵を５枚，順に黒板に貼っていく。

この中から一番好きな動物を1つだけ選びましょう。
迷うなあ。２つじゃだめなのかな。
パンダがいい。もこもこしてかわいいもん。

「２つよりたくさん選びたい人も，今は１つに決めましょう。」
・決まった！じゃあ，やっぱりねこ。
「決まったという人は手を挙げてください。」

まず，１つに決められたかどうかを確認してから，その後で，どの動物を選んだのか挙手で確かめる。

よい例を取り上げ，ほめることもよいでしょう。

あつまって　はなそう

め　すきな　どうぶつを　えらんで
わけを　はなそう

いぬ

なついている
かわいい

主体的・対話的で深い学び

・話すことが苦手な児童でも，好きな動物が決まっていれば，話すことはある。好きな動物が決まったかどうかは，話し合いを始める前に確認しておく。
・話す前に「お願いします」など挨拶を決めておくと，始めやすい。見本として，代表の児童にやりとりを前で実演してもらってもよい。話し合いの途中で上手な児童を見つけて途中で全体に見せてもよい。

準備物

・動物の絵（黒板掲示用）　DVD 収録【1_03_01～1_03_05】

3 対話する　選んだ理由について隣の人と話し合おう。

「次に，選んだ理由について言ってもらいます。言える人いるかな。」
・はい！犬が好きです。飼っている犬がとてもなついていてかわいいからです。毎日散歩もしています。

今，言ってもらったように，好きな動物とその理由をお隣の人に話してみましょう。
ぼくは，ライオン。強そうだから。かっこいいもん。
わたしは，ねこがすき。うちのねこはすぐにひざにのってくるの。あったかくてかわいいから。

「２人とも言えたかな。」

言えない児童には，教師が「好きな動物は？」「どこが好きかな？」「さわったことは？」などと尋ねて聞き出す。
また，ここで，同じものを選んだ人で集まって選んだ理由を伝え合ってもよい。

4 対話する 広げる　相手をかえて，どんどん話し合おう。

「今度は，他の子と話し合いましょう。席を立ってペアになりましょう。始める前に『お願いします』と言ってから始めましょう。理由を聞いて思ったことを伝えてもいいですね。」

お願いします。わたしはぞうが好き。理由はとっても大きくて力持ちだから
いっしょだ！ぼくも大きいから好き！ぞうに乗せてもらったことがあるんだ。
わたしも乗ってみたい！

「どんどん次の人を見つけて話しましょう。」
・もう３人も話した！次はだれにしようかな。

自分から動かない児童には，教師が相手を見つけて話すように促す。どうしても，理由が言えない児童には，自分が好きな動物だけでもよいので，相手に伝えるように指示する。

さあ　はじめよう

えんぴつと　なかよし

全授業時間１時間

◉ 指導目標 ◉

・姿勢や筆記具の持ち方を正しくして書くことができる。
・正しい姿勢や鉛筆の持ち方で書くことに粘り強く取り組み，自分なりに，字を書く際に気をつけたいことを見つけようとすることができる。

◉ 指導にあたって ◉

①　教材について

鉛筆を１年生で初めて持つという児童はまずいません。鉛筆にはあまり慣れていなくても，クレパスなどで持ち方の癖がついている児童が大多数です。

癖なので，直すのには時間がかかります。その上，慣れない持ち方をするために一時的に字や線が書きにくい状態が続きます。そのため，鉛筆の持ち方を直すという指導は，実はとても難しい内容です。

できれば，意欲もあり，ゆっくり指導する時間のゆとりもある１年生のうちに，正しい持ち方の指導をしておきたいものです。もちろん，教えるだけではなく，それが習慣化するまで３ヶ月，半年の見通しを持って声をかけ続けることが必要です。

②　主体的・対話的で深い学びのために

間違った持ち方の癖がついている児童には，正しい持ち方に変えることは抵抗があるでしょう。正しい持ち方で，空中で動かしたり，線をたくさん書いたりして，頭ではなく手に覚え込ませる発想が必要です。

その上で，「できているよ」「上手になったね」「ちゃんと意識しているね」などと継続的にほめたり，励ましたりすることを続けます。児童が自分から持ち方を直そうと思ったときに，正しい習慣が定着する可能性が高まります。

◎ 評価規準 ◎

知識 及び 技能	姿勢や筆記具の持ち方を正しくして書いている。
主体的に学習に取り組む態度	正しい姿勢や鉛筆の持ち方で書くことに粘り強く取り組み，自分なりに，字を書く際に気をつけたいことを見つけようとしている。

◎ 学習指導計画　全１時間 ◎

次	時	学習活動	指導上の留意点
1	1	・唱え歌を唱えながら，鉛筆の正しい持ち方を知る。 ・唱え歌を唱えながら，正しい姿勢を知る。 ・正しい持ち方や姿勢で書く。 ・ワークシートで練習する。	・実際に書く前に持ち方や姿勢が全員ができているかを確認する。 ・書き始めると持ち方が崩れる場合が多いので，書き出した後も確認しながら進める。

DVD 収録（イラスト，児童用ワークシート見本）

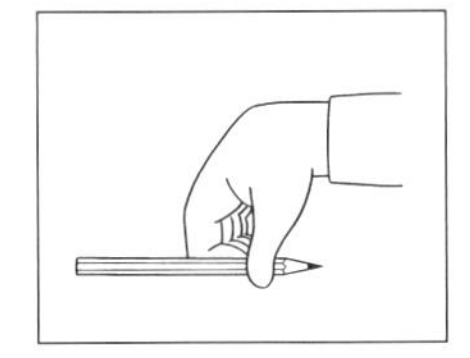
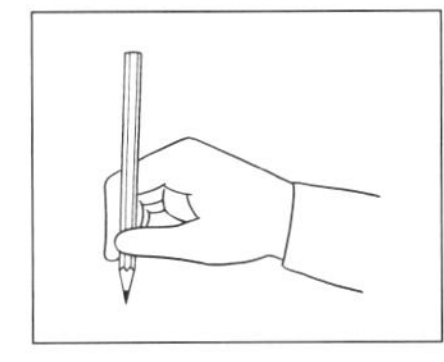
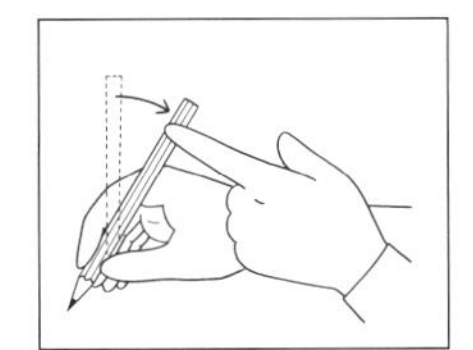
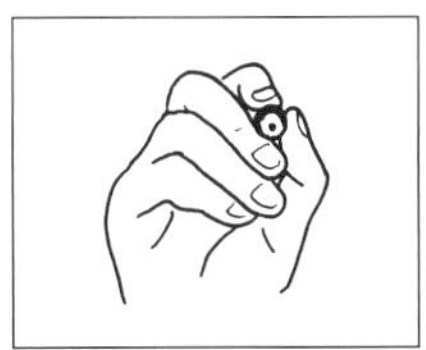
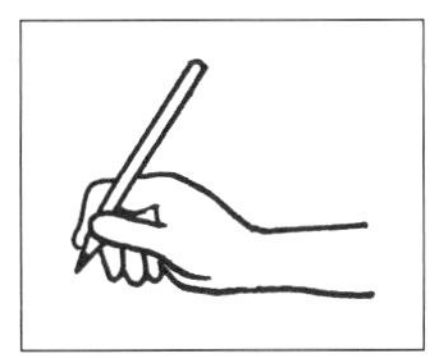

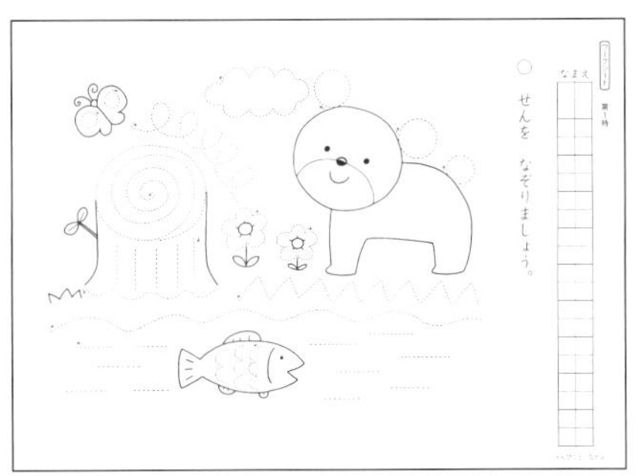
せんを　なぞりましょう。

えんぴつと なかよし
第1時（1/1）

本時の目標
姿勢や鉛筆の持ち方に気をつけて線を書くことができる。

授業のポイント
姿勢と持ち方は，基礎の基礎だがこれまでの癖がかなりついてしまっている児童もいる。この日をきっかけくらいに考え，ねばり強く指導していく。

本時の評価
姿勢や鉛筆の持ち方に気をつけて，線を書くことができる。

〈書く〉正しい持ち方を習得するには，線なぞりや色塗りが大切です。すきま時間に取り組める

板書例

すうっと　たおして
なかゆび　まくら

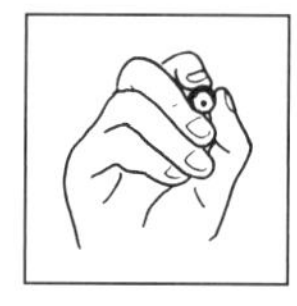

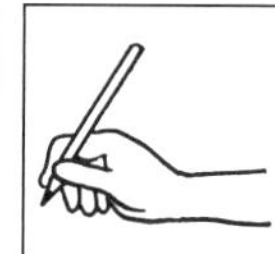

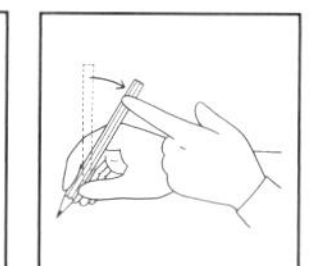

◇ただしい　しせい
あしは　ぴったん
せなかは　ぴん
おなかと　せなかに
ぐう　ひとつ

1 めあて　自分の鉛筆の持ち方を見直して，正しい持ち方を覚えよう。

みんな，どんなふうに鉛筆を持っていますか。
わたしは，こんな感じ。
ぼくとは，ちょっと違うね。

まず，ざっと児童の持ち方を確認する。できれば，最初の段階の持ち方を写真に撮っておくと大いに指導の参考になる。

「教科書（P14）の絵を見てみましょう。」
- えんぴつを置いてるね。
- ぼくの持ち方とぜんぜん違うよ。

絵や写真，文にあわせて指導する。ほとんどの児童が正しい持ち方ができていないというのが平均的な実態だろう。1人ずつ確認した上で，当分繰り返し指導する必要がある。

2 つかむ　正しい姿勢を覚えよう。

「正しい姿勢の方はどうかな。教科書を見てみましょう。」

では，順番に描いてあるとおりにやってみましょう。まず，足の裏をゆかにつけて〜。
足はブラブラしていたらダメなんだ。
背中はイスにくっつけない。

絵と文にあわせて指導していく。足の裏を床につけるだけでも姿勢がかなり変わるものである。特に，繰り返し強調し続けたい。

ほとんどの児童が姿勢もよくない。鉛筆の持ち方を変えると一時的に字が書きにくくなるが，姿勢を正しくしてもそうはならない。その点では，姿勢の方が直しやすいとも言える。ただし，言い続ける必要があるのは同じである。

よう，プリント教材を準備しましょう。

えんぴつと　なかよし

(め) ただしい　えんぴつの　もちかたと
しせいを　おぼえよう

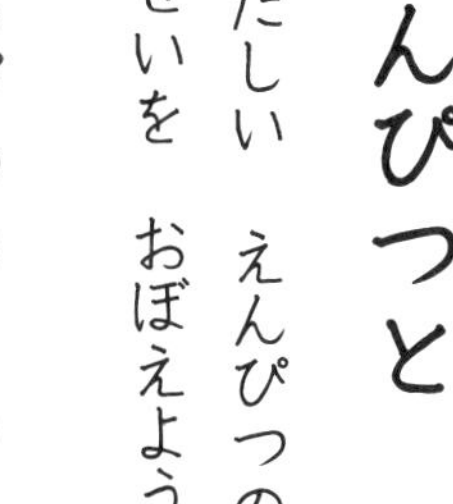

◇ えんぴつの　もちかた

えんぴつ　つまんで

もちあげて

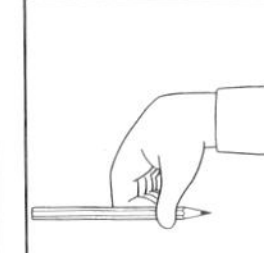

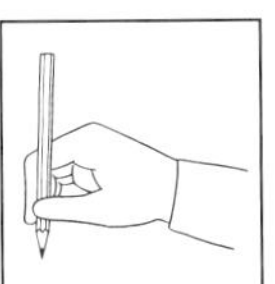

主体的・対話的で深い学び

・間違った持ち方のくせがついている児童にとっては，正しい持ち方に変えることはかなり難しいことである。くり返し声をかけ，できていることはほめて，そのことを意識させたい。

準備物

・黒板掲示用イラスト6点
DVD 収録【1_04_01，1_04_02】

・ワークシート
(児童用ワークシート見本　DVD 収録【1_04_03】)

3 なぞる　正しい持ち方と姿勢で，教科書の線をなぞってみよう。

「では，正しい持ち方と姿勢で線をかいてみましょう。」
・あれ，なんだかかきにくいな。
「今までの持ち方に慣れているので，最初は正しい持ち方の方が書きにくいかもしれません。でも，正しい持ち方に慣れれば，書きやすく，疲れにくくなります。」
・よし，この持ち方にかえるぞ。

「書く前に空中で正しい持ち方をして，鉛筆を動かしてみましょう。」

正しい持ち方ができているか，みんなで確認し合う。

では，教科書の線をなぞりましょう。
りんごはまるくかけばいいね。
りんごが落ちてくるグルグルの線が難しいな。

4 練習する　ワークシートの線もなぞってみよう。

「教科書の線は，覚えた正しい持ち方でうまくかけたかな。姿勢はどうでしたか。」

「空中で正しい持ち方をして，鉛筆を動かしてみましょう。」

鉛筆の持ち方と正しい姿勢を再確認して，ワークシートを配る。

絵の中の線をうまくなぞれるかな。
正しい鉛筆の持ち方と姿勢でなぞりましょう。
よし，今度こそうまくなぞろう。
うずまきのところがうまく描けた！

鉛筆の持ち方と正しい姿勢を繰り返し指導する。

さあ　はじめよう
どうぞ　よろしく

全授業時間３時間

◎ 指導目標 ◎

・相手に伝わるように，行動したことや経験したことに基づいて，話す事柄の順序を考えることができる。
・経験したことから書くことを見つけ，伝えたい事柄を明確にすることができる。
・丁寧な言葉と普通の言葉との違いに気をつけて使うことができる。
・これまでの経験をいかし，積極的に自分の名前を書いたり好きなものを考えたりし，友達と交流しようとすることができる。

◎ 指導にあたって ◎

①　教材について

やや改まった形で，自己紹介ということを経験します。児童は，名刺交換となるとそればかりに気を取られて，肝心の挨拶を忘れてしまうことがあります。教師が手本を示したり，児童に見本を示してもらったりして，挨拶することを児童に印象づける方がよいでしょう。

名前を書くこと，挨拶をすることの両方を，できるようになることを目指しますが，できない児童が傷つかないようには気をつけたいところです。ちょっとしたことで，全く活動ができなくなったり，泣き出したりする児童もいるかもしれません。１対１で指導すればできるかもしれないし，後でやれば何事もなかったようにできるかもしれません。まずは，教師があせらず，じっくり構えて，ゆとりを持って対応することです。

②　主体的・対話的で深い学びのために

自己紹介や挨拶は，抵抗が少なければ楽しい活動になりやすいものです。希望する児童に自己紹介や実際のやりとりを全員の前でやってもらい，どんな活動をするのか事前にイメージを持たせるとよいでしょう。

自己紹介を聞く側の態度も重要です。楽しそうに，一生懸命に聞いてくれれば，話す意欲も高まります。見本の児童の聞き方についても確かめ，うなずいたり，あいづちを打ったりして積極的に聞いている場合はそれを取り上げて褒めるとよいでしょう。

◎ 評価規準 ◎

知識 及び 技能	丁寧な言葉と普通の言葉との違いに気をつけて使っている。
思考力，判断力，表現力等	・「話すこと・聞くこと」において，身近なことや経験したことなどから話題を決め，伝え合うために必要な事柄を選んでいる。 ・「書くこと」において，経験したことから書くことを見つけ，伝えたい事柄を明確にしている。
主体的に学習に取り組む態度	これまでの経験をいかし，積極的に自分の名前を書いたり好きなものを考えたりし，友達と交流しようとしている。

◎ 学習指導計画　全３時間 ◎

次	時	学習活動	指導上の留意点
1	1・2	・教科書 P16 の絵を見て，友達を増やすために自己紹介をすることを知る ・「いちねん」と自分の名前を平仮名で書く。 ・名刺カードにていねいに書く。 ・名刺カードに好きなものの絵を描く。	・えんぴつの持ち方，姿勢の注意を確認する。
	3	・名刺カードを使って交流する。	・挨拶，名前，好きなもの等を伝え合い，たくさんの友達と交流する。 ・実際に児童にやってもらい，イメージを持たせる。

DVD 収録（児童用ワークシート見本）

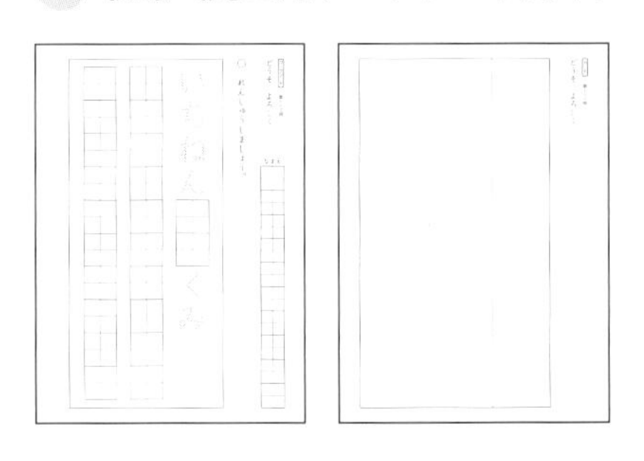

どうぞよろしく 第1,2時（1,2/3）

本時の目標

名刺カードに自分の名前をていねいに書く。

授業のポイント

１年生とはいえ，せっかくの機会である。字の位置や大きさについても指導する。

本時の評価

名刺カードに自分の名前をていねいに書くことができる。

〈書く〉名前練習プリントを準備します。フォント「UD 教科書体」(灰色 50%) で作成すると，

板書例

◇かいてみよう

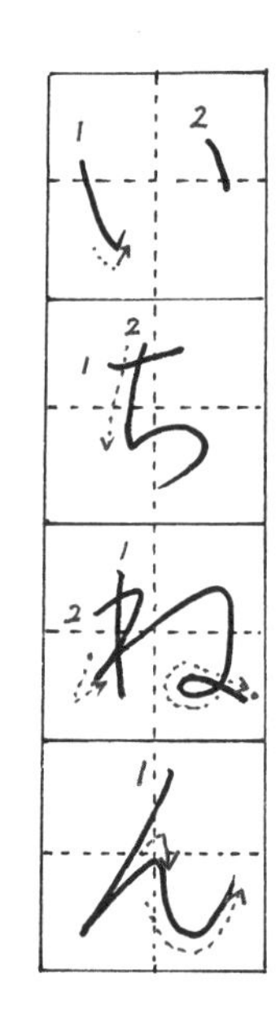

◇なまえを　かこう

・ていねいに

・しっかりと　こく　かく

◇しあげ

・すきな　ものの　え

1 めあて　名刺（名前カード）とは，どんなものかな。

今度「どうぞよろしくの会」をします。この会には「名刺」というものを使います。
「どうぞよろしくの会」って面白そう。
「めいし」って何かな。

「名刺とは『いちねん（○くみ）なまえ』を書いたものです。自分のことを友だちに知って覚えてもらうためのカードです。」

１年生の４月では，どんなに丁寧に説明しても完全には伝わらない。そうだとしても，分かる児童はいるはずで，徐々に分かるようになっている児童もたくさんいる。家に帰って，児童が保護者から「どうぞよろしくの会って，どんなことしたの？」と尋ねられたとき，「分からない」という児童ができるだけ少なくなることを目指したい。

2 練習する　「い・ち・ね・ん」と名前を名刺に書く練習をしよう。

せっかく人に渡すのだから，いちばんいい字を書きたいですね。まずは練習しましょう。
書けるかな。
早く書きたい！
いちねん
くみ

「空中で正しい持ち方をして，『い・ち・ね・ん』と，先生と一緒に鉛筆を動かしてみましょう。」

まだ本格的なひらがなの指導はしていないので，簡単にポイントや筆順を教える。また，マス目を書いた別の紙で試しに書かせてみるなどの配慮もしたい。

「では，『い・ち・ね・ん』をなぞりましょう。」
「次は，自分の名前を書いてみましょう。」

名前は，手本を参考にして書かせる。筆順を意識させるために，筆順に番号をつけておくとよい。

ここで，正しい鉛筆の持ち方や姿勢を再度指導する。

児童も関心をもって練習することができます。

どうぞ　よろしく

(め)「い・ち・ね・ん」と　なまえを　かいて　めいしを　つくろう

どうぞ　よろしくの　かい

いちねん　なまえ

めいしを　わたす

主体的・対話的で深い学び

・1年生の児童は，自分の名前を書くことが好きなものである。字形やバランスなどよい点を見つけて，2枚目3枚目をよりていねいに書こうという意欲を引き出したい。

準備物

・黒板掲示用イラスト　DVD 収録【1_04_01，1_04_02】
・練習ワークシート（見本　DVD 収録【1_05_01】）
・各児童の名前の手本
・名刺用カード（児童数×2，3枚）
（見本　DVD 収録【1_05_02】）

3 書く　名刺カードに名前を書こう。

線が薄く細い児童がよくいる。書写の時間だけでなく，ふだんのときでも4Bや書写用鉛筆で書かせてみてもよい。

また，1年生は飛躍的に字がうまくなる児童がほとんどである。ぜひ，入学間もない頃に書いた名前をとっておき，2学期末や3学期に書いた名前と比べさせてみたい。

さあ，しっかりとした線で濃く書きましょう。
がんばっていい字で書こう！
鉛筆の持ち方と姿勢も気をつけて，書くのだったね。

名刺は，会の進め方にもよるが，2，3枚書かせるとよい。字の練習にもなり，楽しい活動にもなる。

4 仕上げる　名刺カードをきれいに仕上げよう。

「名刺がしっかり書けましたか。今度は名刺に好きなものの絵を描きましょう。」
・何を書こうかな。

何を描きたいですか。
犬の絵！
アニメのキャラクターがいいな。
名前の横に書くのだから，自分の顔の絵がいい。

名前だけでなく，友だちに知らせたい好きなものや好きなことも絵で描き沿えることを伝える。

「時間がある人は色塗りしてもいいですよ。」
・がんばってきれいにかこう。

「次の時間はこの名刺を使って，『どうぞよろしくの会』をしましょう。」

どうぞよろしく 第3時（3/3）

本時の目標

楽しく自己紹介をする。

授業のポイント

自己紹介の指導が形だけにならないように，事前事後に，実際にやってみせるなどして印象づける。

本時の評価

楽しく自己紹介をすることができた。

〈話す〉児童の中からお手本を取り上げます。どこがよいのかを教師が褒めることで，レベルアップ

板書例

◇じこしょうかいの　じゅんばん

①　なまえ

②　すきな　もの
「すきな　〇〇は　～です。」

③　あいさつ
「よろしく　おねがいします。」

④　ひとこと
「なかよく　して　ください。」
「いっしょに　あそぼうね。」

えがおで
げんきな　こえで

1 めあて 「どうぞよろしくの会」について理解しよう。

今日は，「どうぞよろしくの会」をします。
自分でかいた名刺を友達に渡すんだよね。
どうしたらいいんだっけ？

「いきなり名刺は渡しません。まず，自己紹介をします。それから名刺を渡して握手をしましょう。」

せいぜい数枚の名刺なので，適当に配ってしまうと，あっという間に終わってしまうことになる。ゆったりと時間をとり，自己紹介について丁寧に指導する。

自己紹介のとき，幼稚園や保育園のときから知っている児童には，ついふだんの言葉遣いをしてしまうだろうが，ここはあえて，丁寧に言うことを求めてもよい。それによって，児童は，少し普段とは違う気持ちで名刺交換と自己紹介をするだろう。

2 練習する 自己紹介の練習をしよう。

「自己紹介の練習をしましょう。」

名刺を渡す時どのようなことを言うか考えましょう。
え？名前を言うだけじゃないの？
「好きなもの」と「一言」は何を言おうかな。

自己紹介の練習では，以下ポイントに気をつける。

- ○笑顔で元気な声で話す。
- ○自分の名前を言う。
- ○好きなもの（あそび，たべものなど）を言う。
- ○あいさつを言う。（「よろしくお願いします」など）
- ○名刺を渡す相手に，「休み時間，一緒に遊ぼうね」「幼稚園のときのように仲良くしてください」のような一言を付け加える。

を図りましょう。

どうぞ　よろしく

㋱　たのしく　じこしょうかいを　しよう

どうぞ　よろしくの　かい

じこしょうかい

めいしを　わたす　←

あくしゅ

主体的・対話的で深い学び

・相手を見つけて自己紹介をするとなると，そのような活動が苦手で全く動けない児童が出てくるかもしれない。完全に自由にさせずに，まず，相手が決まったかどうかを確認する。さっと行動できた児童をほめながら，決められない児童には教師が指示をして決めるとよい。

準備物

・前時までに書いた名刺
（間に合わない児童は，休み時間などに書かせておく。）

3 交流する　隣の人と１回目の名刺交換をしよう。

「では，本番です。今から『どうぞよろしくの会』を始めます。」

「まず，お隣の人と名刺交換をしましょう。」

えっと，○○です。よろしくお願いします。好きなあそびはサッカーです。それから…。
何か「ひとこと」つけるんだよ。
あ，なかよくしてください。

移動し始めると，指導をするのが難しくなる。最初に座ったままで隣どうし（または３人）で行う方がスムーズにできる。

名刺を渡して終わりとならないよう，指導したことをできるだけ意識させる。そのために，直前の指導を印象づける。教師が児童役でわざと下手な自己紹介をしたり，希望者に見本をやってもらったりするとよい。

4 確かめる 交流する　見本を見て，２回目の名刺交換をしよう。

１回目はどうだったかな。上手だった人にちょっとやってみてもらいましょう。
わたしは△△です。よろしくお願いします。好きな食べ物はアイスクリームです。今度一緒に遊んでください。
△△さん，ありがとう。ぼくは，□□です。…。

「では，２回目をやりましょう。今度は席を立って相手を決めましょう。」

・だれにしようかな。

何事も練習が大切で，せっかく細かく指導しても１回だけでは，うまくできない児童がいる。何回かやるとしても，一気にやってしまうのではなくて，間を取り，振り返る時間を取ると，より効果は高まる。

できるだけたくさんの友だちと名刺交換するよう指導する。

さあ　はじめよう

なんて　いおうかな

全授業時間２時間

◉ 指導目標 ◉

・身近なことや経験したことなどから話題を決め，伝え合うために必要な事柄を選ぶことができる。
・丁寧な言葉と普通の言葉との違いに気をつけて使うことができる。
・経験をもとに積極的に考え，学習課題に沿って自分の考えを伝え合おうとすることができる。

◉ 指導にあたって ◉

① 教材について

挨拶は，学校の中では常に取り上げられ続けている事柄です。それだけ，大切だと万人が感じていながら，実はできていないということでもあります。１年生は，素直に学んだことを活用できる学年です。この時期に，ぜひ気持ちのよい挨拶や友達どうしの言葉かけを習慣化するところまで指導しておきたいものです。

教材では，９つの挨拶や対話の場面が取り上げられています。教室の中では，挨拶への意識を促すきっかけと位置づけ，給食や授業の始めと終わりなどとも合わせて指導しましょう。

挨拶や言葉かけは，普段の生活で使えてこそ意味があります。ぜひ，この時間で指導したらすぐに教室や学校の中で学習した言葉を使うように促しましょう。しばらくの間は，教師が意図的に観察し，「○○さんは，昼休みに『ありがとう』って言えていたね。」などと取り上げるようにするとよいでしょう。

新たな習慣を作るには，まずは継続と一貫性です。授業で学習した朝の挨拶が，クラスの朝の会でいい加減になっているのをそのままにしておくようなことのないように気をつけたいものです。生活との連動，そして継続が重要なのです。

② 主体的・対話的で深い学びのために

家庭で，親子の対話や挨拶が少ない場合，学校だけで挨拶や友達どうしの言葉かけを指導しても成果が少ないのは，学校の取り組みの中でよく取り上げられる課題です。ただし，家庭や地域のことはさておき，学校，さらにはクラス，もっといえば，担任との挨拶や対話に限定して考えれば，指導はそんなに難しいことではないのです。教師こそが，人間関係をつくる基盤としての挨拶や対話の意義を理解し，児童に継続的に声をかけることで変化を生み出したいものです。

まずは，挨拶をした児童，場面に合った適切な言葉かけや対話をした児童，声が適正な大きさである児童，表情が明るい児童などを取り上げて，おおいにほめることから始めましょう。

◉ 評価規準 ◉

知識及び技能	丁寧な言葉と普通の言葉との違いに気をつけて使っている。
思考力，判断力，表現力等	「話すこと・聞くこと」において，身近なことや経験したことなどから話題を決め，伝え合うために必要な事柄を選んでいる。
主体的に学習に取り組む態度	経験をもとに積極的に考え，学習課題に沿って自分の考えを伝え合おうとしている。

◉ 学習指導計画　全２時間 ◉

次	時	学習活動	指導上の留意点
1	1・2	・絵を見て，何をしてどんな話をしている場面なのかを出し合う。 ・それぞれの場面に合った言葉や動作を考えてやりとりしたり，発表したりする。 ・教師に対する言葉遣いと友達どうしの言葉遣いの違いを考える。	・朝の会や終わり会などの挨拶とも連動させて指導する。

DVD **収録（イラスト）** ※本書 P54，55 に掲載しています。

なんていおうかな
第1,2時（1,2/2）

本時の目標
相手や状況に合わせた挨拶の仕方や言葉のかけ方を理解する。

授業のポイント
挨拶や対話の言葉は，授業中に理解しただけでなく，実際に使えてこそ学習した意味がある。ふだんの生活につなげるように声をかけ，指導し続けていく。

本時の評価
相手や状況に合わせた挨拶の仕方や言葉のかけ方を理解することができる。

板書例

〈実践〉なぜ挨拶や返事をするのか，どういう挨拶や返事がよいのかを児童と共に考えます。

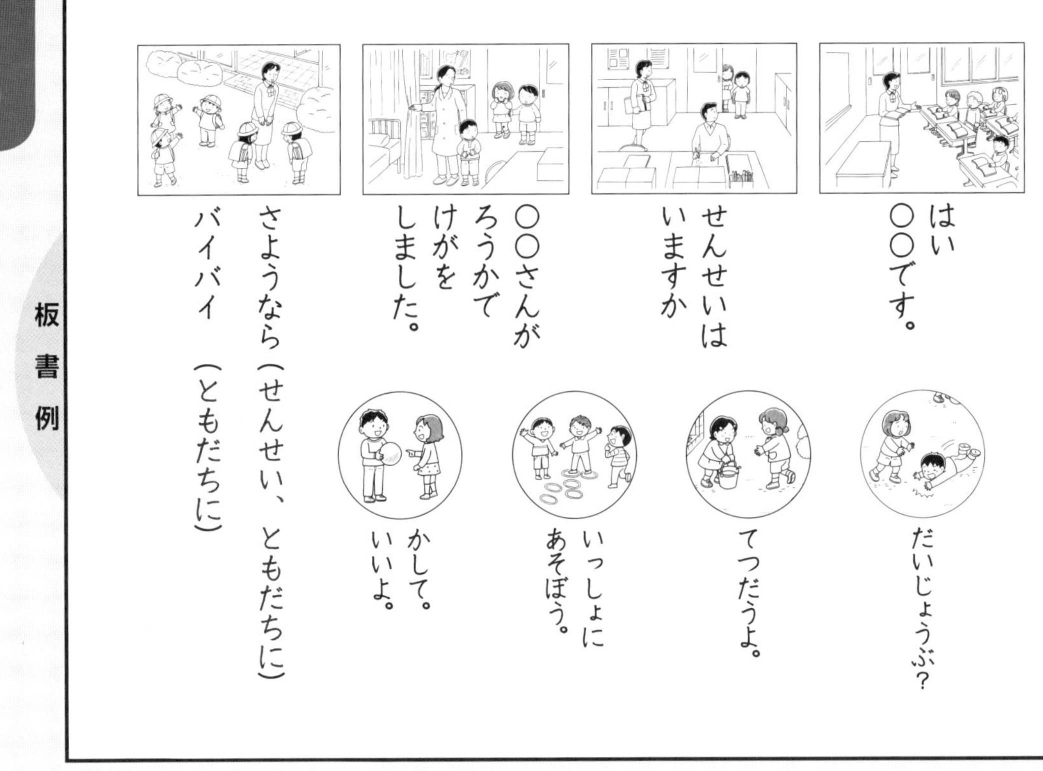

はい　〇〇です。
せんせいは　いますか
〇〇さんが　ろうかで　けがを　しました。
さようなら（せんせい、ともだちに）
バイバイ（ともだちに）
だいじょうぶ？
てつだうよ。
いっしょに　あそぼう。
かして。　いいよ。

1（第１時）**めあて**　**朝起きてから，どんな挨拶をしているか確かめよう。**

「今日は，みんなが毎日している挨拶の勉強をしましょう。朝起きたら，どんな挨拶をしますか。」
- 朝は，「おはよう。」って言います。
- 「おはようございます。」と言うこともあるよ。

「お昼や夜では，どんな挨拶をしますか。」
- お昼は「こんにちは。」，夜だったら，「こんばんは。」
- 寝るときに「おやすみなさい。」も言います。

毎日の生活の中での体験から，自由に発表させる。

では, 今日の朝は「おはよう」ができましたか。
できました。
家ではできたけど…。

まず，「おはよう」の挨拶が実際にできているかどうか確かめる。

2 **考える 出し合う**　**教科書（P18–19）の絵を見て何と言っているか考えよう。**

教科書 18 ページの上の絵を見ましょう。なんと言っているでしょう。
先生には「おはようございます」と言っています。
友達には「おはよう！」だよね。

「同じ朝のあいさつでも，先生と友だちには違う言葉を言っていますね。」

「その下の絵では？お友達が目の前で転んでしまったら，みんなは何て言いますか。」
- わたしだったら，「大丈夫？」って言う。

教科書の９つの場面（①朝の教室，②友達が転んだとき，③友達が重いバケツを運んでいるとき，④教室で先生に指名されたとき，⑤⑥友達と遊ぶとき，⑦職員室に入るとき，⑧保健室に行ったとき，⑨下校のとき）についてそれぞれ考え，意見を出し合う。

それを意識して取り組む児童をほめましょう。

なんて　いおうかな

㋱ せんせいや　ともだちに
じょうずに　つたえよう

おはようございます（せんせいに）
おはよう（ともだちに）

主体的・対話的で深い学び

・挨拶は習慣化しないと本当にできたことにはならない。挨拶の気持ちよさを実感させ，また，それを教師が取り上げてほめるようにして，言葉で伝え続けることが重要である。

準備物

・教科書（9場面）の拡大カラーコピー，または
黒板掲示用イラスト DVD 収録【1_06_01～1_06_09】

3 発表する（第2時）　9つの場面でどう言えばよいか，実際にやってみよう。

この絵の中の人になったつもりで，やってみましょう。
○○くん，どうぞ。
はい！
せんせい

「では，最初の絵です。この先生役は先生がしてみます。先生の前の人１人，教室に入ってくる人１人，友だち役の 人２人，前に出てやってみましょう。」
・（先生に向かって）おはようございます。
・（先生）おはようございます。
・（教室に入ってきたつもりで）おはよう！
・（友だち役２人）おはよう！

同様に，ほかの場面についても役を決めて，教科書の絵を見て考えた言葉を，実際に動作をつけたりしながら，クラスの前で発表する。

4 返事をする　返事や挨拶をしっかりしよう。

「みんなは呼ばれたら返事はできていますか。」
・できる，できる！　・呼んで！
「真ん中の絵は，授業中のことですね。授業中で大事な挨拶は返事です。」

１人ずつ名前を呼んでいくから，しっかり大きな声で返事してくださいね。
はい！

全員の名前を１人ずつ順に呼んでいく。

「みんないい返事ができましたね。これから，いつもいい挨拶や返事ができるようにしましょう。」

授業はあくまできっかけで，普段の生活は実践の場である。初めの１週間ぐらいはことあるごとに取り上げ，できている児童をほめていくようにしたい。

よぼう

さあ　はじめよう

こんな　もの　みつけたよ

全授業時間２時間

◎ 指導目標 ◎

・身近なことや経験したことなどから話題を決め，伝え合うために必要な事柄を選ぶことができる。
・言葉には，事物の内容を表す働きや，経験したことを伝える働きがあることに気づくことができる。
・紹介したい事柄を積極的に選び，見つけたものをより分かりやすく紹介しようとすることができる。

◎ 指導にあたって ◎

① 教材について

生活科の学校探検と連動する単元です。児童によっては，後から尋ねても，どこに行ったのか，何を見たのか全く話ができない場合があるかもしれません。あらかじめ，後で発表をしてもらうということを伝えておき，学校探検をしながら，一番発表したいものを考えさせておくとよいでしょう。

絵も得意不得意によって時間がかなり変わってきます。大きく描く，１つだけ描くなど，ポイントを明確にして，あまり負担が大きくならないようにしましょう。

② 主体的・対話的で深い学びのために

あらかじめ発表のイメージを持たせると，学校探検をしながら「これをしようかな」「どれを描こうかな」など意識を持って行動する児童も出てくるでしょう。発表に使う紙を見せたり，簡単に見本を示したりしてから学校探検をスタートするとよいでしょう。

◎ 評価規準 ◎

知識 及び 技能	言葉には，事物の内容を表す働きや，経験したことを伝える働きがあることに気づいている。
思考力，判断力，表現力等	「話すこと・聞くこと」において，身近なことや経験したことなどから話題を決め，伝え合うために必要な事柄を選んでいる。
主体的に学習に取り組む態度	紹介したい事柄を積極的に選び，見つけたものをより分かりやすく紹介しようとしている。

◎ 学習指導計画　全２時間 ◎

次	時	学習活動	指導上の留意点
1	1	・後で発表することを予告した上で学校探検を行う。 ・校内で見つけたものを思い出して，紹介したいことを考えながら絵に描く。	・生活科とも連動させて計画を立てる。 ・分かりやすい教室の配置図を持たせ，行ったところに○を入れるなどをさせる。 ・絵は，１つのものに限定して描かせる。
	2	・絵を使って，自分で見たことや見て思ったことを友達に紹介する。 ・みんなの前で話すときの言葉遣いを考えて話す。	・発表では，各教室の写真等も見せながら進める。

こんな　もの　みつけたよ
第 1 時　(1/2)

本時の目標

学校探検で見つけたものを絵に描くことができる。

授業のポイント

なぜ選んだかを考えることができる児童には，何を描くかを選びながら，発表することも考えさせる。

本時の評価

学校探検で見つけたものを絵に描くことができた。

〈支援〉何を描くのかを決めにくい児童もいます。展開２では，どのようなものがあったのかを

板書例

ひとつ
・おおきく
・わかりやすく

◇かいて　おくこと
・なまえ
・みつけた　もの
・みつけた　ところ

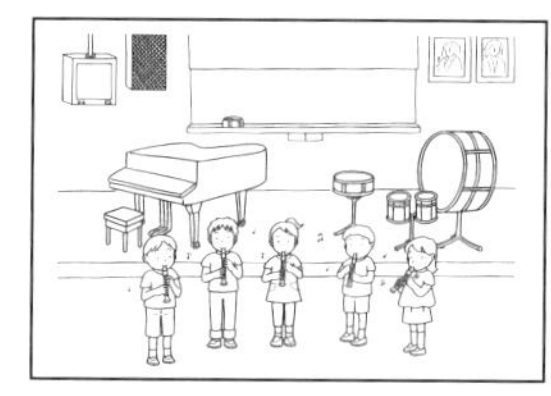

※各教室など校内の写真の拡大版を貼る（または，画像を投影する）。

1 めあて（学校探検）　後で発表することを考えながら学校探検に行こう。

「今から学校探検に行きます。」
- 早く行きたい！
- 初めて他の校舎に行くよ。楽しみ！

学校探検から帰ってきたら，見たものを１つ絵に描いて発表してもらいます。

何にしようかな。
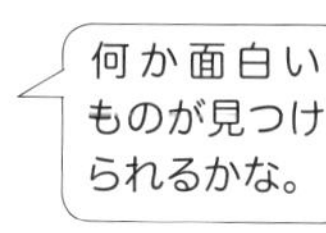
何か面白いものが見つけられるかな。

「実際に見てから決めましょう。他の人に教えたい物が見つかるといいですね。」

学校探検では，分かりやすい教室の配置図を持たせ，行ったところに○を入れさせるなどする。学校探検については，主に生活科の学習になる場合が多い。ここでは後の発表に関わる部分だけ取り上げることにする。

2 対話する 決める　発表するものを何にするか決めよう。

「学校探検で，発表したいものは見つかりましたか。」
- あった！　　・まだ決まらない…。

「まず，決まった人に言ってもらいましょう。」
- 音楽室に，大きなピアノがありました。弾いてみたかったです。

「そのときに思ったことも言えて，上手に発表できましたね。」

「まだ決まらない人は，黒板の写真を見て，行ったところを思い出してみましょう。」

ぼくは，図書室と理科室と…に行った。
図書室にはいっぱい本があったね。
そうそう，読みたい本があった！
じゃあ，本の絵かな？

学校探検で見に行った教室や校内の主な場所の画像を示して，見せるとよい。

出し合い，その中から選択できるように支援します。

こんな　もの　みつけたよ

(め) みつけた　ものを　えに　かこう

がっこうで　みつけた　もの

主体的・対話的で深い学び

・学校探検に行く前に，発表することを意識づけておくことで，「どれがいいかな」「これを発表したい」という気持ちの高まりが期待できる。

・絵は，得意な児童と苦手な児童に大きく分かれると予想される。苦手な児童は，なかなか取りかかりさえもできずに時間が過ぎてしまう場合がある。見つけたものは何か，それが分かる部分はどれかを明確にして，それだけを描けばよいことを助言するとよい。

準備物

・各教室や校内の主な場所の写真の拡大版（黒板掲示用）

・教室配置図（児童配布用，児童数）

・画用紙（児童数）

3 絵に描く　発表するものを絵に描こう。

「描くものは決まりましたね。」

・決まりました。　・いっぱいある！

「たくさんある人も，１つだけにしましょう。」

発表するときに，話しやすいものがいいですね。
ぼくは，校長室にあった学校の旗にしよう。かっこよかった。
じゃあ，本がいいな。表紙がおもしろそうだったから…。

「１つのものを大きく描きましょう。」

・どれくらいに描いたらいいかな。

・うさぎ小屋は難しいな…。

「難しくて描けないという人はいますか。例えば，うさぎ小屋を選んだ人でも，絵に描くのはうさぎだけ，というように，全部描かなくてもいいですよ。大きく分かりやすい絵の方がいいですね。」

4 見直す 仕上げる　絵を見直して，仕上げよう。

描いた絵を見直しましょう。もう完成かな。
下に「うさぎごや」って，字で書いておこう。
色をぬろう！

「そうですね。発表するときに，自分も聞く人も分かりやすくできるといいですね。見つけた場所も書いておきましょう。」

・わたしは，なんて言おうかな。

・絵には描いてないけど，言いたいことは…。

「自分の名前と，見つけたもの，見つけた場所を書いておきましょう。次の時間に発表してもらいます。まだできていない人は次の時間までに仕上げておきましょう。」

こんな　もの みつけたよ
第 2 時 (2/2)

本時の目標

学校探検で見つけたものを紹介する。

授業のポイント

単に何を見つけただけでなく，見つけたものについての説明や感想を加えさせたい。

本時の評価

学校探検で見つけたものについて，絵を使って分かりやすく紹介しようとしている。

〈発表〉前に出て発表することは勇気のいることです。失敗感を与えないように，展開２で話す

板書例

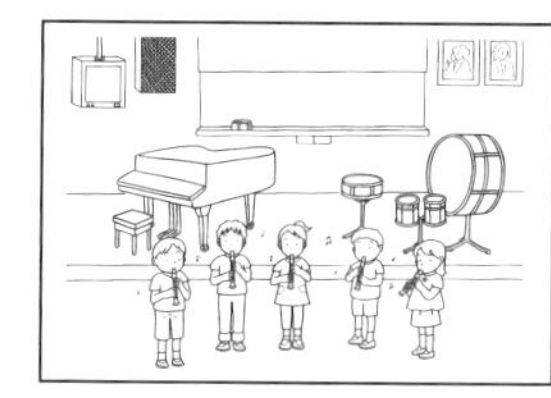

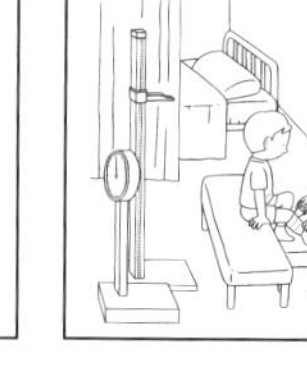

・どこで
・なにを　みつけたか
・どんな　ものか（くわしく）
・おもった　こと

◇かんそう

※各教室など校内の写真の拡大版を貼る（または，画像を投影する）。

1 めあて　学校探検で見つけたものを発表しよう。

「今日は，いよいよ発表をしてもらいます。」
・はやくやりたい。　　・ドキドキする。
「どのように発表すればよいか，教科書を見てみましょう。」
（教科書を範読する。）

みんなも１人ずつ前に出て，言ってもらいます。前の時間に描いた絵を見せながら，話しましょう。見たものをくわしく，思ったことも言いいましょう。
絵を見せるだけじゃないんだね。

「きちんと言うことを決めておいて，練習もした方がいいですね。前に出たら，どきどきして声が小さくなったり，言うことを忘れたりするかもしれませんよ。」
・そうか，練習した方がいいよね。
・何を言ったらいいかな？

2 考える 練習する　発表するときに，何を話すか考えて，練習しよう。

「今から，発表することを考える時間にします。」
・もう決まっているよ。
・早くやりたい！
「ただ，○○を見つけました，というだけでなく，見たものをくわしく，見て思ったこと，どうしてそれを選んだかなども言えるといいですね。」
・わたしは，うさぎが近くに寄って来てくれて，かわいいと思ったから…。
「話すことを紙のうらに書いておくと，忘れないですよ。」

何を言うか決まった人は，隣の人に向かって本番と同じように話してみましょう。
ぼくは，理科室でガイコツを見つけました。大人の人と同じぐらいの大きさでした。びっくりしました。
わたしも見てみたい！

ことの準備や練習の時間を確保します。

こんな　もの　みつけたよ
㋱ みつけた　ものを　はっぴょう　しよう
◇ はっぴょう

主体的・対話的で深い学び

・次の順番の児童を前に出させるのは，流れをスムーズにするためと気持ちの準備をさせるためでもある。話すことをしっかりと確認してから発表を始めるように声をかけておく。
・発表した児童に対しては，声の大きさ，内容（説明，感想），態度（姿勢，はじめ方，終わり方）などの視点で教師がほめるようにすると，以降に発表する児童の参考になる。

準備物

・各教室や校内の主な場所の写真の拡大版（黒板掲示用）

3 発表する　順番に1人ずつ発表しよう。

「では，発表をしてもらいます」
・やった！　　・うまく言えるかな。
「席の順番で発表してもらいます。次の人は，前のいすに座って待っておきましょう。」
「聞いている人も大事です。発表している人をしっかり見て，発表を聞きましょう。」

わたしは，音楽室で大きなピアノを見つけました。きれいな音がでるのだろうなあと思いました。ひいてみたいです。

発表の中で，見つけた場所が分かりにくい場合は，黒板の地図で場所を示すようにさせるとよい。

4 交流する　発表の感想や，発表を聞いた感想を言おう。

「みんな，上手に発表できましたね。」
・もっと言いたかったな。
「発表の感想が言える人はいますか。」

絵を描くのが難しかったです。発表ではみんながうなずいて聞いてくれたから，分かってもらったのでよかったです。

みんなの前に出たら，絵の裏に書いたことがよく読めなくてはずかしかったです。次は，上手に発表したいです。

「友達の発表を聞いて，こんなところが上手だった，ここが面白かった，という感想はありますか。」
・○○さんは，大きな声で絵も上手で，とても分かりやすかったです。
・△△さんの，理科室のガイコツの話を聞いて，私も行ってみたくなりました。

さあ　はじめよう

うたに　あわせて　あいうえお

全授業時間２時間

◉ 指導目標 ◉

・姿勢や口形，発声や発音に注意して話すことができる。
・長く親しまれている言葉遊びを通して，言葉の豊かさに気づくことができる。
・姿勢や口形，発声に進んで注意し，学習課題に沿って音読しようとすることができる。

◉ 指導にあたって ◉

①　教材について

各連，１，２行目の最初が「あいうえお」の順であり，３行目が「あいうえお」になっています。つまり，くり返し音読することで「あいうえお」に自然に親しむことができる教材です。ぜひ，暗唱までめざし，児童に自信をつけさせたいものです。１画目に色をつけ，筆順に気をつけて練習する工夫もされています。

言葉をたくさん見つけさせましょう。すぐに見つかる児童もいれば，指示されていることがよく分からないままという児童もいるでしょう。１つ１つ，教科書のどの部分にその言葉があるのかを確認しながら進めましょう。

また，できるだけノートに書く活動を取り入れます。１年生のこの時期は，例え１文字であっても，指示した場所に正しく書くことが難しい児童もいるはずです。黒板で確認する，指で押さえるなどして，指示通りにノートを書くことを練習させていきましょう。

②　主体的・対話的で深い学びのために

１年生の多くは音読が好きなものです。特に，みんなで声をそろえてリズムのよい文を読むことは心地よさが感じられる活動です。その一方で，ひらがなを１文字ずつ読むことすら困難な児童と，文章をすらすらと初見で読むことができる児童に分かれているのも１年生なのです。ここでは，繰り返し読むことで自然に暗唱できる状態とすることで，音読をみんなが楽しめる状態にしたいものです。

≪ひらがなの読みの学習について≫

本来，小学校で，ひらがなの読み書きを最初から教えるのが建前になっています。ただし，現実は，ほとんどの児童がひらがなの読みはだいたいできているという状態です。

担任としては，本当にクラスにひらがなの読みができない児童がいないかどうかを把握しておく必要があります。本単元の第１時では，「指なぞり」による指導を紹介しています。指なぞりは，教師にとっては把握の手立てでもあり，児童にとっては読みの練習でもあります。

◎ 評価規準 ◎

知識 及び 技能	・姿勢や口形，発声や発音に注意して話している。 ・長く親しまれている言葉遊びを通して，言葉の豊かさに気づいている。
主体的に学習に取り組む態度	姿勢や口形，発声に進んで注意し，学習課題に沿って音読しようとしている。

◎ 学習指導計画　全２時間 ◎

<table>
<tr><th>次</th><th>時</th><th>学習活動</th><th>指導上の留意点</th></tr>
<tr><td rowspan="2">1</td><td>1</td><td>・リズムよく繰り返し音読する。
・口の開け方に気をつけて読む。
・「あいうえお」の字を教科書の中で見つける。
・一部覚えて言ってみる。</td><td>・まずは読んでいるところを指でなぞらせながら読んでいく。
・交代，班など様々な形式で読む。
・できれば暗唱までもっていくことを目指す。</td></tr>
<tr><td>2</td><td>・教科書の大きな文字「あいうえお」を指でなぞる。
・筆順と字形に気をつけて鉛筆で書く練習をする。
・教科書のマス目に書く。
・これまでに習った文字を使って言葉を作り，ノートに書いて言葉集めをする。</td><td>・教科書の大きな文字の青い部分が１画目であることに気をつける。
・既習の「鉛筆の持ち方」「正しい姿勢」を振り返りながら書くように指導する。</td></tr>
</table>

DVD 収録（イラスト，児童用ワークシート見本）

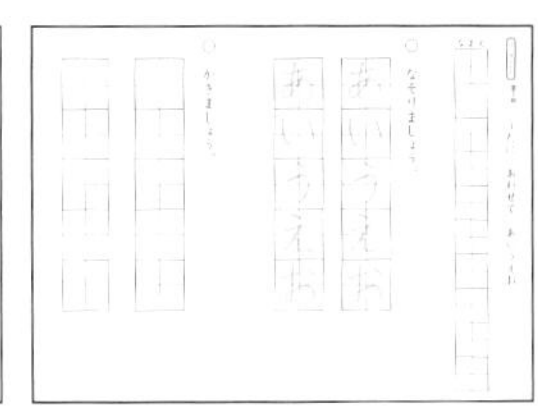

うたに　あわせて あいうえお

第 1 時　(1/2)

本時の目標

リズムよく音読する。

授業のポイント

教師との交代，隣との交代などいろいろな形で，音読を楽しませながら，できれば暗誦までもっていくことを目指す。

本時の評価

リズムよく音読することができる。

〈暗唱〉リズムがよいので，最初の部分を提示すれば児童の多くが暗唱できます。

板書例

い・・・
い・・・
あいうえお

う・・・
う・・・
あいうえお

え・・・
え・・・
あいうえお

お・・・
お・・・
あいうえお

い　う　え　お

1 音読する 「うたにあわせてあいうえお」を元気よく読もう。

「まず先生が読みます。みんなは先生が読んでいるところを指でなぞってください。」

教科書 P22-24「うたにあわせてあいうえお」を範読する。

次は，先生の後に，つづけて読んでみましょう。読んでいるところを指でなぞりながら，大きな声で読みますよ。「あかるい　あさひだ　あいうえお」はいっ。

あかるい　あさひだ　あいうえお

3行ずつ区切ってリズムよく音読する。「指でなぞりましょう。」という指示を出してみると，読めていない児童がいる場合，すぐに分かる。

「『あ，い，う，え，お』を口の形に注意して言いましょう。教科書の口の形は全部違いますね。」

隣と向き合って読むなど，口形を意識させる。

2 つかむ 「あいうえお」を教科書の中から見つけよう。

今，読んだ中に「あいうえお」がありましたね。どこかな。指でおさえてみましょう。

はじめに「あいうえお」がありました。

真ん中にも大きな字があります。

「あいうえお」は，題名の部分にも出てきており，上の指示ではこれも正解となる。始めの1文字にばらばらに出てくるといった意見も正解としてよい。

「指で押さえましょう。」という指示もとても効果的である。ぼんやりしていた児童が活動を促されることで集中しやすくなる。教師は，押さえているところを見渡して，どの程度ついてきているか確認できる。

うたに　あわせて　あいうえお

め　りずむよく　よもう

あかるい
あさひだ
あいうえお

あ

くちの　かたち

主体的・対話的で深い学び

・ここでは，リズムの心地よさを感じさせることが第一である。そのためには，最初の範読からリズムを強調して読むようにしたい。

準備物

・黒板掲示用「くちのかたち」カード
（DVD 収録【1_08_01】）

3 練習する　いろいろな読み方で，たくさん読む練習をしよう。

「先生が『あかるいあさひだ』と読むので，みんなは『あいうえお』のところを読みましょう。」

あかるいあさひだ。
あいうえお

「次は，先生が『あいうえお』を読むから，みんなは先に『あかるいあさひだ』と読みますよ。」

交代で読むこの読み方は「交代読み」と呼べる。この読み方では，何となく続けて読んで間違えるということが少なくなり，集中できるのがよい。また，読み手が変わることが刺激になり楽しく読める。

隣どうしで交代読みをしたり，クラスを３つに分けて１行ごとに読んだり，楽しく音読練習する。

4 暗唱する　「うたにあわせてあいうえお」を覚えて言ってみよう。

では，教科書を閉じましょう。先生が先に言うから，続きが言える人は言ってみましょう。
あかるい？
あさひだ
あいうえお

「すごい。覚えている人，たくさんいますね。」
「いいこと」
・いろいろ～（と続ける。）

リズムがよいので，最初の部分を提示すれば続けられる児童は多い。あまり無理な要求はせずに，できることをどんどんほめていきたい。

できれば，宿題でも練習を続け，全員が暗唱できるようしたい。学年集会や参観日など発表の場があれば自信になる。きちんと覚えていない児童でも「あいうえお」が繰り返し出てくるので，全く言えないことはないはずである。

うたに　あわせて あいうえお
第2時（2/2）

本時の目標
「あいうえお」を正しい筆順で書くことができる。

授業のポイント
まだこの時期は教えたことがそのままできない児童もいる。簡単に示したポイントを継続して指導していくという意識が必要である。

本時の評価
「あいうえお」を筆順や字形に気をつけて書くことができる。

板書例

〈書写〉この時間でうまく書けなくても，半年後には多くの児童がスムーズな運筆で字形も取れる

・えんぴつの　もちかた

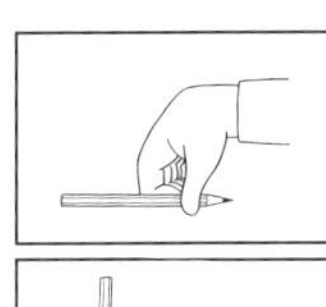

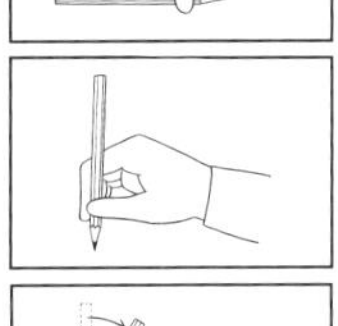

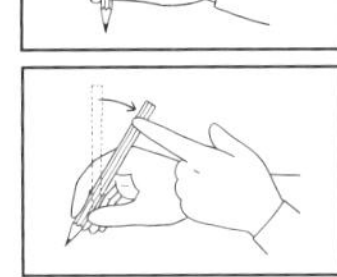

・ただしい　しせい

◇ことばを　あつめよう

・あお　・うえ

・いえ　・おうち

※児童が発表した言葉を板書する。

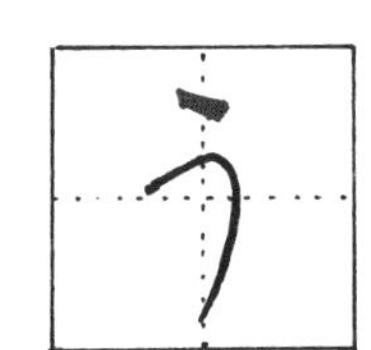

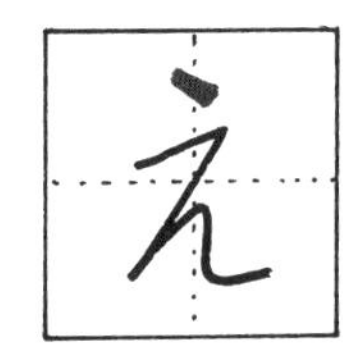

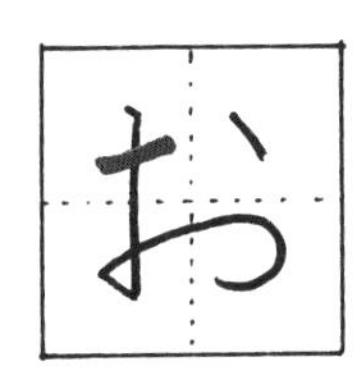

1 音読する　「うたにあわせてあいうえお」を楽しく音読しよう。

みんなで声をあわせて読みましょう。
あかるい　あさひだ　あいうえお

「覚えている人は，教科書を閉じて言ってみましょう。」
・よーし，やってみよう。

前の時間にも，１行目を教師が読んで，続きを児童が 読むといった練習をしている。リズムのよい詩なので，いろいろな読み方で楽しく音読できる。ほかに，座席で児童を２つに分け，右半分の児童と左半分の児童が交互に読むなど，変化をつけて楽しむのもよい。

2 めあてつかむ　教科書の大きな文字「あいうえお」を指でなぞろう。

「今日は『あいうえお』を書く練習をします。まず，教科書の大きな『あ』の字を指でおさえましょう。」
・おさえました。
・青くなっているところがある。

１つの文字の中で，線が１本だけ青いところがありますね。どうして青いか分かるかな。
あ
最初に書くところかな。
青い線から書き始めればいいんだね。

ひらがなの筆順は，１画目を正しく書けば，ほぼ問題なく書くことができる。

「では，一緒に空中で書いてみましょう。」

黒板に書きながら児童にも空書きをさせた後，教科書の「あいうえお」を指でなぞらせる。

ようになります。

うたに　あわせて　あいうえお

㋱ かく　れんしゅうを　しよう

◇ きを　つけよう

・いちばん　はじめに
かく　ところ

あ　い

主体的・対話的で深い学び

・1年生は，鉛筆の持ち方も字形も教えた通りにするのは難しい。ていねいに書こうと取り組んでいる態度や，字の1部分を細かく見るなどして，それぞれの児童のよいところを見つけてほめていくようにしたい。

準備物

・黒板掲示用「えんぴつのもちかた」「ただしいしせい」
（DVD 収録【1_04_01～1_04_06】）

・ワークシート
（児童用ワークシート見本 DVD 収録【1_08_02】）

3 書く 練習する　筆順に気をつけて，鉛筆で「あいうえお」を書いてみよう。

「では，鉛筆を持って，本当に書いてみましょう。鉛筆の持ち方や，正しい姿勢を覚えているかな。」

姿勢や鉛筆の持ち方は，日々，声をかけ続ける必要がある。鉛筆で書く前に，正しい持ち方をして手を上にあげる，その状態で鉛筆を動かして確認するなどの工夫で，より定着が早まる。

教科書の大きい字のところを書いていきましょう。
筆順は覚えたよ。
まるく書くところが難しいな。

「では，マス目に書いてみましょう。」

教科書 P25 のマス目で練習する。まず，左から 1 行目の筆順つき文字をなぞらせて，2 行目，3 行目を書かせる。ワークシートを使ってもよい。

4 出し合う 書く　既習の文字を使った言葉を見つけて，ノートに書こう。

「『あいうえお』はうまく書けましたか。」
・「あ」が難しかった。　・「お」の字も…。

平仮名の字形の難しさは，微妙な曲がりの角度が多いことである。ここでうまく書けなくても，半年後には多くの児童がスムーズな運筆で字形も取れるようになる。

では，今までに習った字を使った言葉を見つけましょう。何があるかな。
「あお」があるよ！
「いえ」も見つけた。

「『いちねん』の字を使った言葉もいいですよ。」
・いっぱい見つけたい！

教科書 P27 の下の絵もヒントに，言葉を探す。見つけた言葉を確かめ，ノートに書かせる。

つづけよう①

こえに　だして　よもう　あさの　おひさま

全授業時間１時間

◉ 指導目標 ◉

・場面の様子や登場人物の行動など，内容の大体を捉えることができる。
・語のまとまりや言葉の響きなどに気をつけて音読することができる。
・進んで詩に描かれた様子を想像し，これまでの学習をいかして音読しようとすることができる。

◉ 指導にあたって ◉

①　教材について

きれいな朝日を見たことがある児童は，その印象が強く残っているはずです。その朝日をテーマにした詩です。リズムがよいので，音読を楽しませたい教材です。実際に，きれいな朝日を見た児童はそんなに多くはないかもしれません。海から出る朝日となるとほとんどいないはずです。挿絵も活用しながら，想像を広げていきます。

短い詩なので，暗唱も授業時間中にできる児童が多いでしょう。適度な負荷ならば児童は暗唱が嫌いではありません。繰り返し音読しているうちに，自然に暗唱できるように指導していきます。

②　主体的・対話的で深い学びのために

朝日についての自分なりの感想や思いをじっくり時間をかけて持たせます。それによって，発表したいという気持ちや違う意見に対する反応を引き出します。

◉ 評価規準 ◉

知識及び技能	語のまとまりや言葉の響きなどに気をつけて音読している。
思考力，判断力，表現力等	「読むこと」において，場面の様子や登場人物の行動など，内容の大体を捉えている。
主体的に学習に取り組む態度	進んで詩に描かれた様子を想像し，これまでの学習をいかして音読しようとしている。

◉ 学習指導計画　全１時間 ◉

次	時	学習活動	指導上の留意点
1	1	・教科書 P26-27 の「あさのおひさま」の詩を音読する。 ・聞き慣れない単語の意味を考える。 ・おひさまの様子を想像して話し合う。 ・暗唱する。	・読み手の変化をつけて，繰り返し音読する。 ・絵を見て，感じたことや想像したことを自由に発表させる。 ・「のっこり」「ざぶん」などの言葉について児童の想像をふくらませる。 ・実際に朝日を見た経験はないような児童には，挿絵を有効に使って想像させる。 ・板書された詩の一部を少しずつ消していき，暗唱を目指す。

あさのおひさま
第 1 時 (1/1)

本時の目標
音読を楽しみ，きれいな朝日の様子を想像することができる。

授業のポイント
挿絵などを活用して，きれいな朝日を印象づけることで，音読や発表に意欲的に取り組ませたい。

本時の評価
音読を楽しみ，朝日の様子を想像することができた。

〈音読〉展開４では，１字ずつ消していくと，暗唱に対する意欲が出ます。暗唱できる児童には，

板書例

のっこり・・・・

お・・・

あさの　おひさま

あ・・・

ざぶん・・・・・

あ・・・・

※教科書 P26-27 の詩を板書する。

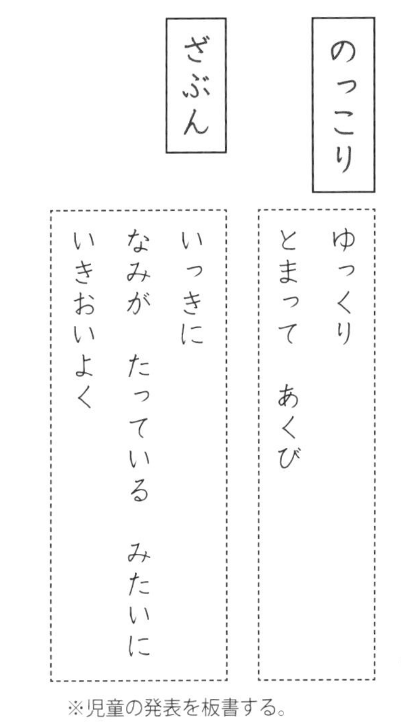

のっこり
ゆっくり
とまって　あくび
ざぶん
いっきに
なみが　たっている　みたいに
いきおいよく

※児童の発表を板書する。

1 音読する 「あさのおひさま」を教師の範読に続いて音読しよう。

「まず，先生が読みます。」

教科書 P26-27 の詩「あさのおひさま」を，ゆっくり，はっきりと読む。読んでいるところを児童に指でなぞらせていくと，児童は集中し，ついてこれていない児童も分かる。

１行ずつ，教師と児童が交互に読むのもよい。

みんなに読んでもらいます。
さん，はいっ。
あさの　おひさま　おおきいな

「上手でした！次は，廊下側の半分の人だけでやってもらおうかな。」

人数やグループの変化をつけて，繰り返し音読させたい。

2 考える 「のっこり」「ざぶん」の言葉の意味を考えよう。

詩を全文板書する。

「『のっこり　うみからおきだした』と書いてあります。『おきだした』のは，だれでしょう。」
・おひさま。（「うみ」は×）

「のっこり」って，どんなふうに起きたのだと思いますか。
ゆっくりって感じがする。
１回とまってあくびしている。

「『ざぶん』と何を洗ったのかな？」
・おひさまのかお。　気持ちよさそう。
「『ざぶん』って，どんな感じで洗ったのかな？」
・いっきに…。
・波がたっているみたいに。
・大きなおひさまの顔がいきおいよく海から浮かんできて。

黒板に背を向けて音読することに挑戦させましょう。

こえに　だして　よもう
あさの　おひさま

㋱ おひさまの　ようすを　かんがえよう
おぼえて　いってみよう

あさの　おひさま
おおきいな

主体的・対話的で深い学び

・朝日についての話し合いを活性化させたい。きれいな朝日を見たことがある児童は前向きに取り組むと思われる。見たことがない児童にも積極的に参加させるには，挿絵をじっくり観察して，見つけたことや思ったことを発表させることも行いたい。可能であれば，朝日の写真や動画を使ってもよいだろう。

準備物

・（インターネットなどより）朝日の写真（黒板掲示用）

3 交流する 深める　朝日の印象や挿絵を見た感想を交流しよう。

「朝日を見たことがある人はいますか。」
・はい！
・すごくきれいだった。
・だんだん明るくなっていくんだよ。
「『おおきいな』とあるけど，本当に大きかった？」
・明るくなったら大きく見えた。
・昼間より大きく見えたよ。

「教科書の絵はどうかな？」

わらっているね。楽しそう。
のっそりだから，ゆっくりだろうね。
元気な感じがする。
あごがまだ海に入っているから，あらったと思ったのかな。

挿絵をじっくり観察して，見つけたことや思ったことを発表させる。

4 暗唱する　イメージをより深めるために詩を暗誦しよう。

「では，『あさのおひさま』を教科書を見ないで言えるかな。」
・え～？
・やってみたい！できる，できる！

「いっしょに練習しましょう。」

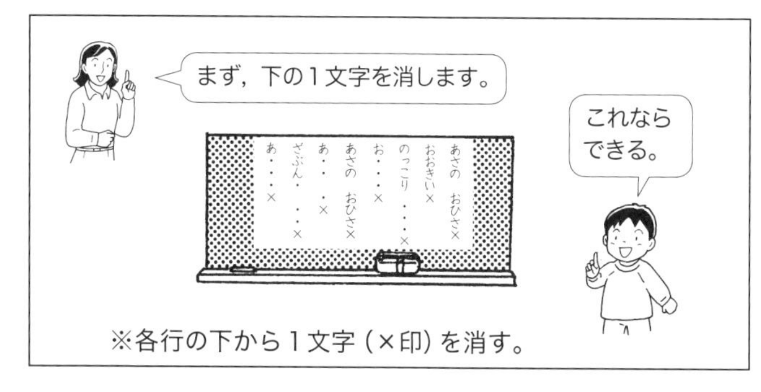
まず，下の1文字を消します。
これならできる。

※各行の下から１文字（×印）を消す。

黒板に写した詩を,「おひさま」の「ま」,「うみから」の「ら」のように，下から１文字ずつ消していく。児童の実態を見ながら消すペースを調整し，進めていくとよい。

つづけよう①

ききたいな，ともだちの　はなし

全授業時間２時間

◉ 指導目標 ◉

- 話し手が知らせたいことや自分が聞きたいことを落とさないように集中して聞き，話の内容を捉えて感想をもつことができる。
- 言葉には，事物の内容を表す働きや，経験したことを伝える働きがあることに気づくことができる。
- 伝えたい事柄や相手に応じて，声の大きさや速さなどを工夫することができる。
- 興味をもって友達の話を聞き，より伝わる話し方を考えながら，みんなに知らせようとすることができる。

◉ 指導にあたって ◉

①　教材について

聞くことは，授業を受ける上でもっとも基本的な技能の１つです。しかし，実際には，態度としての聞き方はもとより，実質的に話し手が伝えようとしていることを正しく聞き取ることが苦手な児童も少なくありません。しかし，「きちんと聞きなさい」といった態度面の注意だけでは聞く力はなかなか育たないでしょう。

この教材では，まず隣の児童と「すきなあそび」という話しやすく分かりやすいテーマで「話す・聞く」場を設定しています。こういった経験を数多く重ねることで，少しずつ「聞くこと・話すこと」の力も培われていくでしょう。

２学期には，全体に向けて話し，質問をするといった教材もあります。あせらず，着実に指導を重ねていくとよいでしょう。

②　主体的・対話的で深い学びのために

中には,「すきなあそび」がすぐに言えない児童もいるかもしれません。クラス全体に問いかけ, おにごっこ，鉄棒，ドッジボールなどの具体例をあげてもらい，それを参考にするという方法もあります。また，どうしても決まらない場合は,「昨日遊んだこと」「今日の休み時間にしたこと」などと，より限定することで考えやすくなるときもあります。この場合, クラスの友達がヒントを与えてくれる可能性も高いでしょう。本当に自分が好きなこと，実際にやっていたことを明確にすることで，苦手な児童も話しやすくなるのです。

◎ 評価規準 ◎

知識 及び 技能	言葉には，事物の内容を表す働きや，経験したことを伝える働きがあることに気づいている。
思考力，判断力，表現力等	・「話すこと・聞くこと」において，伝えたい事柄や相手に応じて，声の大きさや速さなどを工夫している。 ・「話すこと・聞くこと」において，話し手が知らせたいことや自分が聞きたいことを落とさないように集中して聞き，話の内容を捉えて感想をもっている。
主体的に学習に取り組む態度	興味をもって友達の話を聞き，より伝わる話し方を考えながら，みんなに知らせようとしている。

◎ 学習指導計画　全 2 時間 ◎

次	時	学習活動	指導上の留意点
1	1	・教師の説明を聞いて，活動内容を知る。 ・友達とペアになり好きな遊びを聞いて，分かったことや感想を声の大きさや速さに気をつけて全体に知らせる。 ・挿絵を参考にして，話し手を見て話を聞くことを知る。	・話すことが決まらない児童がいる場合，昨日やった遊びや休み時間にしたことなどを聞き出してヒントを与える。
	2	・聞き手と話し手を交代して前時の活動をする。 ・振り返りをする。	・前の時間に上手だった児童の例をあげて，話し方，聞き方を思い出す。

※短時間で取り組むことが可能な単元です。各配当時間を 15 分ずつなどに分割して扱ってもよいでしょう。

ききたいな，ともだちの　はなし
第1,2時（1,2/2）

〈時間の割りふり〉短時間で取り組むことが可能な単元です。各配当時間を 15 分ずつなどに分割

本時の目標

友達の好きな遊びを聞いて，分かったことや感想をクラスに伝える。
（第 2 時は，聞き手を交代）

授業のポイント

話し始めるまでに，本当に話したいことを具体的に明確にできているかを確認する。

本時の評価

友達の好きな遊びを聞いて，分かったことや感想をクラスに伝えようとする。

板書例

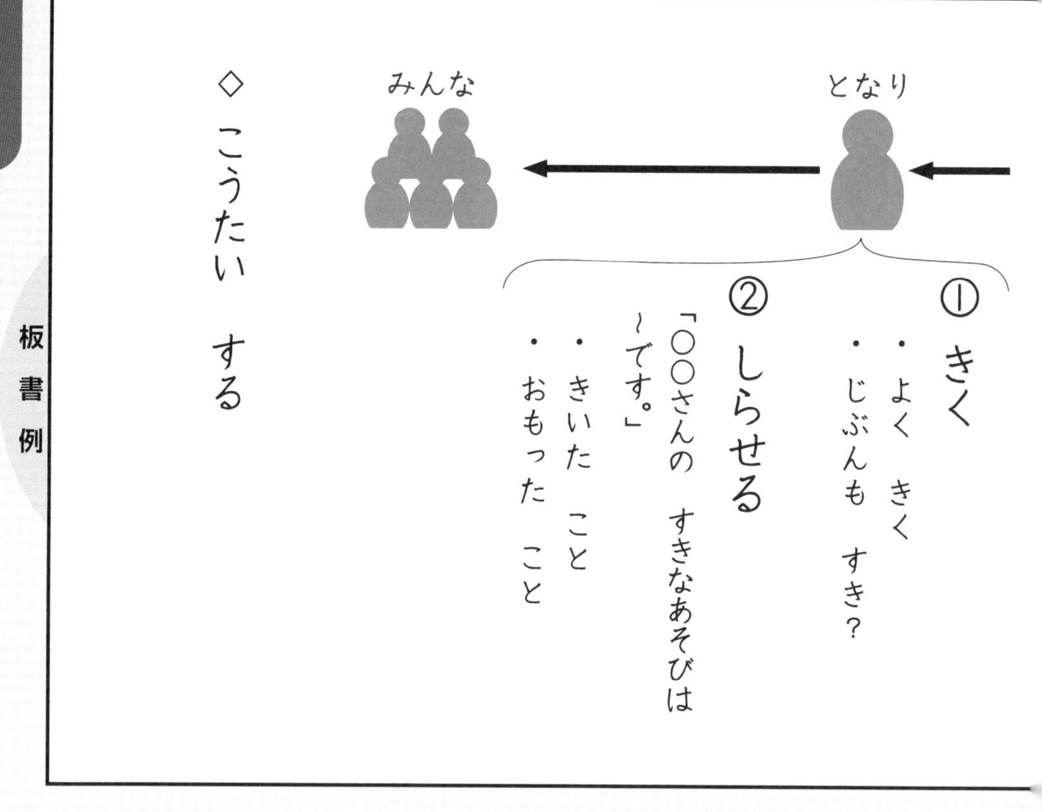

となり
みんな
① きく
・よく　きく
・じぶんも　すき？
② しらせる
「〇〇さんの　すきなあそびは～です。」
・きいた　こと
・おもった　こと
◇ こうたい　する

1 めあて 考える　「好きな遊び」を話すという課題を確かめ，話すことを決めよう。

「今日は，自分が好きな遊びを隣の人に話します。聞いた人は，後で，隣の人が話してくれたことをみんなの前で発表してもらいますね。」
・ぼくは，ドッジボール。
・わたしは，鉄棒。
「まず，どちらが先に話すか決めましょう。」
・ぼくが先でいい？

まず，何を話すか決めましょう。話す人は，相手に分かりやすく，できるだけくわしく話してください。

ドッジボールに決めたけれど，ドッジボールの何を話せばいいのかな…。

「ドッジボールなら，当てるのが好きとか，昨日の休み時間にやったとか何でもいいですよ。」

2 対話する　隣の人に「好きな遊び」を話そう。

「では，始めましょう。『好きな遊び』の話を始める前に，まず挨拶をしましょう。」
・よろしくお願いします。
「聞いている人は，相手が話しやすいように，一生懸命聞きましょう。自分も同じように『好き』だと思ったら，そう言いましょう。もし聞いていて分からないときは，質問できるといいですね。」

ここで，教科書の挿絵を見て，聞き手は話し手を見て話を聞くことも確かめるとよい。

「終わったら，聞いた人に発表してもらいます。」

ぼくが好きな遊びは，ドッジボール。
わたしも好き。でも，ボールを受けるのは苦手。
ぼくは，受けるのも，投げるのも得意だよ。
すごいな。こんど教えてね。
いいよ！

して扱ってもよいでしょう。

ききたいな、ともだちの　はなし

(め) すきな　あそびを　きいて　しらせよう

はなす

「よろしく　おねがいします。」

すきな　あそび

・くわしく

・わかりやすく

主体的・対話的で深い学び

・話すことが苦手な児童には，話の始まりを決めるように助言する。「好きな遊び」を確かめ，決められなければ，昨日やったことや前の休み時間にやったことを尋ねる。隣の児童が知っていることがあれば，それも参考にする。

・発表がうまくできない児童には，「○○さんの好きな遊びは～です」だけでもよいことにする。その後で，「どうして好きなのか，○○さんは言っていたかな？」「どんなふうに遊ぶのかな？」などと尋ねてもよい。

準備物

3 発表する　隣の人から聞いたことを発表しよう。

「みんな，話ができたかな。では，聞いた人に隣の人の『好きな遊び』を発表してもらいます。」

「まず，最初に，『○○さんの好きな遊びは～です』と言います。その後に，聞いたことや感想をつけられたら，もっと上手です。みんなに聞こえるように，大きな声でゆっくり話しましょう。」

ここで，何人かに見本として発表してもらうとよい。

「上手でしたね。みんなも同じように言えるかな。心配な人は，もう一度，話してくれた人に確認しましょう。その後，全員に発表してもらいます。」

では，順番に発表してもらいましょう。

さとうさんが好きな遊びは，ドッジボールです。ボールを投げるのも受けるのも得意です。今度教えてもらいたいと思いました。

4 振り返る 交流する　発表を聞いて，上手だと思ったところを話し合おう。

「隣の人の『好きな遊び』について発表できましたね。」

・うまく聞いたことを話せた。

今日，自分が話をしてもらった人で上手だなと思った人がいたら教えて下さい。

○○さんは，とても詳しく話してくれたので，よかったです。

△△さんは，ぼくと一緒に遊んだときの話をしてくれたので，よく分かりました。

「そうですね。『投げるのが好きだから』や，『○○さんと遊んだときに』と詳しく話してもらうと，聞いた人が発表しやすいですね。次に発表が上手だと思った人はいたかな。」

・○○さんは声が大きくて聞きやすかったです。

「次の時間は，話す人と聞く人を交代します。」

第２時では聞き手を交代し，同様にクラス全体に聞いたことを発表させる。最初に，第１時で上手だった児童の例をあげて話し方や聞き方を思い出させるとよい。最後に全体を振り返る。

つづけよう①

たのしいな，ことばあそび

全授業時間２時間

◉ 指導目標 ◉

・音節と文字との関係に気づくことができる。
・身近なことを表す語句の量を増し，語彙を豊かにすることができる。
・長く親しまれている言葉遊びを通して，言葉の豊かさに気づくことができる。
・語句の音節と文字の関係に積極的に関心をもち，今までの学習をいかして言葉を集めようとすることができる。

◉ 指導にあたって ◉

① 教材について

既習の「うたにあわせてあいうえお」の終わりに学習した言葉集めからの発展的な内容です。最初のページは「あ」から始まる２文字から４文字の言葉を１音節１文字で読みます。次のページでは，他のひらがなで始まる言葉集めをします。小さい頃から慣れ親しんだ「しりとり」遊びの要領で言葉を思い浮かべられる児童が多くいるでしょう。また，巻末の 50 音表なども開きながら，ときどきゲーム感覚で取り組むことで，語彙力の少ない児童でも少しずつスムーズに言葉を見つけられるようになっていくでしょう。

児童の実態によって，一度で理解し次々と応用ができる場合も，なかなか文字と音の理解ができない場合もあるでしょう。比較的シンプルな内容なので，頭で理解するというよりも，手を打ったり声に出したりしながら，体で覚えていくという意識で進めましょう。

② 主体的・対話的で深い学びのために

手を打って声に出す学習は，楽しい活動です。それだけに，雰囲気に流されずに，きちんと文字と音を合わせることができているかを教師が確認しながら進めていくようにしましょう。全員で手拍子や声を揃えることができたら，グループや隣どうしでも活動するなど，自分たちで練習することも教えていくとよいでしょう。

また，語彙の少なさからすぐに言葉が思いつかない児童もいるでしょう。教師の指示と違う言葉を発した児童の発言も完全に否定はせずに，部分的な正解があればそれを取り上げ，発言を認めるようにしましょう。ここでは，言葉遊びとしての楽しさを味わわせたいものです。

◎ 評価規準 ◎

知識及び技能	・音節と文字との関係に気づいている。 ・身近なことを表す語句の量を増やし，語彙を豊かにしている。 ・長く親しまれている言葉遊びを通して，言葉の豊かさに気づいている。
主体的に学習に取り組む態度	語句の音節と文字の関係に積極的に関心をもち，今までの学習をいかして言葉を集めようとしている。

◎ 学習指導計画　全2時間 ◎

次	時	学習活動	指導上の留意点
1	1・2	・教科書P30を見て「あ」で始まる言葉は，いろいろあることを知る。 ・手を打ちながら，1音節1文字であることに気づき，2文字3文字4文字の言葉があることを知る。 ・「あ」で始まる教科書以外の言葉集めをする。 ・「い，う，か」など，既習のひらがなで始まる言葉集めをする。 ・手を打ちながら，文字数を意識する。 ・これまでに習った文字を使って言葉を見つけてノートに書く。	・手を打ちながら読む時は，希望する児童に見本として実演してもらったり，クラスを半分に分けて残りは見る側になったり，などの変化をつけて繰り返す。

※短時間で取り組むことが可能な単元です。各配当時間を15分ずつなどに分割して扱ってもよいでしょう。

たのしいな，ことばあそび
第1,2時（1,2/2）

本時の目標
文字と音の数を意識しながら，言葉集めをする。

授業のポイント
感覚で理解できるように，様々な変化をつけながら，楽しみつつ繰り返し練習させる。

本時の評価
文字と音の数を意識しながら，言葉集めをしようとする。

〈時間の割りふり〉短時間で取り組むことが可能な単元です。各配当時間を15分ずつなどに分割

板書例

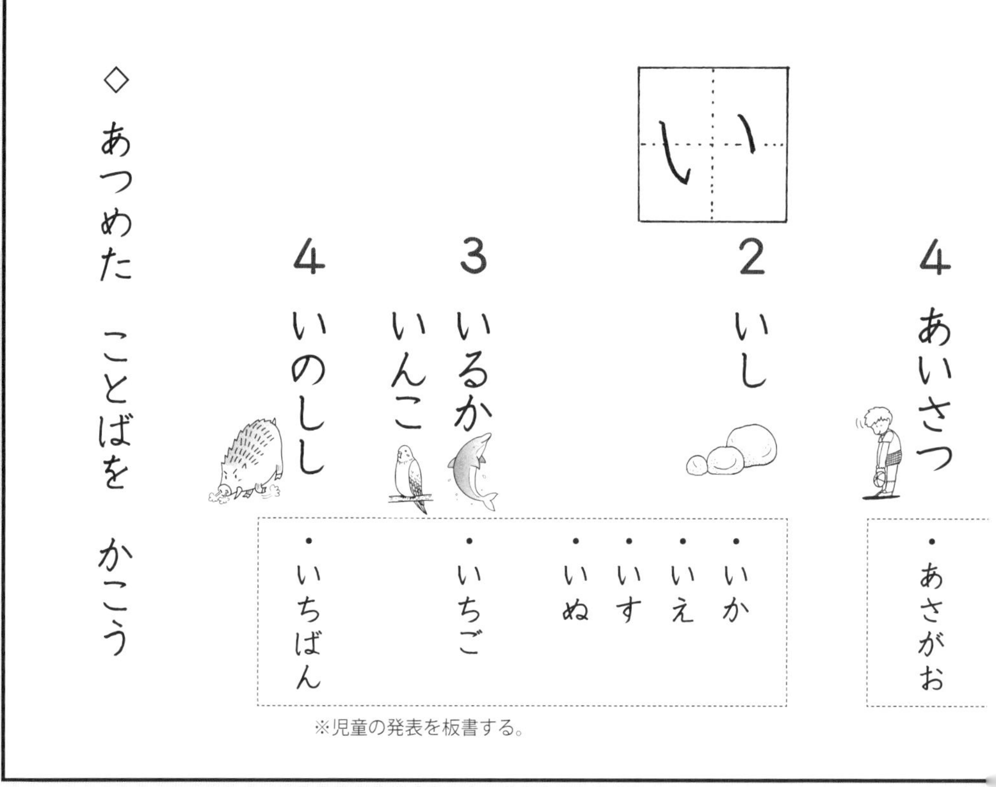

◇あつめた　ことばを　かこう
い
4　あいさつ
・あさがお
2　いし
・いか
・いえ
・いす
・いぬ
3　いるか　いんこ
・いちご
4　いのしし
・いちばん
※児童の発表を板書する。

1 めあて つかむ　「あ」で始まる言葉を読んで，言葉の文字数を確かめよう。

「今日は，言葉集めをします。」
・言葉集めって，何かな？

教科書P 30を開かせる。

「まず，教科書を読んでみましょう。」
・あり，あしか，あいさつ。
「『あ』で始まる言葉が集められていますね。」
・これが言葉集めか！しりとりみたいだね。

３つの言葉の文字の数はどうなっているかな。
「あり」が２文字です。
「あしか」は３文字。
「あいさつ」は４文字。

「そうですね，言葉によって文字の数がいろいろですね。」

2 読む とらえる　手拍子で1音節1文字を確かめ，「あ」で始まる言葉集めをしよう。

「次は，手をたたきながら読みます。まずは，先生がやってみます。『あ・り』『あ・し・か』『あ・い・さ・つ』」（1文字1拍の手拍子で読む。）

今度は，一緒に手をたたきながら読んでみましょう。ゆっくりいきますよ。まず「あり」から。何回手をたたいたかな。
パン　パン
あ・り。２回手をたたきました。
文字の数と手をたたいた数は同じだね。

同様に，他の２語でも手拍子の数を確かめ，原則として1音節1文字であることに気づかせる。

「では，『あ』で始まる言葉を他にも集めましょう。まず，２文字の言葉はありますか。」
・あお。あか。　　・あい。あめ，もある。

見つけた言葉は文字数を確かめて板書し，３文字，４文字でも同様に言葉探しをする。

して扱ってもよいでしょう。

たのしいな、ことばあそび

㋱ ことばあつめを　しよう

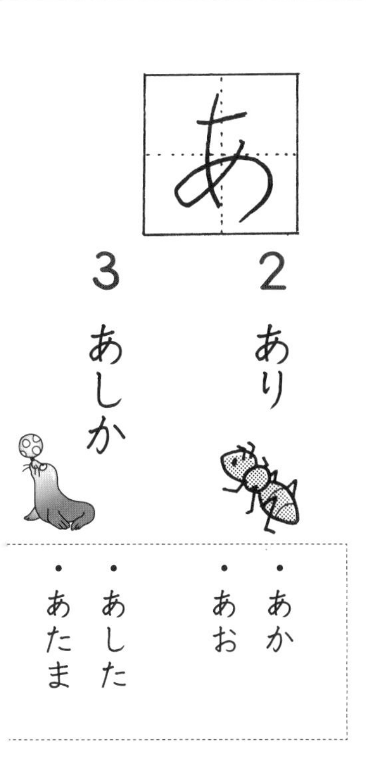
あ
2 あり
3 あしか
・あか
・あお
・あした
・あたま

主体的・対話的で深い学び

・教師の発問では，３文字と指示しても２文字の言葉を発表する児童もいるかもしれない。「そうですね，これも『あ』がつく言葉だね。これは２文字だけど，他にはどうかな」などとコメントして２文字のところに板書するなど，できるだけ発表を生かし，意欲を引き出したい。

・「う」「か」など初めの文字を指定されるとすぐに言えない児童には，「２文字の言葉は言えるかな」「最初の文字は何？」などと尋ね方を変えて答えやすくしてもよい。

準備物

3 考える 「い」や他の文字で始まる言葉をどんどん見つけて集めよう。

「次は『い』で始まる言葉も一緒に手をたたきながら読んでみましょう。」

教科書 P31 の４つの言葉を「いし，いるか，いんこ，いのしし」と手をたたきながら全員で読み，それぞれの文字の数と手拍子の数を確かめる。

「『い』で始まる言葉は他にありませんか。２文字の言葉で見つけられるかな。」

・いか！（手拍子でも確かめる。）

他にもあるかな？3文字や4文字の言葉でも探してみましょう。
隣の人と考えてもいいですよ。
「いちばん」でもいいかな。4文字だけど。
「いえ」が2文字だよ。「いちご」は3文字。

同様に「う」や「か」でも言葉探しをしていく。

4 書く 見つけた言葉をノートに書こう。

「集めた言葉をノートに書きます。」

・どこから書くのかな？

「1つ目は一緒に書いていきましょう。まず，先生とノートの同じところをおさえてください。」

ノートの実物を見せながら最初のマスを指し示す。

では，みんなで見つけた言葉の中から，自分が好きな言葉３つを選んで書きましょう。
ぼくは，「いす」と「いちご」と「いちばん」
わたしは，「いぬ」と…何を書こうかな。

集めた言葉が多いときは，書き残す言葉を各々で取捨選択させる。表記が分からない文字の場合は，マス目の小黒板などで示した手本を参考にさせるか，その部分は文字の代わりに「○」と書いてよいと伝えておく。

はなの　みち

全授業時間６時間

◉ 指導目標 ◉

・語のまとまりや言葉の響きなどに気をつけて音読することができる。
・場面の様子や登場人物の行動など，内容の大体を捉えることができる。
・興味をもってお話の内容を捉え，友達と協力して音読をしようとすることができる。

◉ 指導にあたって ◉

①　教材について

動物が主人公の，１年生にとって親しみやすい文章です。挿絵も様々な要素があり，じっくり見て楽しめるものが使われています。この挿絵を有効に活用したいところです。児童の中には，言葉から読み取ったこと，挿絵から読み取ったこと，自分の想像の区別がついていない児童も少なくありません。それらを否定せず，「どこの言葉で分かったかな。」「なるほど，絵から分かるんだね」「○○さんが考えたんだね。」などとフォローすることで，意欲が高まることが期待できます。

まだ１年生の１学期なので，苦手な児童は，１文字ずつ追いながら音読しているはずです。それも音読練習を繰り返していくことで，徐々に言葉の固まりとして読むことができるようになっていきます。音読も視写も短時間であっても，できるだけ毎時間練習時間を確保します。それによって，宿題での音読がより効果的になったり，文字を書く位置や句読点なども正確に書くことができたり，といったことが期待できるでしょう。

②　主体的・対話的で深い学びのために

この教材は，挿絵が重要な働きをしています。そのため，文章をしっかり読むだけでなく，絵を細かく見て何かを発見することができると楽しい学習になるでしょう。

児童によっては，大人が考えつかないような部分を見つけたり，話の筋とは関係のないような意見を発表したりする場合もあります。できるだけ，広く意見を受け止め，教師が驚いたり，感心したりする姿を見せましょう。それによって，いっそう絵を詳しく見たり，比べたりすることに積極的に取り組む児童が出てくるでしょう。

ペアで同じ挿絵について読み取るという活動もよいでしょう。その際，意見が同じであっても，違っていてもどちらも学習になっていることを確認しておきます。対話の楽しさと意義を感じる児童が出てくることでしょう。

◉ 評価規準 ◉

知識 及び 技能	語のまとまりや言葉の響きなどに気をつけて音読している。
思考力，判断力，表現力等	「読むこと」において，場面の様子や登場人物の行動など，内容の大体を捉えている。
主体的に学習に取り組む態度	興味をもってお話の内容を捉え，友達と協力して音読をしようとしている。

◉ 学習指導計画 全 6 時間 ◉

次	時	学習活動	指導上の留意点
1	1	・動物が主人公のお話を読んだ経験を出し合う。 ・挿絵から登場人物や場所・季節についてイメージをもつ。 ・範読を聞き，あらすじを理解する。	・お話を読む楽しさをあじわわせたい。そのために挿絵にも触れてイメージを広げやすくする。
2	2	・教科書 P32-33 の第 1 場面を読み，くまさんの様子を想像する。 ・「　」の意味，書き方を知る。 ・第 1 場面を視写する。	・挿絵から，くまさんの部屋の様子やくまさんのかっこうを読み取らせる。
	3	・教科書 P34-37 の第 2，3 場面を読み，りすさんとの会話や，くまさんの驚いている様子を想像する。 ・第 3 場面を視写する。	・くまさんがりすさんの家に行った様子や理由，ふくろをあけたときのくまさんの様子を，挿絵から読み取らせる。
	4	・教科書 P38-39 の第 4 場面を読み，はなのみちや動物たちの様子を想像する。 ・第 4 場面を視写する。	・挿絵の細かい部分にも着目して読み取らせる。
	5	・春になる前（教科書 P34-35）と後（教科書 P38-39）の挿絵を見比べて，イメージを広げる。 ・第 4 場面を音読する。	・話し合いを通して，できるだけたくさんの意見が出るようにする。 ・挿絵の比較から，春の喜びを想像させ，音読の工夫につなげる。
3	6	・好きな場面を選んで音読発表する。 ・2 人組で音読を聞き合い感想を伝え合う。 ・学習を振り返る。	・音読練習をして発表させる。発表のときの聞く側の注意点も示す。

※第 6 時は，2 時間扱いでもよいでしょう。

はなの　みち

第 1 時 (1/6)

本時の目標

挿絵からお話のイメージを持ち，範読を聞いてあらすじを理解することができる。

授業のポイント

お話をみんなで読むことが楽しみと感じさせたい。そのために，細かいことは指摘せず，どんどん発表させていく。

本時の評価

挿絵からお話のイメージを持ち，範読を聞いてあらすじを理解することができた。

板書例

〈読み聞かせ〉かなりゆったりと間をとって読むのでちょうどよいぐらいです。１年生相手の場合

※教科書 P34-35 の挿絵

※教科書 P36-37 の挿絵

※教科書 P38-39 の挿絵

りすさん
うさぎ
きつね
たぬき

かえる
おたまじゃくし
かたつむり
ちょうちょ

※文章に出ている動物と絵にある動物を分ける。
児童が想像して発表した場合も今回はできるだけ取り上げたい。あれば，さらに間をあけて書くとよい。

1 絵を見る　教科書の４枚の挿絵を見て，登場人物を確かめよう。

教科書 P33 を開かせる。

最初のページにだれが出てきましたか。
くまさん。
すずめもいる。
みんなも分かった？
すずめを指でおさえてみましょう。

「他のページはどうかな。」

・たぬき，きつね。　　・うさぎ，りす。
・かえるや，かたつむり，ちょうちょもいるね。

登場人物の確認があらすじの基本である。ページをめくりながら，順に確かめていく。児童が発表したものを黒板に書き出していく。

「いろいろな動物が出てくるお話ですね。みんなは，動物が出てくるお話を読んだことはあるかな。」

・『ぐりとぐら』
・『ともだちや』も！

2 聞く　全文の範読を聞こう。

「さあ，先生が読みますよ。ちゃんと『はなのみち』のページが開いてあるかな。」

はなのみち。くまさんが，
ふくろをみつけました。～

読み聞かせは，かなりゆったりと間をとってちょうどよいぐらいで，１年生相手の場合は，特にゆったりと読むのがよい。

「(鉛筆など) 何も持たないのが上手な聞き方です。」
「○○さん，よく見てくれているね。嬉しいです。」

聞くときの態度も指導していく。ずっと姿勢よく聞くことは難しくても，教師が声をかけ続けることで，徐々にできる児童が増えていく。

は，特にゆったりと読みましょう。

はなの　みち

㋱ でて　くる　どうぶつを　たしかめて
おはなしを　おんどくしよう

※教科書 P32-33 の挿絵

くまさん
すずめ

主体的・対話的で深い学び

・この教材では，挿絵を有効に使うことがポイントになる。児童は思わぬところに目をつけて予想外の発言をすることがある。「どこ?」「みんなも気づいていた?」などと，発言を大切に取り上げたい。
・くわしい読み取りに入る前の挿絵からのつぶやきも，「へえー，そうなの?みんなどう思う?」といった軽いやりとりに広げることでそれぞれの児童の学びへの構えがより深まるだろう。

準備物

・教科書挿絵のカラーコピー

3 音読する　先生が読んだあとに続けて音読しよう。

先生のとおりに繰り返しましょう。
はなのみち
はなのみち

「くまさんが，」
・くまさんが，
「ふくろをみつけました。」
・ふくろをみつけました。（と最後まで音読）

もっとも基本的な音読練習が「つれよみ」と言われる指導方法である。教師が先に読んだ部分を児童に繰り返し読ませる。ある程度のまとまりや１文ごとに読む方法があるが，全ての読点（、）句点（。）ごとに切る方法が児童には分かりやすい。

4 書く　黒板の文字をノートに写そう。

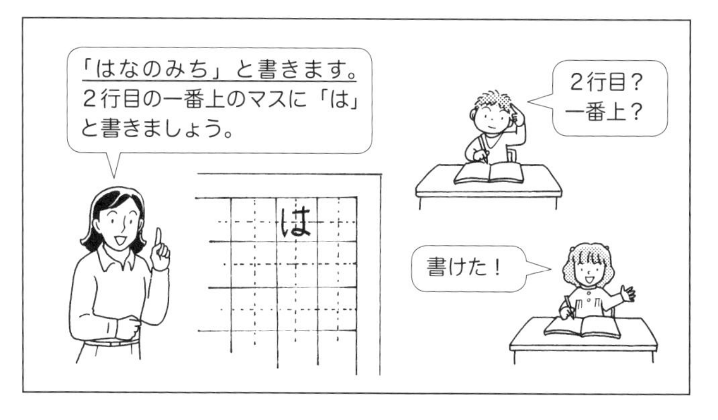
「はなのみち」と書きます。
２行目の一番上のマスに「は」と書きましょう。
2行目？
一番上？
は
書けた！

黒板の文字が多いようであれば，クラスの実態に応じて，写す文字を指定するなど調整する。

ノートの書き方を決めておくと，児童は見やすいノートを書くことができる。１年生には，「２行目」「一番上のマス」も難しい。黒板で説明するなどした上で，繰り返し指導していく必要がある。時間はかかっても，これが定着すると後々はかなり効率的な学習が期待できる。

はなの　みち

第 2 時 (2/6)

本時の目標

第 1 場面を読み，くまさんの様子を想像する。

授業のポイント

挿絵を有効に使いたい。そのため，黒板にも貼り，児童の意見が出る度に挿絵の中で確認していく。

本時の評価

第 1 場面のくまさんの様子が想像できる。

板書例

〈かぎかっこ〉「かぎかっこを押さえてみて。」と押さえさせ確認することで，授業に集中すること

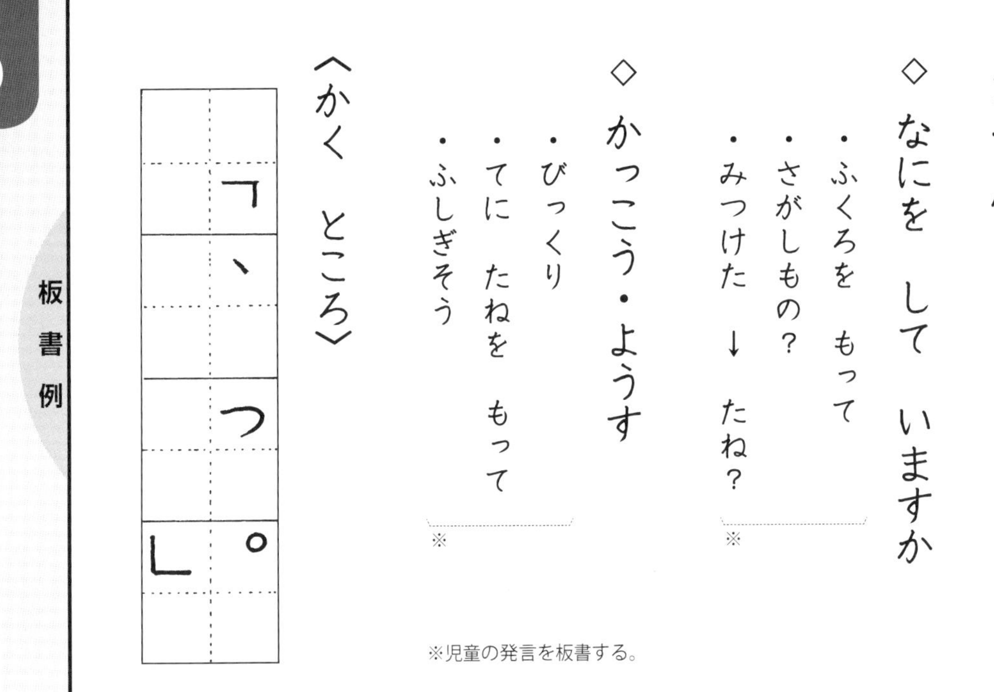

くまさん
◇なにを　して　いますか
・ふくろを　もって
・さがしもの？
・みつけた　↓　たね？
※
◇かっこう・ようす
・びっくり
・てに　たねを　もって
・ふしぎそう
※
〈かく　ところ〉
「、つ。」
※児童の発言を板書する。

1 音読する 知る　第 1 場面を音読しよう。「　」の意味を知ろう。

「教科書 32 ページを読みましょう。さん，はい。」
・くまさんが，ふくろを…（P32 を全文音読）

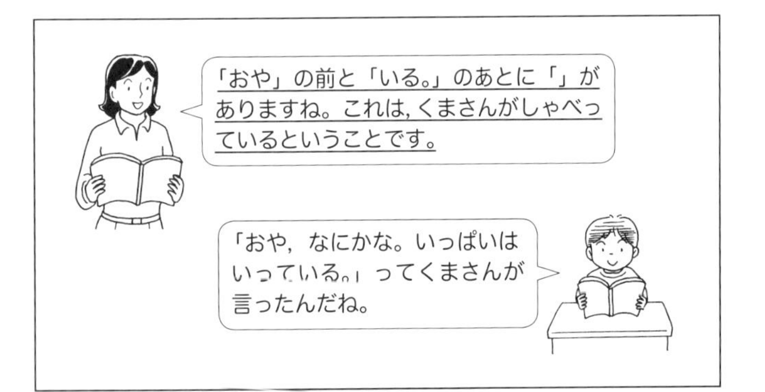

「おや」の前と「いる。」のあとに「」がありますね。これは，くまさんがしゃべっているということです。
「おや，なにかな。いっぱいはいっている。」ってくまさんが言ったんだね。

たかが「　」だが，それがとっさに理解できない児童もいるかもしれない。1 つずつ丁寧におさえていくことで，ついていけなくなるきっかけを少しでもなくしていく。

「かぎかっこ（「　」）をおさえてみて。」とおさえさせて，それをさっと確認することで，授業に集中することもでき，次の展開にも入りやすくなる。

2 想像する　くまさんは何をしているのか，挿絵を見て考えよう。

教科書 P32 － 33 の挿絵全体を見て想像させる。

絵を見てみましょう。くまさんは何をしているのかな。
たなを開けて何かを探していた。
ふくろを持っている。
見つけたものは何かな，って考えている。

挿絵を見ると，棚を開けて何かをさがしている様子が分かる。そこから想像をふくらませる児童もいる。そのような意見も取り上げて発想を広げさせたい。

「何を探していたのでしょうね。」
・おなかがすいておやつを探していた。
・食べものがあまりないみたいだから，どれくらい残っているのか調べていた。

もでき，次の展開にも進めやすくなります。

㋱

はなの　みち

くまさんの　ようすを
おもいうかべて　おんどくしよう

※教科書 P32-33 の挿絵

主体的・対話的で深い学び

・特に会話部分を読むときは登場人物の動きも想像させるとよい。そうすることで読みが変わってくる。1つの正解を求めるのではなく，それぞれが想像を広げることで，同じセリフも読むときの意識が変わってくる。「○○さんと△△さんの読み方が違っているのは，分かった?」などと他の児童へも返すことでより深く考えるきっかけにもなる。

準備物

・教科書挿絵のカラーコピー

3 想像する 読む　くまさんがどう言ったのか，仕草をイメージして読もう。

「『おや，なにかな。』と言ったときのくまさんは，どんなかっこうをしているでしょう。」
- ・びっくりして見ている。
- ・手に種のようなものを持っている。

想像したかっこうでくまさんの言葉を読みましょう。
「おや，なにかな。いっぱい はいっている。」

びっくりしながら手の中のたねを見ている仕草をしながら読む児童，首をひねりながら読む児童がいる一方，期待したほど読みに変化が出せない児童もいるかもしれない。無理に変化を強制せず，何人かに発表させたりして，友だちの読みを聞かせて徐々に変わっていくことを目指す。

4 書く　第１場面のくまさんの言葉をノートに書き写そう。

「くまさんの言葉をノートに書きましょう。くまさんの言葉にはかぎかっこがありますね。それも書きます。」
- ・ノートのマスのどこに書けばいいのかな。

かぎ（「　」）を書く場所，点（、）や丸（。）を書く場所に気をつけましょう。
書けた！これでいいかな。
「おや、
いる。」

４分割したマスのどこに書くか指導する。

かぎ（「　」）の位置は，高学年になっても不明確なままの児童が少なくない。書く場所を意識させ注意力や丁寧さも養わせる。

促音「っ」は，後の教材「ねことねっこ」で学習する。ここでは簡単に教えるにとどめる。

はなの　みち

第3時（3/6）

本時の目標
第２，３場面を読み，くまさんとりすさんの会話の様子を想像する。

授業のポイント
そろそろこの勉強にも慣れ，意見を安心して出せるようになった児童もいるはずである。できるだけたくさん発表する機会をつくりたい。

本時の評価
くまさんとりすさんの会話の様子が想像できる。

〈音読〉短い文章です。繰り返し読ませましょう。どこの学習をするのか明確にするためには，読

板書例

◇くまさんと　りすさんの　おはなし
（くまさんの　ことば）
・あれ？
・からっぽだ。
・なにが　はいって　いたのかな。
・もう　わからない。
※※

※教科書 P36-37 の挿絵

・なにも　はいって　ないよ。
・あわてんぼうだなあ。
※※
（りすさんの　ことば）

※※児童の発言を板書する。

1 音読する　第２，３場面を音読しよう。

教科書 P34 － 37 を全員で音読する。

今日は，34 ページから読みます。大きな声で，さん，はい。
くまさんが，ともだちの　りすさんに，ききに　いきました。～

「点（、）や丸（。）にも気をつけて，もう一度読みましょう。」

短い文章なので，時間があれば繰り返し全文を読ませたい。どこの学習をするのかを明確にするために，読解に入る直前はその部分の音読をする。

児童の音読力を高めるためにも，宿題の音読を励ますためにも，児童にできるだけたくさん読む機会をつくる。

2 考える 話し合う　第２場面で，くまさんはどこに行ったのか考えよう。

「(P34-35 で）くまさんはどこにいったのかな。」
・りすさんのおうち。

どうしてりすさんのところに行ったのでしょう。
ふくろに入っているものが何か聞きに行った。
りすさんが物知りだからかな。

話が広がれば，他の動物にもぜひ触れたい。例えば，次のような展開も考えられる。(但し，くまさんがりすさんのところに行ったことは確実におさえる。)

「くまさんはどこにいった？」
・だれかに聞きに行ったんだよ。
「だれに？」
・外にいたたぬきやきつねに聞いても分からなかったから，りすさんのところまで行ったのかもしれないね。

解に入る直前はその部分を音読しましょう。

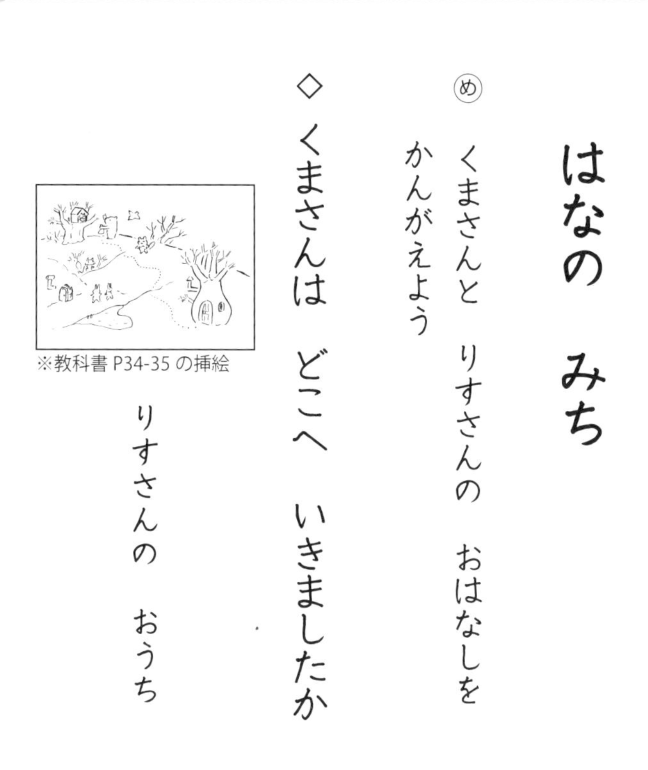
はなの　みち
㋱くまさんと　りすさんの　おはなしを
かんがえよう
◇くまさんは　どこへ　いきましたか
りすさんの　おうち
※教科書 P34-35 の挿絵

主体的・対話的で深い学び

・くまさんとりすさんのやり取りを想像する活動は，苦手な児童には難しいかもしれない。参加しにくい児童がいる場合は「この意見に賛成の人?」などと声をかける形で授業に参加することを促す。
・理由を説明することは1年生には高度な要求ではあるが，できそうな児童がいた場合は発言を促したり取り上げたりする。「こんなふうに理由が言えたらすごいです」とほめたり「〇〇さんの理由と違う意見の人はいるかな」などと言って，他の児童にも広げたい。

準備物

・教科書挿絵のカラーコピー

3 読む 想像する　くまさんとりすさんはどんなお話をしたのか考えてみよう。

「次の場面で，くまさんは何と言っていますか。」
・「しまった。あなが　あいていた。」

このあと，りすさんは何と言っているでしょう。
どうしたの？ふくろの中に何も入っていないよ。
くまさん，あわてんぼうだなあ。

「くまさんは，どうかな。」
・あれ？中に何が入っているか聞きにきたのに…。
・からっぽだ。何だったのか，もう分からないよ。

手を挙げた児童の中から順に当てたり，机の並び順に当てたりする。りすさんに袋を見せてから中身がないことに気づいたのか，りすさんに見せる前に気づいたのかで会話も変わってくる。

「みんなで勉強すると，違う考え方もあると分かるね。」

4 書く　第3場面の視写をしよう。

36ページをノートに写しましょう。
「　」や小さい「っ」に気をつけましょう。
「　」は、マスのどこに書けばいいんだったっけ？
小さい「っ」は，「、」「。」と同じところに書けばいいね。

1年生の視写のコツは，短時間でも回数を重ねること，少しずつ書く量を増やしていくことである。「　」や促音についても，一度教えて，全員が次回もできるということはまずない。机間巡視で確認する。

「教科書の通りに，ノートに書けましたか。」

改行の仕方については，当分の間，教科書と同じようにすることに決めるとよい。その方が，児童にとって分かりやすい書き方になる。

はなの　みち

第 4 時 (4/6)

本時の目標

第 4 場面を読み，花の道や動物たちの様子を想像する。

授業のポイント

花の一本道は，偶然が重なってできた楽しい出来事であることを感じさせたい。そのためには，児童の発言が出ないことは教師が説明する必要もある。

本時の評価

花の道や動物たちの様子を想像することができる。

〈ことば〉『一本道』という言葉が分からない児童もいます。児童から発言がなくても，さっと教

板書例

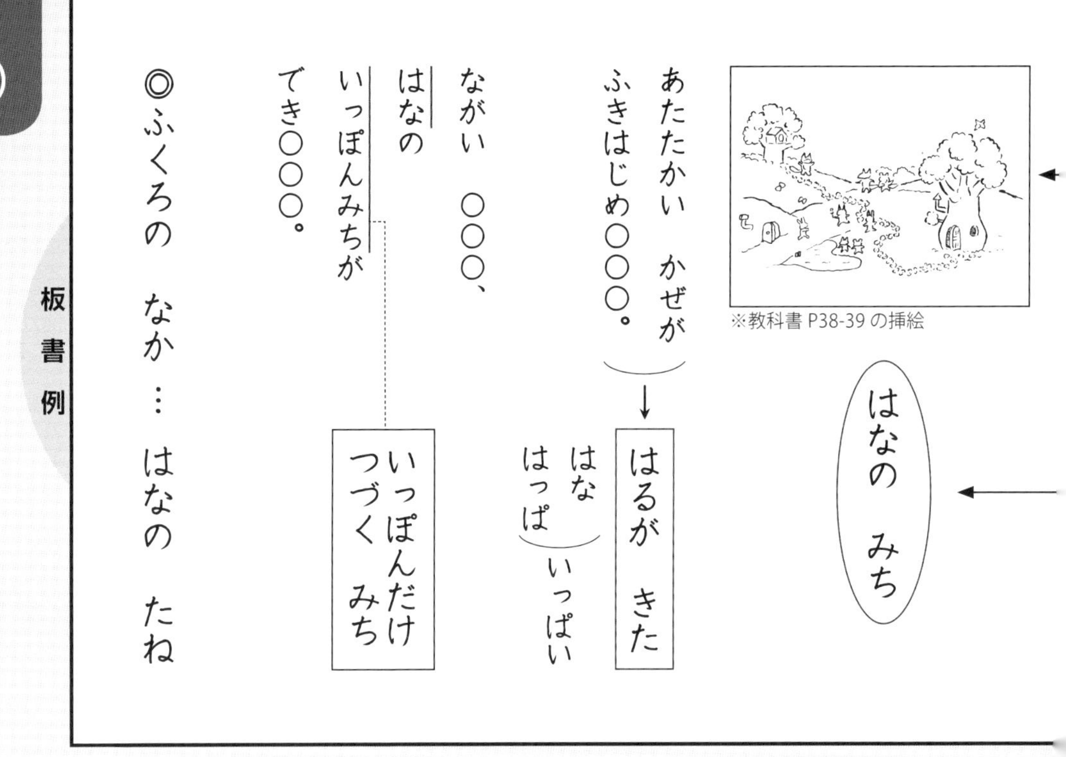

※教科書 P38-39 の挿絵
はなの　みち
あたたかい　かぜが
ふきはじめ○○○。
はるが　きた
はな
はっぱ
いっぱい
ながい　○○○、
はなの
いっぽんみちが
でき○○○。
いっぽんだけ
つづく　みち
◎ふくろの　なか　…　はなの　たね

1 音読する　第 4 場面を音読しよう。

「音読のときは，どんなことに気をつけるんだったかな。」
- てん（､）や，まる（｡）をあける。
- 会話のところは，読み方を変える。

では，教科書 38 ページを読みましょう。さん，はい。
あたたかい　かぜが
ふきはじめました。～

「はっきり読めました。」
「声が大きくなったね。」
「『ながいながい』，のところがながい感じが出ていて良かったよ。」

音読の注意は，繰り返し行う。それも全体にするだけではなく，個々の読みに対しても，短くコメントをして指導したり，励ましたりする。

2 読む 想像する　季節の変化について考え，「いっぽんみち」の様子を想像しよう。

「1 ページ前までのお話から，ずいぶん時間がたったようです。どの文から分かりますか。」
- 「あたたかいかぜがふきはじめました」のところ。
- 春がきた，ってことだよね。

絵は，どうなっているか
見てみましょう。
葉っぱも
花もいっぱ
いあるよ。
みんな
嬉しそう。

「では，『いっぽんみち』とは，どんな道でしょう。」
- いっぽんだけの道。
- 分かれないで，ずっとすすむ道。

「途中で分かれずに一本だけで続く道のことです。」

『一本道』という言葉が分からない児童もいる。児童から発言がなくても，さっと教師が説明すればよい。

師が説明すればよいでしょう。

はなの　みち

㋱ はなの　みちの　ようすと、はなの　みちが　できた　わけを　かんがえよう

※教科書 P34-35 の挿絵

（おとした　たねから）

主体的・対話的で深い学び

・次の時間は，花の一本道ができる前と後の絵を比べることになる。その準備として「あたたかいかぜがふいて，いっぽんみちができたこと」はしっかりおさえておきたい。
・挿絵の内容を確認する場合，「いっぽんみちってどれかな。指で押さえてみましょう。お隣の子と確認してごらん。同じかな」などとすると，勘違いや意見の違いが明確になる。

準備物

・教科書挿絵のカラーコピー

3 話し合う　袋の中身と，花の一本道ができたわけを考えよう。

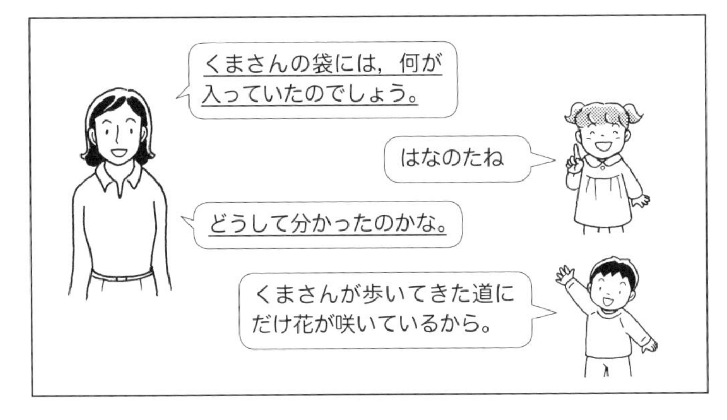
くまさんの袋には，何が入っていたのでしょう。
はなのたね
どうして分かったのかな。
くまさんが歩いてきた道にだけ花が咲いているから。

P38－39 の挿絵だけ見て，「花」という児童がいるかもしれない。P34－35 の挿絵で種が落ちていることを確認すれば，この間違いは修正できる。また，次時の挿絵の比較につなげることもできる。

「くまさんが，りすさんの家に向かったときに落とした種が1本の道になったわけです。その種がさくと，『はなのみち』です。」

袋を見つけ，何か分からずにりすさんの家に行ったが，袋に穴が空いていたという偶然が重なって一本道ができた，このことも確かめる。

4 書く　第4場面の視写をしよう。

38ページをノートに書き写しましょう。「ふきはじめました」と「ながいながい」の間は1行あけて書きましょう。

教科書も間があいているから，同じようにあけて書くんだね。

「何も書かないところも入れて全部で7行です。」
・たくさんあるなあ。

この時期の1年生にとっては，この字数の視写は決して簡単ではない。まだ習っていない文字があるかもしれない。その場合は簡単に教え，別の機会にワークなどを使って丁寧に指導する。
ノートに黒板の文字を写す，教科書の文を写す，という作業自体がとても意義のある学習と位置づけて，無理なく，しかし着実に取り組ませたい。

はなの　みち

第 5 時　(5/6)

本時の目標

春になる前と後の挿絵を比べて，イメージを広げる。

授業のポイント

うまくいけば，とてもたくさん発表できる場面である。発表ごとに絵を確認し『本当だ！』『すごい！』と大いに認めて，意欲を引き出す。

本時の評価

挿絵を比べて場面のイメージを広げることができる。

〈イメージ〉絵の比較からつなげて，教科書の挿絵の色合いや動物たちの仕草などからたくさん春

板書例

はる

※教科書 P38-39 の挿絵

くさの　いろ
はなの　いっぽんみち
ちょうちょ
かえる
かたつむり

◇どうぶつたちの　おはなし

・きれいな　はなが　さいた
・はるが　きた
・はなのみちが　できた
・ばんざい！

※※

◇おんどくしよう

・うれしそうに
・たのしそうに
・よろこんで

※※

※※児童の発言を板書する。

1 音読する　会話部分の工夫を考えて，全文をを音読しよう。

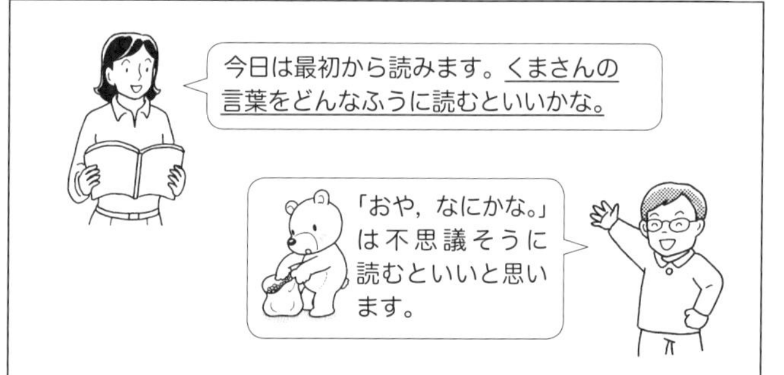
今日は最初から読みます。くまさんの言葉をどんなふうに読むといいかな。
「おや，なにかな。」は不思議そうに読むといいと思います。

「『しまった。~』というところは？」

・がっかりした残念そうな感じかな。

「では，くまさんの言葉に気をつけながら，最初から読んでみましょう。」

1 年生でも，気持ちをこめてとても上手に会話部分を読む児童もいる。一方，いくら指導しても変化が出ない児童もいるかもしれない。

この時期は，あまり無理をせず，「○○さん，くまさんが言っているみたいで上手だね。」とほめることを中心に指導する。

2 比べる 考える　P34-35 と P38-39 の 2 つの挿絵の違いを見つけよう。

第 2 場面と第 4 場面の挿絵を見比べる。

「同じところを描いた絵でしたね。」

・全然違って見える。春が来たから変わったんだ。

2 枚の絵の違うところはどこでしょう。
花のいっぽんみち。
草の色。
動物の数も全然違う。春の方は，ちょうもかえるもいる。

意見が出なくなってきたら，「木はどうですか。」「池の様子は？」などと，発言を促す。

筆者の実際の授業で「春の絵の方が池の水が多い。理由は池の杭が春の方が短く見えるから」という児童の発言があった。児童は大人も気づかない箇所に目がいく，見ようとする場合があるという事例である。

「いっぱい変わったところがありましたね。」

の喜びをイメージさせましょう。

※教科書 P34-35 の挿絵

はなの　みち

㋱ ふたつの　えを　くらべてみよう

◇ ちがう　ところ

主体的・対話的で深い学び

・絵を比べるということがよく分かっていない児童がいるかもしれない。発表があったとき，具体的に2枚の絵のどの部分を比べてどのように変わっているのかを1つずつ確認していくことで，他の児童も徐々に何をどのように比べればいいのかが分かってくる。比べた結果，気づいたことを出し合うことで，自分が気づかなかったことや自分とは意見が違うことがより明確になり，それぞれの考えも深まる。

準備物

・教科書挿絵のカラーコピー

3 話し合う　動物たちは何と言っているのか想像しよう。

春の絵では，動物たちはどんなことを言っているのでしょう。
春がきた！やったー！
きれいな花がさいたね。

「くまさんは何と言っているでしょう。」
- ぼくが見つけたのは，花の種だったんだね。
- きれいな花の道ができた。ばんざーい！

絵の比較からつなげて，春の喜びをたくさんイメージさせる。全体の色調や仕草などから，動物たちが花の一本道を喜んでいることは分かる。

花の一本道は，春がきたことの象徴でもある。「なぜそう思う？」と理由を求めるのはやや高度だが，発表の中に自然に理由が含まれている児童がいれば，それを取り上げ大いにほめ，広げる。

4 話し合う 音読する　第４場面を，音読の工夫を考えてもう一度読もう。

春の場面のページをもう一度読んでみましょう。どんなふうに読んだら上手かな。隣の人と相談してみましょう。
一本道ができて，うれしそうな感じ。
楽しそうに。あたたかい春が来て喜んでいるから。

話し合った工夫を発表させ，みんなでどう読むとよいか確かめ合う。

「では，あたたかい春を喜んでいるように，大きな声でゆったりと読みましょう。」
「『あたたかいかぜがふきはじめました。』のあと，１行あいていますね。うんと間をあけて読んでみましょう。」

大げさに間をあけたり，「ながいながい」の２回目の「ながい」を声を大きく高くして読むなど，音読の工夫の見本を分かりやすく示す。

はなの　みち

第 6 時 （6/6）

本時の目標

好きな場面を選んで音読することができる。

授業のポイント

短い話なので，音読はできるだけ全員に前で発表させたい。聞く側の指導も，先を見据えて，ていねいにポイントなどを伝えていく。

本時の評価

好きな場面を選んで音読練習をしたり，発表したりすることができる。

〈時間配分と振り返り〉クラス人数によっては，2時間扱いにするとよいでしょう。また，本時では，勉強

板書例

◇おんどく　れんしゅう
・ひとりで
・となりの　ひとに　きいて　もらう

◇おんどく　はっぴょう
・すらすら
・おおきな　こえ
・よい　しせい

※

※

※

※教科書の４つの場面の挿絵

1 めあて 選ぶ　好きな場面を選ぼう。

「今日は，自分の好きなところを選んで音読しましょう。」

１ページ（１場面）を原則として４つの場面から選ばせる。

どのページの音読がしたいですか。
最後の一本道ができたところがいいな。
「おや，なにかな。」を読みたいから，最初のページがいい。

「では，手を挙げてもらうことにします。最初のページの人？」

順に聞いていく。手を挙げることで，意志がはっきりとし，いつまでも迷うということにならない。

2 音読練習　選んだ好きな場面の音読練習をして，２人組で聞き合おう。

「どこを選んだかで読む場面が違うので，みんなばらばらで読む練習をしましょう。」

そろって読むことに慣れていると，ばらばらに声を出すことに抵抗がある児童もいる。そのときは，

「○○さん，読んでみて。」「△△さんも始めようか。みんなもどうぞ。」と数人に読み始めるように促すとスムーズに始まる。

次は，隣の人に聞いてもらいましょう。聞いた人は，「よかった」と思ったところを言いましょう。
くまさんが，ふくろをみつけました。～
間違えずに，うまく読めたね。

机間巡視で，うまくできている２人組をとらえて全体の見本とさせる。

したことをもう一度思い出すことを「振り返り」と教えましょう。

はなの　みち

㋱ すきな　ばめんを　おんどくしよう

◇すきな　ばめんを　えらぼう

・一つ　えらぶ

※

主体的・対話的で深い学び

・「好きな場面」が児童により違うのは当然である。1人の児童が好きな場面を発表したときに，「同じところを選んだ人はいるかな」などと尋ね「こんなに一緒の人がいたね」「ここを選んだのは，○○さんだけだったんだね」などと簡単にコメントをつけることで，発表してよかったと思うようになるだろう。また，自分と同じ場面を選んでも理由が違ったり，同じような理由を言っているのに違う場面を選んだりしている児童がいることを知り，交流することの意義を感じるはずである。

準備物

・教科書挿絵のカラーコピー

3 音読発表　みんなの前で音読の発表をしよう。

「練習したところの音読発表を1人ずつしてもらいます。一生懸命に読んでもらいますから，聞く人もしっかり聞きましょう。」

音読発表を聞くときの具体的な注意点を示す。

〇すらすら
〇大きな声
〇よい姿勢

あたたかい　かぜが
ふきはじめました。～
大きな声ですらすら読めていましたね。
姿勢もよかったです。

工夫を生かした音読をしている児童は些細なところも取り上げて大いにほめる。聞いている児童にも感想を発言させるとよい。

4 まとめ 振り返る　音読発表と，「はなのみち」全体の学習を振り返ろう。

みんながんばって音読できましたね。全員の音読を聞いて，思ったことを発表してください。

○○さんが大きな声で姿勢よく読んでいました。

△△さんは，くまさんの言葉を不思議そうに読んでいて上手いなあと思いました。

「勉強したことをもう一度思い出すことを『ふりかえり』と言います。『ふりかえり』をすると，勉強したことがよく覚えられるようになります。『はなのみち』では，どんな勉強をしたか振り返ってみましょう。」

・音読の練習をしたね。
・発表もして，緊張したよ。
・聞き方も教えてもらった。
・絵を比べて，よく見るのもやったね。「間違い探し」みたいで面白かった。

としょかんへ　いこう

全授業時間２時間

◎ 指導目標 ◎

・読書に親しみ，いろいろな本があることを知ることができる。
・積極的に図書館について知ろうとし，学習課題に沿って読みたい本を見つけようとすることができる。

◎ 指導にあたって ◎

①　教材について

ここでは，学校図書館が取り上げられています。読書への誘いとともに，学校図書館の活用につながるような授業にしたいところです。

読書があまり好きではない児童であっても，図書館での活動は楽しみにしている場合が少なくありません。ただ，教室とは違う空間だけに，はじめのうちに決まりをきちんと定着させておく必要があります。「楽しい」と「ふざける」の区別がつかないままになりかねないからです。

落ち着いた雰囲気で静かに読書することの心地よさを体感させ，それが普通の状態になるように習慣づけたいところです。

②　主体的・対話的で深い学びのために

前述の決まりの定着とは矛盾するようですが，児童が自由に好きな本を選ぶということも主体的に読書に取り組むようになるには大切なことです。なんとなく，ぶらぶらと立ち歩くことと，自由に本を探すことの区別は難しいところがあります。

教師の判断で，本探しにかける時間を決めておいたり，移動中に話をしないというルールを作ったりするなど，クラスの実態を見ながら，有意義な時間になるための指導をしていきます。

また，読書習慣は，国語の時間だけで育てられるものではありません。学級文庫などの読書環境，日々に読書の話題を出すなどの継続性，家庭との連携など様々な角度から指導を続けることが大切です。

◎ 評価規準 ◎

知識及び技能	読書に親しみ，いろいろな本があることを知っている。
主体的に学習に取り組む態度	積極的に図書館について知ろうとし，学習課題に沿って読みたい本を見つけようとしている。

◎ 学習指導計画　全２時間 ◎

次	時	学習活動	指導上の留意点
1	1	・学校図書館へ行き，たくさんの本があることや図書館の様子を知る。 ・学校図書館での決まりについて考える。	・学校ごとの図書館の決まりについて確認しておく。 ・みんなの本であることに気づかせ，大切に扱うことや静かに読むことなどの約束を確認する。
	2	・読みたい本を選んで読書に親しむ。 ・学習した決まりを確かめながら読む。	・なかなか決められない児童には，教師がおすすめの本を示す。

としょかんへいこう
第1時（1/2）

本時の目標
図書館の様子を知り，その決まりを理解することができる。

授業のポイント
たくさんの本があることや，ゆっくりと読書ができることなどの図書館の魅力を味わわせる。座席は，少なくとも最初は出席番号順などで教師が指示するとよい。

本時の評価
図書館の様子を知り，その決まりを理解することができている。

板書例

〈板書〉図書室での授業です。板書は図書館のホワイトボードなどに書いていることを前提に

ほんを　よむ　ところ

〈としょかんの　きまり〉
① ほんを　たいせつに　する
・やぶかない
・よごさない
② めいわくを　かけない
・しずかに　する
・おとを　たてない
・ほんを　もとの　ところへ　もどす

◇ 一さつ　かりて　よもう

1 めあて つかむ　【教室で】図書館に行く前に聞いておこう。

「今日は，学校の図書館に行きます」
- わあ，楽しみ！ぼく，中を見たことをあるよ。
- 本がいっぱいあるんだよね。

学校図書館の画像があれば見せる。

「図書館には，本がたくさんあって，その本を借りることもできます」
- 早く借りたい！

図書館は，みんなが使う場所です。図書館の本もみんなが借りることができる本です。みんなが気持ちよく使うために，気をつけることや決まりがあります。
借りられない本があるのかな。
何冊借りられるか，決まっているんだよ。

「今日は，図書館の使い方と図書館の決まりについて勉強します。」

全員で静かに学校図書館に移動する。

2 気づく　【図書館で】図書館に入ってみよう。

「では，まず，図書館に入ってみましょう。」
- うわあ，本当にたくさんある。
- ぼくの好きな本もある。
- わたしの持っている本もある。

この図書館に入ってみて，気がつくことはありますか。
本棚がいっぱいある。
本に番号がついている。
いすもたくさんあるよ。

「そうですね。ふつうの教室と違うところがたくさんあります。学校のみんなが来るところです。だから決まりも知っておかないと上手に使えません。」

しています。

※学校図書館の画像

とこしょかんへ　いこう

㋱ としょかんの　きまりを　しろう

主体的・対話的で深い学び

・図書館での決まりについては，一方的に教えるだけでなく，うるさくしたときの不快感や静かに集中できたときの心地よさを実感させることを重視したい。それにより，自分から決まりを守ろうとしたり，集中できる雰囲気を崩さないようにしたりする意識を芽生えさせることを目指す。

準備物

・（あれば）学校図書館の画像

3 知る　図書館の決まりを知ろう。

「まず，図書館は何をするところでしょう。」
・本を読むところです。
「そうですね。もっと学年が大きくなったら，いろいろなことを調べるときにも使います。ここで本を読むだけでなく，借りることもできます。」

まず，ここで本を読むときに気をつけることはどんなことでしょう。
本を破らない。
本を汚さない。
静かにする。

「そうですね。『本を大切にすること』と，『本を読んでいる人に迷惑をかけないということ』の２つがありますね。」

他に，学校独自の決まり，担任の方針やクラスの実態に応じた決まりがあれば伝えておく。

4 読む　決まりを守って図書館で本を読んでみよう。

「他にも，図書館では，探したい本を見つけやすいように，本を置く場所も決まっています。」
・だから，番号が貼ってあるのか。
・棚にも，貼ってあるね。
・あったところに返さないとね。

では，一度，図書館で本を読んでみましょう。１冊，本を選んで自分の席で読みましょう。決まりは覚えているかな。
この本にしよう！
どれにしようかな…

「今日は，図書館で読む練習でもあります。決められない人は，先生がおすすめの本を教えます。」

本探しに慣れていないような児童に合わせて，おすすめの本を何冊か準備しておくとよい。

としょかんへいこう
第2時（2/2）

本時の目標

好きな本を選んで読むことができる。

授業のポイント

この時間は，好きな本を読むことの楽しさを味わわせたい。ある程度，本をゆっくり探す時間を確保する。

本時の評価

好きな本を選んで読んでいる。

〈板書〉第１時に続いて，図書室での活動です。「図書館の決まり」は前時の内容を再掲示して

板書例

・しずかに　する
・おとを　たてない
・ほんを　もとの　ところへ　もどす

◇ほんを　よもう
・10ぷんまえまで

◇こうりゅうしよう
・だいめい
・さくしゃ
・かんそう、おもしろかったところ

1 めあてつかむ　好きな本を探して読もう。

「今日は，自分が好きな本を探して読む時間をたくさんとります。」
・やったー。この前は，最後まで読めなかったから，今日は，全部読みたい。
・他の本も見てみたいな。

自分が好きな本を見つけて，どんどん読みましょう。読み終わったり，思ったのと違ったりしたときは，本を戻してもいいですよ。
何冊読んでもいいのかな。
友達と交換してもいいのかな。

「何冊読んでもいいんです。友達と交換すると，本の場所が分からなくなるといけないから，必ず本があった場所を一緒に確かめてから，その本を借りましょう。」

本を読むだけでなく，図書館では自由に本をあれこれ交換できる楽しさも味わわせたい。

2 確かめる　図書館の決まりを再確認しよう。

では，探し始める前に，図書館の決まりを確認しておきましょう。
本を大切にする。
破ったり，汚したりしないようにしないとね。
うるさくしたり，大きな音をたてても迷惑だよね。

「本を返す場所も，きちんと元の場所に戻しましょう。分からなくなったら，シールの番号や棚の目印を見ましょう。それでも分からないときは，先生に聞いてください。」
・本当だ，本棚にも番号がついている！
・本の置き場所を忘れても，これを見て思い出せるね。

「本棚を全部見ていかなくても，作者や内容で分けて置いてあるので，それで本を探すこともできます。」

徹底させましょう。

としょかんへ　いこう

㋱ すきな　ほんを　さがして　よもう

〈としょかんの　きまり〉

① ほんを　たいせつに　する
・やぶかない
・よごさない

② めいわくを　かけない

主体的・対話的で深い学び

・いかに楽しい読書の時間を過ごさせることができるかがポイントである。読む時間だけでなく，本を探す楽しさ，本を交換する楽しさ，本について友達と話し合う楽しさなども体感させたい。
・難しいのは，図書室ではうるさくしないという原則との兼ね合いである。最後にまとめて交流の時間を確保するなどして，対話的な学びも取り入れたい。

準備物

3 探して選ぶ 読む　本棚から読みたい本を選んで読もう。

「それでは，読みたい本を探して，決まった人から読み始めましょう。」
・どれにしようかな。
・わたしは，決めてあるんだ！いっぱい読もう。

探している人も，読み始めている人がいるので，声や足音に気をつけましょう。授業が終わる10分前に読む時間は終わりにします。
走ったらだめだね。
そうか，声に気をつけないと。

「読む本を決められない人がいたら，先生に相談してください。」
・先生，どうしよう…。
「絵本は，どうかな。」
・あっ，ここにいっぱいある。これにしよう。

4 交流する　本を読んだ感想を交流しよう。

「あと，3分で読む時間は終わりです。」
・あと少しで，全部読める！
・次の本，ちょっとだけ読んでおこう。
・他に，どんな本があるかな。

事前に決めた時間が来たら，読むのをやめさせる。

同じテーブルの人と，今日，読んだ本について交流しましょう。（作者と）題名だけでもいいですよ。面白かったところや感想が言えるともっといいですね。
ぼくが読んだ本は『かいじゅうたちのいるところ』です。
かいじゅうの国が出てきました。ぼくも行ってみたいと思いました。

「最後に，きちんと本を直しましょう。もし，棚に正しく入っていない本を見つけたら，それも直しておきましょう。」

かきと　かぎ

全授業時間２時間

◎ 指導目標 ◎

・平仮名を読み，書くことができる。
・進んで濁音を含む言葉を見つけようとし，これまでの学習をいかして文字で表そうとすることができる。

◎ 指導にあたって ◎

① 教材について

濁音についての学習です。七五調の文で楽しみながら濁音を含む言葉にふれることができます。また,「さる」と「ざる」,「かき」と「かぎ」など濁点で別の言葉になるということも児童は興味深くとらえ，濁点についての印象が強くなることでしょう。

濁音を含む言葉をたくさん見つけさせ，書かせることで，児童は自然に濁音について意識するようになるでしょう。楽しい雰囲気で活動させたいものです。

また，濁音の点を書くときに，ピリオドのように点を書く児童がいます。そうではなく，短い線であるということを教えると，全体にていねいに書くようにもなります。

② 主体的・対話的で深い学びのために

教えられた濁点を含む言葉だけで学ぶのではなく，自ら身の回りの言葉を探す活動を促したいところです。そのためには，教科書など全員が使いやすいものを利用するなど，見つける方法を具体的に指導し，その楽しさに気づかせます。

◎ 評価規準 ◎

知識及び技能	平仮名を読み，書いている。
主体的に学習に取り組む態度	進んで濁音を含む言葉を見つけようとし，これまでの学習をいかして文字で表そうとしている。

◎ 学習指導計画　全２時間 ◎

次	時	学習活動	指導上の留意点
1	1	・教科書 P42 の唱え歌を，教師が範読し，一斉読みする。 ・唱え歌の内容を確かめる。 ・唱え歌の中で，濁音を含む言葉を確かめる。 ・濁音の言葉をノートに書き写す。	・いろいろな読み方で，繰り返し練習する。 ・濁音が入っていることに気づかせる。 ・濁音の点をていねいに書かせる。
	2	・教科書 P43 の言葉を読む。 ・教科書 P43 の言葉をノートに書く。 ・濁音を含む言葉をほかにも探す。 ・見つけた言葉をノートに書く。	・濁音で意味が変わっていることを確認する。 ・他の言葉を見つけるときには，教室の中や教科書から探させる。

DVD 収録（児童用ワークシート見本，イラスト）※イラストは，本書 P106，107 に掲載しています。

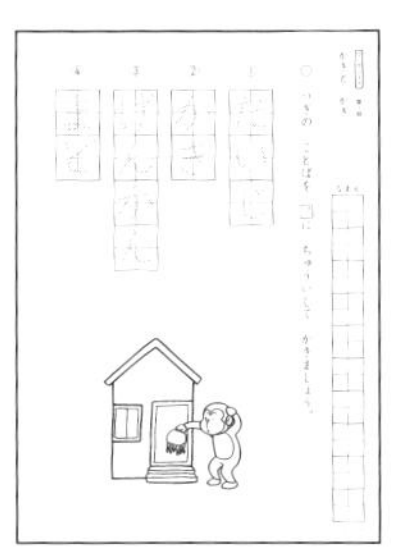

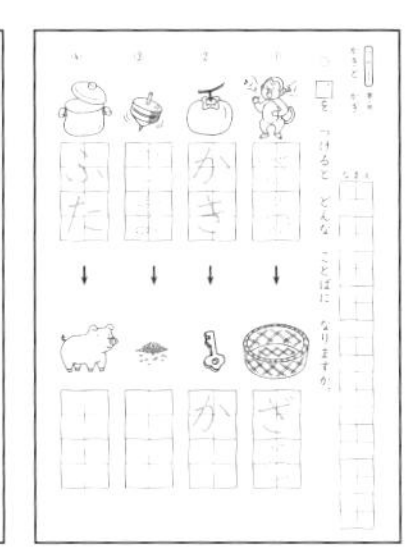

かきと　かぎ

第1時（1/2）

本時の目標

濁音を含む唱え歌を楽しく読み，濁音に気づくことができる。

授業のポイント

濁音の点もていねいに書かせたい。

本時の評価

濁音を含む唱え歌を楽しく読み，濁音に気づくことができた。

〈言葉集め〉濁音の言葉集めをします。身の回りにはたくさんの濁音があります。たくさん見つけ

板書例

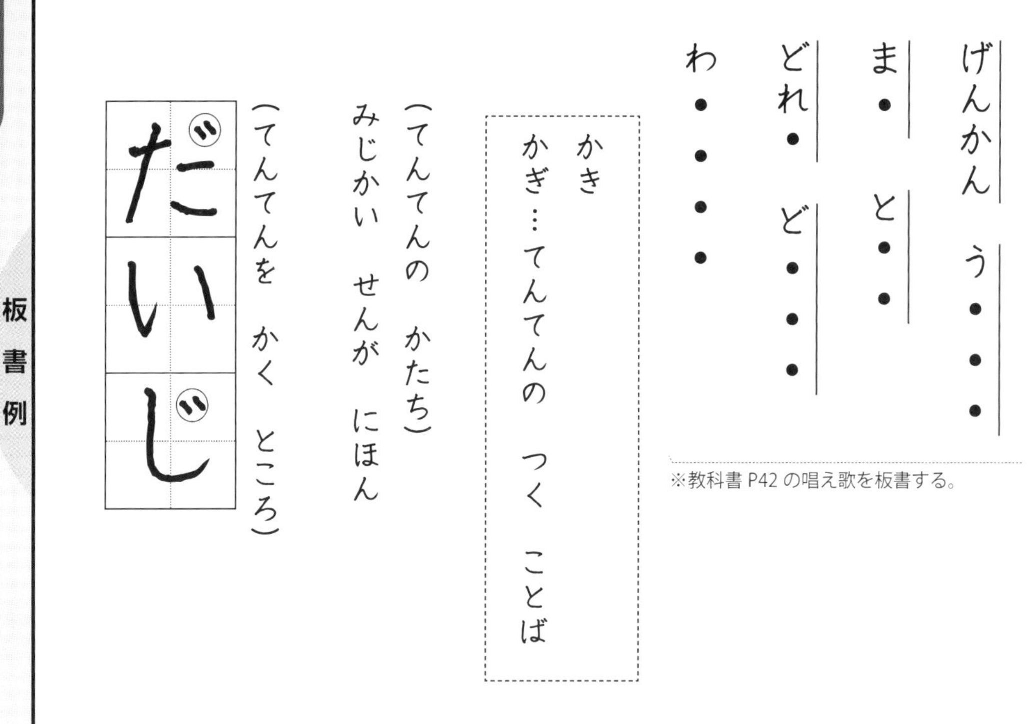

げんかん　う・・・
ま・　と・・
どれ・　ど・・・
わ・・・・
かき
かぎ…てんてんの　つく　ことば
（てんてんの　かたち）
みじかい　せんが　にほん
（てんてんを　かく　ところ）
だいじ

※教科書 P42 の唱え歌を板書する。

1 音読する　教科書の唱え歌を読み，挿絵を見よう。

「まず，『かきとかぎ』を先生が読みます。」

児童が集中している様子を確かめながら，教科書 P42 の唱え歌をゆっくり，はっきりと読む。

「次に，先生とみんなで一緒に読みましょう。」
・さるのだいじなかぎのたば…

短い，リズムのよい文章である。繰り返し練習してリズムの心地よさを味わわせたい。一行ずつ教師と児童が交代で読んだり，連れ読み（教師が読み，同じところを児童が続けて読む読み方）をしたりしてもよい。

教科書の絵は，どんな絵でしょう。
さるがかぎのたばを持っています。
げんかんのかぎが分からなくなっています。

2 つかむ　唱え歌の内容を確かめよう。

では，絵の中の「かぎのたば」はどれかな。指でおさえてみましょう。
たばって？
たくさんのかぎをさるが持っているよ。

「そうですね。たくさんものをまとめてあるものを『たば』といいます。では，『うらぐち』はどれでしょう。」
・「げんかん」と違うのかな。
・うらにある？
・絵のドアがうらぐちかな？

「ちょっと難しかったね。絵に出ているのが『げんかん』だとしたら，『うらぐち』は，別の出入り口だから見えないところにあるのでしょうね。」

させ，発表させましょう。

かきと　かぎ

㋱ おはなしを　よんで　てんてんの
つく　ことばを　さがそう

さる・　だいじ・
かぎ・　た・

主体的・対話的で深い学び

・教科書の文から濁音を見つけることをきっかけとして，自分の知っている言葉や身の回りの言葉から濁音を見つけようという意欲を引き出したい。また，隣の友達などと確かめ合って相談したりさせたい。

準備物

・児童用ワークシート見本　DVD 収録【1_14_01】

3 とらえる 見つける　唱え歌の中の濁音を含む言葉を見つけよう。

「題名の『かきとかぎ』を見て気づいたことはありませんか？」
- 「かき」と「かぎ」は似ている。
- 「てんてん」がついているのと，いないのと。

ほかにも，てんてんのつく言葉を探しましょう。
だいじな
たば
げんかん
うらぐち

児童の発表に合わせて，黒板に写した本文の中の濁音を含む言葉に線を引いていく。

「てんてんのつく言葉を，難しい言葉で濁音と言います。」

4 書く　唱え歌の中の濁音を含む言葉を書き写そう。

「濁音の言葉をノートに写しましょう。よく見て書きましょう。『てん』と言っても，ちょんと打つだけではないんです。点は，短い線が二本ですね。」

まず，『だいじ』を写しましょう。
てんがつくのが2つある。
どこにてんを書くのかな。

まだ，ひらがなをスムーズに書けない児童が多い場合は，「だ」「じ」など一文字だけを書かせてもよい。

ノートのどこに書くのか，点の形・位置も確認しながらていねいに進める。ワークシートを使ってもよい。

かきと　かぎ

第 2 時 (2/2)

〈カタカナ表記〉伸ばす音を含む言葉を，カタカナ未習の段階にひらがなで書く場合は，「ぼおる」や「ぼーる」の

本時の目標

濁音を含む言葉を見つけて書くことができる。

授業のポイント

濁点のつく言葉を見つけるときには，頭だけで考えさせるのではなく，教室の中や教科書から探させると見つけやすい。

本時の評価

濁音を含む言葉を身の回りのものから見つけ，ノートに書くことができた。

板書例

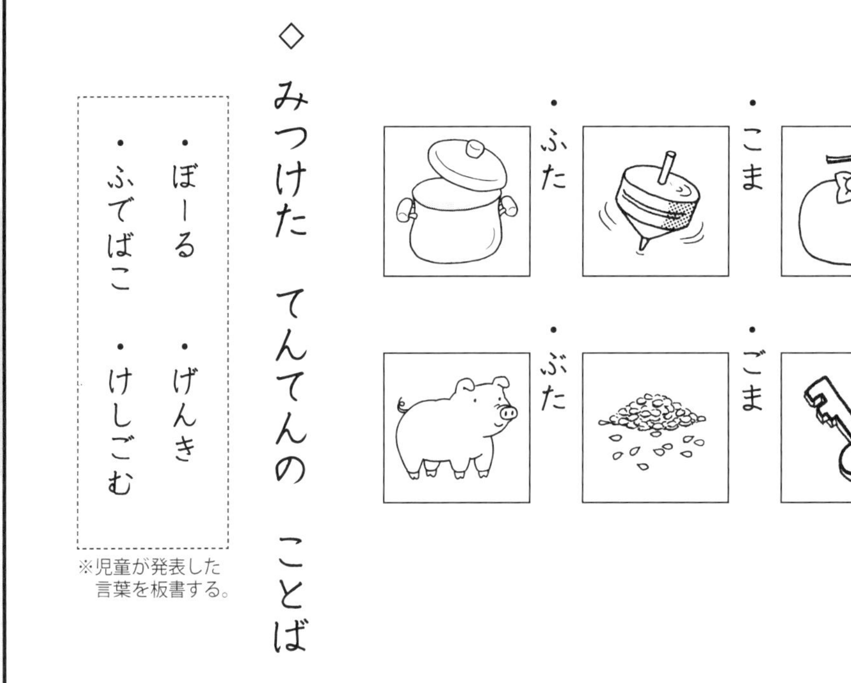

・かき
・こま
・ふた
・かぎ
・ごま
・ぶた
◇みつけた　てんてんの　ことば
・ぼーる
・げんき
・ふでばこ
・けしごむ
※児童が発表した言葉を板書する。

1 音読する とらえる　濁音で意味が変わっていることを理解しよう。

「教科書の言葉を順番に読んでいきましょう。」

・さる，ざる　・かき，かぎ
・こま，ごま　・ふた，ぶた

教科書 P43 の言葉を読ませ，それぞれの違いや意味を確かめていく。

てんがつくと別の意味になる言葉があるんですね。他にも，知っているかな。
きんと，ぎん。
かむと，がむ。
かと，が。

難しい課題なので，無理に児童から出させずに，教師が示してもよい。他に，かんたん・がんたん，あさ・あざ，たいや・だいや，などが考えられる。

2 書く　濁音を含む言葉と含まない言葉をノートに写そう。

教科書の言葉をノートに書きましょう。濁音の点を書くときの注意は何だったかな？
短い線が2本！
じ
書く場所もよく見る。

指示・確認だけで注意点を理解できる児童ばかりではない。机間巡視で１人ひとりが書く様子を確かめながら指導する。ワークシートを使ってもよい。

「おっ，ちゃんと短い線で書けているね。」
「点の位置もよく見ているね。」

声をかけてほめたり，○をつけて回ってもよい。

どちらでもよいことになっています。本時の板書では，「ぼーる」としています。

かきと　かぎ

㋱ てんてんの　ことばを　たくさん
みつけて　かこう

・さる

・ざる

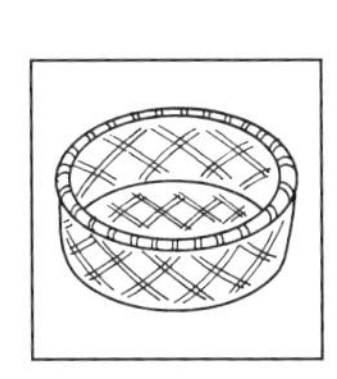

主体的・対話的で深い学び

・1年生の児童には，ほめることがとても大切である。ここでは，教科書など身の回りのものから，濁音のつく言葉を見つけることができた児童を取り上げてほめることで，他の児童も意欲的に取り組むようになる。
・できるだけ多くの児童に発表の機会を与えたい。
・書いたノートを隣の人と見せ合ったり話し合ったりするのもよい。

準備物

・黒板掲示用カード　DVD 収録【1_14_02，1_14_03】
・児童用ワークシート見本　DVD 収録【1_14_04】

3 見つける　濁音を含む言葉をもっと探そう。

「他にも，てんてんのつく言葉はあるかな。今度は，てんてんをとると別の言葉になるものでなくてもいいですよ。」
・えーっと，ぼーる！　・げんき。
・ふでばこ。　・けしごむ。

次にノートに写すときの参考にするためにも，黒板に発表された言葉を書いていく。

すごいね。たくさん見つかりそうですね。教科書の他のページを見てもいいですよ。
『はなのみち』に，「ともだち」があった。
『どうぞよろしく』の「どうぞ」も！

教科書をうまく活用できない児童も多いと思われる。ページを限定して，「この中から見つけてみよう」などと指示をしてもよい。

4 書く　見つけた言葉をノートにていねいに書こう。

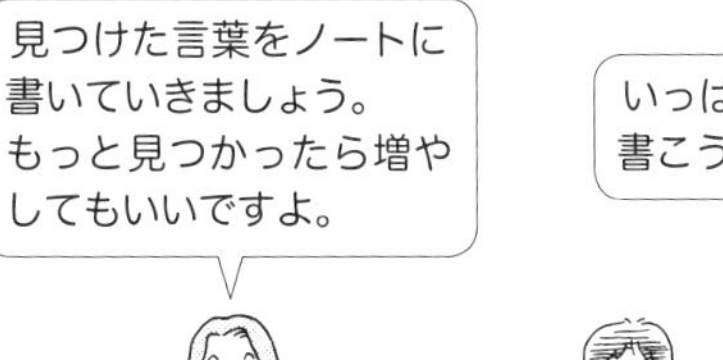
見つけた言葉をノートに書いていきましょう。もっと見つかったら増やしてもいいですよ。

いっぱい書こう！

他に…，「こくばん」もあった！

ノートの使い方をていねいに指導する必要がある。最初の言葉は，全員で同じものにし，ノートに実際に書き終えるまで確認するなどの配慮を行う。

見つけられない児童のために「黒板に書いてある言葉を写してもいいですよ」と助言してもよい。

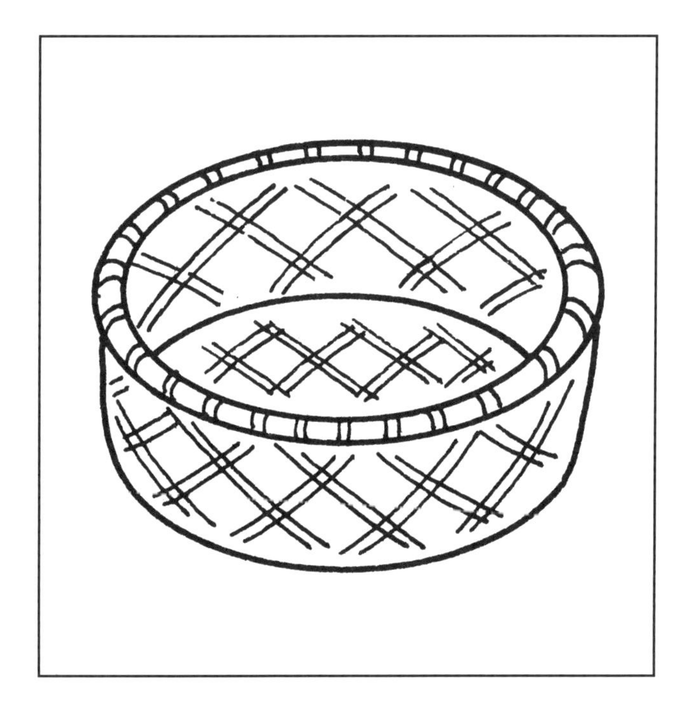

ぶんを　つくろう

全授業時間４時間

◎ 指導目標 ◎

・文の中における主語と述語との関係に気づくことができる。
・句点の打ち方を理解して文の中で使うことができる。
・語と語の続き方に注意することができる。
・語と語との続き方を丁寧に確かめながら，今までの学習をいかして文を書こうとすることができる。

◎ 指導にあたって ◎

① 教材について

主語と述語についての教材です。文法的には意識していなくても，「－が－。」という文型については，感覚的に理解している児童も多いでしょう。それを取り出して，考えたり書いたりすることで意識させ，体得していきます。また，これ以降，作文などでこの文型が出てきたときに，「これは前に勉強したね」「練習したことがきちんとできていますね」などと繰り返し，思い出させることも必要です。

１年生は，発達の差がまだ大きく，普段の会話も一語文的なものが多かったり，語彙が少なかったりする児童もいるでしょう。そのような児童の場合，この授業だけの取り組みで何とか理解させようとしても無理があります。継続的に指導していくという視点が大切です。

② 主体的・対話的で深い学びのために

主語と述語の理解は中学年になっても難しい児童が少なくありません。１年生に理屈で説明しても，あまり効果は出ないでしょう。多くの文例をあげて，何度も声に出すことで，感覚的に理解できるように意識したいところです。感覚的に分かった気になることで，多くの児童が進んで話をしたり発表したりしたくなるでしょう。

◎ 評価規準 ◎

知識 及び 技能	・句点の打ち方を理解して文の中で使っている。 ・文の中における主語と述語との関係に気づいている。
思考力，判断力，表現力等	「書くこと」において，語と語の続き方に注意している。
主体的に学習に取り組む態度	語と語との続き方を丁寧に確かめながら，今までの学習をいかして文を書こうとしている。

◎ 学習指導計画　全４時間 ◎

次	時	学習活動	指導上の留意点
1	1・2	・教科書 P44 の挿絵を見て，「わたしがはなす。」「みんながわらう。」を読む。 ・主語や述語に注意し，「―が―。」の文型であることに気づく。 ・主語・述語・句点を意識して，教科書 P44 の文を視写する。 ・既習教材の「はなのみち」からも同じ文型を探させる。	・挿絵で意味を考えさせる。 ・句点を書く位置を確かめる。
	3	・教科書 P45 の挿絵を見て，「―が―。」の文を見つけたりノートに書いたりする。	・作った多くの文例を声に出して読み，感覚的に理解できるようにする。 ・黒板から文を写すときの注意点を丁寧に指導する。
	4	・日常の生活から，「―が―。」の文を見つけたりノートに書いたりする。	・主語と述語に分けて，尋ねるようにする。 ・自分の身の回りの中から文を見つけるよう促す。

DVD 収録（児童用ワークシート見本）

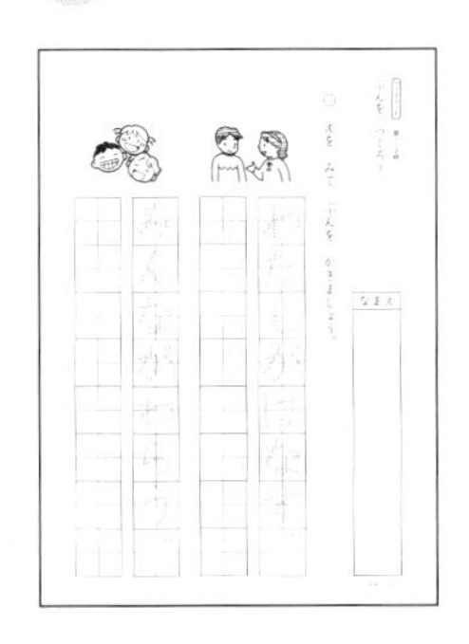

ぶんを つくろう 第1,2時（1,2/4）

本時の目標

「―が―。」の文型であることに気づき，主語と述語の関係に注意して，「―が―。」の文を視写することができる。

授業のポイント

文法的な説明については，くわしく理解させる必要はない。具体例を挙げて感覚的に分かることをねらう。

本時の評価

例文を読み，「―が―。」の文型について理解し，例文を正しく視写することができた。

〈助詞「が」の指導〉文法的な理解は難しくても，「が」をなくした例文を声に出して読ませれば，

板書例

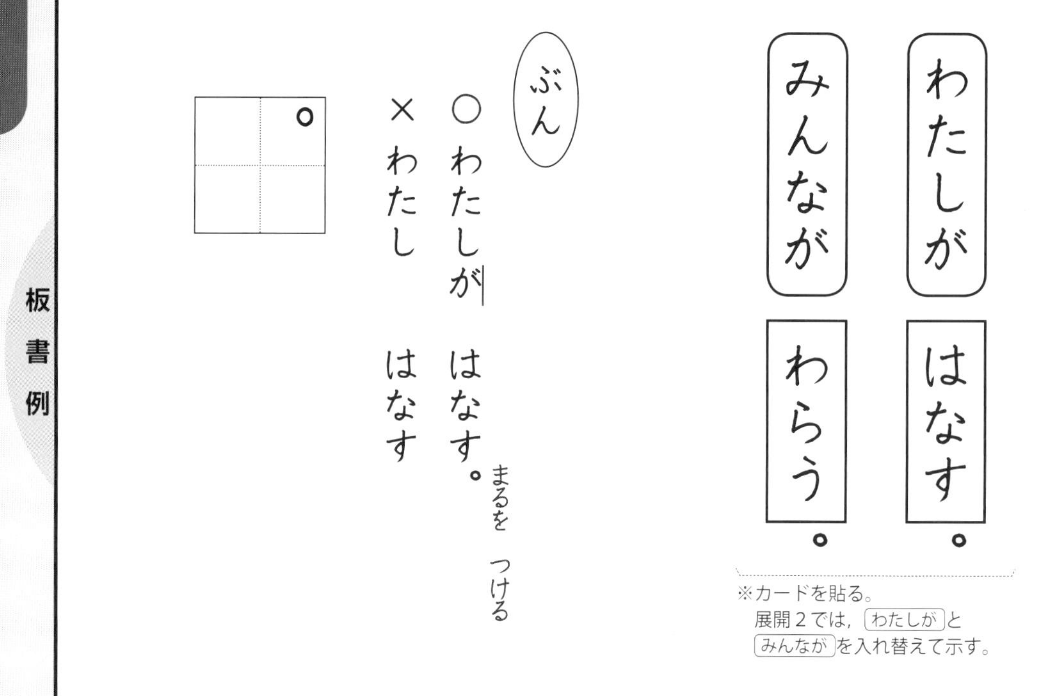

わたしが
はなす。
みんなが
わらう。
ぶん
○わたしが はなす。
×わたし はなす
まるを つける
。
※カードを貼る。
展開２では，わたしがと
みんながを入れ替えて示す。

1 読む つかむ　教科書の文を読み，「題名」と「ぶん」の意味を知ろう。

「教科書44ページは，何をしている絵ですか。」
- みんな可笑しそうに笑っているよ。
- 1人の子はみんなに話をしているみたい。

「では，最初の3行を読みます。」（範読する）

では，みんなも一緒に読みましょう。
ぶんを つくろう。
わたしが はなす。
みんなが わらう。

「『ぶんをつくろう』がこのページの題名です。文とは，『わたし』だけのような言葉だけでなく『わたしがはなす。』のように最後に『丸（。）』まであって意味が分かるものです。」

文についての説明を正確にするのは難しい。例を挙げながら，上記のような説明をすると1年生でも納得することが多い。

2 とらえる　「―が―。」の文型を確かめ，主語と述語の関係に着目しよう。

「わたし」と「はなす」の間の「が」をなくすと「文」はどうなりますか？
「わたし，はなす。」になるよ。
なんだか変だね。

黒板の「はなす」と「わらう」の画用紙カードを入れ替えて示す。

「この2つの言葉を入れ替えると，どうですか。」
- 「わたしがわらう」と「みんながはなす」。
- 別に変じゃないよ。

「そうですね。変な文ではないですね。でも，教科書の絵に合っている文だと言えますか。」
- あ，笑っているのは「みんな」だから…，絵に合う文じゃないよ。

主語と述語の関係に着目させる。

「が」が必要なことは１年生にもよく分かるでしょう。

ぶんを　つくろう

㋱ ぶんを　かこう

※教科書 P44 の挿絵

主体的・対話的で深い学び

・助詞について文法的に理解することは難しくても，助詞「が」の指導は，「が」をなくした例文を声に出して読ませれば，違和感を感じる児童は少なくないはずである。ここでは，できるだけ声に出す場面を多くつくり，楽しみながら取り組ませたい。

準備物

・教科書 P44挿絵の拡大コピー（黒板掲示用）
・わたしが　みんなが　はなす　わらう　と書いた画用紙のカード（※主語と述語で色や形を変えておく）
・ワークシート（児童用ワークシート見本 DVD 収録【1_15_01】）

3 書く　教科書の例文を視写しよう。

「教科書の文をノートに書いてみましょう。」

まず，「わたしがはなす。」と書きましょう。文の終わりには「丸（。）」を忘れないようにしましょう。
丸を書くのは，ここだね。

句点は，マスの右上に書くことを確かめる。

児童が視写している間に机間巡視で，文の終りに句点が付いているかなどを確かめていく。

すぐにノートに書くことが難しい児童には，教科書の例文をなぞらせたり，ワークシートを 使ったりしてもよい。

「書けたら，次は『みんながわらう。』と書きましょう。」

4 広げる　「はなのみち」から同じ文型を探そう。

「はなのみち」にも，「―が―。」という文がたくさんありました。探してみましょう。
他にもいっぱいあるよ。
お話の最初から，「くまさんが」から始まっているね。

「最初の文が『くまさんが，ふくろを　みつけました。』ですね。」

・「わたしがはなす。」よりも長い文だけど…。

「そうですね。長い文ですが，これも『―が―。』の形の文と同じと言えます。この『―が―。』の文は，みなさんが読むお話の中でよく使われる形です。これから，しっかり勉強していきましょう。」

ぶんを つくろう 第3時 (3/4)

本時の目標

絵を見て,「—が—。」の文を考え,書くことができる。

授業のポイント

作った文を声に出して読み,この文型に数多く触れて,慣れさせていく。黒板を写す作業も着実に積み重ねていけるよう丁寧に指示する。

本時の評価

絵を見て,「—が—。」の文を考え,書くことができた。

板書例

〈文づくりのコツ〉①1人で考える→②2人組で伝え合う→③全体に発表,の流れで出た多くの

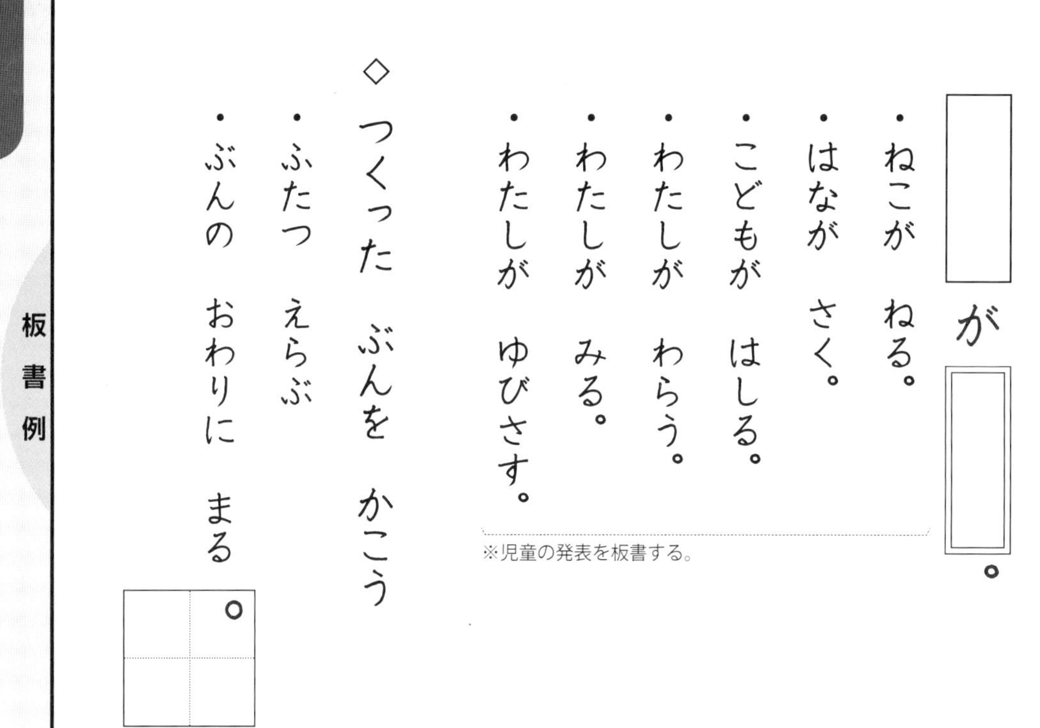

□が□。
・ねこが　ねる。
・はなが　さく。
・こどもが　はしる。
・わたしが　わらう。
・わたしが　みる。
・わたしが　ゆびさす。
※児童の発表を板書する。
◇つくった　ぶんを　かこう
・ふたつ　えらぶ
・ぶんの　おわりに　まる

1 めあて つかむ　絵を見て文を作るというめあてを知ろう。

「教科書 44 ページの2つの文を読みましょう。」
・(全員で) わたしがはなす。みんながわらう。

前時を振り返り,文について確認する。

今日は,この2つの文のような「○○が何々する。」という文をみんなに作ってもらいます。教科書45ページの絵を見ましょう。
公園の絵だね。
先生と子どもがいる。

「そうですね,公園に先生と子どもがいます。他にも,だれ(何)がいますか。」
・ねこ!　・ちょうやカマキリも。
「絵を見て『ねこがどうする』と言えるかな。」
・ねこはねているから…,「ねこがねる。」
「そうですね。そんな文を,絵の中にたくさん見つけましょう。」

2 考える 対話する　教科書の絵を見て「—が—。」の文を考えよう。

「では,教科書の絵を見て,文を考えましょう。」
・「はながさく。」
・「こどもがはしる。」ってどうかな?
「いいですね。文がおかしくなければいいのです。『こども』のことを,『わたし』『ぼく』『みんな』と言ってもいいですよ。」

たとえば,先生と女の子を見て,どんな文が作れるかな。
先生に葉っぱをあげている女の子がいるから,「わたしがあげる。」って考えたよ。
じゃあ,「せんせいがもらう。」もあるね。

まずは,できるだけ1人ひとりの児童が考える時間を取る。しばらく考えさせてから,隣の人に自分が考えた文を伝え合う。

「2人で相談して,たくさん見つけましょう。」

文例を声に出せば，感覚的に作り方が分かるでしょう。

ぶんを　つくろう

Ⓜ えを　みて　ぶんを　つくろう

※教科書 P45 の挿絵

主体的・対話的で深い学び

・文を考えるときは，最初はできるだけ1人ひとりの児童が考える時間を取る。
・発表するときは，2人組で考えたことを交替でクラス全体に発表するなどして，できるだけ全員が気軽に発言する場を設けるようにしたい。また，ここでは，多くの文例をあげて何度も声に出すことで，すぐに理解が難しい児童でも感覚的に理解できるようにすることを意識したい。

準備物

・教科書 P45挿絵の拡大コピー（黒板掲示用）

3 話し合う　考えた文を発表し，もっと文を考えよう。

どんな文が作れましたか。絵のどの部分を見て作ったかも言ってください。

「わたしがわらう。」です。女の子が，かまきりを見て笑っています。

「同じ絵から，他の文を作った人はいますか。」
・ぼくは「わたしがみる。」と考えました。
・「わたしがゆびさす。」でもいいですか？
「いいですね。1つの絵でいくつも文が考えられました。他の絵から作った文も発表しましょう。」

児童が発言した文を板書していく。
「ちょうがとぶ。」のように未習の拗音などを使った言葉が混在する場合には簡単に書き方を説明し，後で詳しく習う内容であることを伝える。

「文がたくさん作れました。みんなで声に出して読みましょう。」

4 書く　教科書の絵を見て考えた文をノートに写そう。

みんなが作った文の中から好きな文を2つ選んでノートに書きましょう。
「わたしがみる。」にしよう。
「はながさく。」がいいな。

「まず，1行あけて，一番上に点（・）を書きましょう。そのすぐ下に文の1文字目を書きます。」

「1行あけて」「一番上に」といった指示も1つずつ確認しながら進める。板書の内容をノートに写す作業は，意外と難しい。ノートのどこに書くか，1マスあける，1行あける，など細かい指示で混乱したり，いい加減に書いてしまったりしがちである。しかし，丁寧に指導していけば，見る力や書く力が着実に育っていく。

「文の終わりには，丸を忘れずにつけましょう。」

ぶんをつくろう 第4時 (4/4)

〈作文〉たくさん考え，たくさん書くことに主眼を置きます。書き進めることが難しい児童には，

本時の目標

「一が一。」の文を考え，正しく書くことができる。

授業のポイント

より数多くこの文型に触れて，慣れさせていく。身近なものを取り上げて（本稿では「せんせい」）気軽にたくさん発表させる。

本時の評価

「一が一。」の文を考え，書くことができた。

板書例

◇じぶんで　ぶんを　つくろう

◇かいた　ぶんを　はっぴょうしよう

・ひとり　ひとつ

◇せんせいが□。の　ぶん

わらう
はなす
たべる
はしる
みる
ねる

※児童の発表を板書する。

1 めあてつかむ　自由に文を作るというめあてを知ろう。

「前の時間では教科書の絵を見て，『一が一。』の文をたくさん作ってノートに書きましたね。」

前時に作った文を振り返る。ノートに写した文をいくつか発表させて板書する。

今日は自分で考えた文を，ノートに書いて発表してもらいます。
「一が一。」の文を作るんだね。
絵も何もないのに，考えられるかな。

「前の時間に作った文を見てみると，『○○が』の○○には，どんな言葉がありましたか。」

・「こども」「みんな」。
・「ぼく」「わたし」。
・「せんせい」もあった。

主語の部分に着目させる。

2 とらえる　「せんせいが一。」の文をみんなで考えよう。

最初は，みんなで『せんせいが』で始まる文を考えてみましょう。
せんせいがはなす。
せんせいがわらう。
せんせいがたべる。

「せんせい」など，目に見える自分の身の回りの人（物）を主語として，述語の部分のみ考えさせる。クラスの実態に応じて，教師が実際に「笑う」「話す」「食べる」動作をして見せてもよい。

「絵を見て見つけた文の『～する』の言葉を『せんせいが』の下にくっつけてみるとどうですか。」

・せんせいがはしる。
・せんせいがみる。
・せんせいがねる。

「たくさんできるね。作り方はわかったかな？」

黒板の文をそのまま移させてもよいことにします。

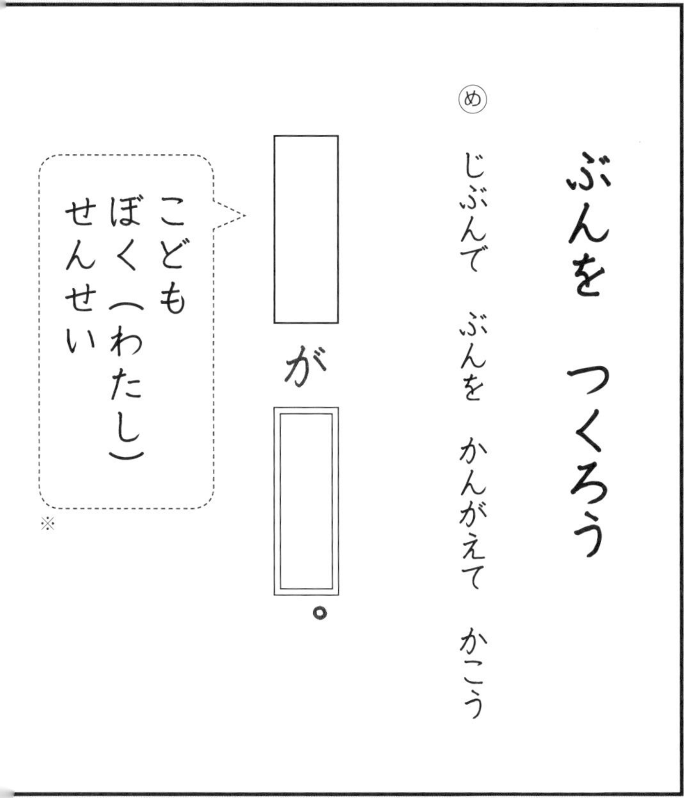
ぶんを　つくろう
㋱
じぶんで　ぶんを　かんがえて　かこう
が　。
こども
ぼく（わたし）
せんせい
※

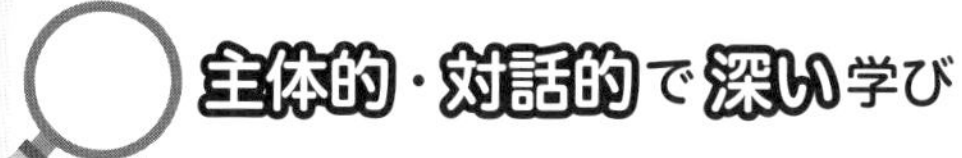
主体的・対話的で深い学び

・述語を尋ねているのに主語を変えたり，主語も述語も変えてしまったりという児童もいるかもしれない。「これは『せんせい』のところを変えたんだね」などと言いながら，板書上で分類するなどして，できるだけ発表を生かしたい。
・とにかく，たくさん考えてたくさん書くことに主眼を置く。間違いがあれば，「ここはどうしたらいいかな」「ここを変えたらいいね」などとあまり時間を取らずに，次々に進めていくという場面があってもよいだろう。

準備物

3 考える 書く　自分で文を考え，ノートに書こう。

「では，自分で『○○が』の○○のところから文を考えてみましょう。○○は，教科書の絵のように，ねこや虫など動物のこと，今，目に見えるもの，家族のこと，何でもいいです。」

自分の身の回りの中から「―が―。」の文を見つけて考えてみるよう促す。

作った文をできるだけノートに書きましょう。文の終わりには，丸を忘れずにつけましょう。
「ねこがなく。」って書こう。
「おとうとがあそぶ。」にしよう。

どうしても書き進められない児童は，黒板の文をそのまま写させてもよいこととする。何もしないで止まっているより，視写学習ははるかに意味がある。

4 発表する　ノートに書いた文を1つずつ発表しよう。

たくさん書けましたか。みんな1つずつ発表しましょう。
「いぬがはしる。」にしよう。
いっぱい書けたけど，発表は1つだけなんだね。

「たくさん書けた人も，一番発表したいものを選んで上に○をつけておきましょう。」
・どれにしようかな。
「できるだけ他の人とは違う文がいいですが，同じ文でも発表してください。1人1回は発表してもらいます。」

短い文なので，全員に発表させたい。順番が回ってきてから何を発表するか迷って時間を取ることのないように，あらかじめ発表する文に印をつけさせておくとよい。

ねこと　ねっこ

全授業時間２時間

◉ 指導目標 ◉

・促音の表記，助詞の「は」の使い方，句読点の打ち方を理解し，文の中で使うことができる。
・語と語の続き方に注意することができる。
・進んで促音や半濁音のある言葉を見つけようとし，これまでの学習をいかして文を書こうとすることができる。

◉ 指導にあたって ◉

①　教材について

促音，濁音，半濁音，助詞「は」の学習です。促音の唱え歌と，促音，半濁音の書き表し方を取り上げています。促音や半濁音のある言葉，そして助詞「は」の文も，ふだんの会話では自然に使いこなせているはずです。しかし，特に書くときに間違いやすい内容でもあります。

濁音の点，半濁音の丸は，簡単なようですが，位置や大きさなど意識させるとさせないでは，字形に大きな差が出てきます。児童自身に見る意識を育てたいところです。

促音は，音の数を意識させて指導することで，より理解が深まります。読みながら手をたたくなどすると，促音は単独で発音はしなくても，一拍分の休止が入ることが実感できるでしょう。また，手拍子をとることで活動的にもなり，楽しんで取り組むことができます。

また，助詞「は」の用法の習得には時間がかかるものと捉えて，この教材から少しずつ定着を図っていくようにしましょう。

②　主体的・対話的で深い学びのために

促音，濁音が苦手な児童は，中学年になっても，書きとばしたり正確な表記ができなかったりします。逆に自然にできる児童は，文法的な理解ができているというより，普段の会話や読書などにより，促音や濁音にたくさんふれており，それを授業で改めて認識するという場合が多いようです。

したがって，授業でも，できるだけ促音や濁音を具体的に扱う場面を多く取り入れることによって，頭による理解とともに体で感じるといった面も進めていきたいところです。それによって，促音や濁音のような，言葉に関する学習が苦手な児童も楽しく学ぶことができるでしょう。

◎ 評価規準 ◎

知識 及び 技能	促音の表記，助詞の「は」の使い方，句読点の打ち方を理解し，文の中で使っている。
思考力，判断力，表現力等	「書くこと」において，語と語の続き方に注意している。
主体的に学習に取り組む態度	進んで促音や半濁音のある言葉を見つけようとし，これまでの学習をいかして文を書こうとしている。

◎ 学習指導計画　全 2 時間 ◎

次	時	学習活動	指導上の留意点
1	1	・教科書 P46 の「促音の唱え歌」を読む。 ・促音の読み方と書き表し方を確認する。 ・促音のある言葉をノートに書く。 ・促音のある言葉を身の回りのものや教科書から集める。	・手をたたきながら読むことで，促音を含む言葉の音の数を意識させる。 ・小さい「っ」の位置を確認する。
	2	・清音・濁音・半濁音の書き順や位置を確認し，教科書 P47 の字をなぞる。 ・濁音・半濁音のある言葉を集める。 ・濁音，半濁音のある言葉と助詞「は」を使って，簡単な文を書く。	・わざと，変な位置に濁音・半濁音を書いてみせることで，児童自身に字形をしっかり見るという意識を育てる。

DVD 収録（児童用ワークシート見本）

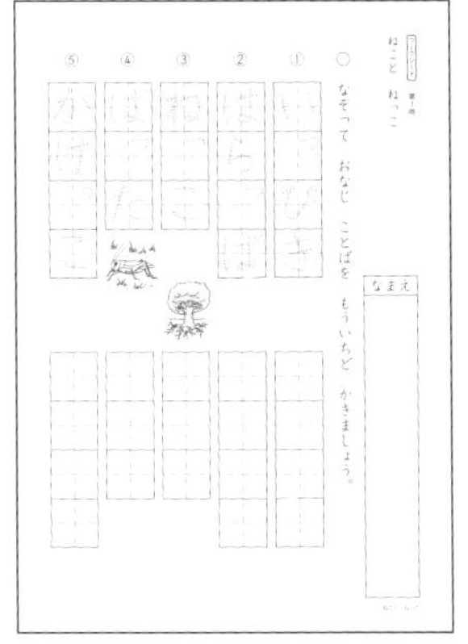

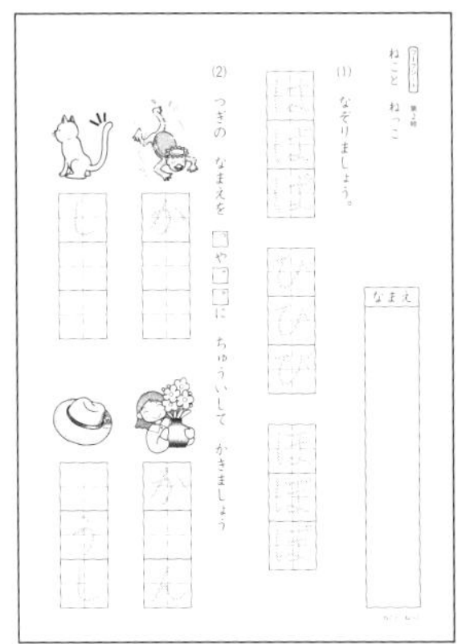

ねこと　ねっこ

第 1 時 (1/2)

本時の目標

促音について理解し，促音のつく言葉を正しく書くことができる。

授業のポイント

促音のつく言葉は，手をたたきながら読ませることで体感し，理解を深めることができる。

本時の評価

促音について音の数などから理解し，促音のつく言葉を見つけたり，正しく書くことができた。

〈促音指導の別案〉「ねっこ」を読むとき，手を「パン・パン・パン」と３回たたくかわりに，

板書例

ねこ
ねっこ

きつね
きって

◇ちいさい「つ」の　かきかた

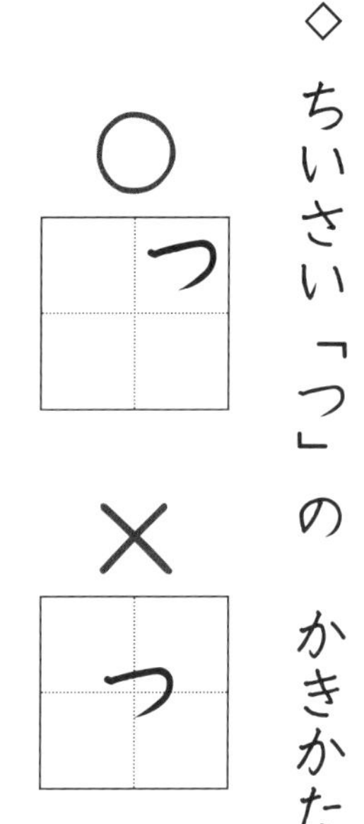

○ つ
× つ

◇ことばを　あつめよう

・てっぺん
・しっぽ
・いっぱい
・いっぽんみち

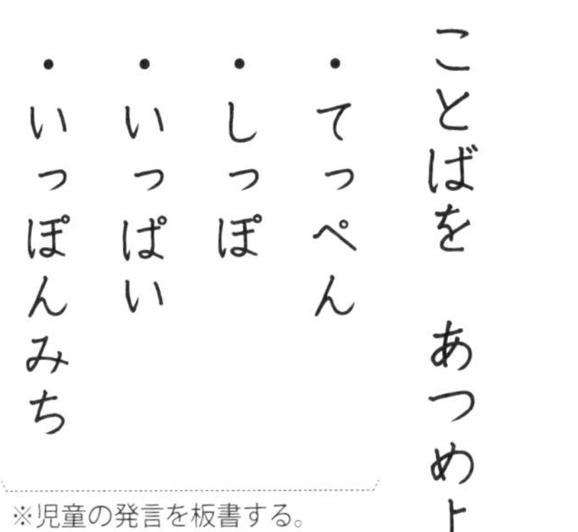

※児童の発言を板書する。

1 聞く つかむ 「促音の唱え歌」の範読を聞き，促音のある言葉を確かめよう。

「教科書を開きましょう。『ねことねっこ』です。先生がまず読みます。しっかり聞きましょう。」
・絵にも「ねこ」と木の「ねっこ」が描いてあるね。

教科書 P46「促音の唱え歌」を範読する。

「小さい『つ』が出てきましたね。まず，題名の『ねっこ』がありました。小さい『つ』が入ると,『ねこ』が『ねっこ』になって全然違う言葉になりますね。」
「小さい『つ』のつく言葉は読んだり書いたりするときに間違えやすいので，気をつけましょう。」

今，先生が読んだ文の中で，ねっこのほかに，小さい『つ』がついている言葉はありますか。
いっぴき。
はらっぱ。
ばった。
かけっこ。

「いっぱいありましたね。」

2 体感する 読む 手をたたきながら促音のある言葉を唱えよう。

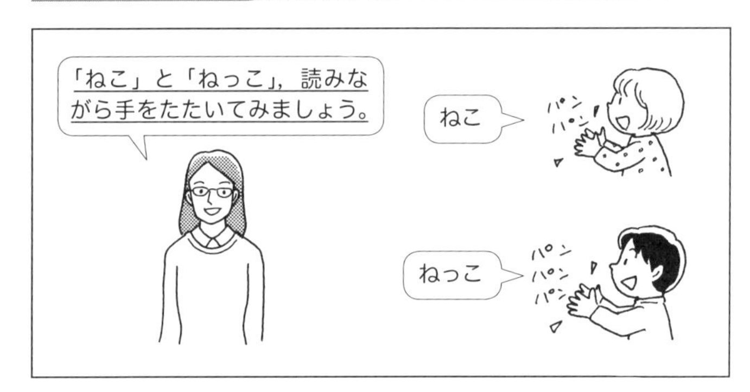

「ねこ」と「ねっこ」，読みながら手をたたいてみましょう。
ねこ
パン パン
ねっこ
パン パン パン

「小さい『つ』は，読むときに１文字分あけているのです。もう一度やってみましょう。」
・(手をたたきながら) ねこ。ねっこ。
・本当だ。１文字分あけているね。
「では『きつね』と『きって』はどうでしょう。」
・(手をたたきながら) きつね。きって。
・１文字分あけて読むのは，小さい「つ」のときだけ。
「ほかの言葉も手をたたきながら読んでみましょう。」
・いっぴき，はらっぱ，…。

読めたら，唱え歌全文を手拍子つきでリズムよく読む。

「パン・グー・パン」と２拍目に手を握らせてもよいでしょう。

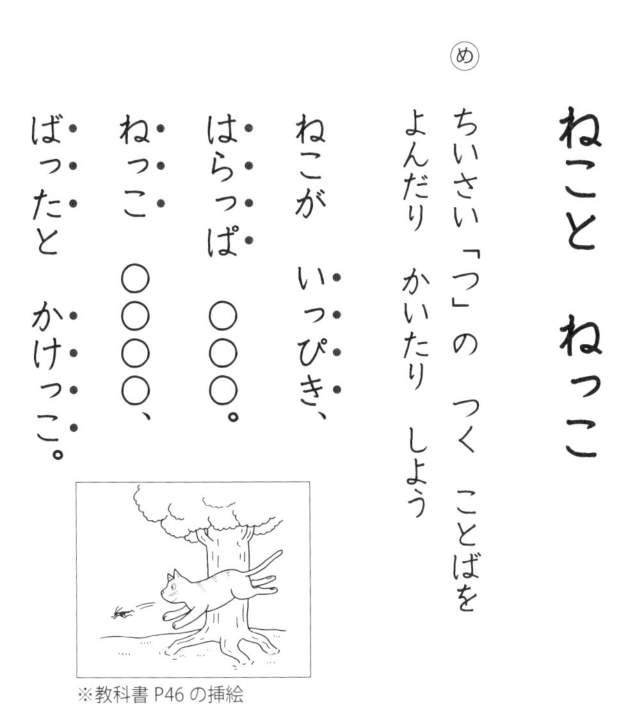
ねこと　ねっこ
め
ちいさい「つ」の　つく　ことばを
よんだり　かいたり　しよう
ねこが　いっぴき、
はらっぱ　○○○。
ねっこ　○○○、
ばったと　かけっこ。
※教科書 P46 の挿絵

主体的・対話的で深い学び

・教師が声に出して読むときは，促音を強調して分かりやすく読むようにする。手を打って意識させるときは，本当に促音で一拍打っているかを確認しながら進める。（促音のところは，手を打たずに「グー」でもよいが，その場合もちゃんと「グー」にしているか確認する。）何となくみんなに合わせているだけでなく，本当に自分で分かったと感じられれば，苦手な児童も楽しく取り組める。

準備物

・ワークシート
（児童用ワークシート見本 DVD 収録【1_16_01】）

3 つかむ 書く　促音の書き表し方を知り，唱え歌の促音のある言葉を書こう。

「小さい「っ」は，大きさだけではなく，書く場所にも気をつけましょう。
つ
書くのは，真ん中じゃないんだ。

「そうですね。『つ』の字は，ますの右上の小さなますのところに書きます。覚えておきましょう。」
・点（，）や丸（。）と同じマスの中に書くんだね。
「47 ページの十字線の入った『きって』をなぞってみましょう。小さい『つ』の場所に気をつけましょう。」
・本当に小さく書くんだね。
「では，黒板の小さい『つ』がつく５個の言葉をノートに写しましょう。」

唱え歌の促音のある言葉を丁寧に書かせる。ワークシートで練習させてもよい。

4 対話する 書く　他の促音のある言葉を集めて，書こう。

「他にも，小さい『つ』のつく言葉を思いつきますか。」
・47 ページに「てっぺん」と「しっぽ」があるよ。
「その２つの言葉を，手をたたきながら言いましょう。」
・（手をたたきながら）てっぺん。しっぽ。

もっと，小さい「つ」のつく言葉がないか，隣の人と考えてみましょう。教科書を見て探してもいいですよ。
「はなのみち」を見てみよう！
「いっぱい」「いっぽんみち」があるね。

教科書の他に，絵本などをあらかじめ用意しておくとよい。
見つけた言葉を発表させ，板書し，いくつか選んでノートに書かせる。

「小さい『つ』のつく言葉をたくさん見つけられましたね。」

ねこと　ねっこ

第 2 時　(2/2)

本時の目標

濁音・半濁音を書き順や位置に気をつけて書き，助詞の「は」の使い方，句読点の打ち方を理解し，文の中で使うことができる。

授業のポイント

濁音・半濁音は見慣れていたとしても，あらためて細かい部分を意識させて書かせる。
「○○は，一。」の作文活動を通して徐々に使い方に慣れさせる。

本時の評価

濁音・半濁音を書き順や位置に気をつけて書き，助詞の「は」の使い方，句読点の打ち方を理解し，文の中で使うことができている。

〈話し言葉と書き言葉〉助詞「は」は，ふだんの話し言葉では問題がなくても読み書きの習得には

板書例

◇ことばを　あつめよう
・ばった　・はらっぱ
・けしごむ　・しっぽ
・こくばん　・えんぴつ
・ぞう　・たんぽぽ

※児童の発言を板書する。

◇「～は、～。」の　ぶん
ばったは、むしです。
（「わ」…よむとき）

◇ぶんを　つくろう
・えんぴつは、ながい。
・ぞうは、おおきい。
・たんぽぽは、はなです。

※児童の発言を板書する。

1 なぞる つかむ　「は・ば・ぱ」をなぞり，濁音・半濁音の書き方を確かめよう。

「教科書 47 ページの『はらっぱ』の下にある『は・ば・ぱ』の字を，書き順に気をつけて鉛筆でなぞりましょう。」
・点々と丸がついた字だね。
・点々や丸を書く時も，向きが決まっているんだね。
・「は」を書いてから，点々や丸をかくんだね。
「ちょうどよい長さと場所に書くと上手に見えますよ。」

点々「゛」は長すぎたり間があきすぎたりすると，どうなりますか？丸「。」はどうですか。
×
ば
ば
ぱ
は
どれも変に見えるね。
点々や丸でも，きれいに書かないといけないね。

点や丸を意識させ，文字全体を丁寧に書こうという気持ちを持たせる。

「『ひびぴ』と『ほぼぽ』もなぞりましょう。」

ワークシートで練習させてもよい。

2 見つける 書く　濁音・半濁音のある言葉を集めて，書こう。

点々「゛」や丸「。」のつく言葉を探しましょう。
ばった。
はらっぱ，いっぴき，てっぺん，しっぽ。

「教室の中にはないかな？」
・えんぴつ。けしごむ。したじき。
・こくばん。でんき。

教科書の既習のページや，巻末 131 ページのひらがな表も参考にさせる。

・「かきとかぎ」のページにいっぱいあるよ。ざる，かぎ，ごま，ぶた。
・動物だったら，ぞう，うさぎもあるね。
・たんぽぽだったら，「ぽ」が 2 つもある！

「では，見つけた言葉をノートに書きましょう。」

時間がかかるものです。少しずつ定着を図っていきましょう。

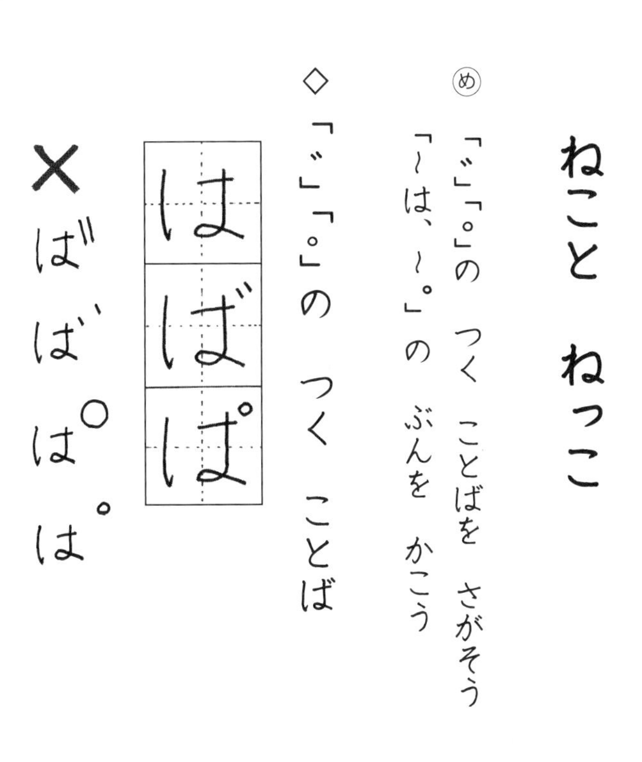

ねこと　ねっこ
め「゛」「゜」の　つく　ことばを　さがそう
「〜は、〜。」の　ぶんを　かこう
◇「゛」「゜」の　つく　ことば
はばぱ

主体的・対話的で深い学び

・促音，濁音の表記について，まだ十分に理解できていない児童にとっては，ただ言われたことの作業をしているという意識になりがちである。合間に，「これは，どう書くかな」と黒板に書かせてみたり，「丸がつくかな，点々がつくかな」などと確認を入れたり，隣の人と対話させたりすることで，理解が定着し，安心して前向きに取り組める児童も出てくる。

準備物

・ワークシート
（児童用ワークシート見本 DVD 収録 【1_16_02】）

3 読む つかむ

「○○は，―です。」の「は」の読み方や使い方を確かめよう。

教科書 47 ページの最後の文は読めますか。読める人は，先生と一緒に読んでみましょう。
ばったは，むしです。
あれ？「は」なのに，「ワ」って読むんだ。

「そうですね。この文の『ばったワ』の『ワ』は，『は』と書きます。『は』と書いて，『ワ』と読みます。」

助詞「は」は，ふだんの話し言葉では問題なく使えていると考えられるが，読んだり書いたりする場合の習得には時間がかかるものである。後の教材「はをへを使おう」もあるので，ここでは簡単に説明しておき，少しずつ定着を図っていく。

「『は』の後に点（、）があります。読むときは少し間をあけて読みましょう。書く場所にも気をつけましょう。」
・文の終りの丸（。）と同じところに書けばいいね。

4 対話する 書く

濁音・半濁音のある言葉を使って，「○○は，―。」の文を書こう。

では，「〜は，〜。」の文を考えて，作ってみましょう。「えんぴつは，」のあとにどんな言葉が入ると，文になるでしょう。
えんぴつは，…ながい！
わたしだったら，「えんぴつは，ほそい。」かな。

「○○は，―。」の○○のところに，展開 2 で集めた濁音・半濁音のある言葉を当てはめて，簡単な文作りをする。隣どうしで相談して考えさせてもよい。

「先に集めた点々や丸のつく言葉を使って，文をもっと考えてみましょう。たくさん文を作れるかな。」
・はらっぱは，ひろい。　・けしごむは，しろい。
・ぞうは，おおきい。　・たんぽぽは，はなです。

たくさんの文を作る活動を通して，徐々に使い方に慣れさせる。最後に，みんなで考えた文の中から 2，3 文選んでノートに書かせる。

わけを　はなそう

全授業時間２時間

◉ 指導目標 ◉

・相手に伝わるように，行動したことや経験したことに基づいて，話す事柄の順序を考えることができる。
・言葉には，事物の内容を表す働きや，経験したことを伝える働きがあることに気づくことができる。
・身近なことや経験したことなどから話題を決め，伝え合うために必要な事柄を選ぶことができる。
・これまでの学習や経験をいかし，話す事柄の順序を進んで考えながら，気持ちとわけを話そううとすることができる。

◉ 指導にあたって ◉

①　教材について

１年生でも分かりやすい２つの典型的な表情が出ています。状況を示した下のイラストと組み合わせて，わけを話す練習をします。組み合わせによって，いろいろな話をすることができます。１時間目で話型を学び，２時間目では話型を活用して経験したことを話します。話型を指導することは，児童の個性をなくすことでも，自主性を損なうことでもありません。むしろ，話型を学ぶことで話しやすくなる児童の方が多いはずです。話す指導のせっかくの機会です。はっきり話せたり，短く切って話したりすることができた児童は，大いにほめてよさを広げたいものです。

②　主体的・対話的で深い学びのために

話型を使うことは，使いこなせない児童にとっては，かえって難しい作業です。理由を説明する際に「〜からです」が使えると，相手に分かりやすく伝えられますが，これが抵抗なくできるようになるには，一定の練習量が必要です。授業の中で数をこなすとともに，この学習以外の授業や普段の生活の中でも意図的に取り入れましょう。学んだことは，実際の生活の中で使いながら定着させてこそ価値があります。さまざまな場面で学習したことを生かせるよう声かけを続けることで，使いこなせるようになる児童が徐々に増えていくことでしょう。

◎ 評価規準 ◎

知識 及び 技能	言葉には，事物の内容を表す働きや，経験したことを伝える働きがあることに気づいている。
思考力，判断力，表現力等	•「話すこと・聞くこと」において，身近なことや経験したことなどから話題を決め，伝え合うために必要な事柄を選んでいる。 •「話すこと・聞くこと」において，相手に伝わるように，行動したことや経験したことに基づいて，話す事柄の順序を考えている。
主体的に学習に取り組む態度	これまでの学習や経験をいかし，話す事柄の順序を進んで考えながら，気持ちとわけを話そうとしている。

◎ 学習指導計画　全２時間 ◎

次	時	学習活動	指導上の留意点
1	1	・教科書 P48－49 の挿絵を見て，女の子の２つの顔の表情と４つの出来事から女の子の気持ちやそのわけを考える。 ・「わたしは，～です。」に気持ちを表す言葉を入れ，「どうしてかというと，～からです。」に理由となる出来事を入れて話す。	・気持ちを考えるとき，自分の経験と照らし合わせて考えさせる。 ・決まった話型を使って，挿絵の場面の気持ちや様子を言い表すよう指導する。
	2	・P49 の挿絵や教師の用意した絵等をもとに，学んだ話型を使って２人組で伝え合う。 ・身近なことや自分の体験から話題を見つけて，２人組で学んだ話型で交流し，全体で発表する。	・教科書の挿絵とは別の出来事を表す絵も示し，気持ちやそのわけを考えさせる。 ・実際に話す練習をしながら，話型の使い方を教えていく。 ・見本を示して活動内容をイメージさせる。

DVD **収録（イラスト）** ※本書 P128，129 に掲載しています。

わけをはなそう
第 1 時 (1/2)

本時の目標
「わたしは，～です。」「どうしてかというと，～からです。」の話型を使って，挿絵の女の子の気持ちとそのわけを話すことができる。

授業のポイント
指示していることが分かりにくい児童には，説明を長くするよりも、口移しで例文を言わせるなど実際に経験させていく。

本時の評価
提示された話型を使って，挿絵の女の子の気持ちとそのわけを話している。

〈表情の読み取り〉とても苦手な児童がいる場合があります。見当違いな答えでも「そう思う人も

板書例

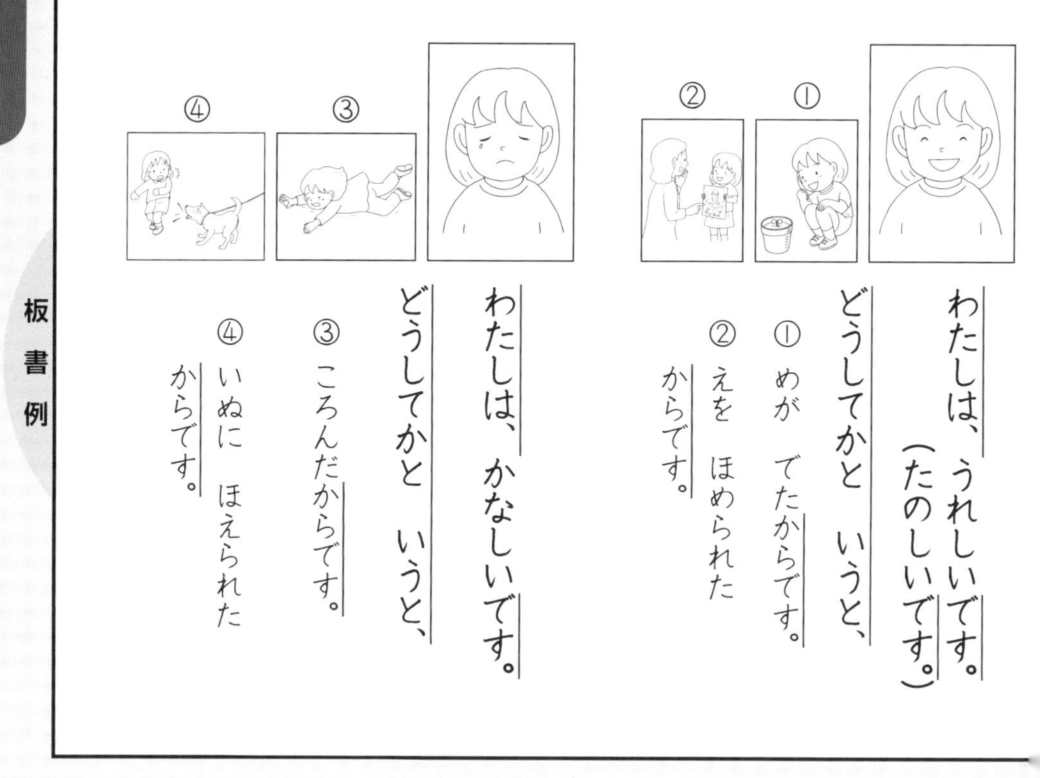

わたしは、うれしいです。（たのしいです。）
どうしてかと　いうと、
① めが　でたからです。
② えを　ほめられた　からです。
わたしは、かなしいです。
どうしてかと　いうと、
③ ころんだからです。
④ いぬに　ほえられた　からです。

1 予想する つかむ　挿絵の女の子の気持ちを予想し，話型に当てはめてみよう。

「教科書 48 ページの最初の女の子の絵は，どんな顔をしているでしょう。」
・笑っています。

笑っている顔の女の子は，どんな気持ちだと思いますか。
楽しい気持ち。
うれしい気持ち。

「では，48 ページの最初の言葉『わたしは，＿＿です。』に『うれしい』と入れて言ってみましょう。」
・(全員で) わたしは，うれしいです。
「もう 1 つは？どんな気持ちでこんな顔なのでしょう。」
・泣いているから…，悲しい気持ちなのかな。

挿絵の典型的な表情から読み取れる気持ちを 1 つずつおさえ，1 つ目の話型に当てはめて確かめていく。

2 出し合う　自分の経験に照らし合わせて考えてみよう。

「みんなも，笑ったり泣いたりするときがありますね。」
・あるある。

どんなときに笑ったり泣いたりしますか。まず笑ったときは？
おばあちゃんが遊びに来て，うれしかったとき。
さっき，休み時間に追いかけっこしたときに楽しくて笑った。

「では，泣いてしまったのはどんなときでしたか。」
・お兄ちゃんとけんかしたときに泣いちゃった。

自分の経験と重ねることで，より印象が強くなり，発展的な考えも出しやすくなる。こういう自分の体験と比べさせる部分は「実感ポイント」と呼ぶことができる。実感させることで深まる，あるいは実感させることで理解できるポイントという意味である。

いるんだね」と一旦受け入れるようにしましょう。

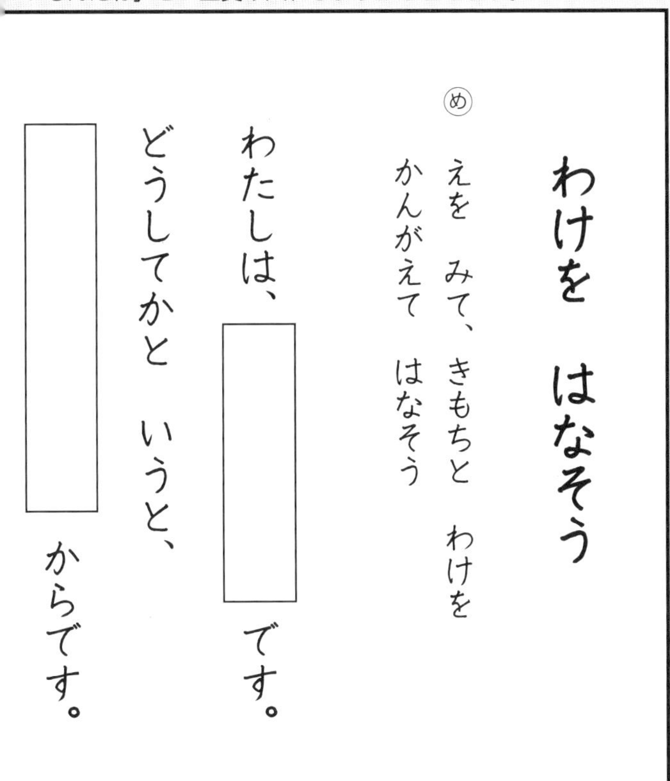
わけを　はなそう
㋱ えを　みて、きもちと　わけを
かんがえて　はなそう
わたしは、□です。
どうしてかと　いうと、
□からです。

主体的・対話的で深い学び

・表情を読む，ということがとても苦手な児童がいるということを理解しておく必要がある。見当違いの答えが返ってきても，「そう思う人もいるんだね」と一旦受け入れた上で，「このクラスでは，この絵の子はわらっていると思う人が多いですね」と一般的な答えも押さえておくようにするとどの児童も授業に参加しやすくなる。

準備物

・黒板掲示用イラスト　6点　DVD 収録【1_17_01】

3 想像する つかむ　挿絵の４つの場面について考えよう。

「教科書 49 ページの２つの顔の下にある，４つの場面の絵に順に①～④の番号をつけます。」

①の絵では，どうして笑っているのでしょう。
水やりしていた朝顔のうえきばちから芽が出るとうれしかったよね。
朝顔の芽が出たから。

この理由についての表現は，多少の違いがあるだろう。１年生の場合,「今日が誕生日だったから笑っている」といった意見も出かねない。その場合は,「確かに誕生日はうれしいね。でも，この絵にあるもので言うとどうかな。」と，一旦受け止めた後に，修正していく。

「ほかの絵はどうかな？」

残りの②～④の場面の様子についても確かめていく。

4 とらえる 話す　話型を使って，挿絵の様子とわけを説明しよう。

「①～④の絵で考えてきたことを,『わたしは，～です。』『どうしてかというと，～からです。』を使って言い直してみましょう。だれか言ってみてください。」

・わたしは，うれしいです。どうしてかというと，朝顔の芽が出たからです。

「いいですね。①の絵を選んで上手に言えましたね。」

では，隣の人と交代でやってみましょう。
②の絵で言うよ。「わたしは，うれしいです。どうしてかというと，おかあさんに絵をほめられたからです。」
うまく言えたね。

困っている児童には，少しずつヒントを与える。最終的にはすべて口移しで教えることになってもよい。また，最初に示した見本と同じことを言わせてもよいので，全員が声に出して取り組めるようにする。

わけを はなそう
第2時（2/2）

〈ほめる〉頑張って発表した児童は，教師や他の児童からほめられるとやる気が倍増します。また，

本時の目標
身近なことから話題を見つけ話すことを考え，気持ちを話した後に，そのわけを話すことができる。

授業のポイント
まず，準備した場面の絵で練習した上で，自分の体験を話せるようにする。なかなか話し始められない児童には，見本を見せたりして，話しやすくする。

本時の評価
身近なことから話題をみつけ，話すことを決めている。
気持ちを先に話し，その後に理由を話している。

板書例

（きもち）

（わけ）

○うれしい

・はなまるを もらった からです。

・かけっこで いちばんに なった からです。

※

○かなしい

・おかあさんに おこられた からです。

・きょうは だいすきな たいいくが ないからです。

※

※児童の発言を板書する。

1 めあて つかむ　前時の学習内容を振り返り，気持ちとわけの話し方を確かめよう。

「前の時間はどんなことをしたか覚えていますか。」
- 顔の絵を見て，気持ちを考えた。
- 4つの絵のときの気持ちとわけを言ってみた。
- 決まった言い方で言えばいいから，うまく言えた。

気持ちとわけを，どんな言い方で話しましたか。例えば，①の絵のときは？

わたしは，うれしいです。どうしてかというと，朝顔の芽が出たからです。

「今日は，この言い方で，自分のことを話してもらいます。自分の気持ちとわけが言えるといいですね。」
- はずかしい…。何を言ったらいいのかな。

本時は，前時の学習をふまえて，自分の体験を話す。発表が苦手な児童でも，「わたしは，～です。」「どうしてかというと，～からです。」の分かりやすい型があると安心できる。

2 想像する 練習する　場面の絵を見て気持ちとわけを想像し，学んだ話型で話してみよう。

教科書以外の，1年生が体験しそうな場面の絵を何枚か準備して掲示する。（DVD 収録イラスト参照）

まず，練習しましょう。絵を見て，このときの気持ちとわけを言いましょう。

わたしは，うれしいです。どうしてかというと，はなまるをもらったからです。

「上手でした。気持ちもわけもしっかり言えました。（別の場面の絵を見せて）では，この絵のときの気持ちとわけを言ってみましょう。」
- ぼくは，かなしいです。どうしてかというと，おかあさんにおこられたからです。

「うれしい」「かなしい」気持ちになりそうな場面の絵を見て練習する。もし2つの感情以外のことを言う児童が出てきたら，板書に追加して，「これでも話ができるね」と押さえるとよい。

わけを　はなそう

㋱　じぶんの　ことを　おもいだして
きもちと　わけを　はなそう

わたしは、［きもち］です。
どうしてかと　いうと、
［わけ］からです。

主体的・対話的で深い学び

- 自分の体験が思い出せると，話す意欲が高まる児童が増える。教科書の絵の通りでなくても，同じようなことや話の流れから派生して出てきた話題でもよいので，どんどん取り上げて話す場面を作っていく。
- 頑張って発表した児童は，教師や他の児童からほめられるとやる気が倍増する。また，「わたしもほめられたい」と，学習の輪の広がりも期待できる。

準備物

- 黒板掲示用イラスト12点（場面の絵）　DVD 収録【1_17_02】

3 話す　自分の体験を思い出し，学んだ話型で話してみよう。

みんなも，笑ったり泣いたりすることがあるでしょう？そのときの気持ちとわけを隣の人に話しましょう。
１つ思いついた！「ぼくは，うれしいです。どうしてかというと，かけっこでいちばんになったからです。」
うまく言えたね！

- どんなときに「うれしい」気持ちや「かなしい」気持ちになったかな…。

「誰かに見本でやってみてもらいましょう。」

- はい！わたしは，かなしいです。…

いきなり「では，お隣さんに」とすると，何もできないまま，時間が過ぎてしまう児童が出てくるかもしれない。見本があるとイメージを持ちやすくなり，友だちの話を聞くことにより，雰囲気もリラックスしたものになりやすい。必要に応じて，いろいろな場面の絵をたくさん見せて，自分の体験の中にあてはまるものを想起させるのもよい。

4 発表する 広げる　みんなの前で発表し，相手を変えてたくさん話をしよう。

○○さんが面白い話をしていました。みんなの前でも発表してもらいましょう。
ぼくは，かなしいです。どうしてかというと，きょうは大好きな体育がないからです。
気持ちもわけもちゃんと言えているね。

どんな活動でも，できるだけ上手な児童や工夫している児童などを取り上げたい。少なくともほめられた児童はよりがんばる気持ちになれる。「よいところは，まねしましょう」と加えることで，１人の児童の優れた点がクラスに広がる。

「次は，お隣を変えることにします。相手が違うので，同じことを話してもいいし，違うことを話してもいいですよ。」

ペアの相手は自由に変更させてもよいが，教師が「運動場側の列の人，席を３つ前にずれて」などの指示を出してもよい。

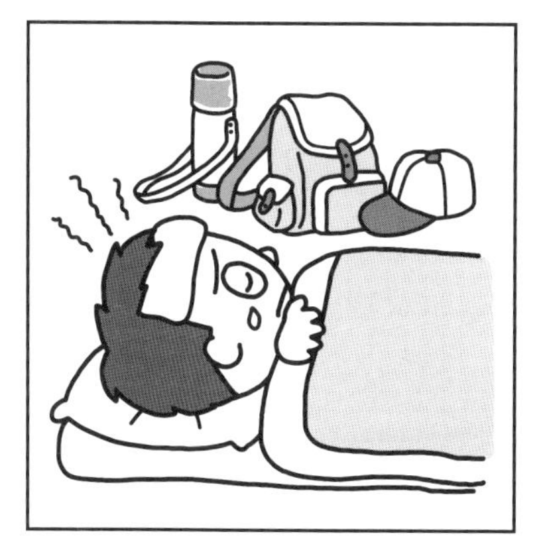

おばさんと　おばあさん

全授業時間２時間

◉ 指導目標 ◉

・長音の表記，助詞の「を」の使い方，句点の打ち方を理解し，文の中で使うことができる。
・語と語の続き方に注意することができる。
・進んで長音のある言葉を見つけようとし，これまでの学習をいかして文を書こうとすることができる。

◉ 指導にあたって ◉

①　教材について

長音についての学習です。題名の「おばさんとおばあさん」のように，長音によって意味の変わる言葉を含む唱え歌もあり，児童は楽しんで取り組むでしょう。また，「― を ― する。」という文型についても理解し，書くことができるようになることをめざします。

楽しんで取り組むことで，長音についての印象は深くなるでしょう。ただし，本当に定着させるためには，使い慣れ，書き慣れることも大切です。たくさん書く時間を確保したいものです。「おねいさん」「いもおと」のように，発音につられた間違いもあります。これらについては意図的に取り上げ，間違いやすいことを指摘する方がよいでしょう。

「を」と「お」の使い分けは１年生にとって難しい内容の１つです。継続的に取り上げ，繰り返し指導していく必要があります。

②　主体的・対話的で深い学びのために

長音や「を」の表記は，１年生にとって難しい内容の１つです。読書などでこれらの違いを普段から見慣れていない児童にとっては，この学習で初めて意識することになります。授業時間だけで定着させようと考えず，この学習をきっかけとしてこれから定着させていくという意識が教師側には必要でしょう。

「おばさん」と「おばあさん」といった一文字で内容が大きく変わるということがらは，楽しく学べることでもあります。児童にとって印象の残る学習にするには，この楽しさの部分を繰り返し強調したいところです。

◉ 評価規準 ◉

知識及び技能	長音の表記，助詞の「を」の使い方，句点の打ち方を理解し，文の中で使っている。
思考力，判断力，表現力等	「書くこと」において，語と語の続き方に注意している。
主体的に学習に取り組む態度	進んで長音のある言葉を見つけようとし，これまでの学習をいかして文を書こうとしている。

◉ 学習指導計画　全２時間 ◉

次	時	学習活動	指導上の留意点
1	1	・教科書 P50 の唱え歌を音読し，長音のある言葉を読む。 ・教科書 P51 の長音のある言葉をノートに書き写す。 ・長音のある言葉探しをする。	・長音がある場合とない場合を比較し印象づけて，長音になることで言葉の意味が変わるものがあることに気づかせる。 ・「おねいさん」などの間違いやすい例も示す。
	2	・助詞「を」を使った例文を読み，その使い方を理解する。 ・助詞「を」を使った文を作り，書く。	・「お」と「を」の呼び方を決める。 ・助詞「を」を完全に理解することは難しいので，今後も継続的に指導する。

DVD 収録（資料，ワークシート）

とおくの
おおきな
こおりのうえを
おおくの
おおかみ
とおずつ
とおる

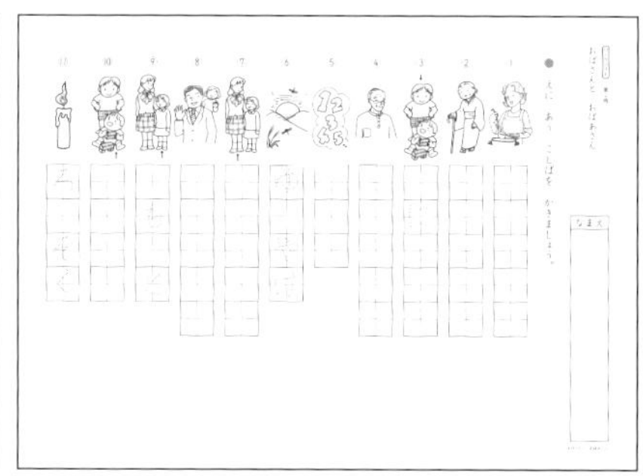

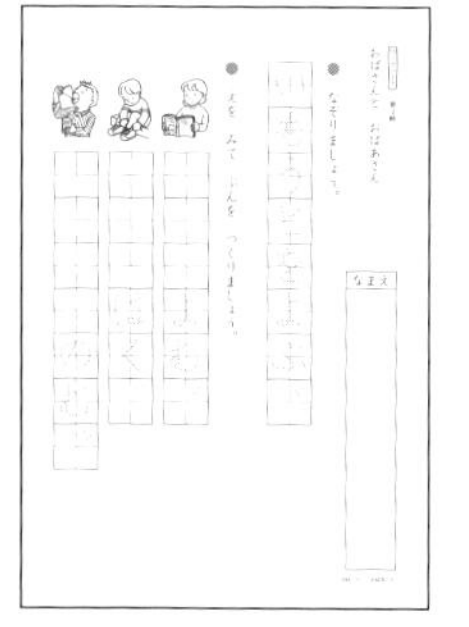

〈資料について〉

オ列の長音は，王様（おうさま），掃除（そうじ），豆腐（とうふ），農業（のうぎょう），など普通は『う』で表記しますが，特別に「遠（とお）い」「大（おお）きい」「氷（こおり）」「多（おお）い」「おおかみ」「十（とお）」「通（とお）る」は，『お』で表記します。

オ列の特別な長音について，覚えやすい唱え歌とそのイラストを DVD に収録します。【1_18_01】

ノートに貼らせて覚えさせるなど，ご活用ください。

※この例外については，本時で扱うと混乱を招くので，あくまで原則を指導し，本時の学習が身についた後で，指導するとよいでしょう。

おばさんと おばあさん

第1時（1/2）

〈長音のカタカナ表記〉伸ばす音を含む言葉を，カタカナ未習の段階にひらがなで書く場合は，「かあど」や「かーど」の

本時の目標

長音のある言葉を正しく読んだり，書いたりする。

授業のポイント

理屈で説明するのは，難しい内容である。たくさん発表させて，たくさん書かせたい。

本時の評価

長音のある言葉を正しく読んだり，書いたりすることができる。

板書例

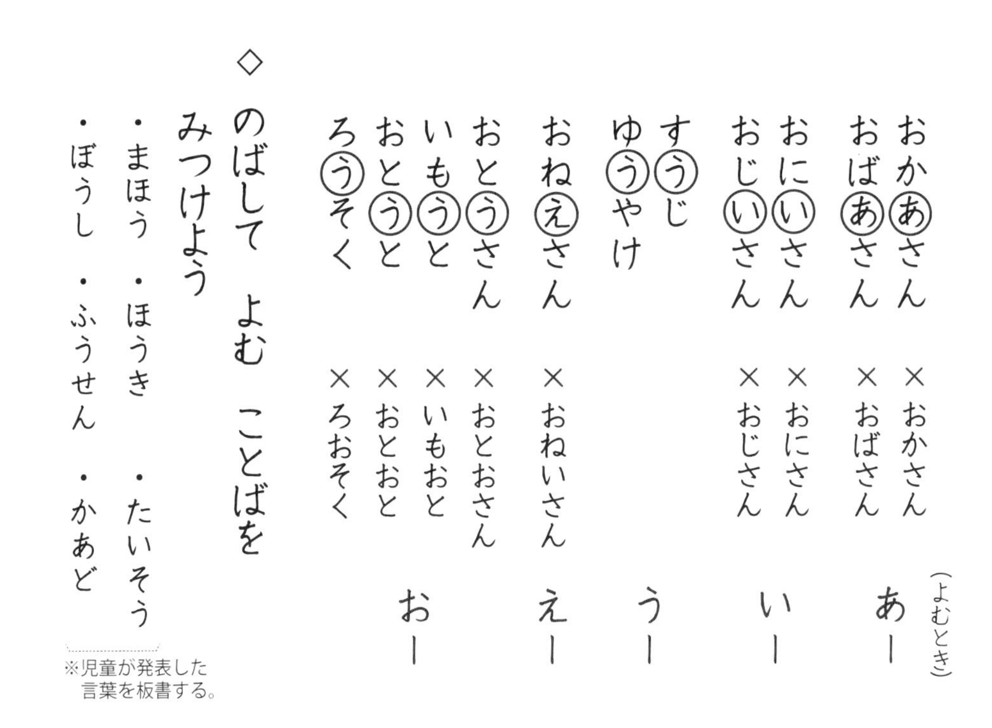

（よむとき）
おかあさん ×おかさん あー
おばあさん ×おばさん
おにいさん ×おにさん いー
おじいさん ×おじさん
すうじ
ゆうやけ うー
おねえさん ×おねいさん えー
おとうさん ×おとおさん
いもうと ×いもおと
おとうと ×おとおと おー
ろうそく ×ろおそく
◇のばして よむ ことばを
みつけよう
・まほう ・ほうき ・たいそう
・ぼうし ・ふうせん ・かあど
※児童が発表した言葉を板書する。

1 めあて つかむ　唱え歌を音読し，長音のある言葉について知ろう。

「（教科書 P50 を範読後）みんなで音読しましょう。」
- （全員で）まほうのほうきでそらとぶおばさん。げんきにたいそうおばあさん。

「50 ページの下に絵が 2 つありますね。読んだ文でいうと，どちらが何か分かりますか。」
- ほうきにのっている人が，おばさん。
- 体操している人が，おばあさん。

おばさんと，おばあさん。似ているけれど，どこか違いますね。どこでしょう。
おばあさんは，おばさんよりお年寄りです。
おばさんには「あ」がない。
おばあさんは読むときに「あー」と伸ばします。

長音があることで言葉の意味が変わるものがあると気づかせる。

「1 文字伸ばす音が入ると違う意味になる言葉もあるのです。今日はこの『のばす音』の学習をします。」

2 読む とらえる　長音のある言葉を読み，長音を理解しよう。

教科書 P51 の長音のある言葉を声に出して読む。

「教科書のどの言葉にも，線が引いてあるところがありますね。線のところが伸ばす音のところです。」
- おかあさんだったら「かあ」のところだね。

音を伸ばすのを忘れるとどうなるでしょう。
人の名前みたいだね。
おかあさん→おかさん
若くなっちゃった。
おばあさん→おばさん

長音を抜かして，印象づける。他の言葉も同様に間違い例を書いて注意を促す。1 文字ずつ声に出しながら板書していく。

「『おねえさん』は，『おねいさん』と間違える人がいますから気をつけましょう。」

オ列長音の例外（本書 P ○○参照）については，本時学習がある程度身についた後で，例外だけを取り出して指導するとよい。

どちらでもよいことになっています。本時の板書では「かあど」としています。

おばさんと　おばあさん

Ⓜ のばして　よむ　ことばを　みつけて　かこう

おばさん

おば㋐さん

※教科書 P50 の挿絵

主体的・対話的で深い学び

・長音を体感させるために，くりかえし音読をさせたい。特に，長音の部分を強調するように強く読んだり，板書で指したりしながら，進めていく。
・展開4では，児童の発表した長音のある言葉を教師が板書していくのもよいが，黒板に児童に書かせるようにすると，よりいっそう言葉探しへの意欲の高まりが期待できる。

準備物

・資料「オ列長音の例外」 DVD 収録【1_18_01】
・ワークシート（児童用ワークシート見本 DVD 収録【1_18_02】）

3 書く　長音のある言葉を書き写そう。

51 ページの伸ばす音のある言葉を全てノートに書きましょう。
11 個も言葉があるよ。
伸ばす音を忘れずに書くように気をつけよう！

「まず，『おかあさん』だけを書きます。」
「次は，『おばあさん』を隣に書きます。では次は？」
・おにいさん。
「そうですね。では，この後は，もう分かりますね。」

黒板や教科書を写すのは簡単な作業のようで，意外と混乱もあるものである。確実に取り組ませるために，１つずつ指導していく。書き方も，１行に１つの言葉とそろえる方が混乱も少なくてよい。

ワークシートを配って書かせてもよい。

4 深める　長音のある言葉をほかにも見つけて，書こう。

実は，50 ページの文に、おばあさんのほかに，伸ばす音のある言葉があります。隣の人と一緒に見つけましょう。
あ，「まほう」ってそうじゃない？
そうだね。「ほうき」も…，「たいそう」もあった！

「２人で見つけた言葉を発表してください。（３つ確かめた後）では，もっとほかの言葉はありませんか。」
・ぼうし。　・ふうせん。

のばす音のある言葉には，「カード」「ゲーム」のようにカタカナで表記するものも多い。ここで「片仮名の言葉以外」では混乱するため，児童が発表したものは，間違っていなければ否定せず「かあど」等できるだけそのまま板書していく。

「見つけた言葉をノートに書きましょう。」

最初は板書した言葉をノートに書かせる。流れができたら，「では，思いついた言葉をノートに書いて」と促していくとよい。

おばさんと おばあさん

第 2 時 (2/2)

本時の目標

「を」を正しく表記して文を書くことができる。

授業のポイント

くり返し言う必要がある内容なので，「を」の説明の仕方を教師自身がはっきりと把握しておく必要がある。その上で，例文もたくさん発表させる。

本時の評価

「を」を正しく表記して文を書くことができた。

〈言葉の統一〉 助詞「を」を「くっつきの『を』」という呼び方で統一して，他の呼び方に置き

板書例

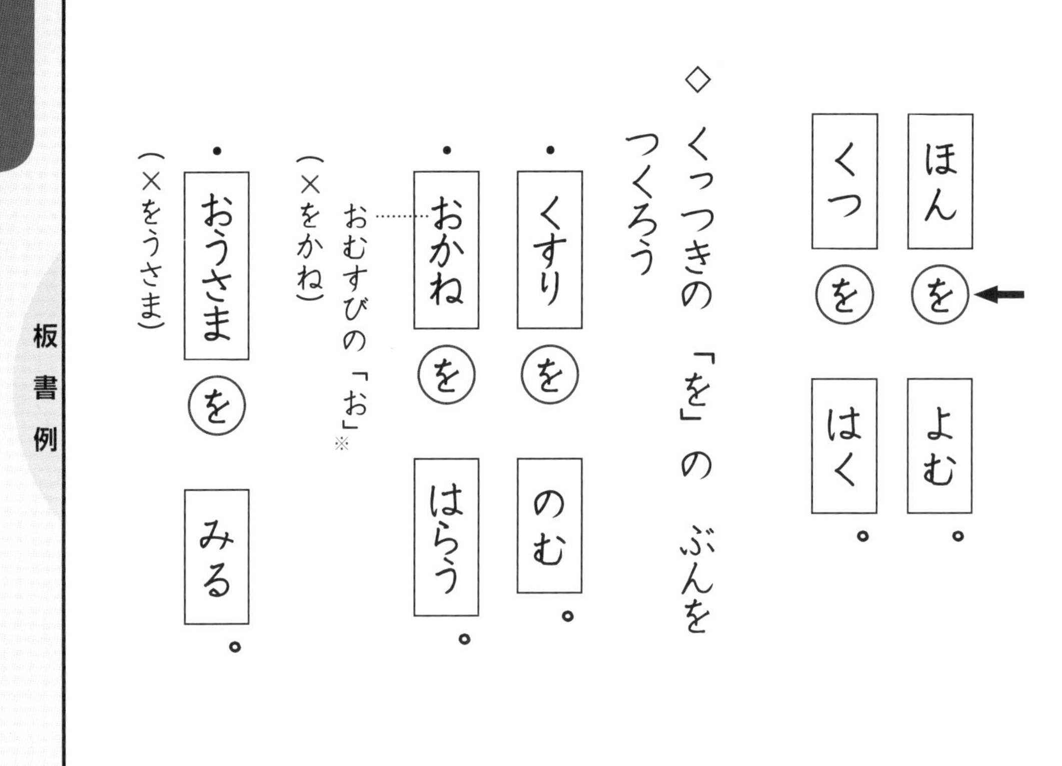

ほん を よむ。
くつ を はく。
◇くっつきの「を」の ぶんを つくろう
・くすり を のむ。
・おかね を はらう。
おむすびの「お」※
(×をかね)
・おうさま を みる。
(×をうさま)

1 めあて つかむ　教科書の例文を読み，くっつきの「を」を知ろう。

「教科書 51 ページの左側の文を読みましょう。」
・いもうとをよぶ。
「『いもうと』と『よぶ』との間にある『を』という字は，『あいうえお』の『お』と読み方が同じです。」

『を』と『お』は読み方は同じでも，使うときが違います。
字が違うのは分かるけど…。
使うときが違うって，どういうことかな。

例えば，既習の「うたにあわせてあいうえお」から「おむすびの『お』」と，「くっつきの『を』」と呼ぶことにしてもよい。

「今日は，この『くっつきの「を」』の使い方を勉強します。」

2 とらえる　くっつきの「を」の使い方を理解しよう。

黒板に「ほんをよむ。」「くつをはく。」という２つの文を板書する。ここでは，「くっつき」の印象を強めるため，「ほん」「よむ」といった言葉をカードに書いて黒板に貼り付け，「を」だけ板書する。カードを準備しない場合は，これらの言葉を枠で囲んで示すようにする。

「『くっつきの「を」』を使った文を書きました。読んでみましょう。」
・ほんをよむ。くつをはく。

『ほん』という言葉で，『ほんお』という言葉ではないですね。『ほん』と『よむ』をくっつけるから，『くっつきの「を」』と呼ぶのです。
ほん を よむ。
くつ を はく。
もう１つの文は，「くつ」と「はく」をくっつけているんだね。

「を」は，言葉と言葉をくっつけるものと説明する。

換えないようにしましょう。

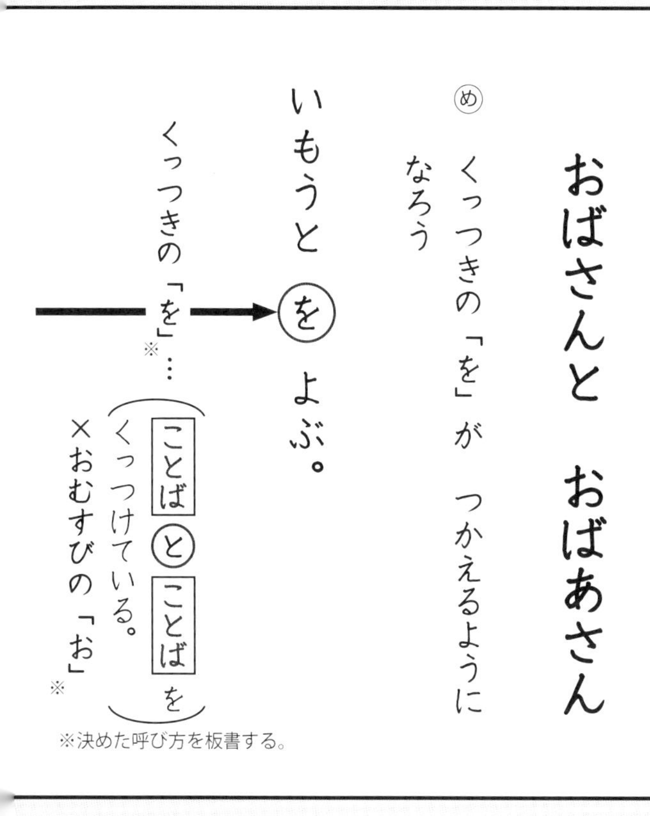
おばさんと　おばあさん
㋱くっつきの「を」が　つかえるようになろう
いもうと　を　よぶ。
くっつきの「を」※…
ことば と ことば を
くっつけている。
×おむすびの「お」※
※決めた呼び方を板書する。

主体的・対話的で深い学び

・「くっつきの『を』」も児童によっては難しい内容となる。教師がわざと間違えてみるなど，楽しく印象づけたい。

準備物

・ワークシート
（児童用ワークシート見本　DVD 収録【1_18_03】）

3 練習する　くっつきの「を」を使って文を作ろう。

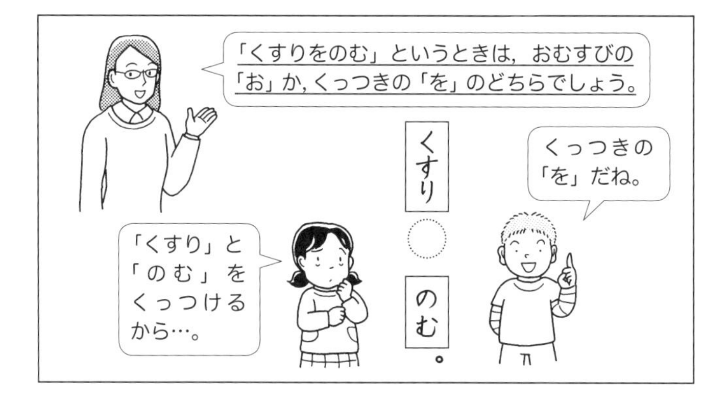
「くすりをのむ」というときは，おむすびの「お」か，くっつきの「を」のどちらでしょう。
くっつきの「を」だね。
「くすり」と「のむ」をくっつけるから…。
くすり
のむ。

「では，『おかねをはらう』はどうでしょう。」
・2つ，「お」と「を」があるね。
・「おかね」と「はらう」がくっつきの「を」でくっついています。

説明がどんなに分かりやすくても，1年生全員が「を」について完全に理解できることはないという前提で取り組みたい。そのためにも，今後作文などで扱うときに，「を」は「くっつきの『を』」と呼び方を統一しておく。「くっつきの『を』」を「難しいほうの『を』」「本をよむの『を』」などと言葉が少し違うと，それだけでも混乱する児童が出てくる可能性がある。

4 書く　くっつきの「を」を使った黒板の文を視写しよう。

「最初の1マス目に・（中点）を書いてから，『ほんをよむ。』と書きましょう。最後に丸（。）を書くのも忘れないようにしましょう。」

1年生にも「・」（中点）も「なかてん」という言葉も教えることができる。実際，思っているよりも児童は抵抗なく使いこなせるようになった事例がある。中点を教えておくと，今回の視写のような場合とても有効である。

黒板に書いたくっつきの「を」を使った文を書き写しましょう。
おかね を はらう。
おうさま を みる。
「おかね」も「おうさま」も「お」があるから，間違えないようにしよう。

ワークシートを配って練習させてもよい。また，他に「おかねをはらう。」「おうさまをみる。」などの「お」を含む言葉のある文を示して書かせるとよい。

くちばし

全授業時間８時間

◉ 指導目標 ◉

・事柄の順序などを考えながら，内容の大体を捉えることができる。
・文の中における主語と述語との関係に気づくことができる。
・文章の中の重要な語や文を考えて選び出すことができる。
・積極的に説明の順序を捉えながら文章を読み，学習課題に沿って分かったことや考えたことを伝えようとすることができる。

◉ 指導にあたって ◉

① 教材について

鳥のくちばしについての，児童が初めて出会う説明的文章です。写真やイラストにそれぞれ特徴があり，分かりやすく，児童の興味を引きそうなものが並んでいます。文章と，写真やイラストが対応しているため，言葉を，写真やイラストと対応させて考えるという学習が取り組みやすい教材になっています。

文章は，「問い」と「答え」の明確な型となっています。この型を理解することで，文章の中から「答え」の部分を確実に読み取れるようにしたいところです。

また，きれいな興味深い写真が使われています。いっしょに写真の楽しさを味わうような場面も持ちましょう。絵・写真や文章を読む課程で，知っていたことが鳥の名前だけだったことや，いろいろなくちばしがあることに気づくことが読むことの意欲になっていくでしょう。新しく知識が増える楽しみを味わえるよう支援し，初の説明文の学習に取り組みましょう。

② 主体的・対話的で深い学びのために

くちばしに大きな違いがあり，それぞれに理由があるというこの教材の内容は大人にとっても興味深いことがらではないでしょうか。まず，教師がそのおもしろさを十分に味わい，その感情もこめて学習に向かいたいものです。

「くちばし」の細かい挿絵も児童の様々な気づきを引き出すことでしょう。多少，話の流れとは違ったことを言い出す児童がいても，できるだけ受け止めることでクラス全体の学習への雰囲気も高まることが期待できます。

写真や挿絵をていねいに読み取ることを繰り返し指導することで，１人ひとりの意見が詳しくなっていくでしょう。また，友達と自分の読み取ったことの違いによる学びを実感させることで，より効果的な学習になるでしょう。

◎ 評価規準 ◎

知識及び技能	文の中における主語と述語との関係に気づいている。
思考力，判断力，表現力等	・「読むこと」において，事柄の順序などを考えながら，内容の大体を捉えている。 ・「読むこと」において，文章の中の重要な語や文を考えて選び出している。
主体的に学習に取り組む態度	積極的に説明の順序を捉えながら文章を読み，学習課題に沿って分かったことや考えたことを伝えようとしている。

◎ 学習指導計画　全８時間 ◎

次	時	学習活動	指導上の留意点
1	1	・教師の範読を自分の予想と比べながら聞き，内容の大体を知る。 ・学習課題を提示する。	・範読を聞く前に，鳥やくちばしについて知っていることを出し合い，興味をもたせる。
2	2	・全文を音読する。 ・どんな鳥のくちばしが出てきたか確かめる。 ・教科書 P52 を視写する。	・クラスの音読の決まりを確認する。 ・クラスの視写の決まりも確認する。
	3	・全文を音読する。 ・文中の言葉の意味をていねいに確かめる。	・イラストや写真と，本文とを対応させながら確かめていく。
	4	・きつつきのくちばしの問題を読み取る。 ・「問題」の文と「答え」の文を確かめる。	・「問い」のページと「答え」のページに分かれて読み合うことで，文の構成を意識させる。
	5	・おうむとはちどりのくちばしの問題を読み取る。 ・きつつきの問題と同様の「問題」と「答え」の文があることを確かめる。	・３つの鳥すべてを読むことで，食べるものによって適したくちばしの形があることに気づかせる。
	6	・３種類の鳥の文章で，それぞれ「問題」の文，「答え」の文があり，その後に詳しく説明している部分があることを確かめる。	・他の事柄で，「問題」の文，「答え」の文を考えさせ，学びを深めさせる。
3	7・8	・「問い」と「答え」という文章形式を確かめながら，２人組で音読する。 ・いちばん興味をもったくちばしについて，わけとともに伝え合う。 ・学習を振り返る。	・「問い」のページと「答え」のページを交互に読み合う。 ・既習の「わけをはなそう」を想起させ，話型を提示して発表させる。

DVD **収録（イラスト）**※本書 P152，153 に掲載しています。

くちばし

第1時 (1/8)

本時の目標

鳥やくちばしについて知っていることを出し合い，学習に興味を持つことができる。

授業のポイント

学習に興味を持たせるために，くちばしについての感想や予想を自由な雰囲気で発表させたい。

本時の評価

鳥やくちばしについて知っていることを出し合い，学習に興味を持つことができた。

〈範読の聞き方〉読み始める前に最初の文字を押さえさせます。押さえている指と反対の手を挙げる

板書例

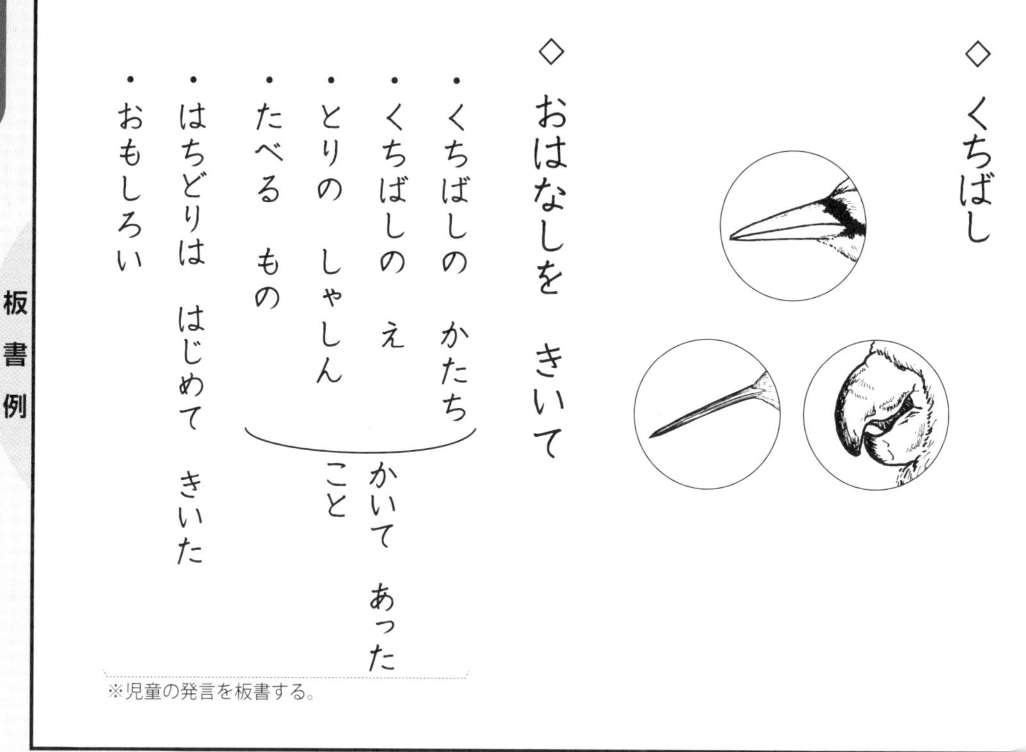

◇くちばし
◇おはなしを　きいて
・くちばしの　かたち
・くちばしの　え
・とりの　しゃしん
・たべる　もの
かいて　あった　こと
・はちどりは　はじめて　きいた
・おもしろい
※児童の発言を板書する。

1 出し合う つかむ　くちばしや鳥について知っていることを話そう。

「これから『くちばし』という文を勉強します。みなさんは『くちばし』って何か知っていますか。」

・知っています。鳥の口です。

「鳥の口は人間の口と違いますか。」

・え〜と，とがってる。

「それから？」

・くちばしは固いんじゃないかな？
・人間の歯のかわりになってるんじゃない？

では，鳥についてどんなことを知っていますか。
インコを飼っています。くちばしでエサを食べています。
カラスやツバメは，よく見ます。

鳥やくちばしについて知っていることを出し合う。

2 予想する 話し合う　最初の3つのくちばしの絵を見て，どんな鳥のくちばしか予想しよう。

教科書P52の3つのくちばしの絵を見る。

「3つのくちばしの絵があります。」

・3つとも形がぜんぜん違うね。

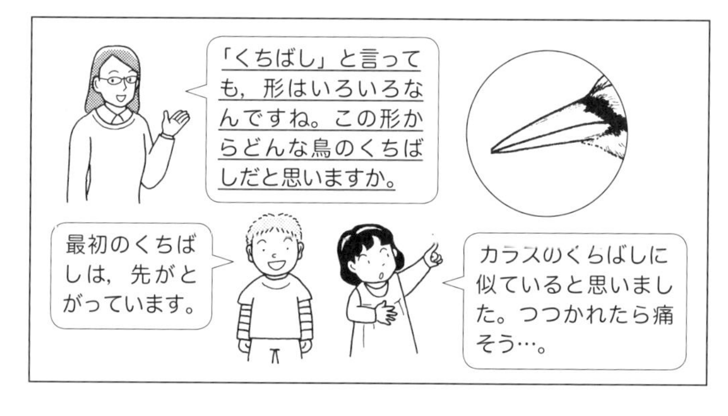

「くちばし」と言っても，形はいろいろなんですね。この形からどんな鳥のくちばしだと思いますか。
最初のくちばしは，先がとがっています。
カラスのくちばしに似ていると思いました。つつかれたら痛そう…。

・まるいくちばしは，強そうな感じがする。
・細長いのは弱くて折れそう。小さな弱い鳥かな。

「上に，『いろいろなとりのくちばしのかたちをみてみましょう』と書いてあります。この後にまだお話は続きます。どんなことが書かれていると思いますか。」

・鳥のくちばしの形のこと。
・形が違うわけ。どうしてこんなに違うか知りたい。

ことをクラスの約束にすると，さっと集中できるようになります。

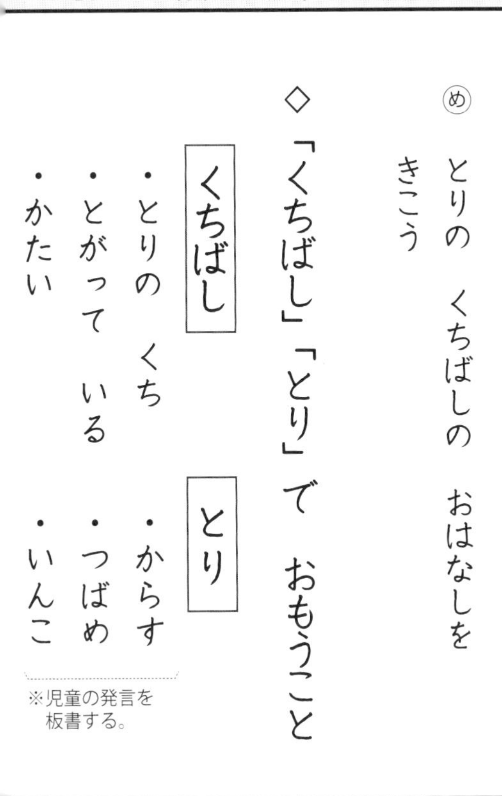

くちばし
㋱とりの　くちばしの　おはなしを
きこう
◇「くちばし」「とり」で　おもうこと
くちばし
・とりの　くち
・とがって　いる
・かたい
とり
・からす
・つばめ
・いんこ
※児童の発言を板書する。

主体的・対話的で深い学び

・初めての説明文との出会いである。最初の読み聞かせのときには，絵と文章，または写真と文章とを照らし合わせながら，特にゆっくり読むようにする。また，問いかけと答えの間は少し時間を空けて読む。児童がわくわくとした期待感とともに答えを考えながら範読を聞けるようにする。

・感想を交流し，自分とは違う意見に触れることで，これからの学びを深めさせたい。

準備物

・黒板掲示用カード　DVD 収録【1_19_01～1_19_03】

3 聞く　全文の範読を聞こう。

「先生が『くちばし』のお話を最後まで読みます。聞きましょう。」

1年生は，範読を聞くことも練習が必要である。まず，読むページが開いていることを確認する。黒板の端に「52」などと開くページを書いておくと，「何ページ？」と何度も聞かれることがなくなる。

読んでいるところを指でなぞりましょう。「くちばし」の「く」を押さえて。
はい，押さえました！
では，読みます。『くちばし…』
くちばし
いろいろな くちばしの みて みま

読み始める前に，最初の文字を押さえさせる。押さえている指と反対の手を挙げることをクラスの約束にしておけば，さっと集中できるようになる。

4 交流する つかむ　お話を初めて聞いた感想を伝え合い，学習の見通しをもとう。

「お話には，みんなが考えていた鳥が出てきましたか。」
・きつつきとおうむは知っているけど，はちどりって初めて聞いた。

お話には，どんなことが書いてありましたか。みんなが知りたかったことは書いてありましたか。
どの鳥のくちばしか，書いてあった。
くちばしの絵のページのあとに，鳥の写真が載っていた。
食べるものについても書いてあった。

「お話を聞いて，どんなことを思いましたか。」
・いろいろな鳥のくちばしの話がおもしろいと思った。

次時から詳しく内容を確かめていくため，ここでは軽くふれる程度にとどめる。

「次の時間から，音読しながら詳しく読んでいきましょう。読めたら，自分が一番驚いたくちばしについて，わけと一緒に話してもらいます。」

くちばし

第2時 (2/8)

本時の目標

本文と写真とを対応させながら，３種類の鳥のくちばしが取り上げられていることを確かめる。

授業のポイント

くちばしの形が違うわけに着目させるように声かけしておく。

音読の決まりは繰り返し確認し，ゆっくり丁寧に音読練習を進める。

本時の評価

本文と写真とを対応させながら，３種類の鳥のくちばしが文中に取り上げられていることを確かめられている。

〈音読のきまりと視写〉 音読のきまり４項目を必ず確認しましょう。視写は苦手な児童が必ずいるも

板書例

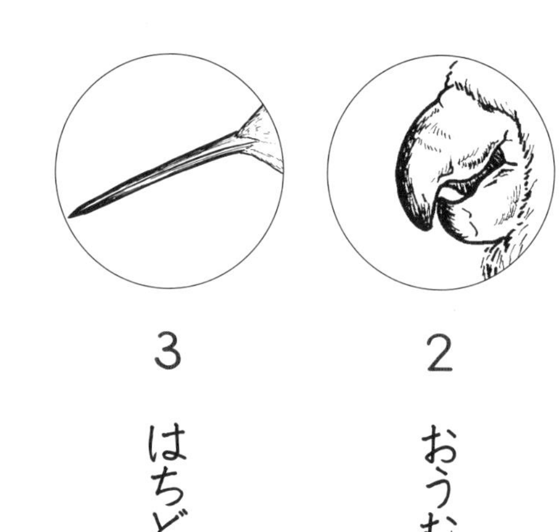

2 おうむ
3 はちどり

〈おんどくの　きまり〉
・ほんを　りょうてで　もつ
・せすじを　のばして　すわる
・せんせいの　いうとおり　よむ
・はっきり　よむ

1 振り返る　３つのくちばしの絵を見て，学習課題を振り返ろう。

「教科書 52 ページを見ましょう。」
・３つのくちばしだね。

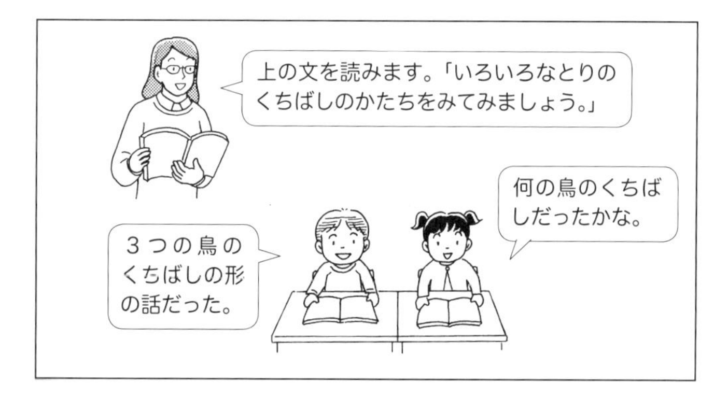

上の文を読みます。「いろいろなとりのくちばしのかたちをみてみましょう。」
何の鳥のくちばしだったかな。
３つの鳥のくちばしの形の話だった。

「今日から『くちばし』のお話を一緒に読んでいきます。お話を読んだ最後に，いちばん驚いたくちばしはどれか，わけと一緒に考えるのでしたね。そのことを思いながら詳しく読んでいきましょう。」
・３つの中から１つ選ぶんだね。
・どんなお話だったかな。鳥の写真もあったよね。

学習課題をおさえ，見通しを持たせる。

2 音読する　全文を音読してみよう。

「では，先生と一緒に読んでいきましょう。」

先生が丸（。）と点（、）で区切って読みます。続けて読みましょう。
「くちばし」
くちばし

全員で音読する。音読をするときの決まりも繰り返し確認して定着することを目指す。

○本を両手で持つ。
○背筋を伸ばして座る。
○先生の指示に合わせて読む（勝手に速く読まない）
○はっきりした声で読む。

読みにくい言葉や長い文があると，声がそろわず乱れてしまいがちとなる。そんなときは，そのまま進めずにすぐに音読を止め，その部分を読み直すようにする。

のなので，最初のうちは少ない量から確実に取り組ませましょう。

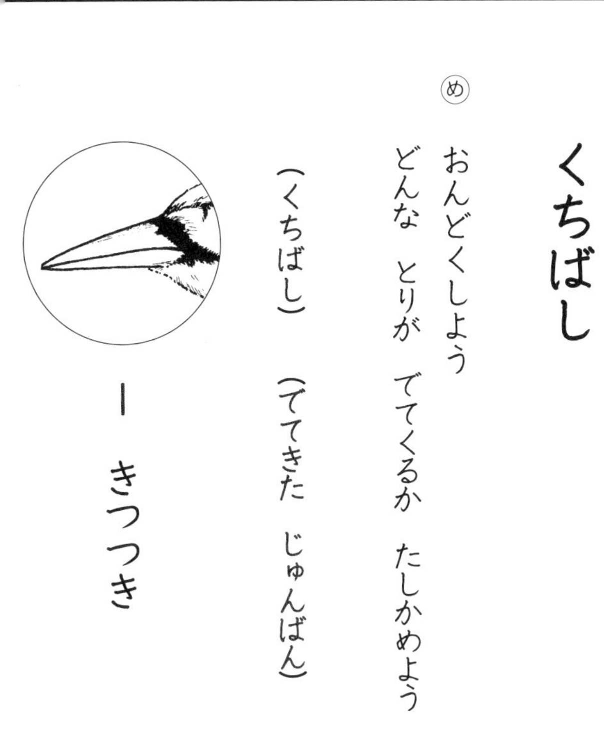
くちばし
め
おんどくしよう
どんな とりが でてくるか たしかめよう
（くちばし） （でてきた じゅんばん）
ー きつつき

主体的・対話的で深い学び

・この教材では，写真を有効に使いたい。「きつつき」が話題に出たら，教科書の写真で確認し，簡単に感想を尋ねてみるとよい。学習に前向きに取り組む児童が増えることが期待できる。
・どんな鳥が出てきたか確かめるとき，「最初に出てきた鳥は？」と尋ねても，「おうむ」や「はちどり」と答える児童がいるかもしれない。そんなときも，「おうむ（はちどり）も出てきたかな。」と返し，板書にきつつき（または，きつつきとおうむ）を書くスペースをあけて書き，発表したことを認める対応をしたい。

準備物

・黒板掲示用カード （第1時で使用したもの）

3 確かめる どんな鳥のくちばしが出てきたか確かめよう。

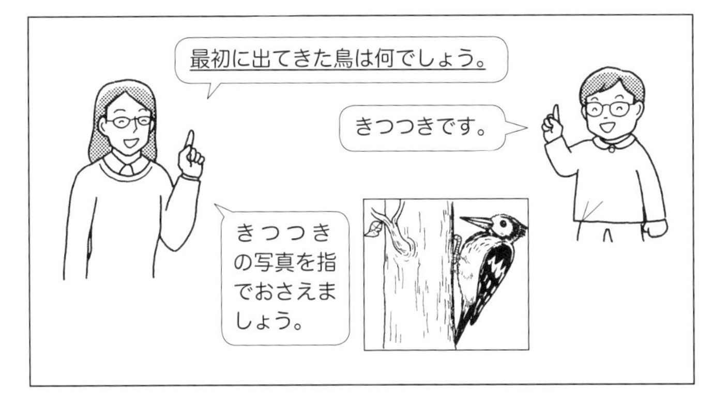
最初に出てきた鳥は何でしょう。
きつつきです。
きつつきの写真を指でおさえましょう。

「ほかには，どんな鳥が出てきましたか。」
・おうむ！
・それから，はちどりも出てきたよ。

「最初に出てきた鳥は？」と尋ねると答えが１つになり，順番に探していく練習となる。

「おうむ」と答える児童がいても
「『おうむ』も出てきたかな。」
・出ているけど最初じゃない。（別の児童の発言）
「では，ちょっとあけて黒板に書いておきます。」
などと，発表したことを認める対応をするとよい。

4 視写する 最初のページを書き写そう。

「教科書 52 ページをノートに書き写しましょう。」

教科書をよく見て，教科書通りに写しましょう
「いろいろな」の前は１マスあけるんだね。

「『いろいろな』と書いたら，また１マスあけて『とりの』，そのあとは，次の行に『くちばしの』です。教科書の通りに書くんでしたね。」

クラスの視写の決まりを確認する。

視写は，１年生にとってとても重要な学習となる。継続的に取り組むことによって，写す力が着実についていく。視写が苦手な児童が必ずいるものなので，最初のうちは，少ない量から確実に取り組ませていく。

くちばし

第3時（3/8）

本時の目標

文中の言葉の意味を確かめることができる。

授業のポイント

ていねいに確認していくと，実はよく分かっていないということがある。どの児童もついてこれるよう ゆっくり進める。

本時の評価

文中の言葉の意味が理解できている。

〈音読〉すらすら読めない児童がいる場合，短くゆっくり確実に読ませましょう。他の児童の音読

板書例

おうむ

・ふとくて
・まがった
・からを　わる

はちどり

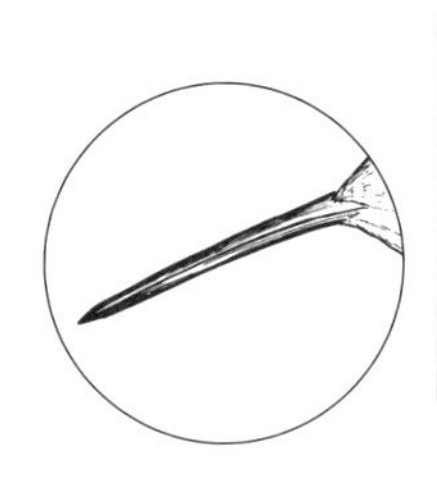

・ほそくて
・ながく　のびた
・ほそながい
・みつを　すう

〈おんどくの　きまり〉
・りょうてで　もつ
・せすじを　のばす
・せんせいの　いうとおり
・はっきり

1 音読する　全文を音読しよう。

「今日は，誰かに読んでもらいます。読みたい人！」
・はーい！

点(、)と丸(。)で区切って読むのでしたね。音読の決まりも覚えていますか。
はい！
・本を両手でもつ。
・背筋を伸ばす。
・先生の言うとおり読む。
・はっきりとした声で読む。

まだまだすらすら読めない児童がいるはずなので，短く，確実に読ませて練習していく。

1人ずつ読ませるときも，他の児童が読んでいるところをなぞらせることで，聞く学習になる。目で追うことが苦手な児童や，すぐに集中できなくなる児童がいても，指でおさえる，手を挙げる，といった誰でもできる動作を習慣化することで，クラスが落ち着いていく。

2 確かめる　きつつきのくちばしの文で言葉の意味を確かめていこう。

「教科書53ページの最初の文を読みましょう。」
・（全員で）さきがするどくとがったくちばしです。

「さき」って，この絵のどこのところを指すのでしょう。どうなっているのが，「するどい」ってことだと思いますか。
「するどい」は，先が細いってことかな。
「さき」は，ここです。

「『とがったくちばし』はどんなくちばしですか。」
・絵のようなくちばし。
・削ったばかりの鉛筆みたい。

「『さき』はどこ？」と聞くと，指でさせない児童がいるのは，聞き慣れているようで，実は言葉の意味がよく分かっていない場合である。言葉の意味を確かめながら進めると，分かっていた児童もより理解が深まる。

を聞くときは，文を指でなぞらせましょう。

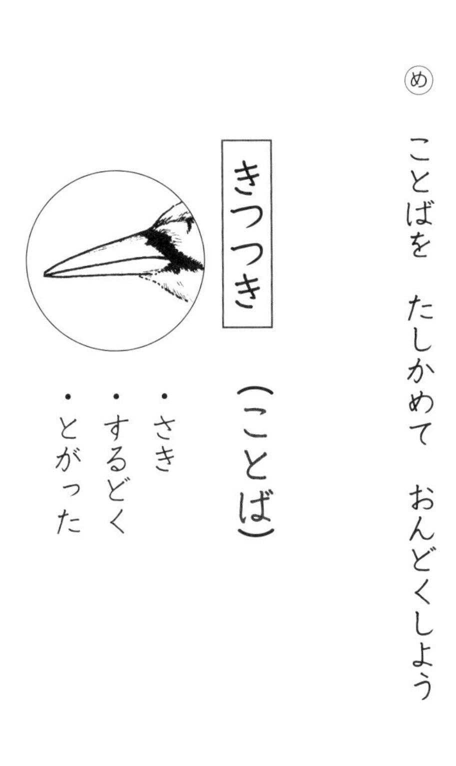
くちばし
㋱ ことばを　たしかめて　おんどくしよう
きつつき
（ことば）
・さき
・するどく
・とがった

主体的・対話的で深い学び

・言葉の意味を理解していない児童が意外に多いかもしれない。単に説明するだけでなく，自分たちの身の回りの例とつなげて，1つ1つの言葉のイメージを持たせたい。その際，予想を持たせて隣と意見を交換するという進め方もある。意見が同じであっても，違っても印象がより強くなるだろう。

準備物

・黒板掲示用カード　(第1時で使用したもの)

3 対話する 確かめる　おうむやはちどりの文でも言葉の意味を確かめよう。

「教科書 55 ページの初めの文を読みましょう。」

・ふとくて，さきがまがったくちばしです。

「ふとくて」とは何が「ふとくて」なのですか。絵がヒントです。隣の人と相談してもいいですよ。
「きつつき」の細いくちばしの絵と比べたら，本当に太くてまるいよ。
「ふとくて」って「ふとい」ってことだから…，くちばしが「太い」ってことかな。

他に，まがった，からをわる，ほそくて，ながくのびた，ほそながい，みつをすう，などの言葉の意味をていねいに確かめていく。そのとき，挿絵や写真と合わせるともっとよく分かるということに気づかせるようにする。

4 音読する　言葉の意味を思い出しながら，全文を音読しよう。

「では，みんなで最初からゆっくり音読しましょう。」

さきがするどくとがったくちばしです。
「さき」も「するどく」も，もう分かったね。

ここでは，音読の合間に教師の確認の言葉が入ってもよい。担任とクラスの児童の間でだけ分かるやりとりである。

「今日は言葉のことを勉強したから，前よりもっとよく分かりましたね。」

苦手な児童への配慮としてゆっくり進めることは，他の児童にとっても安心して学習できることにつながる。

くちばし

第時　（4/8）

本時の目標

きつつきの文章で，イラストや写真と対応させながら読むことができる。また，文章が「問い」と「答え」の構成になっていることに気づくことができる。

授業のポイント

音読する際に，問いの部分と答えの部分に分けて読ませ，文の構成を意識させるような役割読みをさせる。

本時の評価

きつつきの文章から「問い」と「答え」の構成に気づき，文の内容をイラストや写真と対応させながら読むことができている。

板書例

〈音読の工夫〉全体的に読める児童が多くなってきたら，問いのページと答えのページに分かれて役割読み

もんだい

これは、なんの
くちばしでしょう。

こたえ

これは、きつつきの
くちばしです。

・きに　あなを　あける

・きの　なかの
むしを　たべる

＝

（あなを　あける　わけ）

1 音読する　全文を音読しよう。

一斉音読する。

「今度は最初の 52 ページは先生が読みます。くちばしの絵のページは窓側半分の人が読んで，鳥の写真のページの方は残り半分の人が読みます。」

・1 ページずつ，かわりばんこで読んでいくんだね。

さきがするどくとがったくちばしです。これは，なんのくちばしでしょう。

これは，きつつぎのくちばしです。きつつきは…

全体的に読めるようになったら，問いの部分と答えの部分を分担して読ませ，文の構成を意識させるような役割読みをさせる。

また，できるだけ音読は毎日の宿題，国語の時間は音読で始まる，などクラスのパターンを作るようにする。児童が迷いなく授業準備できる。

2 確かめる とらえる　きつつきの「問題」の文を確かめよう。

「53 ページの文を読みましょう。」

・（全員で）さきがするどくとがったくちばしです。これは，なんのくちばしでしょう。

53 ページには，何が書かれていますか。54 ページと見比べてみましょう。
問題です。
「これは，なんのくちばしでしょう。」っていう文が問題になっています。

「では，54 ページには何が書かれているのですか。」

・問題の答えが書いてあります。
・「これは，きつつきのくちばしです。」がそうです。

「そうですね。問題があって答えがあるのですね。このような問題と答えの文があったのは，きつつきだけでしたか。」

・おうむや，はちどりも同じような文がありました。

をさせましょう。文の構成を自然と意識できるようになるでしょう。

くちばし

㋱ ひとつめの　くちばしの　もんだいを
えや　しゃしんと　くらべて　よもう

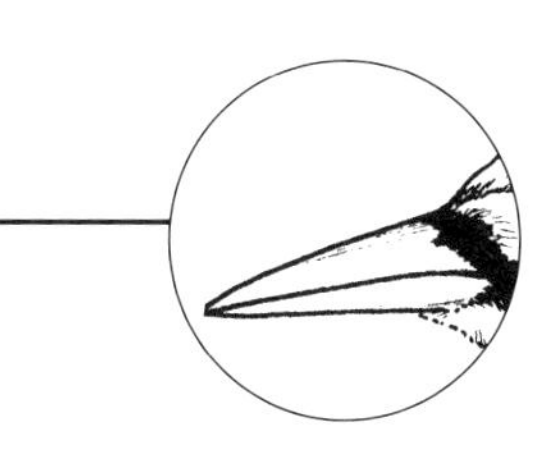

さきが
するどく　とがった
くちばしです。

主体的・対話的で深い学び

・展開2で「問い」の文，展開3では「答え」の文を確かめているが，その前に，音読の役割読みで文の構成に自然と気づかせておきたい。
・きちんとした発問としてではなく，授業の合間の確認程度に，「本当に木に穴をあけられると思う？」などと尋ねてみるのもよい。自分の体験や考えを答える児童が出てきて，全体に教材への関心が高まる。

準備物

・黒板掲示用カード　DVD 収録【1_19_01】

3 読み取る　絵や写真を見ながら，きつつきのくちばしの特徴を理解しよう。

「教科書 55 ページの初めの文は『答え』の文でしたね。では，そのあとの文も詳しく見ていきましょう。」

きつつきは，とがったくちばしで何をするのでしょう。写真もよく見てみましょう。
写真のきつつきは，木に穴をあけようとしているところなのかな。
木に穴をあけます。

ここで，前ページのきつつきのくちばしの絵を見せる。

「このくちばしで木に穴をあけるのですね。」
・こんなにするどくとがっているから，穴があくのか。
「何のために木に穴をあけるのか，分かりますか。」
・木の中にいる虫を食べます。
・最後の文に，書いてあります。

穴をあける理由が書かれていることに気づいた児童はおおいにほめるとよい。

4 視写する　きつつきの問題と答えのページを書き写そう。

今日は，53 ページと54 ページを書き写しましょう。
勉強したきつつきの「問題」と「答え」のところだね。

前時が教科書 1 ページ分で，本時は 2 ページ分の視写となる。今回は詳しく学習した箇所を視写する。

実際には，クラスの実態で，もっと長くできるところも，時間が足りない場合も考えられる。視写は，急がせて雑に書かせるよりは，改行や句読点など注意することをきちんと意識できるようなペースで取り組むことに重点をおくのがよい。実態にあわせて分量を調整して取り組ませたい。

くちばし

第5時（5/8）

本時の目標

おうむやはちどりの文章で，「問い」と「答え」の文に着目しながら，イラストや写真と対応させながら読むことができる。

授業のポイント

前時の学習を生かしながら進める。３種類の鳥のくちばしがえさの取り方に関係があることが，明確に分かるような展開を目指す。

本時の評価

おうむやはちどりの文章の内容を，イラストや写真と対応させながら読むことができている。

板書例

〈クイズ〉理解を確かめるため，鳥の絵を当てるクイズをします。簡単なクイズでも楽しんでいる

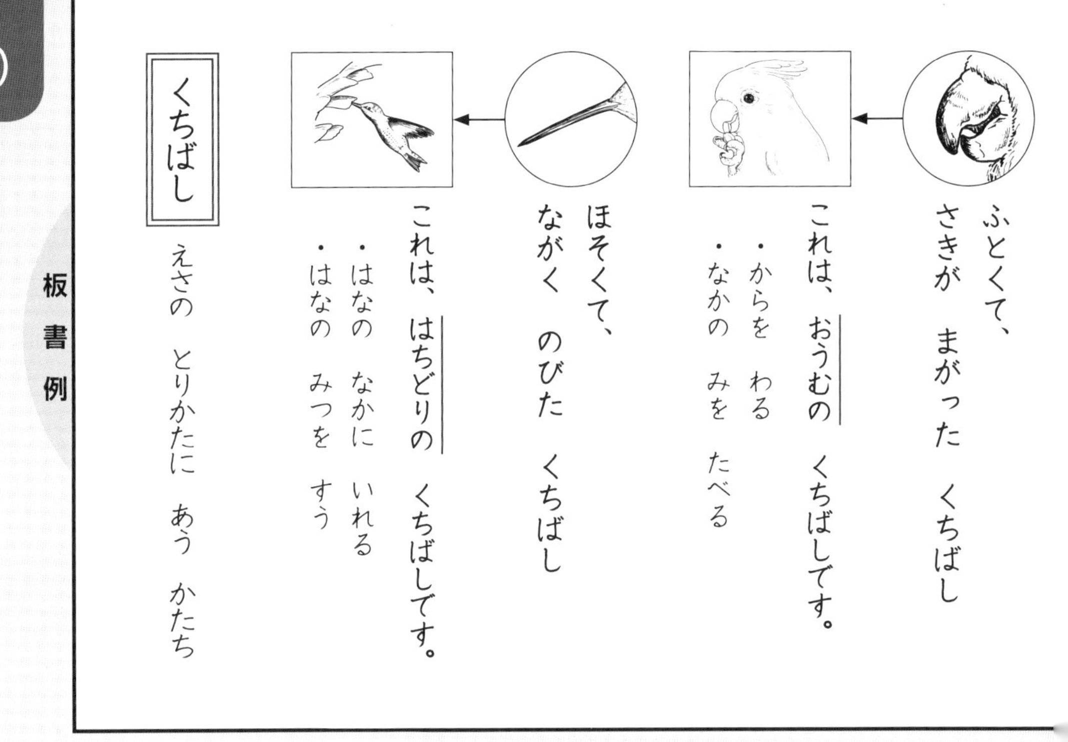

ふとくて、
さきが　まがった　くちばし
これは、おうむの　くちばしです。
・からを　わる
・なかの　みを　たべる
ほそくて、
ながく　のびた　くちばし
これは、はちどりの　くちばしです。
・はなの　なかに　いれる
・はなの　みつを　すう
くちばし
えさの　とりかたに　あう　かたち

1 音読する　全文を音読しよう。

一斉音読する。

「みんな上手に読めるようになってきましたね。今日は１人に１ページずつ読んでもらいましょう。読みたい人はいますか。」
・はーい！

では，決められたところを順に読みましょう。
くちばし　いろいろなとりの　…
さきが　するどくとがった　…
これは，きつつきのくちばしです。…

毎回音読していく中で，１人ずつ読んだり，列ごとで回し読みしたりといろいろな読み方で変化をつけて練習させる。

2 確かめる　おうむとはちどりの「問題」の文と「答え」の文を確かめよう。

「教科書 55 ページを見ましょう。」

きつつきと同じ文はありますか。
「これは，なんのくちばしでしょう。」は同じ文です。
問題の文です。

「次の 56 ページはどうですか。きつつきと同じ文はありますか。似たような文がありますか。」
・「これは，おうむのくちばしです。」がそうです。きつつきでは「これは，きつつきのくちばしです。」という文がありました。すごく似ています。
・答えの文です。

「では，はちどりのページではどうですか。」
・おうむのページと同じです。問題の文は同じです。答えの文もあります。

うちに「くちばし」学習の印象が深まります。

くちばし

(め) ふたつめと　みっつめの　くちばしの
もんだいを　よもう

もんだい　これは、なんのくちばしでしょう。

こたえ　これは、○○のくちばしです。

主体的・対話的で深い学び

・挙手した児童だけに当てると，発表者は自信がある者だけになったり，同じ児童だけになったりしがちである。列で当てるなど，挙手のみに頼らないで意見を引き出すことで，間違いも取り上げたい。なぜ間違いか，どうしたらよいのかといったことを対話させることで，他の児童の理解も深まっていく。

準備物

・黒板掲示用カード　DVD 収録【1_19_02，1_19_03】

3 読み取る　おうむとはちどりのくちばしの特徴を理解しよう。

「答えのあとの文を詳しく見ていきましょう。」

おうむは，どんなくちばしで何をするのですか。
そして，中の実を食べます。
まがったくちばしの先で硬い種のからをわります。

「はちどりは，どうですか。」
・細長いくちばしを花の中に入れます。
・それで，花の蜜をすうんだ。

1回目（おうむ）と2回目（はちどり）で尋ね方を少しずつ変えていく。いつも同じではなく発問を変化させることで，レベルを変えて考えさせるようにする。

「どのくちばしも，えさの取り方にぴったりな形をしているのですね。」

4 確かめる 視写する　3つのくちばしの絵がどの鳥のものか確かめよう。視写もしよう。

クイズです！これらの3つのくちばしの絵はどの鳥のものでしょう。分かる人？
はーい！簡単だね。
分かります。

ほとんどの児童が絵を見ただけでどの鳥のものか分かる。誰か代表で前に出させて，くちばしの絵を正しい位置に貼らせる。

「では，合っていると思う人はパー，違うと思う人はグーをあげます。さん，はい。」

全員を参加させる形にしてもよい。

「今日は，おうむとはちどりのページを勉強しましたね。どちらか好きな方を選んで書き写しましょう。」
・「おうむ」のページにする。
・わたしは「はちどり」。

くちばし

第 6 時 (6/8)

本時の目標

「問い」と「答え」の文について理解することができる。

授業のポイント

「問題」と「答え」をここで整理して説明するだけで理解させるのではなく，何度も使うことで徐々に分からせていく。

本時の評価

「問い」と「答え」の文について理解できている。

〈問題文作り〉 展開３で学びを広げるために，画像や実物を準備しましょう。児童のイメージや

板書例

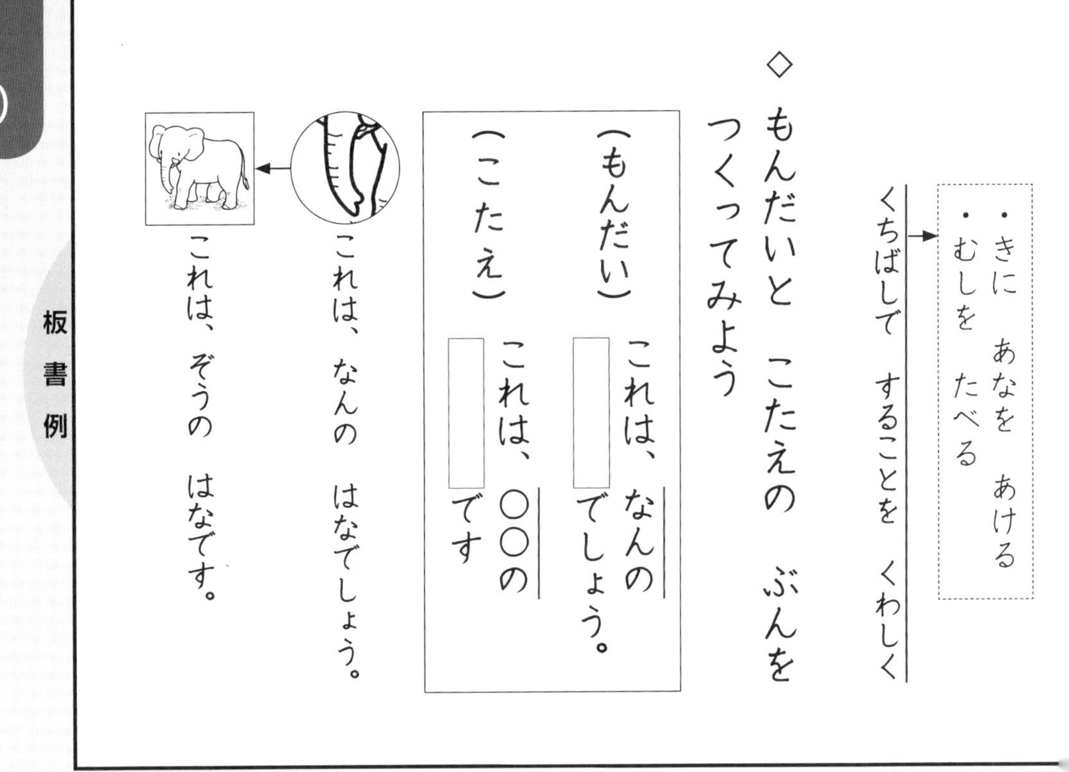

・きに　あなを　あける
・むしを　たべる
くちばしで　することを　くわしく
◇もんだいと　こたえの　ぶんを
つくってみよう
（もんだい）これは、なんの　でしょう。
（こたえ）これは、〇〇の　です
これは、なんの　はなでしょう。
これは、ぞうの　はなです。

1 音読する　全文を音読しよう。「問題」の文を確認しよう。

「今日も音読からです。みんなで読みましょう。」

一斉音読する。

「53 ページの『これは，なんのくちばしでしょう。』という文を指で押さえましょう。」
・はい，押さえました。

このような文をなんと呼びましたか。
問題の文です。
おうむやはちどりのページにもあったね。

「問い」「問いかけ」などの言い方もあるが，ここでは「問題」という言葉を使っている。このよび方については，最初に教えた言葉を使い続けるようにする。

2 確かめる　「問題」と「答え」の文をもう一度確かめよう。

「教科書 53 ページの『問題』の『答え』は何ですか。」
・「これは，きつつきのくちばしです。」が『答え』です。

「答え」の文はどこに書いてありましたか。
次のページに書いてありました。
54 ページの最初の文です。

「『答え』の文のあとには，何が書いてありましたか。」
・きつつきがすることが書いてありました。
・くちばしで何をするか，です。
・虫を食べることも書いてあります。

「そうですね。きつつきがくちばしで何をするかがよく分かるように，詳しく書いてありましたね。」

おうむやはちどりのページでも同様に確認する。

理解がより深まり，問いと答えがよく分かるでしょう。

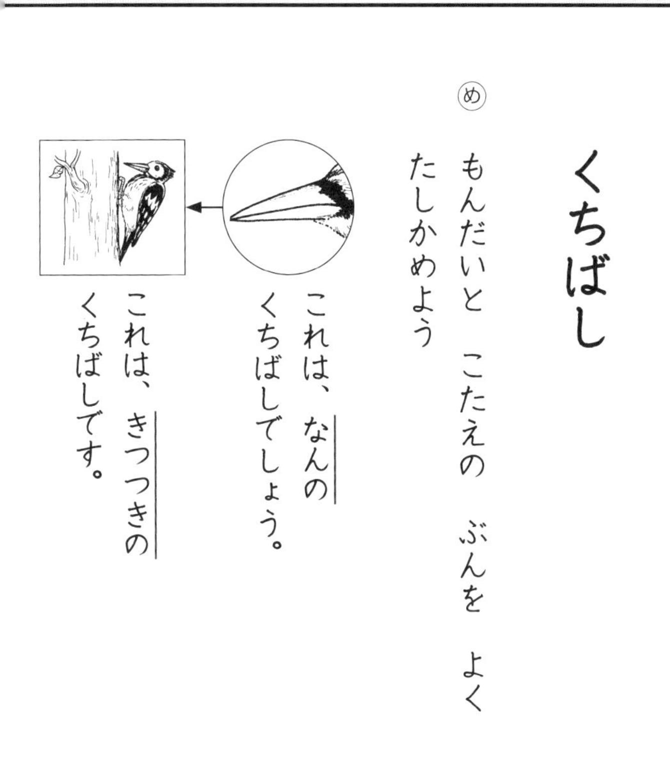
くちばし
㋱ もんだいと　こたえの　ぶんを　よく
たしかめよう
これは、なんの
くちばしでしょう。
これは、きつつきの
くちばしです。

主体的・対話的で深い学び

・「問題」と「答え」の型を他の場面でも使いたい。教科書の一部を見せて「これは何の教科書でしょう」「算数の教科書です」といったやり取りならば，事前に準備がなくてもすぐにその場でできる。
・展開3では，教師対クラス全体で説明・確認をした後，だれかに見本で問題を出してもらい，答えやすい問題であったか，修正するとしたらどういう風に変えたら良いかなどを話し合う時間をとるとよい。さらに，グループ別になり，1人が暮らしに関わる問題を出し，他の児童に答えさせる活動も考えられる。

準備物

・図鑑やインターネットなどから動物の写真を，何枚か準備する。

3 深める 広げる　写真を見て，問題の文と答えの文を考えてみよう。

図鑑やインターネットなどより，動物の画像の１部分を切り取った写真を見せる。最初の１枚は分かりやすいものがよい。（例えば，ゾウの鼻など）

今度は，この写真を見て，問題の文を作りましょう。隣の人と相談してもいいですよ。
「これは，なんの～でしょう。」に当てはめればいいんだよね。
鼻の写真だから…「これは，なんのはなでしょう。」

「では，『答え』の文はどうなりますか。」
・これは，ぞうのはなです。

他にも，何枚か画像を準備しておき，問題と答えの文を考えさせる。

図鑑の資料があれば，児童に見せる。教師が答えの文の後に続く説明文を示してみせると，より学びが深まる。

4 視写する　できる分量の視写をしよう。

今日は，時間を区切ってみましょう。10分でどれだけ，間違いなく書けるかな。
間違えないようにていねいに書いていこう。
ぜんぶ書けるように頑張ろう！

「行を変えるのを忘れたり，１マスあけるのを忘れたりしないように気をつけましょう。」
・丸（。）を書くのを忘れてしまうことがあるから，気をつけよう。

クラスの実態に応じて，注意するポイント（句読点，改行，１マスあけなど），量を調節する必要がある。無理にたくさんやっても身につかず，却って授業が乱れる原因になりかねない。また，時間で区切るというのは１つの手法にすぎない。時間も10分ではなく，5分，15分などいろいろ試してみてもよい。

くちばし

第7,8時（7,8/8）

本時の目標

いちばん興味をもったくちばしについて，わけとともに伝え合うことができる。

授業のポイント

既習の「わけをはなそう」を思い出させ，理由を伝える話型を示すことで，取り組みやすくする。

本時の評価

いちばん興味をもったくちばしについて，わけとともに友達と伝え合うことができている。

〈伝え合いから発表へ〉まずいちばん驚いたことを隣の人に伝えて自信を持たせてから，全体発表

板書例

◇いちばん　おどろいた　くちばしと
わけを　つたえよう

（ぼく／わたし）が　いちばん　おどろいた
くちばしは，［　　］の　くちばしです。
どうしてかというと，［　　　］からです。

・となりの　ひとに
・みんなの　まえで

◇「くちばし」の　べんきょうを
ふりかえろう

1 音読する　隣どうしで，声を出して読み合おう。

一斉音読する。

「今日は，自分がいちばん驚いた，気になったくちばしについて選んで，わけと一緒に話してもらいます。」

・3つのくちばしから1つを選ぶんだったね。

「どれを選ぶか考えながら，今度は隣の人と2人組で音読しましょう。1ページずつ順番に読み合います。最後まで読めたら，読むところを交替して『問題』の文と『答え』の文，両方を音読するようにしましょう。」

さきがするどくとがったくちばしです。これは，なんのくちばしでしょう。
これは，きつつきのくちばしです。きつつきは…

「いちばん驚いたくちばしはどれか選べましたか。きつつきを選んだ人，手を挙げて！」

ここで選んだものを挙手させ，確認する。

2 伝え合う　いちばん興味をもったくちばしと，そのわけについて考え，伝え合おう。

「では，どのくちばしにいちばん驚いたのか隣の人に話してみましょう。言える人は，どんなところに驚いたり，気になったりしたのか，そのわけも伝えましょう。わけを伝える言い方は『わけをはなそう』で勉強した言い方を思い出しましょう。」

ここで，伝え方の話型を指導するとよい。

（1文目）ぼく（わたし）がいちばんおどろいたくちばしは，○○のくちばしです。

（2文目）どうしてかというと，△△だからです。

わたしがいちばん驚いたくちばしは，はちどりのくちばしです。どうしてかというと，ストローのように細長いからです。
ぼくとは，違うのを選んだね。ぼくがいちばん驚いたのは…

机間巡視で上手な児童を見つけ，途中で見本を示させる。

の流れがよいでしょう。

くちばし

㋱ いちばん　おどろいた　くちばしと
わけを　はっぴょうしよう

◇ ふたりで　おんどくしよう
・もんだいと　こたえを
こうたいで　よむ
・どの　くちばしを　えらぶのか
かんがえながら　よむ

主体的・対話的で深い学び

・展開2のように「どのくちばしにいちばん驚いたのか」「どんなところに驚いたり，気になったりしたのか，そのわけ」を隣の人に話してみるところから対話を促したい。
・展開3で，クラスの実態によっては，児童に答えの文をより詳しく説明する文を考えさせるとよい。例えば，「『ぞうのはな』という答えの文のあとに，ぞうの鼻ですることを詳しく言えるかな」などと尋ねる。そしてグループで対話させ，出た意見を組み合わせて説明の文をつくるという進め方もできる。

準備物

3 発表する　いちばん興味をもったくちばしと，選んだわけを発表しよう。

「隣の人に『いちばん驚いたくちばしと選んだわけ』を上手に伝えることができましたね。では，みんなの前で1人ずつ発表してもらいましょう。」

全員でまず，きつつきの文（教科書P53, 54）を音読した後，きつつきを選んだ児童に1人ずつ発表させる。

ぼくがいちばん驚いたくちばしは，きつつきのくちばしです。どうしてかというと，木に穴があくほどとがっているなんてすごいからです。

発表が終わったら，発表者にみなで拍手させる。
きつつきの後に，おうむ，はちどりも同様に進める。（教科書の文を全員で読んだ後に，決めた話型で発表させる。）

4 交流する 振り返る　発表の感想を伝え合い，「くちばし」の学習を振り返ろう。

みんなの発表を聞いて，思ったことを言いましょう。自分が発表した感想でもいいですよ。

わたしと同じくちばしを選んだ人の，選んだわけがいろいろあってびっくりしました。特に吉田さんのわけは面白いと思いました。

ぼくが選んだおうむのことを選んだ人が少なくてドキドキしたけど，ちゃんとわけまで言えたのでよかったです。

みんなで発表した感想を交流する。

「最後に，『くちばし』で勉強したことの『振り返り』をします。『はなのみち』でもやったように，『くちばし』で勉強したことをもう一度思い出しましょう。」
・音読の練習を何度もした。
・問題の文と答えの文を勉強した。
・絵や写真を見ながら読むと，書いてあることがよく分かった。
・いちばん驚いたくちばしと選んだわけを発表した。

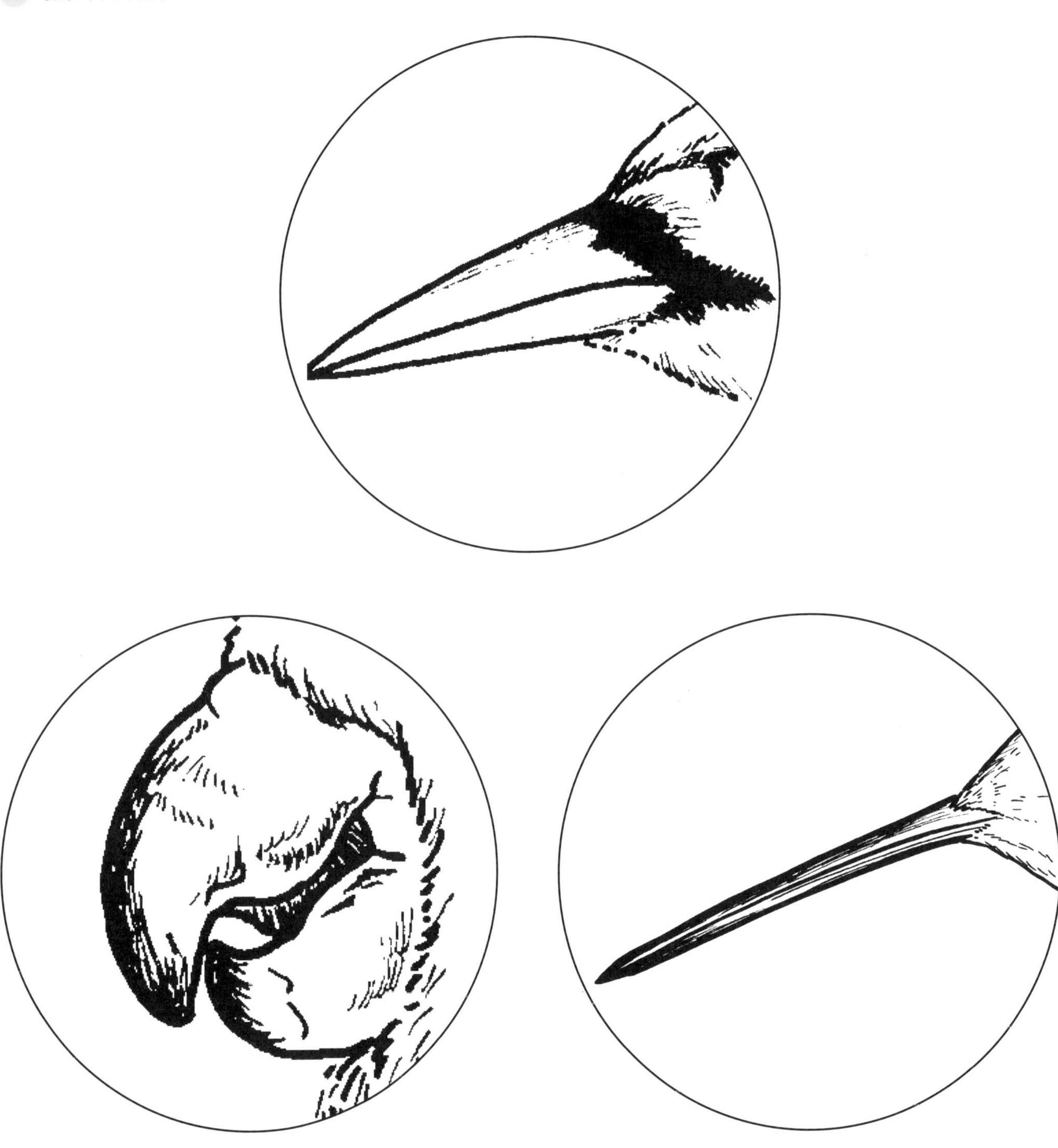

おもちやと　おもちゃ

全授業時間２時間

◉ 指導目標 ◉

・ 拗音の表記，助詞の「へ」の使い方，句点の打ち方を理解し，文の中で使うことができる。
・ 語と語の続き方に注意することができる。
・ 進んで拗音のある言葉を見つけようとし，これまでの学習をいかして文を書こうとすることができる。

◉ 指導にあたって ◉

① 教材について

拗音の学習です。理屈を理解させようとするとなかなか難しい内容ですが，単元名の「おもちやとおもちゃ」のように，児童にとっては楽しめる学習でもあります。この楽しい部分をできるだけ前面に出しつつ，進めたいところです。

ふだんの会話では，自然に使えているはずの拗音ですが，表記となると難しく感じる児童も少なくありません。「おもちや」は４音で，「おもちゃ」は３音であることを意識させると分かりやすくなります。

句点（。）読点（，）や促音（っ）も同様ですが，拗音の表記も，学年が進むといい加減に書くことが普通になってしまう児童がいます。高学年になるとマスのまん中に書いてしまう児童が何人かいるのではないでしょうか。低学年のうちに，正しい位置に書くことを習慣にさせたいものです。

② 主体的・対話的で深い学びのために

「おもちや」と「おもちゃ」のように，拗音にすると別の意味になるという言葉組み合わせは，児童が見つけることは難しいかもしれません。

ただし，「としょかん」を「としよかん」と間違った表記にすると，読み方が変わってしまうことを声に出して確認すると，これも楽しい学習になる可能性があります。児童のできる範囲で楽しい雰囲気を作り，意欲を引き出しましょう。

◎ 評価規準 ◎

知識及び技能	拗音の表記，助詞の「へ」の使い方，句点の打ち方を理解し，文の中で使っている。
思考力，判断力，表現力等	「書くこと」において，語と語の続き方に注意している。
主体的に学習に取り組む態度	進んで拗音のある言葉を見つけようとし，これまでの学習をいかして文を書こうとしている。

◎ 学習指導計画　全２時間 ◎

次	時	学習活動	指導上の留意点
1	1	・教科書 P60 の拗音の唱え歌を音読し，「おもちゃ」と「おもちや」の言葉の違いに気づく。 ・教科書 P61 の拗音のある言葉を読み，ノートに書き写す。	・拗音で意味が変わる言葉を考える。 ・拗音の書き方を意識させる。
	2	・拗音のある言葉を集める。 ・拗音のある言葉を使って文を書く。 ・助詞「へ」を使った例文を読み，その使い方を理解する。 ・「― へ ―。」という助詞「へ」を使った文を作り，書く。	・拗音のある言葉が載っている絵本や拗音のある言葉一覧を用意しておく。 ・文を作るときは，できるだけたくさんノートに書かせる。難しいときは，隣の人と２人組で考えてもよいことにする。

〈参考資料〉拗音のある言葉（例）

「ゃ」のつく言葉
・いしゃ　・でんしゃ　・くじゃく　・おもちゃ　・かぼちゃ　・じてんしゃ　・こんにゃく　・ひゃくえん　・ちゅうしゃ
・ちゅうしゃじょう　・あかちゃん　・おじいちゃん　・おばあちゃん　・おにいちゃん　・おねえちゃん

「ゅ」のつく言葉
・きゅうり　・ききゅう　・きゅうしょく　・ぎゅうにゅう　・かしゅ　・はくしゅ　・かいじゅう　・りゅう　・ちきゅう

「ょ」のつく言葉
・きんぎょ　・ちょきん　・としょしつ　・としょかん　・ひょう　・だちょう　・じょうぎ　・りょうて　・りょうり　・ほうちょう　・ぎょうざ
・にんぎょう　・じょうろ　・ちょう　・びょういん　・きょうしつ　・きょうかしょ　・べんきょう　・きょうそう　・がっしょう　・きょうだい

「ゃ・ゅ・ょ」に「っ」が続く言葉
・しゃっくり　・ひゃっぴき　・しゅっせき　・しゅっぱつ　・しょっき　・しょっかく

DVD 収録（児童用ワークシート見本）※本書 P157「準備物」欄に掲載しています。

おもちやと おもちゃ 第1時 (1/2)

本時の目標

拗音のある語を正しく読み，書くことができる。

授業のポイント

展開としては単純な内容である。できるだけたくさんの使用例を見つけて，口頭で発表させたり黒板に書かせたりして，活気のある授業にしたい。

本時の評価

拗音のある語を正しく読み，書くことができた。

〈拗音の読み方〉教科書（板書）の・印１つにつき手を１回たたいて読むと，小さい「ゃ・ゅ・ょ」

板書例

◇ちいさい「ゃ・ゅ・ょ」の
ある　ことば

おもちゃ　　おもちや
おきゃく　　×おきやく
ぎょうれつ
しょうてんがい

・じてんしゃ
・あくしゅ
・としょかん
・じゃんけん
・ぎゅうにゅう
・しょっき

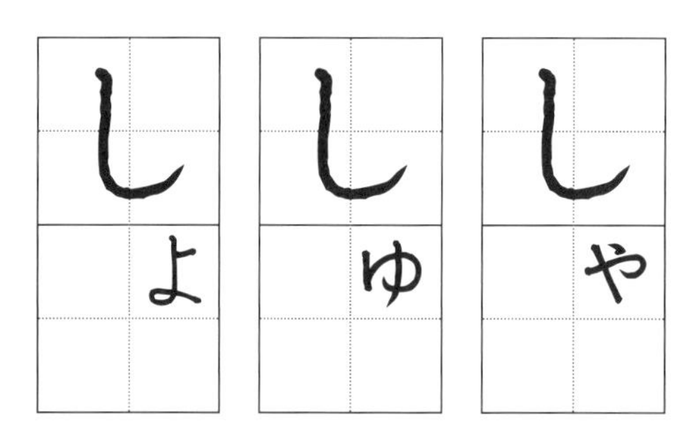

しゃ
しゅ
しょ

1 めあて つかむ　拗音のある言葉について知り，教科書の唱え歌を読もう。

教科書 P60 の唱え歌を範読する。

「おもちや」と「おもちゃ」が出てきました。おもちを売る店とおもちゃを売る店では，違うお店ですか。
全然違う！ぼくが行きたいのはおもちゃ屋さんだ。
でも，字で書いたらすごく似ているね…。

拗音で言葉の意味が変わるものがあると気づかせる。

「『や』の大きさが違うと別のお店になってしまいます。おもちやさんで，『ゲームありますか。』って言うと，お店の人にびっくりされてしまいます。このように，小さい字になると，読むときも意味も違ってしまう言葉もあるのです。」

「今度は，先生の後について読んでみましょう。」

教師との掛け合い，列ごと，などいろいろな方法で唱え歌の音読を楽しませる。

2 読む とらえる　拗音のある言葉を読み，拗音を理解しよう。

「小さい字のある言葉がほかにも出てきました。分かりましたか。」

・おきゃく。ぎょうれつ。　・しょうてんがいもある。

小さい字のままと，大きな字にしたときの両方を，手をたたきながら声に出して読みましょう。まずは「おもちゃ」と「おもちや」です。何回手拍子をしたかな。
おもちゃ。3回手をたたいたよ。
おもちや。こっちは4回だ。

拗音の文字が大きい場合にどうなるか，声に出して比べて印象づける。手拍子で音数の違いにも気づかせる。また，「おきやく」などと，小文字を大きな文字にして読んだときの違和感も児童には楽しいものとなる。

「61 ページの言葉も手をたたきながら読みましょう。」

手拍子つきで声に出して全員で読んでいく。

の読み方がよく分かります。

おもちやと　おもちゃ

㋱ ちいさい「ゃ・ゅ・ょ」の　ある
ことばを　みつけて　かこう

おきゃく・　ぎょうれつ
しょうてんがい。
おもち・　・・・
おもちやさん。
おもちゃ・　・・・・
おもちゃやさん。

おもちゃ
おもち

※教科書 P60 の挿絵

主体的・対話的で深い学び

・「おもちや」と「おもちゃ」のような対比できる言葉として，他に「いしや（石屋）」と「いしゃ（医者）」，「びょういん（病院）」と「びよういん（美容院）」なども考えられる。展開2で拗音についてある程度理解できた後で示すと，学びがより深まる。
・「ぎょうれつ」という言葉を「ぎようれつ」と拗音ではない言葉にして声に出して確認すると，印象に残り楽しい学習にもなる。

準備物

・ワークシート（児童用ワークシート見本　DVD 収録【1_20_01】）

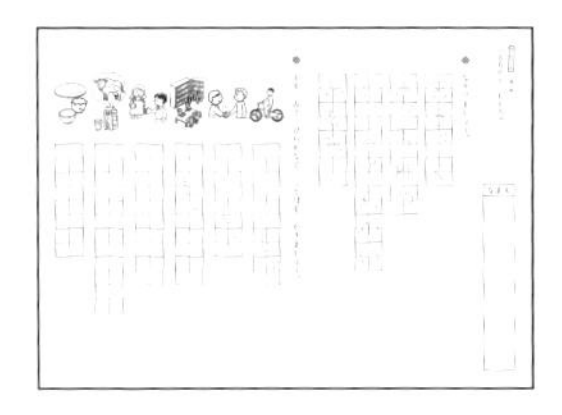

3 つかむ 書く　拗音のある言葉の書き方を知り，黒板の言葉を視写しよう。

「ゃ・ゅ・ょ」を書くときは，マスのどこに書いたらいいでしょう。
右の上です。
小さい「っ」と同じ場所だね。
ゃ
ゅ
ょ

「そうですね。小さい『っ』も同じですが，まん中に書いてしまう人がいます。気をつけましょう。」
・丸（。）も点（、）も，みんな右上だね。

細かい部分を意識して文字を練習していると，児童は全体をきれいに書くようになる。細かい指摘は，細かい部分まで見分け，書き分けられるような力を育てることにつながる。

4 書く　黒板の言葉を正確に視写しよう。

「黒板の言葉をノートに写します。『ゃ・ゅ・ょ』の場所も気をつけて正しいところに書きましょう。」

『おもちゃ　おもちや』から『しょっき』までノートに写しましょう。
大きい「や」か小さい「ゃ」か，気をつけないとね。
小さい「っ」もあるね。

「『おもちゃ　おもちや』の次の行は，『おきゃく』，1マスあけて『×』を書いてから『おきやく』です。」
・「しょうてんがい」のあとは1行あける，だね。

黒板を写すだけの作業だが，正確に写すことを意識させ続けることによって，力がついてくる。

ワークシートでもう一度，教科書に載っている拗音のある言葉を練習させてもよい。

おもちゃと おもちゃ
第2時（2/2）

本時の目標

拗音のある言葉を使って文を書くことができる。
「一へ一。」を使って文を書くことができる。

授業のポイント

後半は，拗音と「一へ一。」の両方を使わせたい。隣と相談するなどして，たくさん書かせたい。

本時の評価

拗音のある言葉を使って文を書くことができた。
「一へ一。」を使って文を書くことができた。

〈長音のカタカナ表記〉カタカナ表記の長音を，カタカナ未習の段階に書く場合は，「げえむ」や「げーむ」のどちら

板書例

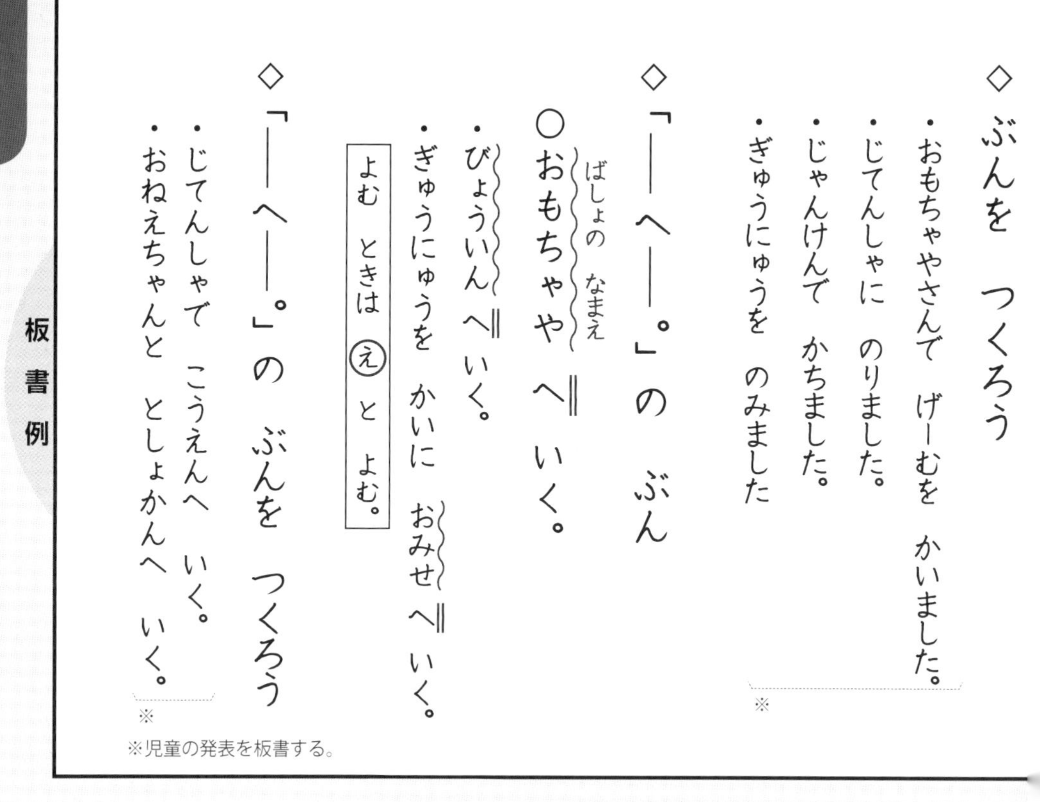
◇ぶんを　つくろう
・おもちゃやさんで　げーむを　かいました。
・じてんしゃに　のりました。
・じゃんけんで　かちました。
・ぎゅうにゅうを　のみました
※
◇「―へ―。」の　ぶん
ばしょの　なまえ
○おもちゃや　へ　いく。
・びょういん　へ　いく。
・ぎゅうにゅうを　かいに　おみせ　へ　いく。
よむ　ときは　え　と　よむ。
◇「―へ―。」の　ぶんを　つくろう
・じてんしゃで　こうえんへ　いく。
・おねえちゃんと　としょかんへ　いく。
※
※児童の発表を板書する。

1 見つける 出し合う　拗音のある言葉を見つけよう。

「小さい『ゃ・ゅ・ょ』のある言葉には，どんな言葉がありましたか。」
・おもちゃ。じてんしゃ。　・「あくしゅ」もあった。

今日は，小さい『ゃ・ゅ・ょ』のある言葉をもっと見つけましょう。何があるかな。例えば…，今，みんなの机の上にあるものでは？
じょうぎ。
きょうかしょもそうだよ。2つも小さい字がある！

「ほかに，何か思いついた人はいますか？」
・はい！「でんしゃ」。「じどうしゃ」もあります。
・「きょうしつ」もそうです。

出し合った言葉を板書していく。あまり出ないようなら，教科書P130のひらがな表から探させたり，用意しておいた絵本を読み上げ，本の中の言葉から拗音を抜き出させたり，などの方法がある。

2 作文する 書く　拗音のある言葉を使って文を作ろう。

では，小さい『ゃ・ゅ・ょ』のある言葉を使って，文を作りましょう。
じてんしゃにのりました。
おもちゃやさんでゲームをかいました。

「上手に文が作れましたね。『おもちゃ』や『じてんしゃ』という言葉が入っています。教科書の言葉のほかにも，今見つけた言葉を使うといいですよ。」

まず，何人かの児童に発表させ，見本を示す。出ないようなら，教師がいくつか紹介すればよい。

「自分で作った文は，ノートに書きましょう。」
「文が書けた人は，発表してください。」
・じゃんけんでかちました。
・ぎゅうにゅうをのみました。

でもよいことになっています。本時の板書では「げーむ」としています。

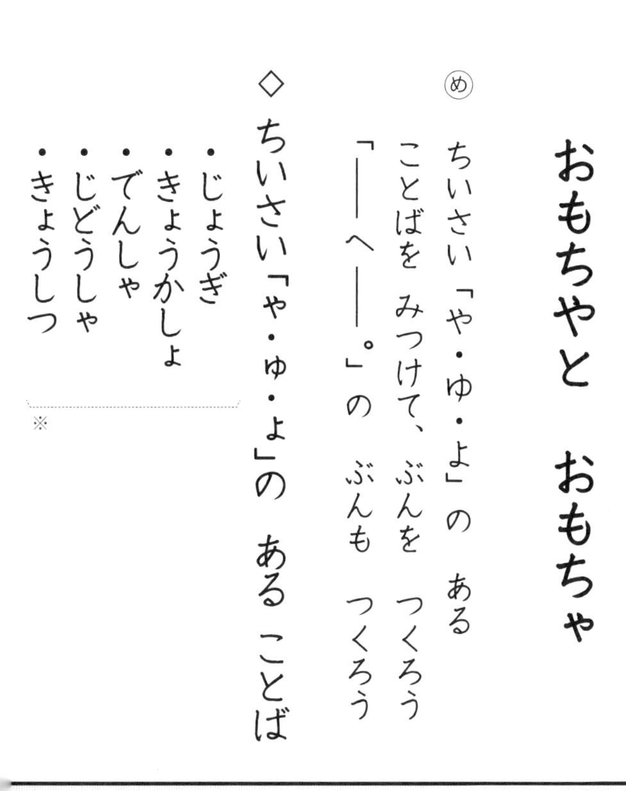

おもちゃやと　おもちゃ
㋱ ちいさい「や・ゆ・よ」の　ある
ことばを　みつけて、ぶんを　つくろう
「――へ――。」の　ぶんも　つくろう
◇ちいさい「や・ゆ・よ」の　ある　ことば
・じょうぎ
・きょうかしょ
・でんしゃ
・じどうしゃ
・きょうしつ
※

主体的・対話的で深い学び

・展開1でたくさん拗音のある言葉を見つけるためには，目につく身近なものからだけではなかなか思いつかない。拗音の一覧を教師が準備しておくとよい。また，児童になじみのある絵本で拗音のある言葉が載っているものを準備しておくのも，1つの方法である。また，「『ゃ』のつく言葉を見つけましょう」というよりも，「『しゃ』のつく言葉はあるかな?」などと限定した方が考えやすい児童もいる。柔軟に対応したい。

準備物

・絵本（拗音をのある言葉がいくつか載っているもの）

3 とらえる　教科書の例文を読み，「―へ―。」の文を理解しよう。

「おもちゃやへいく。」と板書する。

「みんなで読んでみましょう。」（全員で読む）

ひらがなの読み方が，いつもと違うなと思ったところはありませんか
「へ」と書いてあるけど，「え」と読んでいました。
「へ」の読み方が，ふつうと違います。

「この文では，『おもちゃやさんというお店の場所へ行く』という意味に使われています。では，次の文はどうですか。」

「びょういんへいく。」「ぎゅうにゅうをかいにおみせへいく。」という文を板書し，文を読ませる。

「どれも，『どこ』という場所を表す言葉のあとに『へ』を使っています。読み方も気をつけましょう。」

4 書く　「―へ―。」の文を作って書こう。

「今度は，『―へ―。』を使って文を作りましょう。小さい『ゃ・ゅ・ょ』のある言葉も入れられると，すごく上手です。」

・どんな言葉を使えばいいのかな…。

「教科書の言葉を使っていいですよ。誰かできた人！」

・はい！じてんしゃでこうえんへいく。

「そんな使い方ができたら，たくさん作れそうですね。これもできるだけたくさん考えてノートに書いてみましょう。」

隣の人と相談して考えてもいいですよ。一緒に考えた文は２人ともノートに書くといいですね。
「としょかん」を使って「おねえちゃんととしょかんへいく。」は？
いいね！言葉が２つも入っているね。

書けた文を発表させ，交流する。

あいうえおで　あそぼう

全授業時間３時間

◎ 指導目標 ◎

・平仮名を読み，書くことができる。
・長く親しまれている言葉遊びを通して，言葉の豊かさに気づくことができる。
・これまでの学習をいかし，進んで平仮名の五十音を確かめ，言葉遊びを楽しもうとすることができる。

◎ 指導にあたって ◎

① 教材について

リズムのよい詩です。五十音表も組み込まれており，児童も言葉を見つけるなど楽しんで読むことでしょう。教科書の上では，ここで初めて五十音表を扱うことになります。機械的に暗誦するだけでなく，表を様々な見方で見たり，児童の発見を取り上げたりして，平仮名への興味を引き出したいものです。

五十音表は，１年生の教室では掲示されていることが多いことでしょう。単に掲示しているだけでなく，暗誦のときはもちろん，何かときっかけを見つけては五十音表につなげて意識させていくとよいでしょう。五十音表を覚えているかどうかは，国語辞典を引くときに大きな差となって出てきます。１年生の段階では，あまり重要性が感じられないかもしれませんが，ぜひ徹底して暗誦する学習を組み込んでおきましょう。１時間，２時間で全員が覚えることを目指すのではなく，国語の時間は，五十音表の暗誦から始めるといった継続的な取り組みによって，無理なく実践できるでしょう。

② 主体的・対話的で深い学びのために

五十音を２年生以降でも不自由なく使いこなせるようになるには，かなりの練習量が必要です。そのためには，この単元の間に繰り返し練習するだけでなく，この単元の終了後も機会を見つけては練習することが大切です。

さらに，五十音を唱えることを楽しいと感じるようになってくると，きっかけがあれば自分から唱えるようにもなるはずです。そのため，リズムを味わったり，みんなでそろえて暗誦したりする楽しさも意図的に経験させておきたいところです。

◎ 評価規準 ◎

知識 及び 技能	・平仮名を読み，書いている。 ・長く親しまれている言葉遊びを通して，言葉の豊かさに気づいている。
主体的に学習に取り組む態度	これまでの学習をいかし，進んで平仮名の五十音を確かめ，言葉遊びを楽しもうとしている。

◎ 学習指導計画　全 3 時間 ◎

次	時	学習活動	指導上の留意点
1	1	・教科書 P62-63「あいうえおのうた」をリズムよく読む。 ・言葉を確認し，イメージを膨らませる。 ・自分たちの「あいうえおのうた」を作る練習をする。	・手拍子をつけて，リズムにのって音読する。 ・まず，「あ」から始まる行の「あいうえおのうた」づくりを 2 人組で取り組ませる。
	2	・「あいうえおのうた」の各行・各列の特徴を調べる。 ・自分たちの「あいうえおのうた」を 2 人組で考え，みんなが発表し，作り上げる。	・言葉の並びに注目させる。 ・クラスの「あいうえおのうた」の完成を目指す。
	3	・五十音表を口の形を意識しながら読む。 ・五十音表の特徴を知る。 ・五十音表の中から言葉を探したり，しりとりをしたりする。 ・五十音表を覚える。	・いろいろな読み方で読んでみる。 ・言葉探しを楽しむことで，五十音表に親しませる。 ・暗誦に向けて取り組む。

DVD 収録（画像）

あいうえおで あそぼう 第1時（1/3）

本時の目標

「あいうえおのうた」を楽しみながら音読し，自分たちでも作ることができる。

授業のポイント

リズムのよさを味わえるように，手拍子などを自由に組み合わせたい。

本時の評価

体を使ってリズムを表現しながら音読し，作ることができた。

〈音読〉リズムよく，手拍子などをつけるなどして，いろいろな読み方で「あいうえおのうた」の

板書例

はる・・・　ふゆ・・・　はひふへほ
まつ・・・　みの・・・　まみむめも
や・・・　よう・・・　やいゆえよ
らん・・・　るん・・・　らりるれろ
わく・・・　わい・・・　わいうえを
ん

※教科書 P62-63 を掲示する。

◇ことばを　たしかめよう

◇てびょうしを　つけて　よもう
あや・・　いす・・　あいうえお

◇「あいうえおの　うた」を　つくってみよう

あ〇〇〇　い〇〇〇　あいうえお

（「あ・い・う・え・お」の　どれでも　よい）

1 音読する　「あいうえおのうた」を音読しよう。

「先生がまず読みます。聞きましょう。」

教科書 P62-63 の「あいうえおのうた」を範読する。

リズムのいい詩です。今度は先生に続いて読みましょう。
あやとり
いすとり
あいうえお
あやとり。
いすとり。
あいうえお。

以下，同じように区切って全文読んでいく。

「次は，１行ずつ，先生に続いて読んでみましょう。」
「あやとり いすとり あいうえお」
・あやとり いすとり あいうえお

同様にリズムよく全文読む。

「『ん』は『うん』ではなく，切って読みましょう。」

2 読む つかむ　言葉を確かめ，イメージをふくらまそう。

言葉の意味やイメージを確認する。児童の発する言葉を大切にしながら，言葉を確認していく。

知っている言葉はありますか。知らない言葉はどれですか。
「くわのみ」って何ですか。
「わくわく」と「わいわい」って違うのかな。

「桑の実を知っている人はいますか。」

知っている児童に説明させる。いなければ，教師が説明する。全ての言葉を詳しく説明していると時間が足りなくなる。音読する上でイメージできればよいので，あまり時間をかけすぎないようにする。

「『わくわく』と『わいわい』から，どんな気持ちがしますか。」
・「わくわく」はうれしい気持ち，「わいわい」はみんなで一緒に楽しく，って感じがします。

音読に取り組みましょう。

(め)
あいうえおで　あそぼう

ちりずむに　のって　おんどくしよう
「あいうえおの　うた」を　つくって
みよう

あや・・	い・・・	あいうえお
かき・・	くわ・・	かきくけこ
さん・・	し・・	さしすせそ
たこ・・	つり・・	たちつてと
なの・・	のの・・	なにぬねの

主体的・対話的で深い学び

・手を打ってリズムを取る学習は楽しい時間になりやすい。はじめは，教師がやってみせるが，次に積極的な児童にやってもらい，全体に慣れて，雰囲気もほぐれてきたら，順番に回したり，グループでいっしょにやったりなど多様な方法で音読に楽しく取り組ませたい。

準備物

・教科書 P62-63の拡大コピー（黒板掲示用）

・画像 DVD 収録【1_21_01～1_21_04】
（柿の実，桑の実，菜の花）

3 音読する　リズムよく手拍子をつけて，何度も音読しよう。

「今度は手を叩きながら読んでみましょう。先生がお手本を見せます。」

最初は分かりやすく「あやとり いすとり あいうえお」の下線部で手を叩くといったようなものがよい。

では，今度は一緒にやってみましょう。
パン　パン　パン
あやとり　いすとり
あいうえお　～
パン　パン　パン
パン　パン　パン

全員，一緒に手拍子をつけて全文を読んでいく。

「次は，１人でできる人いるかな。」

挙手する児童がいれば，指名して読ませる。何人かを１人ずつ指名したり，列ごとに読ませたりと変化をつけて楽しく音読に取り組む。「あやとり いすとり あいうえお」の下線部を手拍子で唱えてもよい。

4 作ってみる　自分たちの「あいうえおのうた」を作る練習をしよう。

「『あいうえおのうた』をみんなに作ってもらいます。同じようにリズムよく読めるうたを作りましょう。」

まず『あ』から始まる行を考えてみましょう。１つ目の言葉は『あ』で始まる言葉，２つ目は，『い』から始まる言葉です。隣の人と協力して考えましょう。
「あ」は，「あり」「あめんぼ」とかあるよ。
「い」だったら，「いっぱい」「いちばん」はどう？

先にできた児童に見本を示させたり，教科書の例 「あさがおえにっき～」を確かめたりして，３～４音の言葉にするとリズムよくできることに気づかせる。

難しそうであれば，２つ目の言葉は，教科書の例のように『あ行』のどの字で始まる言葉でもよいとする。

「自分たちの『あ』から始まる行はできましたか。」
・「あめんぼ　いっぱい　あいうえお」でいいね。
「できたら，忘れないように２人ともノートに書いておきましょう。」

あいうえおで あそぼう

第２時 (2/3)

本時の目標

自分たちの「あいうえおのうた」を作り，発表することができる。

授業のポイント

１行でもよいので，自分たちで選んだ言葉で作らせたい。そのためには，友だちの作品を参考にしたり，アドバイスをもらったりしてもよいことにする。

本時の評価

自分で言葉を選んで「あいうえおのうた」を作り，発表することができた。

〈作文〉２人組で取り組ませましょう。作文のルールもクラスの実態に合わせて柔軟に考え，だれ

板書例

◇「あいうえおの　うた」の　あそびかた

① さいごに　あいうえお（かきくけこ…）
② さいしょの　もじが　あかさたな…
③ ふたつめに　れつの　もじ

※児童の発表を板書する。

◇くらすの「あいうえおのうた」

あめんぼ　いっぱい　あいうえお
かまきり　くわがた　かきくけこ
さくらが　さいたよ　さしすせそ
たぬきが　てつぼう　たちつてと
なかよし　にこにこ　なにぬねの
はっぱが　ひらひら　はひふへほ
まんじゅう　もぐもぐ　まみむめも
やなぎが　ゆらゆら　やいゆえよ
らいおん　ろぼっと　らりるれろ
わにさん　わらった　わいうえを
ん

※児童の発表をもとに，「クラスのうた」を完成させ，板書する。

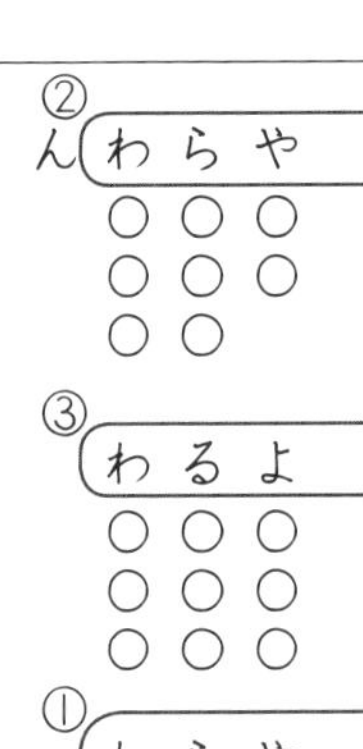

②
ん　わ　ら　や
③
わ　る　よ
①
や　い　ゆ　え　よ
ら　り　る　れ　ろ
わ　い　う　え　を

1 音読する　「あいうえおのうた」をリズムよく音読しよう。

前の時間にいろいろな読み方をしました。自分の好きなリズムの取り方で読みましょう。
全部に手拍子をつけて，ゆっくり読んでみよう。
手拍子のところで声も大きくして読んでみよう。

「では，窓側の列の人，立ってやってみましょう。」

１列ずつ立って１人ずつ読ませる。間違えたり，リズムが崩れたりしたらやり直しさせる。ユニークなものや，生き生きとした表情の児童など，よいと思われるところがあったら，取り上げてほめるようにする。

「○○くんは，大きく口を開けて大きな声でできていてよかったよ。」
「△△さんは，文字ひとつひとつにリズムよく手を叩いていたね。」

2 読む とらえる　「あいうえおのうた」の各行，各列の特徴を調べよう。

この『あいうえおであそぼう』は，どんなふうに「あいうえお」で遊んでいますか。隣の人と考えてみましょう。
次の行は「かきくけこ」，３行目は「さしすせそ」と続いているね。
３つ目の言葉に「あいうえお」がついている。

「どんなところが『あいうえおで遊んでいる』と言えますか。」
- １つ目の最初の字が，あかさたな…で，あいうえおの表の最初の字と同じです。

「２つ目の最初の字がどうなっているか見てみましょう。１行目は『あいうえお』の『い』，２行目は？」
- 「かきくけこ」の「く」で始まる言葉だね。
- ３行目は「さしすせそ」の「し」になっている！

各行の最初の文字も，１行目から順にあの列，かの列…で始まる言葉になっていることに気づかせる。

もが楽しく活動できるようにしましょう。

(め)

あいうえおで　あそぼう

「あいうえおの　うた」を　しらべよう

くらすの「あいうえおの　うた」を

つくろう

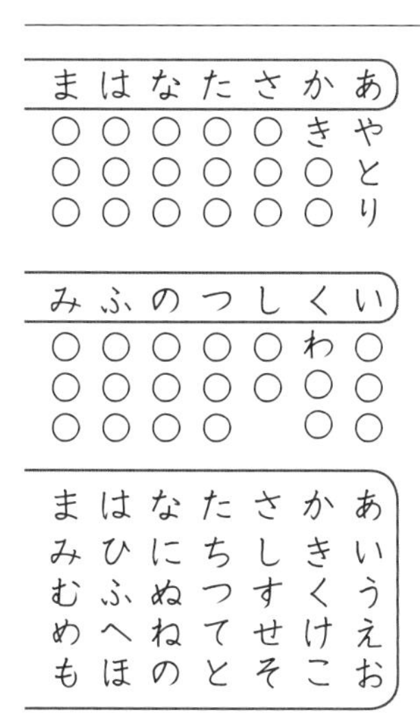

あいうえお
かきくけこ
さしすせそ
たちつてと
なにぬねの
はひふへほ
まみむめも

※教科書 P62-63 を掲示する。
（児童の発表にあわせて，
当該箇所に印をつける。）

主体的・対話的で深い学び

・作るとなると，苦手な児童が消極的になってしまう可能性がある。1人ずつ各自で作らせるのではなく2人組で取り組ませ，対話の中で言葉を出し合わせるようにする。

・展開3の作文活動は，どうしても難しいようであれば，1つ目の言葉だけ決められた「あ段」の文字から始まっている言葉であれば，2つ目の言葉は自由な言葉でもよしとする。リズムのよいうたを楽しく自作することに注力させたい。

準備物

・教科書 P62-63の拡大コピー（黒板掲示用）

3 対話する 考える　自分たちの「あいうえおのうた」を考えよう。

「前の時間に，1行目を作ってもらいましたね。隣の人と2人で読んでもらいましょう。」

・あめんぼ　いっぱい　あいうえお。

・あさがお　いろいろ あいうえお。

同じように，2行目から後の行も作りましょう。どれか好きな行を選んで，隣の人と言葉を考えましょう。このうたの遊び方をヒントに考えましょう。

ぼくたちは「かきくけこ」の行で考えよう。か…か…「かまきり」!
いいね! 次の言葉は…「くわがた」でどうかな。

教科書の例「たいこを～」も参考に，助詞がついた言葉になってもいいと気づかせる。

「考えられたらノートに書きましょう。1つできたら，ほかに同じ行や別の行でも考えてみましょう。みんなのうたを集めて全部の行を作れたら，すごいですね。」

4 発表する 読む　自分たちで作った言葉を発表し，集めて「クラスのうた」を作ろう。

「作ったうたを発表してもらいましょう。」

・たくさん書けたけど，全部発表するのかな。

「どのペアも1行ずつ発表しましょう。いくつも考えてたくさん書けた人は，その中でいちばんいいと思うものを2人で選んで発表して下さい。」

決まらないようなら，「発表する行の上に○をつける」と指示を出すと作業が進みやすくなる。

「かきくけこ」の行を選んだ人から発表してください。
はい。「かまきり　くわがた　かきくけこ」
わたしたちは「かっぱがきのぼり　かきくけこ」って考えました。

全員の発表をもとに教師が整理して板書し，クラスのうたを仕上げる。最期に，全員で自作の「クラスの詩」をリズムよく楽しく読む。

あいうえおで あそぼう 第3時 (3/3)

〈暗唱〉 50音表の特徴を確かめた上で，暗唱に楽しく取り組ませましょう。

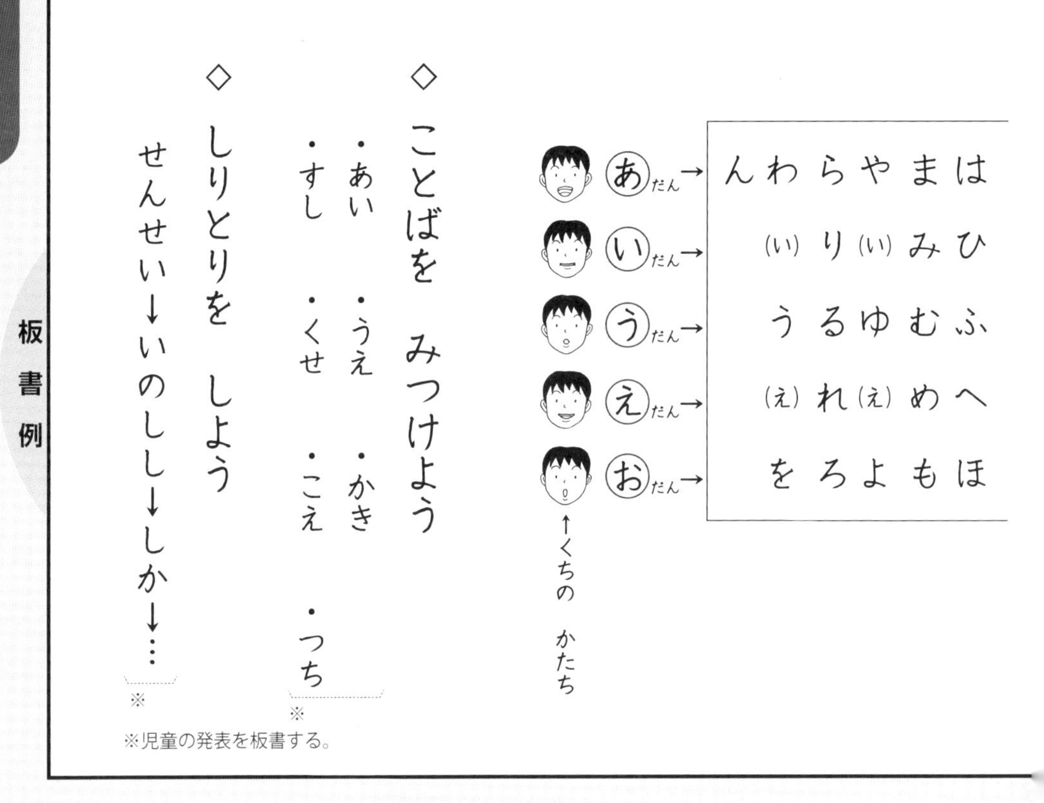

板書例
んわらやまは
(い)り(い)みひ
うるゆむふ
(え)れ(え)めへ
をろよもほ
あだん→
いだん→
うだん→
えだん→
おだん→
↑くちの かたち
◇ことばを みつけよう
・あい ・うえ ・かき
・すし ・くせ ・こえ ・つち
◇しりとりを しよう
せんせい→いのしし→しか→…
※児童の発表を板書する。

本時の目標

五十音表に親しむことができる。

授業のポイント

五十音表を使って，言葉見つけやしりとりを楽しむことで，五十音表に親しませたい。自分が見つけた言葉の部分は覚えやすくなる。

本時の評価

五十音表を使って，言葉を見つけることができた。

1 読む 確かめる 五十音表をたてに読んで，自分の口の形を再確認しよう。

教科書 P64-65 を開かせる。

「この『あいうえおの表』は『五十音表』とも言います。たてに順番に読んでいきましょう。」
・(全員で) あいうえお，かきくけこ，…。

『あ』の口をやってみましょう。どうなりますか。
大きく口をあけるのだったね。
前にも「あいうえお」の勉強でやってみたよね。

同様に，「い」「う」「え」「お」の口の形を意識させ，口をどう開けば正しい発音ができるかを確認する。

「『うたにあわせてあいうえお』で勉強しましたね。では，口の形に気をつけてもう一度読んでみましょう。」
・あいうえお，かきくけこ，…。

長くのばしたり，区切ってみたり，ひそひそ声にしたり，いろいろな読み方で読ませる。

2 読む とらえる 五十音表を横に読み，特徴を知ろう。

「次は，五十音表を横に読んでいきましょう。」
・あかさたなはまやらわ，いきしちにひみいりい，…。

黒板の五十音表を指しながら，読ませていく。

1段目は，のばすと同じ音になりますよ。
あー，かぁー，さぁー，たぁー，…。
ほんどだ，全部「あ」になる。

「のばして『あ』になる2段目を『ア段』と言います。では，2段目も同じようにのばして読みましょう。」
・いー，きぃー，しぃー，ちぃー，…。

「のばすと『い』になる『イ段』です。3段目は？」
・うー，くぅー，すぅー，つぅー，…。「ウ段」！
・4段目が「エ段」，5段目が「オ段」です。
・どの段も，「あいうえお」の口の形と一緒になるね。

あいうえおで　あそぼう

㋱ あいうえおの　ひょうを　よんで
ことばさがしを　しよう

◇ 50おんひょう（ごじゅう）→おぼえよう

あいうえお
かきくけこ
さしすせそ
たちつてと
なにぬねの

主体的・対話的で深い学び

・教科書では，しりとりになっているが，その前に五十音表を使ってどんな言葉が見つかるかの練習もしておきたい。縦横斜めに見ることができるようになれば，しりとりに入ったときに，五十音表をヒントにして考える児童も出てくるだろう。

準備物

・五十音表（拡大コピーなど）2枚（1枚は書き込み用）

・くちのかたちのイラスト　DVD 収録【1_08_01】

3 見つける 考える　五十音表の中から言葉を見つけよう。しりとりをしよう。

五十音表の中で，続いている文字を使ってできる言葉を見つけてみましょう。
あい。
うえ。
かき。

「下から上でも，斜めでもいいですよ。」

・すし。　・くせ。　・こえ。　・つち，…。

黒板の五十音表に，児童の発表で出てきた言葉を○で囲んでいく。

「今度は，しりとりをします。どの字も1回は始まりの字になるように，できるだけつなげていきましょう。最初の言葉は『せんせい』から始めましょうか。使った文字『せ』を消しますよ。」

50音表の「せ」の肩にチェックを入れる。

「どんどん発表して，いくつの文字を消せるかな。」

・せんせい→・いのしし→・しか→…

4 覚える　五十音表を覚えよう。

「今から五十音表を覚えましょう。五十音表は，覚えていると便利です。国語辞典を使うときに，覚えていない人はすごく困ります。」

・覚えられるかな。

「今日で全部覚えなくてもいいから頑張りましょう。」

五十音表のア段だけあります。「あ」を指したら「あいうえお」と大きな声で言いましょう。
んわらやまはなたさかあ
え〜！
ア段の下は見えないよ！

五十音表の「ア段」だけを見せるか，板書する。

ひそひそ声で，テンポを変えて，区切ったりのばしたり，などの変化も楽しい。1文字ずつ消す，列ごとに交代して読む，など練習する。覚えたと思う児童は，後ろを向いて言うことなどに挑戦させてもよい。

おおきく　なった

全授業時間４時間

◉ 指導目標 ◉

・観察したことなどから書くことを見つけ，必要な事柄を集めたり確かめたりすることができる。
・身近なことを表す語句の量を増し，話や文章の中で使うことができる。
・植物をさまざまな観点から積極的に観察し，これまでの学習をいかして観察したことを記録しようとすることができる。

◉ 指導にあたって ◉

① 教材について

観察したことを文にする練習です。教科書では「あさがおの観察」を例に挙げています。あさがおは，蔓がでたり，1 学期中に花が咲いたりと観察の素材としては，とても扱いやすい素材です。生活科で育てている植物の代表と言えるでしょう。あさがおに限らず，ここでは，生活科で育てている植物の観察を題材とするとよいでしょう。

観察したことを文章にするという作業は，1 年生にとっては難しいものです。まず，書き方を指導した上で，観察したことを口頭で発表させ，それを文章で表すという段階をていねいに進めることで，苦手意識を持たずにすむ児童が増えるでしょう。

また，観察記録を継続するためのコツは，はっきりと分かる観察の視点（種，発芽，蔓，つぼみ，花など）を示すことです。指導者としては，その時期を逃さないように観察記録を書く時間を計画に入れておきたいところです。

② 主体的・対話的で深い学びのために

元々書くことが好きな児童には，書き足らない程度の分量かもしれませんが，苦手な児童にとってはどうしてよいのか分からないというのが，書く活動です。「何を書いたらよいのか分からない」「どう書いたらよいのか分からない」の二重苦の状態で，「がんばれ」「しっかり考えろ」と言われるとますます嫌になってしまいます。

朝顔の観察は，理科的（生活科的）な活動ですが，文章の練習としても好材料です。その理由は，「種」「発芽」「双葉」「本葉」「蔓」「つぼみ」「開花」「種」と適度な間隔で，成長の特徴が児童にも分かりやすく見えるからです。

書くことが苦手な児童の力を伸ばすには，「今日は，双葉の様子を観察しましょう」「今日は，蔓をよく見てね」とポイントを明確に指示します。逆にいうと，他の部分の絵は描ききれなくてもかまわないことを伝えておきます。そうすることで，「何を書いたらよいか」が明確な状態になります。さらに，葉であれば，「さわった感じ」「枚数」「形」といったことを必ず調べて書くように指示します。「どのように書いたらよいのか」も分かりやすくなるでしょう。

◎ 評価規準 ◎

知識及び技能	身近なことを表す語句の量を増し，話や文章の中で使っている。
思考力，判断力，表現力等	「書くこと」において，観察したことなどから書くことを見つけ，必要な事柄を集めたり確かめたりしている。
主体的に学習に取り組む態度	植物をさまざまな観点から積極的に観察し，これまでの学習をいかして観察したことを記録しようとしている。

◎ 学習指導計画　全 4 時間 ◎

次	時	学習活動	指導上の留意点
1	1・2	・教科書 P66-67 を見て，あさがお（生活科で育てている植物）の観察の仕方について話し合う。 ・教科書を見て，観察記録の書き方を知る。 ・実際にあさがおを観察してみる。	・色や形，さわった感触など教科書の様子を発表させる。 ・色，形，大きさなど観察のポイントを示す。 ・教科書の 2 つの書き方例の共通点・相違点を見つける。
2	3・4	・カードに観察記録を書く。 ・書いた観察記録を交流する。 ・学習を振り返る。	・カードの書式にあわせて，書き方を指導する。あさがおの成長にあわせて重点的に観察することを書かせる。 ・実際に見ながらカードをかくときには，まず文の作成から取り組ませる。 ・友達の観察記録を見て回らせ，感想を交流し，よかったところを共有する。 ・観察ポイントを再確認する。

DVD 収録（児童用ワークシート見本）

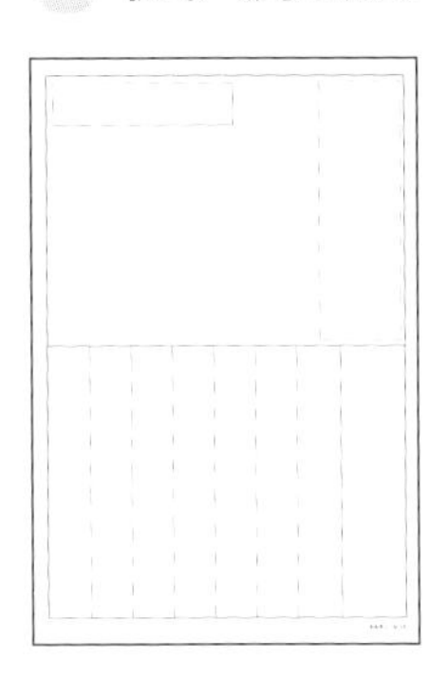

おおきく なった
第1,2時（1,2/4）

本時の目標
観察記録につながる植物の観察の仕方を理解することができる。
観察記録のかき方を理解する。

授業のポイント
観察記録は，実際には，種の観察から始まることが多いだろう。時期は違うが計画的に取り組み，種の段階から今回の指導を始めてもよい。

本時の評価
観察記録につながる植物の観察の仕方を理解することができた。観察記録のかき方を理解することができた。

〈指導時期の調整〉生活科の学習と合科にして進めます。指導する時期を「あさがお」等の育ちに

板書例

（第2時）
め かんさつきろくの　かきかたを　しり、あさがおの　かんさつを　しよう

◇かんさつきろくの　かきかた
（おなじ　ところ）
・えと　ぶんが　ある
・あさがお
・だい、なまえ、ひづけ
（ちがう　ところ）
・「はっぱ」と「つぼみ」
・えの　かきかた
・ぶんの　かきかた

1　だい　ひにち　なまえ
2

◇あさがおの　かんさつを　しよう
かんさつぽいんとで　よく　みる

1（第1時）めあて つかむ　あさがお（生活科で育てている植物）の観察を思い出そう。

「教科書 66，67 ページを見てみましょう。女の子や男の子は何をしていますか。」
・2人ともあさがおを見ている。
「見たものがどんな様子だったか書いたものを観察記録と言います。みんなもあさがおを育てていますね。あさがおの観察記録をかきたいと思います。」
・どんなふうにかいたらいいのかな。

まず観察の仕方から勉強します。今日はもうあさがおを見ましたか。どんな様子でしたか。
朝，あさがお見たよ。どうだったかな…。
昨日よりつるが伸びていたかな。

「観察記録は『よく見て，詳しくかく』ことが大切です。何となく見ただけでは，かくことが分からないかもしれません。」

2 確かめる 練習する　観察の仕方を確かめ，試しに観察してみよう。

「教科書では，どんなことを観察していますか。」
・はっぱのこと。手と大きさを比べています。
・つぼみのこと。2つあるって言っているね。
「66 ページの最初に観察することが書いてあります。」
・いっぱいあるなあ。覚えられないよ。
「全部覚えなくてもいいのです。ほかにもよく見るとよいことがあるかもしれません。最初は一緒に観察します。だんだん1人でできるようになりましょう。」

あさがお1鉢だけ教室に持ってくるか写真を見せる。

みんなであさがおを観察してみましょう。教科書の観察のポイントで1つずつ確かめながら見ていきましょう。まず，色からです。
葉っぱは緑色です。
黄緑色の葉っぱもあるよ。

色，高さなど9つの観点で1つずつ確認していく。

合わせましょう。

おおきく　なった

（第１時）
ⓜ　かんさつの　しかたを　べんきょうしよう

◇　かんさつきろく

よく　みて、くわしく　かく

◇　かんさつぽいんと

・いろ　・たかさ　・におい
・かたち　・ふとさ　・さわった　かんじ
・おおきさ　・かず　・おもさ

主体的・対話的で深い学び

・観察のポイントを説明しただけで，観察記録を理解し，かけるようにはならない。具体的に，「ポイントの１つ目は，色でしたね。葉の色は何色ですか緑だけじゃないね。よく見ると…」などと確認していく。

・植物の様子は鉢それぞれで違う。近くにいる児童どうしで相談しながら様子を確かめさせてもよいことにする。観察が進まない様子の児童には，「葉の色は，どうだった？」「緑だけど，濃い色もあった…」「そんなところまで観察できたなんてすごいね」と認めて励ます。

準備物

・教科書Ｐ66-67の観察記録の拡大コピー（黒板掲示用）
・観察のポイントを書いた掲示物

3 比べる とらえる　（第２時）　２つの観察記録を見比べて，観察記録の書き方を知ろう。

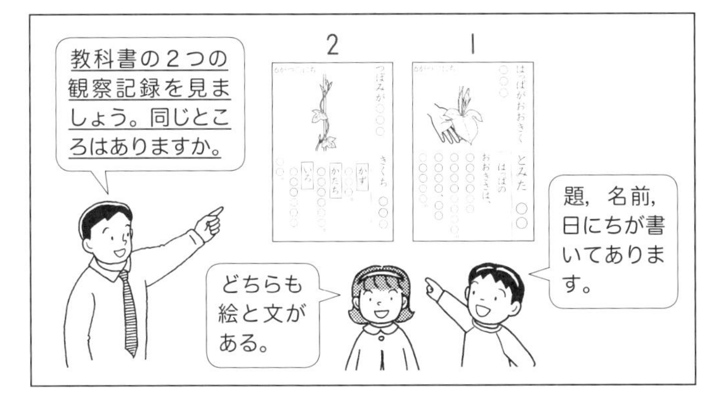
教科書の２つの観察記録を見ましょう。同じところはありますか。
2
1
題，名前，日にちが書いてあります。
どちらも絵と文がある。

「では，違うところはどこですか。」

・１は「はっぱ」について，２は「つぼみ」について観察しています。
・絵の描き方も文の書き方も違います。

「そうですね。１の絵では，葉っぱの大きさがよく分かるように手も描いてあって，２の絵では，つぼみの様子が分かるようにつぼみのアップを描いています。」

「記録の文はどこが同じでどこが違いますか。」

・どっちも，題を見て何について書いているか分かる。
・２は，ポイントを□で囲んで分かりやすいね。

4 観察する　実際にあさがおを観察しよう。

あさがおの鉢のある場所に移動するか，あさおを教室に持ち込んで，観察させる。

教科書の観察ポイントを見ながら観察しましょう。よく見て，詳しく書きましょう。近くの人と相談しながら書いてもいいですよ。
葉っぱは緑色だね。
黄色いところも，緑が濃い葉っぱもあるよ。

「そうですね。はっぱは緑と決めてしまわないで，よく見ると違うことが分かるときもあります。」

・高さはどうやって書いたらいいのかな？

「高さは自分の体と比べてみたり，自分が持っているものと比べたらいいですね。『自分のおなかの高さ』とか『人差し指と同じ長さ』などと書くといいですよ。」

１年生の学習では定規で長さを測らない。実際には，教えればほとんどの児童は使えるので，担任の考えによってはcmを使うことを教えてもよい。

おおきく なった
第3,4時（3,4/4）

〈長音のカタカナ表記〉 伸ばす音を含む言葉を，カタカナ未習の段階にひらがなで書く場合は，「かあど」や「かーど」の

本時の目標
観察記録を書くことができる。

授業のポイント
１年間でたくさんの枚数を書く観察カードなので，「月日」「名前」を最初に書くといった基本的なことをしっかりと強調する。

本時の評価
観察のポイントに気をつけて観察し，記録をカードに書くことができた。

板書例

・だい（ふたば、ほんば、つる、つぼみ、など あさがおの ようす）
・ぶん
・え（さいごに かく）

だい / なまえ / え / ぶん

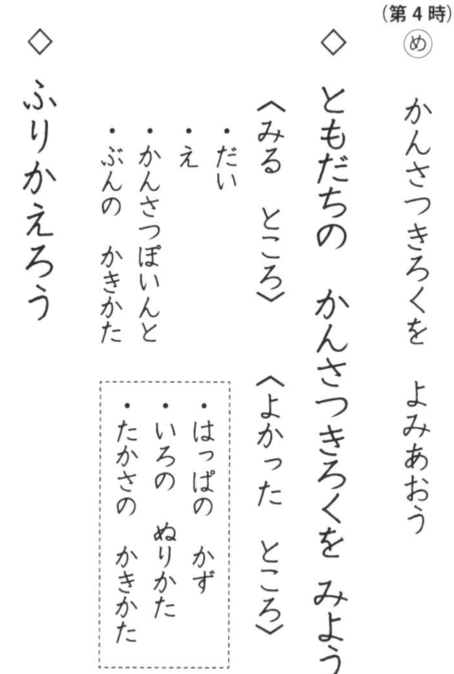
（第４時）
め かんさつきろくを よみあおう
◇ ともだちの かんさつきろくを みよう
〈みる ところ〉
・だい
・え
・かんさつぽいんと
・ぶんの かきかた
〈よかった ところ〉
・はっぱの かず
・いろの ぬりかた
・たかさの かきかた
※児童の発表を板書する。
◇ ふりかえろう

1 振り返る 確かめる（第３時）
前時に観察したことを振り返り，観察カードに日付と名前を書こう。

「前の時間に，あさがおの観察をしたことを思い出しましょう。」

これが観察のポイントでしたね。
・いろ ・かたち ・おおきさ
・たかさ ・ふとさ ・かず
・におい ・さわった かんじ ・おもさ
色と形は覚えていたけど…。
わたしは前の時間に葉っぱの数を数えたよ。

「今日は，観察したことをこのカードに書きます。」
・やった！　・早くかきたい。
「まず，月日と名前を書きましょう。」

観察カードを児童に配り，書式に合わせて指導する。題名の欄には，教科書の例を参考にして，そのときの朝顔の成長の段階に応じて重点的に観察して分かったことを書かせる。（発芽・双葉・本葉・つる・つぼみ・開花・種など）

2 かく
カードに観察記録をかこう。

「カードと筆箱，色えんぴつを持って，あさがおのところへ行きましょう。」

生活バッグなどカードを記入する際の台になるものも持っていく。

まず，文のところから書いていきましょう。観察ポイントを３つは書けるといいですね。書ける人はもっと書きましょう。
絵からじゃないの？
ほんばの色と形と数について書こうかな。

児童は絵から描きたがるが，１年生の場合，スピードに差があり，いつまでも描き直して進まない児童もいる。ここでは，文の方を一斉に指導して進める。絵の方は，残りを教室か宿題扱いかで，描かせるようにする。

どちらでもよいことになっています。本時の板書では，「かあど」としています。

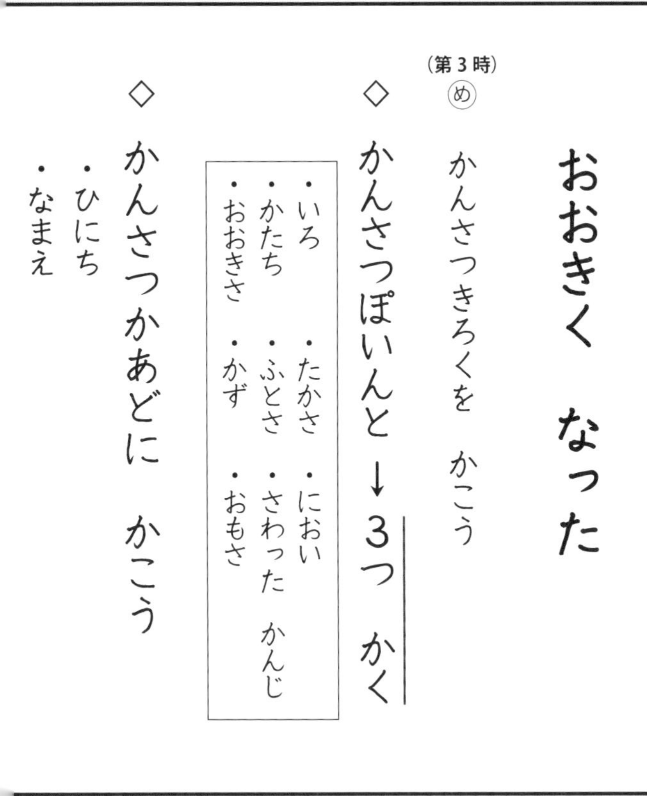

（第３時）
おおきく　なった
め　かんさつきろくを　かこう
◇　かんさつぽいんと→３つ　かく
・いろ　・たかさ　・におい
・かたち　・ふとさ　・さわった　かんじ
・おおきさ　・かず　・おもさ
◇　かんさつかあどに　かこう
・ひにち
・なまえ

主体的・対話的で深い学び

・書くときになると，ポイントを忘れている児童や，観察では見つけていたことが出てこない児童もいる。近くの児童に，「〇〇さん，葉のことなんて言っていたかな」と尋ねてみる方法もある。教師が全て把握できていなくても，児童どうしの方が分かっている場合もある。これをより確実にするためには，「では，お隣の人と自分が思った色について話をしましょう」などとしてもよい。

準備物

・教観察のポイントを書いた掲示物（第1，2時で使用したもの）
・観察記録カード（児童数）
（児童用ワークシート見本　DVD 収録【1_22_01】）
・観察記録カードの拡大コピー（黒板掲示用）
・児童が準備するもの：カード記入時のボード，色鉛筆など

（第４時）

3 交流する　友だちの観察記録を見てまわろう。

「今日はそれぞれの観察記録を読み合います。わざわざ時間をとって読み合いをするのは，これから何回も観察カードをかくので，どんどんうまくなってほしいからです。今日はまだうまくかけていなくても全然問題ありません。」
・よかった。安心した。

自分の観察カードを机に出して，友達のカードを見て回って，いいところをたくさん見つけましょう。
葉っぱの数が書いてある。次はわたしも書くことにしよう。
〇〇くんは，色の塗り方もていねいでうまいなあ…。

児童を立ち上がらせ，他の児童のカードの題の書き方，絵，観察ポイント，文の書き方などをじっくり見て回らせる。

4 対話する 振り返る　感想を交流し，全体を振り返ろう。

全部見て回りましたか。では，自分の席に戻って友達のカードを見た感想を発表してください。

△△さんは，あさがおの高さを自分のおなかぐらいの高さだと書いていて，様子がよく分かりました。

◇◇さんは，葉っぱの色に緑色だけじゃなくていくつも色を使っていて上手いなあと思いました。

感想を言い合い，よかった点を共有する。

「では，勉強したことを振り返ってみましょう。」
・観察の仕方を習いました。
・観察カードもかいたね。
・観察するポイントもたくさんありました。
・書くことに困ったけど，あの紙を見たら書けたよ。

教科書P124を見て，横書きカードの書き方も確かめておく。

「次は，朝顔はどうなっているでしょうね。」
朝顔の成長を見ながら，初期は１週間，本葉が増えだしたら２週間に１回程度で続けていく。

おおきな　かぶ

全授業時間６時間

◎ 指導目標 ◎

・語のまとまりや言葉の響きなどに気をつけて音読することができる。
・場面の様子や登場人物の行動など，内容の大体を捉えることができる。
・積極的に登場人物の行動を捉え，これまでの学習をいかして劇遊びをしようとすることができる。

◎ 指導にあたって ◎

①　教材について

民話によくある，同じフレーズが繰り返される作品です。登場人物が少しずつ小さくなっていくにも関わらず，最終的にはかぶがぬけるという展開は１年生にも分かりやすいものです。児童は，一見単純なストーリーに思いのほか，引きつけられるでしょう。登場人物についての学習を進めやすい教材でもあります。登場人物については，特徴や順番などを理解することが大切です。順番をきちんととらえることで，徐々に小さい人や動物が出てくることが分かります。板書を有効に活用して，イメージ化させます。それによって，登場人物が一生懸命にかぶをぬこうとしていることがより深く理解できるでしょう。

また，音読の楽しさを充分に味わわせたい単元です。そのためにも，宿題と授業を連動させてスムーズに読めるようになっていることが前提です。その上で，登場人物の特徴をとらえ，状況に応じた声の出し方ができるようになることが理想でしょう。

②　主体的・対話的で深い学びのために

この単元の言語活動は，音読発表となっています。児童がこのお話を好きになると，音読練習も一層力が入ることでしょう。それには，授業中に文章や挿絵に着目して新たな発見を体感させることが有効です。例えば，繰り返しについて指導するときは，「他にも繰り返しはあるかな」と文章を読み直させると，「ここにもあった」「これも繰り返しかな」と次々と見つけることでしょう。そうすることで，音読練習のときに，繰り返し部分を意識して取り組むようになるかもしれません。

挿絵も，児童によっては何となく眺めているだけという場合があります。「おおきなかぶってどれくらいかな」とおじいさんと比べさせることで，その大きさを認識させることができます。

音読でも挿絵を活用する場面でも，自分だけが取り組んで終わりにするのでは無く，友達の音読や意見と比べて考える機会を持たせたいところです。意見を聞くことが自分の学びを豊かにすることを感覚的に理解できれば，聞く姿勢も変わってくるでしょう。

◎ 評価規準 ◎

知識 及び 技能	語のまとまりや言葉の響きなどに気をつけて音読している。
思考力，判断力，表現力等	「読むこと」において，場面の様子や登場人物の行動など，内容の大体を捉えている。
主体的に学習に取り組む態度	積極的に登場人物の行動を捉え，これまでの学習をいかして劇遊びをしようとしている。

◎ 学習指導計画　全 6 時間 ◎

次	時	学習活動	指導上の留意点
1	1	・教師の範読を聞く。 ・教科書 P78-79 を見て，学習の見通しをもち，これからの学習に意欲をもつ。 ・登場人物を確かめ，あらすじを理解する。 ・教師の後に続いて全文を音読する。	・登場人物について出てくる順番も板書に整理しイメージ化して理解させる。
2	2	・リズムを楽しみながら音読をする。 ・おじいさんの最初の言葉の中で，繰り返し部分の音読の工夫を考えて発表する。	・繰り返しのリズムを楽しませる。 ・繰り返しの言葉の始めと後のどちらかを大きな声で読ませ，工夫して変化をつける意識をもたせる。
	3	・場面や登場人物についてイメージを広げながら音読をする。	・イメージを広げるために，おじいさんの様子について考えさせてから読ませる。
	4	・グループで役割を分担し，登場人物になりきって音読発表の練習をする。 ・感想を交流する。	・練習途中で，どこかのグループに見本で音読発表をさせる。
3	5・6	・グループで音読発表をする。 ・学習を振り返る。	・発表の際の立ち方やあいさつ，見る側の態度や見方などについても指導する。 ・繰り返しや言葉の響きやリズムを楽しみながら，学習したことを確かめる。

DVD 収録（画像）

おおきなかぶ
第1時（1/6）

本時の目標
登場人物を確かめ，あらすじを理解する。

授業のポイント
登場人物の特徴と順番が，内容の理解にとても重要である。板書でイメージ化してとらえさせる。

本時の評価
登場人物を確かめ，あらすじを理解できた。

板書例

〈板書〉登場人物について確かめるとき，出てくる順番も整理しイメージ化することで，児童の

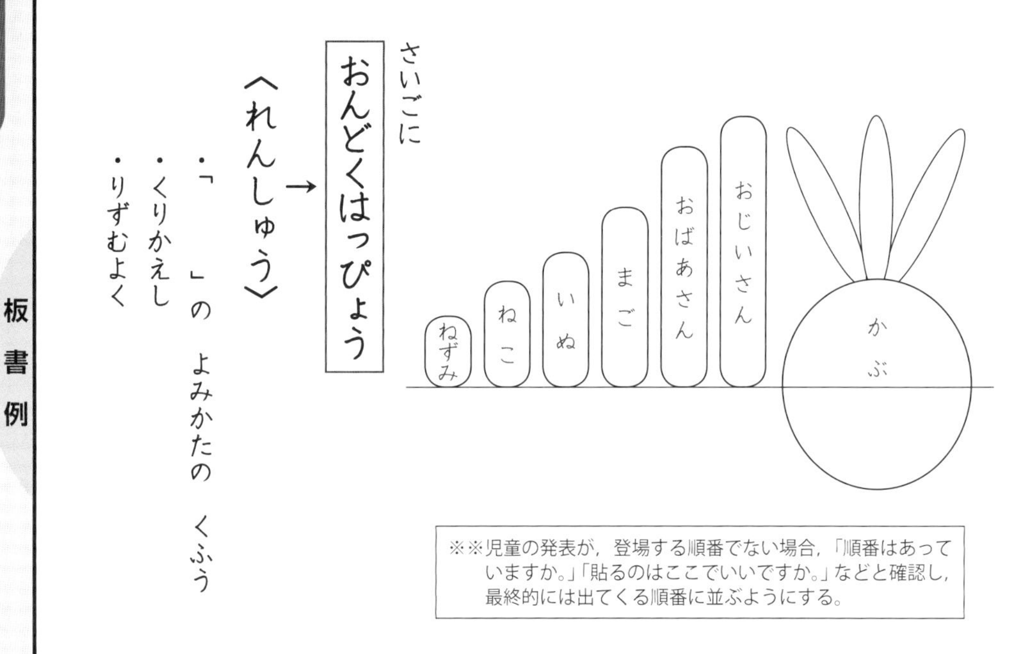

さいごに
おんどくはっぴょう
〈れんしゅう〉
・「　　」の　よみかたの　くふう
・くりかえし
・りずむよく
ねずみ
ねこ
いぬ
まご
おばあさん
おじいさん
かぶ
※※児童の発表が，登場する順番でない場合，「順番はあっていますか。」「貼るのはここでいいですか。」などと確認し，最終的には出てくる順番に並ぶようにする。

1 聞く めあて　全文の範読を聞き，学習課題を確かめよう。

「まずは，先生が読みます。聞いてください。」

教科書 P68 を開かせ，範読する。範読のときは，ゆっくりと間をとって読む。有名なお話でも，読み聞かせをしてもらうのは，初めての児童もいると考える。

お話を聞いて，どう思いましたか。どんなリズムでしたか。
最後に，かぶが抜けてよかった。
「うんとこしょ，どっこいしょ。」がいっぱいあった。
楽しいリズムだね。早く読んでみたいな。

教科書 P78–79 を開いて，学習課題を確かめる。

「何をしているところだと思いますか。」
・教科書を読んで発表している。
・かぶを引っ張っているよ。楽しそう。

「学習の最後は音読発表です。これからたくさん練習してリズムよく読めるようになりましょう。」

2 知る　登場人物とは何かを知ろう。

登場人物は，だれでしょう。
おじいさんとおばあさん！
まごも出てきたよ。
犬やねこやねずみもそうなのかな？

「人のように，お喋りしたり，踊ったりするように書かれていたら，犬でも花でも，そのお話の『登場人物』になります。」

「登場人物」という言葉を確認する。動物や植物が 登場人物に入るかどうかも，説明する必要がある。「かぶ」もあげる児童が出てくるかもしれないが，上の説明で判断すれば，「かぶ」は重要な役割を果たしていても決して登場人物にはならない。

また，実際のカブの写真を見せ，一般的な大きさを説明するとよい。

物語への理解を図りましょう。

おおきな　かぶ

㋱ おはなしを　きいて　とうじょう
じんぶつを　しらべよう

〈よみきかせ〉

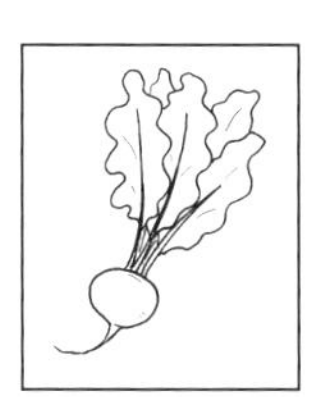
※カブの写真を
掲示（投影）する。

〈とうじょうじんぶつ〉

おはなしに　でて　くる　ひと、どうぶつ

主体的・対話的で深い学び

・「おおきなかぶ」では，登場人物のキャラクターと順番がとても重要になる。単に，「おじいさん」「おばあさん」と並べるだけでなく，「おばあさんの力ってどれくらいなのかな」「挿絵のまごはどれかな」などと簡単に確認する。その際，「おじいさんより弱いかな」という意見が出れば，「みんなはどう思う?」と問い返すことで自分の考えがより深く，明確になるだろう。

準備物

・カブの画像　DVD 収録【1_23_01，1_23_02】

・登場人物カード
（黒板掲示用：登場する順で小さくなっていくように大きさを工夫したもの）

3 確かめる　登場人物を，順番に確かめよう。

最初に出てくるのはだれでしょう。
いちばん初めは，おじいさんです。

「次はだれかな。」
・おばあさん。
「それから？」

できるだけ順番で発表できるよう促す。順番を関係なく発表させると，途中の登場人物を見逃してしまう児童がいる可能性が高くなる。もし，順番に関係なく発表させた場合は，人物名を書いたカードを順番に並べ直すという学習も成立する。（板書参照）

このお話では順番は重要なので，おさえておく必要がある。

4 音読する　全文を音読しよう。

「『おおきなかぶ』の学習の最後は音読発表です。まずはみんなで大きな声で音読しましょう。」

教師に続いて，全文を音読する。

『おおきなかぶ』のお話は，登場人物が出てきては，かぶを引っ張るという繰り返しですね。
「ひっぱって」って何回もあったね。
「うんとこしょ，どっこしょ。」も繰り返しています。

「『はなのみち』のお話で音読したときは，かぎ（「　」）のところの読み方を工夫しましたね。」
・くまさんの気持ちを考えて音読したね。
「『おおきなかぶ』にもかぎのところがあります。どんな風に読んだらいいか考えて音読発表できるといいですね。」

「繰り返しやリズムを楽しんで音読しましょう。」

おおきなかぶ

第 2 時 （2/6）

〈音読の工夫〉まず，繰り返しのリズムを楽しませます。次に，繰り返しの言葉の始めと後のどちらかを大きな

本時の目標

リズムを楽しみなら音読をする。

授業のポイント

「あまいあまい」「おおきなおおきな」を大きさの変化をつけて読むことがポイントである。形式的に読むだけにならないように，気をつける。

本時の評価

リズムを楽しみながら音読をすることができる。

板書例

◇おんどくの　くふうを　かんがえよう

〈くりかえしの　ことば〉

あまい　〇〇〇
かぶ・・・。
おおきな　〇〇〇〇
かぶ・・・。

〈くふう〉

はじめと
あとで
よみかたを
かえる。

◇くふうして　よんでみよう

うつしがき

視写用小黒板（14 字× 10 行）

※「おじいさんが，～なりました。」までの８行を，児童と同じように書いて見せる。

1 音読する　全員で全文を音読しよう。

「全員で音読しましょう。さん，はい。」

・『おおきな　かぶ』おじいさんが，かぶの　たねを　まきました。…（全文音読）

前の時間にも伝えたように『おおきなかぶ』の学習の最後は音読発表です。グループごとで音読をしてもらいます。しっかり練習していきましょう。
グループで音読発表かあ…。
がんばって練習しよう。

音読発表会の計画を予告すると，ふだんの音読練習の意識が高まり，成果が出ることが期待できる。

また，立って読むときの姿勢や本の持ち方なども日頃から繰り返し指導しておく。発表の練習がスムーズに，効率的に取り組むことができる。

「では，姿勢よく，本をしっかり持って，もう一度音読しましょう。」

2 考える　おじいさんの最初の言葉で，繰り返し部分の音読の工夫を考えよう。

おじいさんの最初の言葉には，繰り返しがあります。どちらを大きな声で読むといいでしょう。

「あまいあまい」と「おおきなおおきな」のことだね。

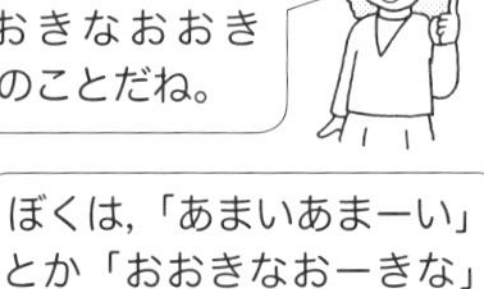

ぼくは，「あまいあまーい」とか「おおきなおーきな」と，後の方を大きく読むと，気持ちがこもった感じがするな。

「いいですね。その他にも，いろいろな読み方を試してみましょう。」

ふつう，繰り返し部分は，後の方を大きく読む方が効果的な場合が多い。ただ，ここでは児童が読み方の工夫を意識すればそれでよしとする。無理に「後の方を大きな声で」と決める必要はない。

また，どちらを大きく読むのかということよりも，変化をつけることの方が重要かもしれない。両方の読み方で音読させ，自分自身で比べさせてみたい。

声で読ませ，工夫の１つとして変化をつける意識をもたせましょう。

おおきな　かぶ

㋱ くりかえしを　くふうして　りずむよく　おんどくしよう

おんどくれんしゅう

◇ きを　つけよう
・よむ　ときの　しせい
・ほんの　もちかた

主体的・対話的で深い学び

・音読では，繰り返し部分を考えながら練習させたいところである。「『あまい，あまい』は，どちらを大きく読んだ方がいいかな」などと指摘して考える場を作る。一般的には，後ろの言葉を大きくする方が強調されると感じる場合が多いようであるが，児童が前の方だと言えばそれでもかまわない。児童なりに，読んでみて感じることが重要である。できれば，両方のパターンを比べてみて，意見を出し合う機会を作りたい。

準備物

・小黒板（14字×10行）

3 聞き合う 発表する　工夫した読み方で２人で音読を聞き合い，発表してみよう。

「自分の読み方を決めましたね。その読み方で実際に読んでもらいます。」

隣の人と２人組で音読して聞き合いましょう。聞いた方は，感想を伝えましょう。あとで前に出て発表してもらいます。
ぼくから読むよ。ぼくは，後ろを大きく読む。「あまいあまーいかぶになれ。…」
ちゃんと後ろの方が大きな声で読めていたね。

読み方を決めることと，実際にその読み方ができることは別で，自分では大きく読んだつもりでも，聞く側ではその変化が全く分からないという場合もある。

「次は，交替して今聞いた人が読みます。互いに聞き合って，もっと上手くなるように練習しましょう。」

まず２人組で何回か練習し，そのあと前で発表させる。全員に発表させず後半は翌日に，など発表時は聞く側がだらけないように調整する。

4 書く　かぶができるところまでを視写しよう。

最初からかぶができるところまでをノートに写しましょう。かぎ「　」の書き方も気をつけましょう。
教科書をよく見て，その通りに書けばよかったね。
こんなにたくさん，きれいに書けるかな。

ここでは最初の８行分を指示しているが，クラスの実態に合わせて，担任の判断で量を調節するとよい。

「今日は，点をとばさないでできるかな。」
「1マスあけに気をつけましょう。教科書をよく見て書きましょう。」

今までに指導してきたことを，意識させ，定着させることが重要である。

児童のノートと同じ書式の小黒板があると指導しやすくなる。教師が児童と同じように書いて見せることができる。（板書例参照）

おおきなかぶ
第 3 時 （3/6）

本時の目標
場面や登場人物についてイメージを広げながら音読する。

授業のポイント
それぞれにできるだけ具体的なイメージを持たせ，それをすぐに忘れないように意識させて音読につなげる。

本時の評価
場面や登場人物についてイメージを広げながら音読することができる。

板書例

〈音読の工夫〉音読のイメージを広げるために，おじいさんの様子を年齢からしぐさ，話し方まで

◇ おじいさんの　ようす
〈なんさい？〉
・70さい　※①
〈たねまきの　とき〉
・だいじそうに
・ひとつずつ
・ていねいに
・「はやく　おおきくなって。」
※②
〈はなしかた〉
・ゆっくり
・おおきな　こえ

※教科書 P68 の挿絵

◇ くふうして　よんでみよう
・「　」の　まえは、あいだを　あける
・おじいさんの　はなしかたを　おもいだす

※児童の意見を板書する。
①の年齢は，児童から出た意見を書き、話し合って絞る。無理に１つに絞る必要はない。
②では，おじいさんの気持ちが出ても否定せずに板書する。

1 音読する つかむ　全員で音読練習をしよう。繰り返しの言葉やリズムのよさを確かめよう。

「もう，上手に読めるようになったかな。まずは，全員で音読しましょう。」（全文音読）

本時では，朗読や表現読みと呼ばれている読み方を練習する。しかし，その前提として，間違いなくすらすら読める状態になっていなくてはならない。音読が苦手な児童にとっては，授業での練習が上達の場である。音読が上手で積極的な児童だけに目を奪われることなく，全体の音読の状態も把握したい。

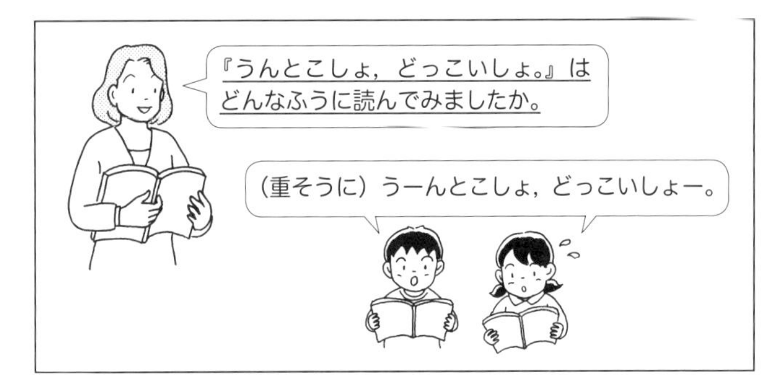
『うんとこしょ，どっこいしょ。』はどんなふうに読んでみましたか。
（重そうに）うーんとこしょ，どっこいしょー。

「いいですね。かぶが本当に重そうな感じで読めています。」

2 想像する 出し合う　おじいさんのイメージを広げよう。

「このお話のおじいさんは何歳ぐらいかな。みんなのおじいさんは何歳かな。」
・70 歳ぐらいかなあ…。
・うちのおじいちゃんより年寄りに見えるよ。

挿絵をヒントに児童なりのイメージを持たせ，豊かな音読とすることを目指したい。おじいさんのイメージは児童によって多少の違いはあって構わないが，極端な意見が出たときは，修正しておく。

おじいさんは，どんなふうに種をまいたかな。
大事そうに。
ひとつずつ。
ていねいに。
「早くおおきくなって。あまくなれ～。」ってお願いする気持ちで。

ここでは，おそらくおじいさんの気持ちも出るだろうが，児童の発表を否定せずに板書していく。

想像させ，音読の工夫につなげましょう。

おおきな　かぶ

Ⓜ おじいさんの　はなしかたを　くふうして
おんどくしよう

おんどくれんしゅう

◇ ぜんいんで　よもう
・すらすら
・「うんとこしょ、どっこいしょ。」を
くふうする

主体的・対話的で深い学び

・人物像をイメージするときに，有効な方法の1つに，しぐさを考えさせるというものがある。「『あまい，あまい～』って言っているとき，おじいさんはどんなかっこうだったと思う?」と問えば，「種まきだから絵みたいにしゃがんでいる」「話しているから，種をてのひらにおいて見つめながら」「やさしそうだから，種をなでているんじゃないかな」という具合に広がっていくことが期待できる。児童から出てきた意見をもとに実際にやってもらったり，それを見てどう感じるかなどを話し合うと人物像のイメージがより深まるだろう。

準備物

・教科書 P68の挿絵の拡大コピー（黒板掲示用）

3 考える 音読する　おじいさんの話し方を考えて，音読しよう。

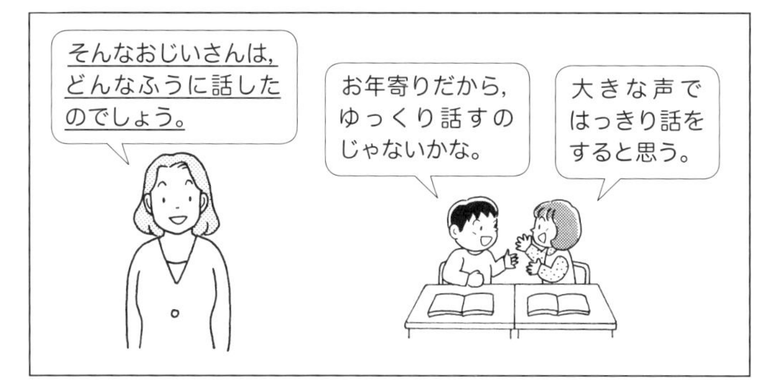
そんなおじいさんは，どんなふうに話したのでしょう。
お年寄りだから，ゆっくり話すのじゃないかな。
大きな声ではっきり話をすると思う。

「『あまいあまい～』のところで音読してみましょう。70歳の声で読んでみますよ。さん，はい。」
・（全員で）あまい あまーい かぶに なれ。…

「年をとったおじいさんの話し方で読めましたね。」

年齢や種をまくときの動きなど具体的にイメージをもてると，「　」の会話部分が工夫しやすくなる。せっかく広げたイメージを意識させるとよい。あまり変化がないときは，「20歳の声ではどうかな」などとわざと反対の声を出させるという方法もある。

4 音読する　工夫した読み方で音読しよう。

「では，工夫した読み方で，最初から続けて読んでみましょう。」
・おじいさんが，かぶのたねをまきました。…

「　」部分だけを練習しているときは，上手に読めていたのに，地の文と続けて読むと普通に戻ってしまうということもよくある。

「おじいさんの話し方はどんな感じだと考えたのでしたか。思い出してください。」
・ゆっくり，大きな声で読む。

かぎ「　」の前は，3つ心の中で数えて，おじいさんの話し方を思い出してから読み始めましょう。
では，もう一度最初から全員で読みましょう。

おじいさんが，かぶのたねを まきました。
（1，2，3と間をとって）
あまい あまーい かぶになれ。…

「　」の前後は，ゆったりと間をあけさせるとよい。

おおきなかぶ

第4時 (4/6)

本時の目標

音読発表の練習をする。

授業のポイント

発表の流れをおおまかにイメージさせることで，練習の意欲が高まり，本番がスムーズに進みやすくなる。

本時の評価

音読発表のイメージをもつことができる。

〈音読発表の決まり〉 発表当日をよい雰囲気でスムーズに進めるために，内容だけでなく形式も

板書例

・ねこ
・ねずみ
・じの　ぶん（「　」では　ないところ）
◎たつ　ばしょ
◎ならぶ　じゅんばん

〈はっぴょうの　きまり〉

○はじめの　ことば
・「いまから　○はんの　おんどくを　はじめます。」
・「きをつけ、れい」

○おわりの　ことば
・「これで　はっぴょうを　おわります。」
・「れい。」

○ほんの　もちかた
・よむとき…　くちを　かくさない
・はじめと　おわり…　とじて　からだの　よこ

1 音読する つかむ　クラス全体で音読練習をして，音読の工夫を共有しよう。

「今日は，グループで役を決めて発表会の練習を始めます。自分の分担がどこになっても，しっかり読めるようにしましょう。まずは，全員で音読しましょう。」

音読発表が目の前なので，児童の意欲も高まっている。ちょっとした声かけで，音読の工夫の意識もさらに高められる。

しっかり練習している人は，ほかの人が工夫しているところも，よく分かるはずです。周りの人で上手な人はいませんか。

○○さんは，「うんとこしょ，どっこいしょ。」で，本当に重いものを引っ張るような声で読んでいるね。
□□さんの音読は，おじいさんが話しているみたいに聞こえます。

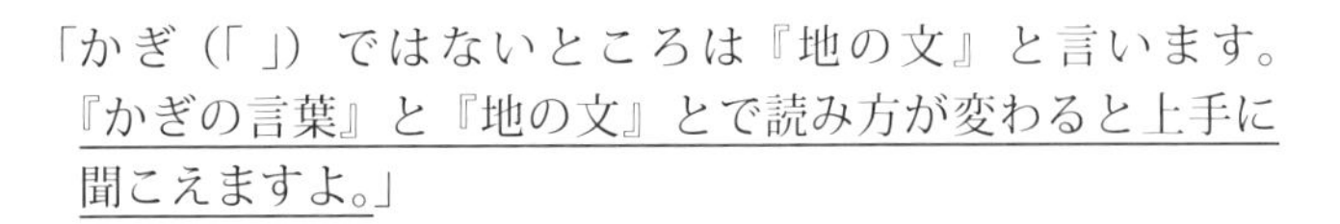

「かぎ（「 」）ではないところは『地の文』と言います。『かぎの言葉』と『地の文』とで読み方が変わると上手に聞こえますよ。」

2 決める　グループで役を決めて分担をしよう。

「グループでだれがどの役をするかを決めましょう。」

クラスで音読発表に使える班があれば，そのまま使う。音読力に大きく偏りがある場合は，今回のみのグループを編成する。

登場人物はだれがいたでしょう。登場人物だけではなく，「地の文」もだれが読むか決めましょう。

ぼくは，おじいさん！いろいろ工夫したことを発表したい。

わたしは，いっぱい読みたいから，地の文がいいな。

できるだけ，どの児童も活躍し達成感が味わえるようにしたい。登場人物６人と地の文で７人が必要だが，１年生が７人グループでうまく練習を進めるのは難しい。クラスの人数によっては，４人程度のグループにして，ねこやねずみは誰かが２役をして役を兼ねるようにしてもよい。

事前に決めて児童に伝えておきましょう。

おおきな　かぶ

㋱ おんどくはっぴょうの　れんしゅうを　しよう

〈はんで　きめる　こと〉

◎よむ　ところ（やくわり）

・おじいさん
・おばあさん
・まご
・いぬ

主体的・対話的で深い学び

・1年生では，練習がうまく進まないグループがあることを予想しておくべきである。練習するとは，何をすることかきちんと教えておいた上で，積極的に関わっていくとよい。その中で，やる気のなかった児童に「今の○○さんの声よかったよ」「△△さん，この姿勢で本番でもやろうね」などと声をかけることで，本人も周りも意欲が高まっていくように指導していく。「上手だったから，やってみて」「どう思う?」といった助言を入れることで，練習方法だけでないそれぞれの音読への意識も高まり，自分たちで工夫する可能性も出てくる。

準備物

3 確かめる 練習する　発表会の決まりを確かめ，音読練習をしよう。

どの役をするか決めたら，最初のあいさつをする人や立つ場所も決めましょう。
おじいさんから，話に出てくる順番に並ぼう！
地の文の人はいちばん端でいいかな。

音読発表がよい雰囲気で進むかどうかは，内容と共に，進行のスムーズさにも影響される。形式的だが，以下のようなことを決めておくと内容が引き立つ。

○立つ位置，並ぶ順番
○最初の言葉，終わりの言葉
○号令「気をつけ」「れい」
○本を持たせるのであれば，本の持ち方
（読むときは口が隠れないようにする，本を開いていないときは片手で体の横に持つ，など）

「発表の決まりにも気をつけながら，練習しましょう。」

4 交流する 練習する　手本を見て感想を交流し，発表会に向けてもっと練習しよう。

グループごとに音読発表の練習をさせる。

「○班がうまく練習ができていたようです。ちょっとだけみんなの前で見せてもらいましょう。」

机間巡視で進んでいる班を見つけておき，最初の部分だけでもやってもらうとよい。練習がスムーズに進んでいない班には刺激になる。どこに立つか具体的にイメージできるだけでも，意欲が高められる。

すごいねえ，立つ位置もちゃんと決めてあったね。○班の発表を少しだけ見せてもらって，どうでしたか。よかったところや他に思ったことがあれば発表してください。
発表の決まりのとおりに，初めの言葉がちゃんと言えていた。
おじいさん役の△△さんが，はっきりと大きな声でよかった。

「みんなが言うように上手でしたね。あとは，最初の人が，もう少し大きな声で言うともっと上手です。」

できていないところがあれば，あわせて指導する。

おおきなかぶ 第5,6時（5, 6/6）

本時の目標

グループごとに音読発表をすることができる。

授業のポイント

練習が進んでいない班には，どんどんアドバイスするとともに，間に休憩を取るなど時間の取り方も配慮する。

本時の評価

グループで音読発表会をすることができた。

〈時間の配分〉１時間扱いでもよいでしょう。そのときは，発表前の最後の練習は「５分だけ」

板書例

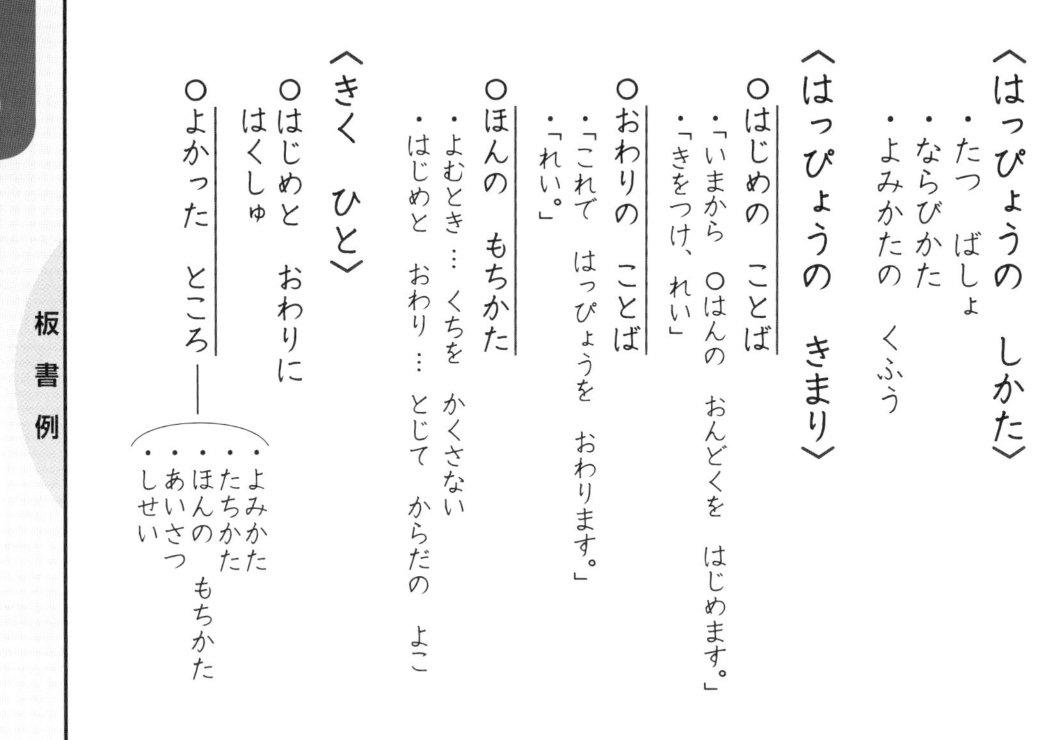
〈はっぴょうの　しかた〉
・たつ　ばしょ
・ならびかた
・よみかたの　くふう
〈はっぴょうの　きまり〉
○はじめの　ことば
・「いまから　○はんの　おんどくを　はじめます。」
・「きをつけ、れい」
○おわりの　ことば
・「これで　はっぴょうを　おわります。」
・「れい。」
○ほんの　もちかた
・よむとき…　くちを　かくさない
・はじめと　おわり…　とじて　からだの　よこ
〈きく　ひと〉
○はじめと　おわりに　はくしゅ
○よかった　ところ
・よみかた
・たちかた
・ほんの　もちかた
・あいさつ
・しせい

（第５時）
1 確かめる　発表の仕方をもう一度確かめよう。

「発表の順番は，３班からでしたね。前の時間に練習したことを思い出して，いい発表会にしましょう。」
・がんばろう！

発表するときに気をつけることは何でしたか。
前にならんで，あいさつをする。
本を持つときは，口をかくさないようにする。
読み方の工夫を忘れずにする。

「音読発表会で気をつけることをみんなで確かめられましたね。」

図工などの時間を使って，かぶやお面などを作って発表会に使うのもよい。ただ，あくまで音読の発表を中心に考えたい。工作にあまり時間をとりすぎたり，児童が音読よりも造形的な方に意識がいってしまったりしないように気をつける。

2 練習する　最後の音読練習をしよう。

本番前に，今から練習の時間を取ります。最後の練習です。発表することに気をつけることを思い出しながらグループで練習しましょう。

並び方は，これで大丈夫だね。
姿勢も気をつけようね。

発表の経験を重ねるごとに，児童なりのイメージができ，発表もスムーズになっていく。最初のうちは，教師の指示やアドバイスで，成功の体験を味わわせることを目指したい。

最後の練習の段階では，教師は遅れている班に集中的に入り，具体的に指導していく。

「順番は大丈夫かな。」
「ここはもっと大きな声で。」
「昨日よりよくなっているね。これで十分だよ。」

この段階では，できないことを注意するのではなく，できていることを取り上げ，ほめることに集中したい。

などと時間を区切りましょう。

おおきな　かぶ

㋱ おんどくはっぴょうかいを　しよう

おんどくはっぴょうかい

〈はっぴょうの　じゅんばん〉

① 3はん
② 5はん
③ 1ぱん
④ 2はん
⑤ 4はん
⑥ 6ぱん

※発表順を書いておくと，児童が何度も尋ねるということがなくなる。
1班から順番通りでも構わないが，まず見本になる班を教師が指名したり，希望で決めたりするとよい。

主体的・対話的で深い学び

・発表の本番になったら，音読の内容についてはあまり触れず，これまで練習してきたことをきちんと意識するように声かけをする。グループの順番や並び方といったことがスムーズに進まないと，雰囲気がだらけて，雑談や，ふざける児童が出やすくなるので，流れのしくみを意識することも教師の大切な仕事となる。

・多くの児童が感想を発表できるように，声の大きさ，協力などの視点を明確にしたい。その上で，「今の感想どうだった?」「～を見つけた人いた?」など発問することで，聞いている児童の感想も深めたい。

準備物

3（第6時） 発表する 聞く　音読発表会をしよう。他のグループの発表もしっかり聞こう。

「音読発表会を始めます。みんながんばって練習してきたことをしっかり出しましょう。」

他の班の発表も一生懸命聞きましょう。最初と終わりには拍手をしましょう。よかったところも発表してあげられるといいですね。では，3班の人からどうぞ。
今から3班の音読を始めます。
気をつけ，れい。

「みんなそろっていたね。姿勢もよかったですよ。」
「声の変化が練習通りできていましたよ。」
「かぶを引っ張る動きがあっていてよかったね。」

児童から「よかったところ」がなかなか出なければ，教師が「立ち方」「本の持ち方 」「あいさつ」「姿勢」なども含めて，その都度ほめる。そのうちに，同じように言える児童が出てくる。他の班の見本ともなり，次の発表につながっていく。

4 交流する 振り返る　発表会の感想を交流し，『おおきなかぶ』の学習を振り返ろう。

全部の発表が終わりました。発表会はどうでしたか。自分が発表してどんなことを思いましたか。他の班の発表を聞いて思ったことは何かありますか。

楽しかった！またやりたいです。
3班の発表は，みんな声が大きくて姿勢もよかったから，次は自分の班でも同じように頑張りたいです。

音読練習で指摘してきた声の変化を全員で出せることが理想だが，実際には，元気がよいだけの発表になりがちである。まだ1学期（夏休み前）なので，それでもよしとする。

「『おおきなかぶ』の学習はどうでしたか。」
・繰り返しのところをどうやって読めばいいか考えて音読できた。
・グループで役を決めて楽しく音読発表できた。

登場人物や場面から，繰り返しの読み方，声の強弱やリズムに気をつけて練習したことなど振り返る。

㋩㋾㋬を　つかおう

全授業時間 3 時間

◎ 指導目標 ◎

・助詞の「は」,「へ」及び「を」の使い方を理解して文や文章の中で使うことができる。
・語と語や文と文との続き方に注意しながら，内容のまとまりが分かるように書き表し方を工夫することができる。
・これまでの学習をいかし，進んで助詞の使い方を確かめながら文を作ろうとすることができる。

◎ 指導にあたって ◎

① 教材について

1 年生にとっては理屈で納得するには難しい内容です。しかし，教材文は，挿絵も楽しいものになっています。この教材の楽しさを生かし，繰り返しているうちに自然に力がついているという展開を目指したいものです。

「は・を・へ」について，この単元の中で理解ができることを目指すのは当然です。ただし，大人でも「は・を・へ」について理屈で考えるというよりも慣れで使いこなしている部分が多いのも事実です。また，高学年になっても，作文などで「は・を・へ」の使い方が不正確な児童がいることも珍しくありません。そういったことをふまえると，1 年生の児童が「は・を・へ」を使いこなせるようになるのはとても難しいことだということに気づきます。少なくとも 1 年生の終わりまで断続的に指導を続けることを前提にしなくてはなりません。

② 主体的・対話的で深い学びのために

本単元の内容は，1 年生に説明して本当に理解してもらうのは，とても難しい内容です。ここでは，こういう注意点があるという意識が持てればよいと考え，1 年かけて指導していくという見通しになって指導していきます。

できるだけ，楽しく声に出して慣れていくことをメインのねらいとし，もし，間違いがあってもあまり時間を取らずに簡単に指摘して進むなど，無理なく繰り返すための工夫を取り入れていきましょう。

◎ 評価規準 ◎

知識 及び 技能	助詞の「は」,「へ」及び「を」の使い方を理解して文や文章の中で使っている。
思考力，判断力，表現力等	「書くこと」において，語と語や文と文との続き方に注意しながら，内容のまとまりが分かるように書き表し方を工夫している。
主体的に学習に取り組む態度	これまでの学習をいかし，進んで助詞の使い方を確かめながら文を作ろうとしている。

◎ 学習指導計画　全 3 時間 ◎

次	時	学習活動	指導上の留意点
1	1	・教科書 P80「唱え歌」の範読を聞く。続いて連れ読みする。 ・助詞「は」「を」の使い方，読み方を知る。	・指でなぞらせながら聞かせる。 ・「は」「を」「へ」の助詞は，強調して読む。 ・「は」「を」のカードを使って，言葉と言葉をつなぐものだと理解させる。
	2	・「唱え歌」を音読する。 ・「わ」と「は」,「お」と「を」,「え」と「へ」の使い方を理解し，簡単な文を作る。 ・「唱え歌」をノートに視写する。	・「へ」のカードも使う。 ・「くっつきの，は，を，へ」と呼び，使いながら慣れていくようにする。 ・視写した文の助詞「は」「を」「へ」に赤線を引き確認する。
	3	・教科書 P81 の文型に合わせて，助詞「は」「を」「へ」を正しく使って文を書く。 ・書いた文を発表し合う。	・ノートに文を書かせてから，黒板に書いて発表させる。

DVD 収録（イラスト，ワークシート，動画）※動画イメージは，本書 P194，195 に掲載しています。

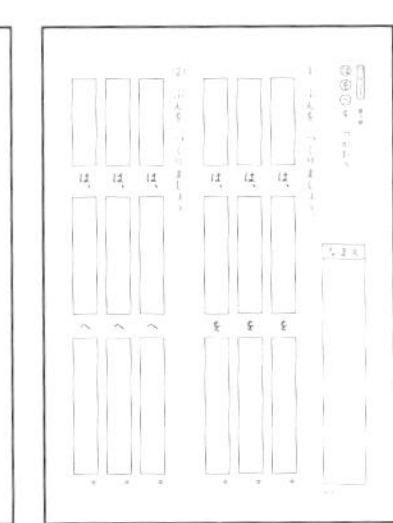

㊤㊦㊥をつかおう

第1時（1/3）

本時の目標

「唱え歌」を楽しんで音読することができる。

授業のポイント

難しい内容である。焦らずに，この時間は，「くっつき」について，視覚的に理解できることを目指す。

本時の評価

言葉を理解しながら，リズムよく音読することができた。

〈音読〉教師は，助詞「は」「を」の部分をより分かりやすく，ゆっくり，はっきりと読み，児童にも

板書例

◎ きが ついたこと

・「わ」が たくさん

・「わ」「は」の よみかたが おなじ

※児童の発言を板書する。

くっつきの ㋩

（よみかた…「わ」）

・せんせい［は］ たべる。

（×せんせい はたべる。）

・わに［は］ あらう。

くっつきの ㋾

（よみかた…「お」）

・せんせい［を］ よぶ。

（×せんせい をよぶ。）

・かお［を］ あらう。

※教科書 P81 の挿絵

1 音読する つかむ 「わにの唱え歌」を音読しよう。1行ずつ意味を確認しよう。

教科書 P80 の「わにの唱え歌」を範読する。

「先生が先に読みます。指でなぞりながら聞きましょう。」

今度は1行ずつ先生が読むので，続いて読みましょう。「かわに，わにが すんでいた。」
かわに，わにが すんでいた。
わには，かわから かおを だし，
わには，かわから かおを だし，

短い文なので，連れ読みも難しくはない。

「わには」「かおを」といった下線部をつけた助詞の部分は，分かりやすく，ゆっくり，はっきりと読む。読みの速さや句読点での間などをまねることで自信をもって読ませたい。

「リズムのよい楽しい文です。言葉を確かめましょう。」

分からない言葉の意味があれば，説明する。

2 読む つかむ 「くっつきの，は」を確かめ，呼び方を知ろう。

「最初の２行をもう一度みんなで音読しましょう。」

・かわに，わにが　すんでいた。わには，かわから…。

「どうですか。何か気がつきませんか。」

・「わ」がいっぱい出てくる。

「そう，『わには』に『わ』と『は』がありますね。」

・あれ？読み方は，同じなのに，字が違うよ。

「読み方は同じで，もとの字が違う方を『くっつきの，は』と呼ぶことにします。」

・「くっつきの，は」だって。何だか面白いね。

『くっつき』は，言葉と言葉をくっつけます。例えば「せんせいは　たべる。」という文で考えると，『は(ha) たべる』は変ですね。『はたべる』という言葉ではないですからね。
せんせい（ことば）は たべる（ことば）。
「せんせい」と「たべる」を，くっつけているんだね。

強調点や間の取り方など自然とまねさせるようにしましょう。

㋩㋲㋬を　つかおう

㋱

ことばを　くっつける　㋩㋲を
みつけて、たしかめよう

かわ・、　わに・　す・・い・。
わには、|　かわ・・　かおを|　だ・、
どこへ　い・・・、　か・・・・。
わには、|　き・・・　ね・・・・、
なにを|　し・・・、　か・・・・。

※教科書 P80 の唱え歌

主体的・対話的で深い学び

・「くっつきの『を』」といった言い方を使うのであれば，「何にくっついた?」「かわ」「そうですね。だから，『は』かな『わ』かな」と短くテンポよく，確認しながら進めたい。時間をかけても，苦手な児童には，なかなか理屈で考えることは難しい。慣れるように数をこなすことに意識を置きたい。

準備物

・は を へ のカード（裏にマグネット貼付）

・黒板掲示用イラスト　DVD 収録【1_24_01】

3 確かめる とらえる　「くっつきの，を」も確かめよう。

「くっつきの，を」もあります。「せんせいを　よぶ。」という文で考えると，「をよぶ」っていう言葉でもないですよね。
せんせい　ことば
を
よぶ。　ことば
「せんせい」と「よぶ」を，くっつけているね。

「くっつき」「つなぎ言葉」といった表現の仕方はクラスで決めればよい。ただし，1 度決めたことは，ときにより言い方が変わることがないように気をつける。

ここの説明では，より単純な文の方がよい。まず，「くっつき」ということを言葉と言葉をくっつけることとして理解させ，その上で P81 の教材文を読み直すのがよい。

「教科書 81 ページの文を読みましょう。」
・わには　あらう。かおを　あらう。

「は」「を」のカードの色を変えると，「言葉」と「言葉」をくっつけるものだと視覚的に理解しやすくなる。

4 作ってみる　㋩㋲㋬に気をつけて，「わにの唱え歌」を音読しよう。

「今日は，『くっつき』の勉強をしましたね。『くっつきの，は』や『くっつきの，を』に気をつけながら，読みましょう。」
・間違えずに読めるかな。

みんなで一緒に 80 ページを読みましょう。さん，はい。
かわに，わにが すんでいた。
わには，かわから　かおを　だし，…

最後に全員でリズムよく音読する。

「くっつき」を意識させるために，わざと教師が「は」「を」を大きく読んだり，「ここだね」「そうそう」などと言ったりして強調するとよい。

㋩㋾㋬をつかおう 第2時 (2/3)

本時の目標

「わ」と「は」,「お」と「を」,「え」と「へ」の使い方を理解することができる。

授業のポイント

「くっつき」の「はをへ」に使いながら慣れていくようにする。1年生の終わりまで言い続けるつもりで，児童の理解の具合を判断しながら説明を繰り返す。

本時の評価

「くっつき」の「はをへ」を使って，文を正しく作ることができた。

〈用語理解〉「は，を，へ」を理解するために，「言葉」と「文」という用語の理解を確認しましょう。指導上必要な用語は，

板書例

くっつきの は（よみかた…「わ」）
・せんせい は たべる。
・ねこ は なく。（×はなく）
・とり は とぶ。

くっつきの を（よみかた…「お」）
・せんせい を よぶ。
・そら を とぶ。
・きゅうしょく を たべる。

くっつきの へ（よみかた…「え」）
・えき へ いく。
・いえ へ かえる。
・がっこう へ いく。

教科書 P81 の挿絵

1 音読する 「わにの唱え歌」を音読しよう。

「くっつき」の「は」「を」を勉強しましたね。今日もまずは教科書の 80 ページを読みましょう。
かわに，わにがすんでいた。
わには，かわから　かおを　だし，…

「言葉と言葉をくっつけるのが，『くっつき』の『は』と『を』でしたね。」

前時の例文「せんせいはたべる。」「せんせいをよぶ。」を使って思い出させる。難しい学習内容であることをふまえ，前回学習したことが分からなくなっていると覚悟して，丁寧に確認した方がよい。

「ことば」と「ぶん」についても，何度も使っていて当然とっくに理解していると考えていると，実は意味が分かっていない児童がいる場合もあるので気をつけたい。

2 作文 出し合う 「くっつきの，は」「くっつきの，を」を使って文を作ろう。

「『くっつきの，は』を使って，文を作ってみましょう。」
・はい！「ねこはなく。」
「上手に作れました。『ねこ』と『なく』という言葉をくっつけているのが，『は』ですね。」
「『はなく』という言葉ではないですよね。」

ほかにも,『くっつきの，は』『くっつきの，を』を使って文を作りましょう。隣の人と相談してもいいですよ。
「とり」で考えてみたよ。「とりはとぶ。」うーん，「くっつきの，を」は難しいな…。
分かった！「そらをとぶ。」

「難しい人は，黒板の例文の『せんせい』『たべる』『よぶ』のどれかの言葉を変えてみるだけでもいいです。」
・せんせいはわらう。
・きゅうしょくをたべる。

考えられた児童に順に発表させ，板書していく。

最初にきちんと指導しておくと，児童の理解を助ける手立てとなるでしょう。

はをへを　つかおう

(め)

くっつきの　へを　たしかめよう

はをへを　つかって　ぶんを　つくろう

かわ・、　わに・　す・・　い・。

わには、　かわ・・　かおを　だ・、

どこへ、　い・・・、　か・・・・。

わには、　き・・・　ね・・・・、

なにを　し・・・、　か・・・・。

主体的・対話的で深い学び

・「は・を・へ」については，画用紙に書いて掲示しておく，授業のときはそれを黒板に貼る，といったように，児童が見慣れるように掲示を活用するという方法もある。意識的にその掲示を使い，「ほら，くっつきだから…」と常に使うようにすると，児童もこの掲示で主体的に考えるようになる場合が多い。この単元が終わった後も続けて掲示し，作文のときなどに確認に使ってもよい。

準備物

・はをへのカード（裏にマグネット貼付）

・黒板掲示用イラスト　DVD 収録【1_24_02】

3 確かめる とらえる　「くっつきの，へ」を確かめて，文を作ろう。

「くっつき」には，「へ」もあります。「えき」と「いく」をくっつけています。
ことば
えき
へ
ことば
いく。
やっぱり，言葉と言葉をくっつけているね。

「『えきへ』でも『へいく』でもないですよね。」

「実は，『くっつきの，へ』は前に『おもちやと　おもちゃ』のところで勉強しています。覚えていますか。」

・読み方は「え」だよね。

「『おもちゃやさんへ　いく』のように『へ』の前には場所の名前が入りました。思い出しましたか。」

教科書 P81 の例文「いえへかえる。」も確認する。

「では，ほかに文を作ってみましょう。」

・がっこうへいく。

・おみせへいく。

4 書く　「わにの唱え歌」を視写しよう。

「教科書 80 ページを視写しましょう。特に，『くっつき』に気をつけましょう。」

・全部で 5 行だね。きれいに書こう！

視写ができた人は,『くっつきの, は, を, へ』に，赤線をひきましょう。1つ目は，何かな？
「わには」の「は」。
2 行目にあります。

「そうですね。みんなできたかな。」

もし, 線引きが抜けていても, 赤線を追加すればよい。ただ, 間違えた場合は 1 年生にとっては，教師の明確な指示がないと混乱する。消しゴムでは消えにくいので，「消さなくても，×をつければよいことにします。」などと指示するとよい。

〈長音のカタカナ表記〉カタカナ表記の伸ばす音を含む言葉を，カタカナ未習の段階にひらがなで書く場合は，「げえむ」や「げーむ」

ⓗⓞⓔをつかおう 第3時（3/3）

本時の目標

「は」「を」「へ」を正しく使って文をつくることができる。

授業のポイント

作文が苦手な児童には，どんどんヒントを与えて，自分の手で書くことを経験させる。それでも思いつかない場合は，写してでも書かせるようにする。

本時の評価

「は」「を」「へ」を使った文を，ノートに正しく書けた。

板書例

□は、□へ□。

・わには、いえへ　かえる。

・ぼくは、がっこうへ　いく。

※教科書 P81 の挿絵

◎こくばんに　かこう

この線は，児童が黒板に書く際の書き始めの位置です。高さがそろうだけでも，かなり見やすくなります。

・わたしは、ほんを　よむ。

・おとうとは、げえむを　する。

・ぼくは、てれびを　みる。

・

・わたしは、ほけんしつへ　いく。

・おかあさんは、こんびにへ　いく。

・ぼくは、こうえんへ　いく。

・

※児童に板書させる。

1 作文書く　「□は，□を□。」の文を作ってノートに書こう。

「教科書 81 ページの上の２つの文を読みましょう。」

・わには　あらう。かおを　あらう。

「この２つの文が一緒になると，「わには，かおを　あらう。」という１つの文になりますね。みんなも，このようなくっつきの「は」と「を」を使った文を作ってみましょう。できる人はいるかな。
□は、□を□。
はい！わたしは，おかしをたべる。

DVD 収録の動画「くまは，くりをたべる。」を見せて作文のヒントとしてもよい。

「上手に文が作れましたね。それでは，発表してくれた文を，みんなノートに書いてみましょう。」

ノートに書かせるときは，箇条書きで書かせる。「中点（・）で始め，中点の位置は，全て１マスにそろえる」といったことを繰り返し指導していくとよい。ノートが見やすくなり，机間巡視も効率的にできるようになる。

ノートが難しい場合は，ワークシートを活用する。

2 書いて発表する　作った文を黒板に書いて発表しよう。

書いた文を発表してもらいます。まず，１列目の人，黒板に書いて発表してください。
わたしは，ほんをよむ。
おとうとは，げえむをする。

黒板に順に書かせることで，以下のことが期待できる。

○児童が意欲的に取り組むようになる。

○児童が黒板に書くとき，自分で意識して見直す。

○表記の間違いが確認できる。

○黒板に書いている間に，教師は他の児童のノートを確認することができる。

１年生の場合，黒板に上手に書くことは難しいものである。書き始めの高さに線を引いたり，点を書いたりする工夫が必要となる。

のどちらでもよいことになっています。本時の板書では，「げえむ」としています。

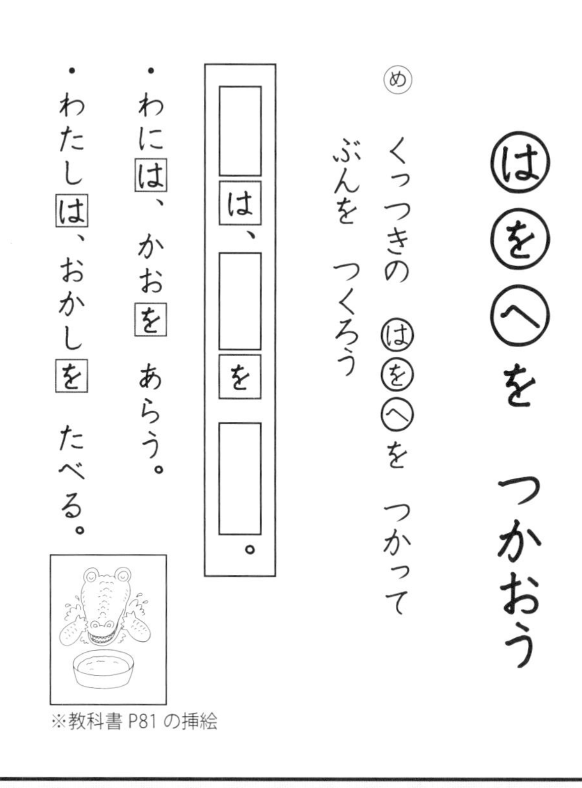

はをへを　つかおう
め　くっつきの　はをへを　つかって
ぶんを　つくろう
□は、□を□。
・わには、かおを　あらう。
・わたしは、おかしを　たべる。

※教科書 P81 の挿絵

主体的・対話的で深い学び

・児童が作った文は，積極的に読み聞かせをするなどして，できるだけ他の児童の耳にも入るようにしたい。児童にとって，教科書の例文以上に，友達の作品は印象が強い場合が多い。「ちゃんと，くっつきの『を』ができているね」などと助詞を確認しながら，読み聞かせをテンポよく進める。

準備物

- は を へ のカード（裏にマグネット貼付）
- 「□は，□を□。」と「□は，□へ□。」の掲示用紙
- 黒板掲示用イラスト（第1，2時で使用したもの）
- ワークシート（児童用ワークシート見本　DVD 収録【1_24_03】）
- 動画「くまは，くりをたべる。」「くまは，びょういんへいく。」 DVD 収録【1_24_04】【1_24_05】

3 作文 書く 「□は，□を□。」の文を作ってノートに書こう。

「次は，『わには，かえる。』と『いえへ　かえる。』の文が一緒になるとどうなりますか。」

・わには　いえへ　かえる。

今度は，そのような「は」と「へ」を使った文を作りましょう。だれか，できた人はいますか。
□は、□へ□。
ぼくは，がっこうへいく。

DVD 収録の動画を確認してヒントとしてもよい。

「『は，を』とは違う文です。1 行あけて書きましょう。」

先の「は」と「を」を使った文と混乱したり，書くことが思いつかなかったりする児童もいるだろう。ここでは，まず文を書いてみることが大切である。アドバイスを与えたり，黒板の文を写させたりしてでも，とにかく文をノートに書くように促す。

4 書いて 発表する 作った文を黒板に書いて発表しよう。

「また，順番に黒板に書いてもらいます。」

・早く書きたい！

今度は，まず 2 列目の人に書いて発表してもらおうかな。
わたしは，ほけんしつへいく。
おかあさんは，コンビニへいく。
ぼくは，こうえんへいく。

黒板に書くことを期待している児童が多いだろう。時間が許せば，次の列や希望した児童にできるだけ書かせてやりたい。黒板がいっぱいになった場合は，全面を消して全てを書く場にすれば 1 度に書ける人数も増える。

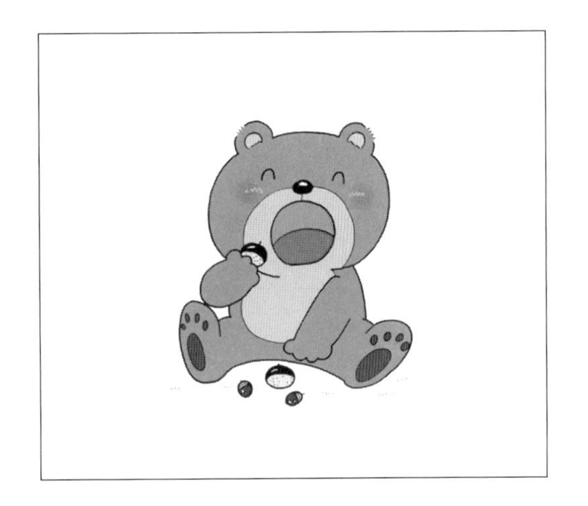

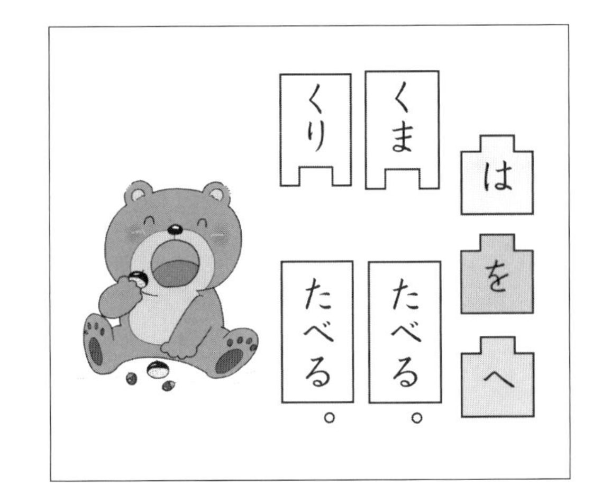
は
を
へ
くま
くり
たべる。
たべる。

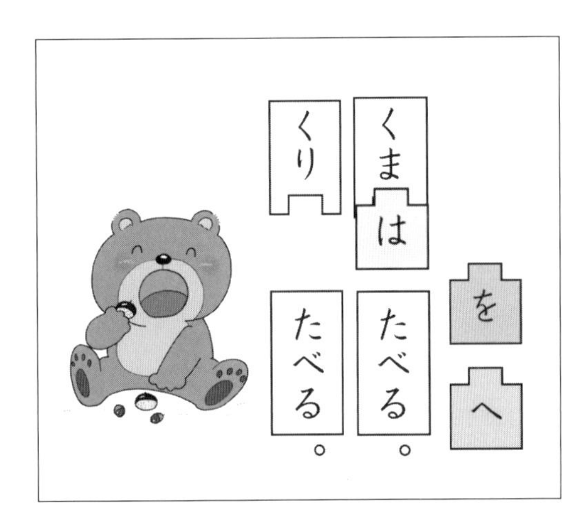
を
へ
くま
は
くり
たべる。
たべる。

へ
くま
は
くり
を
たべる。
たべる。

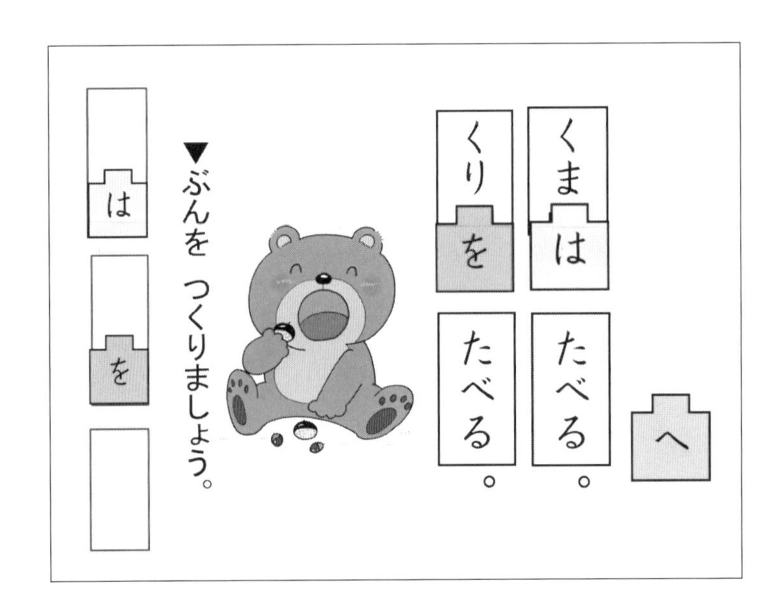
へ
くま
は
くり
を
たべる。
たべる。
▼ぶんを つくりましょう。
は
を

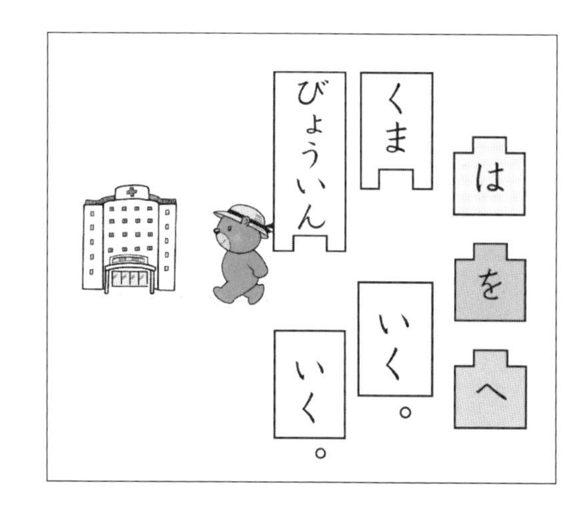
は
を
へ
くま
いく。
びょういん
いく。

を
くま
は
いく。
びょういん
へ
いく。

を
へ
くま
は
いく。
びょういん
いく。

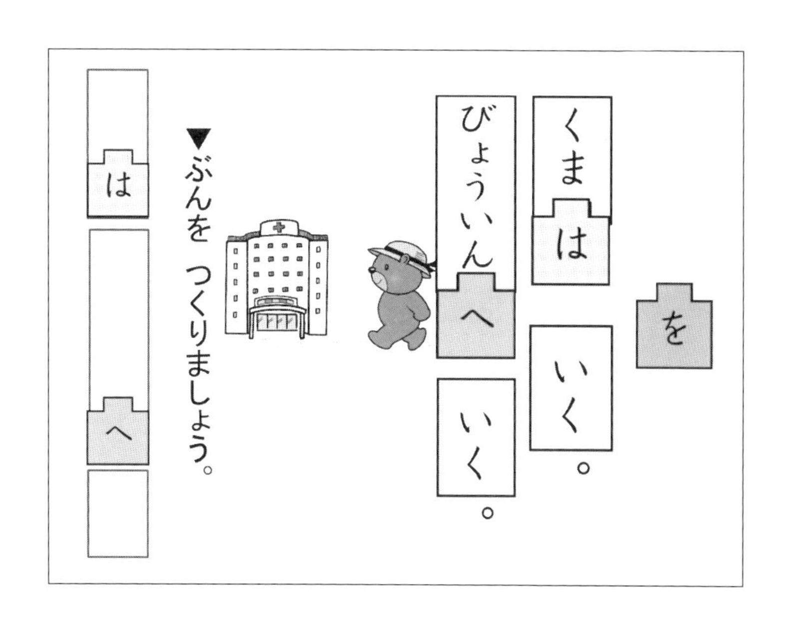
を
くま
は
いく。
びょういん
へ
いく。
▼ぶんを つくりましょう。
は
へ

すきな　もの，なあに

全授業時間７時間

◎ 指導目標 ◎

- 身近なことや経験したことなどから話題を決め，伝え合うために必要な事柄を選ぶことができる。
- 語と語や文と文との続き方に注意しながら，内容のまとまりが分かるように書き表し方を工夫することができる。
- 相手に伝わるように，行動したことや経験したことに基づいて，話す事柄の順序を考えることができる。
- 言葉には，事物の内容を表す働きや，経験したことを伝える働きがあることに気づくことができる。
- これまでの学習をいかし，粘り強く伝えたいことや表し方を考え，自分が好きなものとその理由を紹介しようとすることができる。

◎ 指導にあたって ◎

① 教材について

自分が好きなものを２文で書く学習です。1 文目に自分の好きなもの，2 文目にその理由を述べる文章を書きます。理由を述べる学習は「わけをはなそう」「くちばし」から，つながっています。また，「ききたいな，ともだちのはなし」で好きなあそびを知らせる活動をしたときに楽しかったやり取りを思い出させてもよいでしょう。伝えたいことがはっきりと分かるように書くことを意識させるようにします。

２文という長さは短いようですが，意外と豊かな表現方法でもあります。使い慣れることによって，観察カードや日記，伝言メモなど様々な場面で活用できます。口頭での発表も，２文で書くことにすれば，意外と伝えられるものです。この授業をきっかけに，２文で書くことを生活の中で使っていけるように定着を目指します。

２文といえども，作文です。書き慣れることがとても重要な学習です。授業中にも，説明や修正などにあまりこだわりすぎず，書く楽しさを味わわせたいところです。高学年になっても，句読点の位置や形を正しく覚えていない児童はいるものです。ていねいに指導しましょう。

② 主体的・対話的で深い学びのために

２文というのは，短いようでかなりの表現力があります。ちょっとした感想やメモとしてなら，十分な価値のある内容の文章にもなりえます。

ただし，苦手な児童にとっては，このたった２文が難しいことも事実です。ぜひ，２文を気軽に書くことができるように，この単元で経験を積ませたいところです。

もし，内容が決まらない児童がいたら，１文目は，口移しでもよいので，アドバイスをするとよいでしょう。とにかく，話し始め，書き始めることで，２文目がかなり出やすくなるはずです。

◎ 評価規準 ◎

知識 及び 技能	言葉には，事物の内容を表す働きや，経験したことを伝える働きがあることに気づいている。
思考力，判断力，表現力等	・「話すこと・聞くこと」において，身近なことや経験したことなどから話題を決め，伝え合うために必要な事柄を選んでいる。 ・「話すこと・聞くこと」において，相手に伝わるように，行動したことや経験したことに基づいて，話す事柄の順序を考えている。 ・「書くこと」において，語と語や文と文との続き方に注意しながら，内容のまとまりが分かるように書き表し方を工夫している。
主体的に学習に取り組む態度	これまでの学習をいかし，粘り強く伝えたいことや表し方を考え，自分が好きなものとその理由を紹介しようとしている。

◎ 学習指導計画　全 7 時間 ◎

次	時	学習活動	指導上の留意点
1	1	・学習の見通しをもつ。 ・教科書を見て，好きなものを紹介し合うことを確認する。 ・いちばん好きなものを絵に描く。	・絵は，簡単でよいことを確認する。
2	2・3	・絵について，紹介の準備をする。 ・好きなことの紹介をする。 ・感想を言ったり理由を尋ねたりする。 ・相手を変えて紹介や質問を繰り返す。	・感想や理由の尋ね方についても指導する。 ・ペアや，グループで取り組ませる。
	4	・教科書の文を視写して参考にする。 ・一字下げや名前について知る。 ・主語，述語，句読点，理由の書き方を知る。	・例文を見て，マス目の中の書き方を確かめさせる。
	5・6	・自分が好きなものと理由について 2 文で書く。 ・文と絵を組み合わせて『好きなものカード』を仕上げる。	・教科書の例文と同じように書かせる。 ・話したことを思い出して書く。 ・見直して，書き直しをさせる。
3	7	・書いたものを読み合う。 ・感想を交流し，学習を振り返る。	・文が上手だった児童について発表させる。 ・できるようになったことを振り返らせる。

DVD **収録（児童用ワークシート見本）** ※本書 P203，205「準備物」欄に掲載しています。

すきな　もの，なあに
第 1 時 （1/7）

本時の目標
好きなものを紹介し，文にするという学習を理解することができる。

授業のポイント
「好きなもの」は，話と文のテーマになるものでもある。じっくりと考えさせたい。

本時の評価
好きなものを紹介し，文にするという学習を理解しようとしている。

〈書く〉 書くことが苦手な児童も，好きなことを書くのは苦になりません。書き方の型を示します。

板書例

〈えを　かく〉

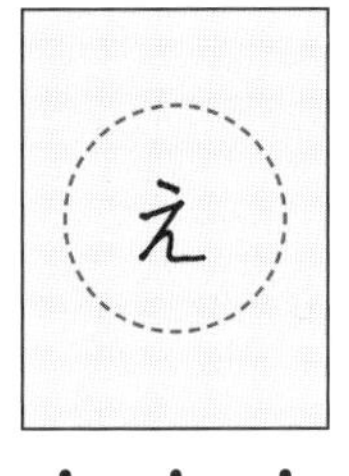
え

・かんたんでも　よい
・ひとは　かかなくても　よい
・できたら　いろを　ぬる

〈はなし〉

○　すきな　ものは　なにか
○　すきな　りゆう
　　すきな　ところ
○　くわしく

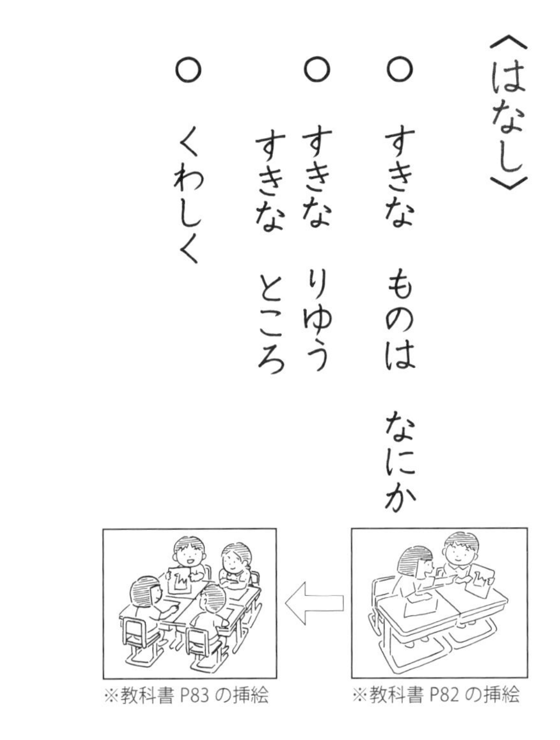

※教科書 P82 の挿絵

※教科書 P83 の挿絵

1 めあて つかむ　学習の見通しを持とう。

「この勉強は，みんなの一番好きなものについて，話したり，書いたりします。」
・ぼくは，やきゅうが大好き。
・わたしは，てつぼうが好き。

好きなものが，いろいろある人もいると思います。後で，好きなものについて話をしたり，文を書いたりします。話したり書いたりしやすいものを選ぶといいですね。
やきゅうの話はできるかな。
てつぼうのこと，いっぱい書けそう！

「まず，一番好きなものが決められたら，簡単に絵を描いてもらいます。そして，それについて友達に話をしてもらいます。最後に，文を書きます。」
・いっぱいやるんだな。できるかな。

教科書 P82-85 を範読し，これから話したり書いたりして好きなものを友達に紹介し合うことを確認する。

2 思い出す 考える　既習教材を思い出し，好きなものを考えよう。

「では，話をしたり，文を書いたりできる，一番好きなものを考えましょう。」
・どうしよう。話せるかどうか，分からないな。

一番好きなものをちゃんと選ぶことができれば，話したり，書いたりはできますよ。
そうか，話したくなるもんね。
話したら，それを書けばいいんだね。

既習の『ききたいな，ともだちのはなし』（教科書 P28, 29）で，友達に好きな遊びのことを聞いてクラスで発表したことを想起させる。

「前に勉強したときお話できましたね。まず，本当に，好きなものかどうかをちゃんと考えて決めましょう。」
・やっぱり，やきゅう。
・わたしは，人形にする！

書くことの楽しさを味わいながら書くことができます。

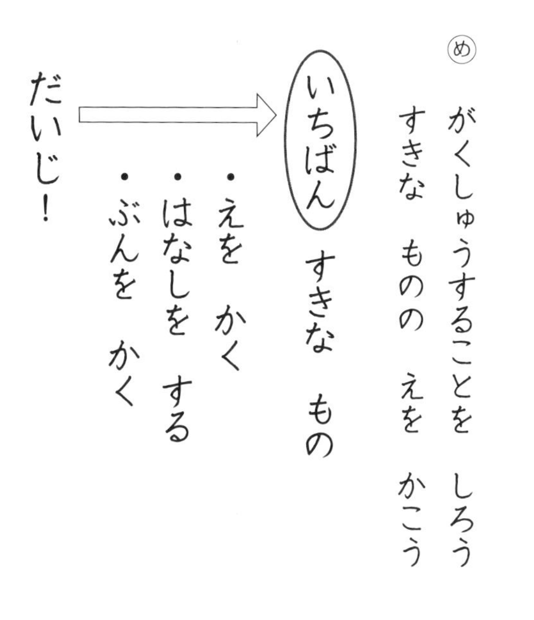

すきなもの、なあに
め がくしゅうすることを しろう
すきな ものの えを かこう
いちばん すきな もの
・えを かく
・はなしを する
・ぶんを かく
だいじ！

主体的・対話的で深い学び

・本当に好きなものが選べた児童は，それについて語りたくなり，書きたくなるだろう。自然に主体的な学習につながりやすい。一方，なかなか決められない児童もいるかもしれない。この場合，個別指導で色々と話を聞き出し，話が楽しくできることをテーマにさせるという指導もできる。

準備物

・絵を描く用紙
・クレヨン，色鉛筆など（各自）

3 絵を描く　好きなものの絵を描こう。

「では，決めたものの絵を描きましょう。」
・絵は苦手だな。
・野球をしているところを描くのかな。

用紙を配る。

話をしたり，描いたりするときに見せるものだから，絵は簡単でいいです。野球だったら，バットとボールだけでもいいですよ。人は描かなくてもいいのです。
それならできるね。
教科書の絵も，簡単だね。

「紙いっぱいに大きく描くと分かりやすいですね。早くできた人は，色も塗りましょう。」
・これならすぐにできるよ。
・色を塗ると分かりやすいね。

絵に時間をかけすぎないようにする。

4 確かめる 見通す　何を話せばよいか確かめ，話す準備をしよう。

「絵は描けましたか。」
・色も塗れたよ。
・色はできていないけど，形は描けた！

色を塗りたい児童に，後で塗っておくように伝える。

「次の時間に，絵を見せながら，自分が好きなものについてのお話をしてもらいます。」

教科書 82，83 ページを見ましょう。絵を見せながら，何を伝えていますか。
２人のときは，好きなもののこと。
隣の女の子が「どうしてすきなの。」って聞いているね。
４人のときは，好きなものと，そのわけも話しています。

「まず，好きなものは何かを言います。そして，なぜ（どこが）好きなのかを言うと，聞いている人は分かりやすいですね。他に言える人は，もっと詳しく説明できるといいですね。」

すきな　もの，なあに
第2,3時（2,3/7）

本時の目標
自分が好きなものについての話をすることができる。

授業のポイント
なかなか話し出せない，言っていることが分かりにくい，などということがないように，話すことを明確にしてから，スタートさせる。

本時の評価
自分が好きなものについての話をしている。

〈話す〉好きなもの（実物や写真など）を実際に手に持って話すと，より話しやすくなります。

板書例

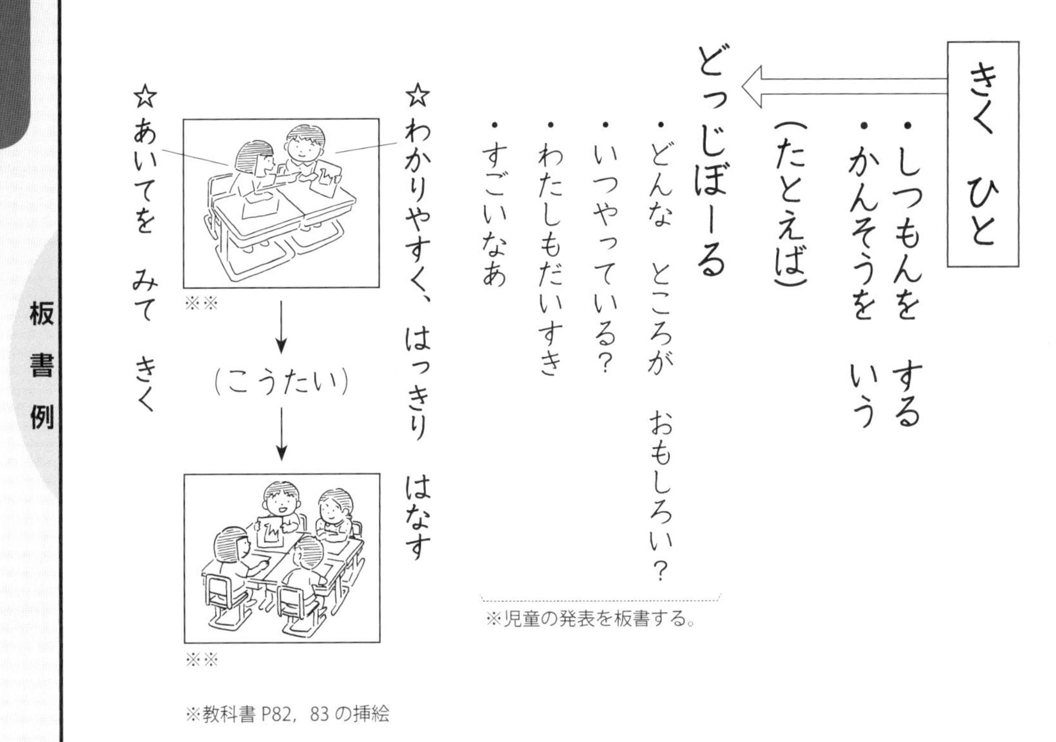

きく　ひと
・しつもんを　する
・かんそうを　いう
（たとえば）
どっじぼーる
・どんな　ところが　おもしろい？
・いつやっている？
・わたしもだいすき
・すごいなあ
※児童の発表を板書する。
☆わかりやすく，はっきり　はなす
（こうたい）
☆あいてを　みて　きく
※※
※※
※教科書 P82，83 の挿絵

1 確かめる 練習する　何を話せばよいのか確かめ，1人で練習してみよう。

「今日は，前の時間に選んだ一番好きなものについて話をしてもらいます。」

どんなことを話すのか，思い出しておきましょう。
なぜすきか。
すきなものはなにか。
すきなところ。

「教科書のように，『ぼく（わたし）のすきなものは～です。どうしてかというと，～からです。』と話しましょう。」

「話すことが決まった人は，話す練習をしてみましょう。決まらない人は，もう一度，好きなもので何をしているかとか，どうしているときが楽しいのかを思い出してみましょう。」
- 野球が好きな理由は，楽しいから。
- だっこしたら気持ちいいから，お人形が好き。

2 確かめる　話すとき，聞くときの注意点を確かめよう。

「自信がない人は，話すことを絵の裏にメモしましょう。」

実際は，話が苦手な児童はメモも難しい場合が多い。話すことが明確になるよう個別指導で助言しておく。

「話す練習はできましたか。見本で1人やってもらいましょう。○○さん，話をしてみてください。」
- ぼくの好きなものは，ドッジボールです。どうしてかというと，面白いからです。

では，○○さんに，どんな質問や感想を言えばいいか分かる人いますか。
どんなところが面白いの？
いつやっているの？
わたしもドッジボールが大好き。
ぼくは苦手だけど，面白くて好きだなんてすごいなあ。

「聞く人は，質問や感想が言えるといいですね。」

スポーツの場合は，ジェスチャーを入れるとよいでしょう。

すきな　もの、なあに

ⓜ　すきな　ものの　はなしを　しよう

はなす　こと

○　すきな　ものは　なにか

○　すきな　りゆう

「（ぼく／わたし）の　すきな　ものは、～　です。
どうしてかと　いうと、～　からです。」

主体的・対話的で深い学び

・質問をすることは，１年生にとっては簡単な行為ではない。しかし，質問をするつもりで話を聞くことは，主体的に聞くことにつながる。質問ができれば，より深い学びにつながる。最初は，形式的であっても，質問をすることに慣れさせていきたい。

準備物

3 話す 聞く　隣の人と好きなものを伝え合おう。

「では，隣の人に話をしましょう。話す人は，相手に分かりやすく，はっきり話しましょう。聞く人もちゃんと相手を見て聞きましょう。」

ぼくの好きなものは，野球です。どうしてかというと，打てると楽しいからです。
いつも打てるの？すごいね。
打てなくて失敗すると楽しくないけど，練習して次に打てたときはもっと嬉しい気持ちになるんだ。

「話を聞いた人は，もっとくわしく聞いたり，自分のことを感想として話したりしてもいいですね。」
「では，話した人は交代して聞く人になりましょう。」

隣どうしで交代して伝え合う。

「２人で話をしてみて，どうでしたか。」
・好きな理由が１つだけじゃなかった。詳しく話せた。
・話を聞いて，ちゃんと質問ができた。

4 伝え合う 交流する　好きなものとその理由を，グループで伝え合おう。

「次は，４人グループになって，グループの中で自分の好きなものについて話しましょう。」

隣どうしで伝え合ったときの好きな理由から，内容を変えてもいいことにする。２人組で話した結果，好きな理由がより明確になることも場合も考えられる。

ぼくの好きなものは，野球です。どうしていかというと，うまく打てるとうれしいからです。
野球はいつしているの？
いつうまく打てるようになったの？
ぼくもうまく打てるようになりたいなあ。

好きなものとその理由を１人が話したら，聞いた方は質問・感想を言うようにして，グループの中で，交代して伝え合う。
最後に，グループで伝え合った感想を交流する。

すきな　もの，なあに

第 4 時（4/7）

本時の目標

自分の好きなものとその理由を伝える書き方を知り，理解できる。

授業のポイント

教科書の文例をもとに，主語・述語・句読点・敬体の語尾や，理由の書き方について確かめる。

本時の評価

自分の好きなものとその理由を伝える書き方を理解している。

〈書く〉苦手な児童は，なぞり書きをします。蛍光ペン（薄い色）でお手本を書き，なぞらせます。

板書例

・2つの　ぶんで　かく
○　すきな　もの
○　すきな　りゆう
・ぶんの　さいご「〜です。」

◇うつして　みよう

きくち○たくや○
○ぼくのすきな・・、
お・・です。・いろい
ろ・・・・・・・・・
からです。

ーますずつ　あける

（かきかた）
①なまえを　かく
②ーぶんめの　かきだしは、ーます　あける
③ぶんの　おわりに「。」
④「。」「、」の　ばしょに　きを　つける

※マス目入りの小黒板に書いて示す。

1 めあて つかむ　今度は，好きなものとその理由を書く学習であることを知ろう。

「これまでの時間は，好きなものの絵を描いて，それを見せながら友達にお話ししましたね。どんなことを話しましたか。」
・自分が好きなものと，その理由を話した。
・理由は「どうしてかというと〜だから」と言った。

今日からは，絵を描いて友達にお話したことを，文で書く勉強をします。教科書84ページを見ましょう。この男の子の書いた文です。
最初に名前があるね。
「きくちたくや」って，絵の男の子の名前かな。

教科書の文例を範読し，その後，一斉音読する。

「みなさんも，これまで友達に話して伝えたことを，同じように書いて伝えましょう。」

2 とらえる　教科書の例文の書き方や内容を確かめよう。

まずは，教科書の文をよく見ましょう。何が書いてありますか。
最初の行に，名前です。
それから「好きなもの」。おりがみだと書いてあります。
最後に，「いろいろなものが，つくれるから」は理由です。

「最初の行に自分の名前，１つ目の文に『好きなこと』，２つ目の文に『好きな理由』が書いてあるのですね。」

「文」という言葉は『ぶんを作ろう』で既習である。「丸（。）までで１つの文」という程度の説明をして，再確認しておく。ここでは，「文が２つですね」などと説明がしやすくなる。

「文の最後の書き方はどうですか。」
・どちらも「〜です。」になっています。

ここで，理由の文では「どうしてかというと」の表現が省かれていることも確かめるとよい。

コピーすると，蛍光ペンだけが消えるので便利です。

すきな　もの、なあに

㋱ すきな　ものを　かいて　つたえる
かきかたを　しろう

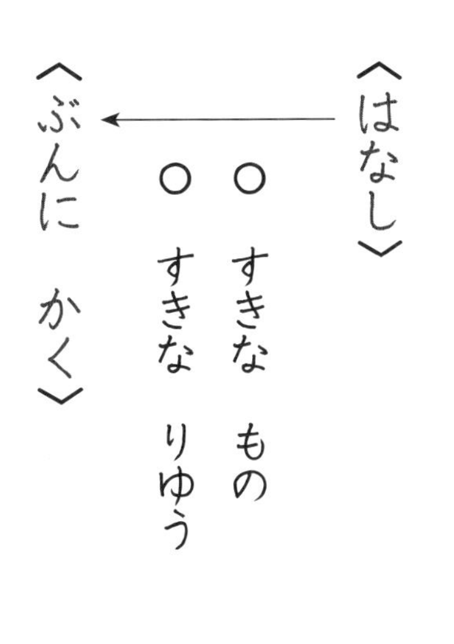
〈はなし〉
○　すきな　もの
○　すきな　りゆう
〈ぶんに　かく〉

主体的・対話的で深い学び

・これまでに，好きなものとその理由を友達に話して知らせる活動をしてきていることで，友達に知ってもらいたいという意欲が高まっている。その次の段階としての書く活動である。本時では，自分のことを書く前に教科書の例文を視写し，基本的な文章の構成やマス目用紙の使い方を学ばせたい。ただ，単なる書き方の学習とならないように，見通しをもたせて，自分のことを書く準備としての位置づけで取り組ませたい。

準備物

・ワークシート（教科書と同じマス目）
（児童用ワークシート見本
DVD 収録【1_25_01】）

・マス目入りの小黒板

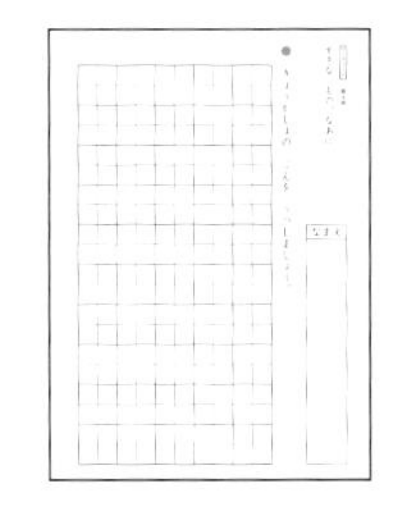

3 書く　教科書の例文のマス目の書き方に注意しながら，視写しよう。

では，教科書のマス目の文を，その通りにノートにていねいに写しましょう。その通りに書くのですから，何もないマスには何も書きません。
最初の２つのマスは何も書かないんだね。
「きくち」と「たくや」の間も１マスあける…。

「マス目の中の書き方に気をつけましょう。」

① 名前を書く。（姓と名の間，名前の下も１マスあける）
② １文目の書き出しは，１マスあける。
③ 文の終わりに，丸（。）をつける。

「丸（。）や点（、）の書く場所も気をつけましょう。」

例文で，マスを４つに区切った右上の位置であることを確かめる。ただし，例文の１文目の読点（、）は，行の最後の文字と同じマス内に書いてあることに注意させる。改行して句読点を行頭のマスに書かないことを押さえておく。

4 交流する 見通す　例文を視写した感想を交流し，次時につなげよう。

「みなさん，うまく写し書きできましたか。」
・ていねいに書きました！
・丸や点を，ちゃんと正しいところに書けました。

次の時間は，自分の好きなものについて，同じようにマス目に書いてもらいます。友達に話していたことを書くのです。
早く書いてみたいな。
理由は１つにした方がいいのかな。

「そうですね。教科書の文と同じように書きます。友達に好きなものをお話したときは，好きな理由をくわしく考えてみました。その中から自分にとって一番の理由を見つけて書きましょう。何がいいか考えておくといいですね。」

すきな　もの，なあに

第5,6時（5,6/7）

本時の目標

好きなこととその理由を順序よく2文で書くことができる。

授業のポイント

授業を進めるスピードは，児童の実態により大きくかわってくるはずである。テンポよく進む場合は，「かわいいもの」「ほしいもの」などに取り組むのもよい。

本時の評価

好きなこととその理由を2文で書くことができた。

〈書く〉書き出しの位置，句読点の位置に気をつけるなど，作文の書き方の基礎を学ぶ時間です。

板書例

（ますめの　かきかた）
①なまえを　かく
②ーぶんめの　かきだしは、ーます　あける
③ぶんの　おわりに「。」
④「。」「、」の　ばしょに　きを　つける

◇よみなおそう
○こえに　だして　よむ
○まちがいが　あっても　けさない
（れい）
・わたしすきなもの・・・ （の）
・ぼくのすすきなもの・・・

◇しあげよう

ぶん
え

※見本を示す。

1 めあて つかむ　書き方と内容を確かめよう。

「今日は，自分の好きなものとその理由について，教科書の例文と同じように2文で書いてもらいます。」
・今度は自分のことを書くんだね。

「書く前に，マス目の中の書き方を確かめましょう。」
①名前を書く。（姓と名の間，名前の下も1マスあける）
②1文目の書き出しは，1マスあける。
③文の終わりに，丸（。）をつける。
④丸（。），点（、）を書く場所に気をつける。

好きなものは，もう決まっていますね。好きな理由は，いちばんの理由だけを書きましょう。自分のことをうまく文に書いて，友達に伝えられるようにしましょう。

理由は何て書こうかな。
話をしたときと同じことを文に書けばいいのかな。

「書いたものは，後でクラスのみんなで読み合います。間違えないように，ていねいに書きましょう。」

2 書く　自分の好きなものとその理由を2文で書こう。

「前の発表のときと同じことを書いてもいいですよ。」
・前に言ったこと，そのままでもいいんだね。

教科書の例文通りであれば，書くときには，「どうしてかというと」の言い回しは省くことになる。

では，ワークシートに書きましょう。どんな文を書けばよいか分からない人は，先生が一緒に考えますから大丈夫ですよ。

「本が好き。」の理由は，「本を読むと，わくわくするから」でいいのかな。

自信がない児童には，口頭で言わせてみて，「そのまま書いたらいいよ」「最後に『です』で終わったら大丈夫 」などアドバイスをしていく。そのアドバイスを聞いている周りの児童の参考にもなる。

クラスの実態により，文章の型「ぼく（わたし）のすきなものは～です。～からです。」を提示してもよい。

ルールを意識して，丁寧に書くようにします。

すきなもの、なあに

㋱ すきな　ものと　りゆうを　ぶんで
かいて、えと　あわせよう

◇ ぶんを　かこう

・2つの　ぶんで　かく
「○○のすきなものは、～です。」
「～からです。」（りゆう）

主体的・対話的で深い学び

・間違いを見つけたときに，板書のように抜けた文字を挿入したり，間違いに×を書き込むだけにしたり，ではすませられない児童が多い。そんな児童は，「消しては書き，書いては消す」を繰り返し，時間を使ってしまう。間違いを恐れずどんどん書き，後で間違いの部分だけを簡単に修正してもよいということを継続して教えていきたい。
・清書して書いたものは，みんなに読んでもらう大事なものだということを確認する。読み手を意識させ，分かりやすく丁寧に正しく書くことを意識させる。

準備物

・下書き用ワークシート
（児童用ワークシート見本 DVD 収録【1_25_02】）
・清書用紙
（児童用ワークシート見本 DVD 収録【1_25_03】）
・できあがり見本

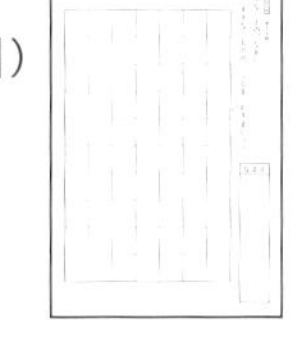

3 読み直す 書き直す　自分が書いた文に間違いがないか確かめ，書き直そう。

みなさん，書けましたか。書けたら，自分の文を読み直して，間違いがないか，もっときれいに書けないか，考えてみましょう。
うわあ，ちょっと字が汚いなあ。
見るだけじゃ，よく分からないけど…。

「あとで，初めに描いた絵と一緒に貼りつけます。字や文の間違いや，書き方の間違いがないかしっかり確かめましょう。」

1カ所間違いがあると，全文を消しゴムで消して書き直そうとする児童がいるが，時間の無駄となる。以下のことを指導しておくとよい。

○声に出して読んでみる。

○間違いがあっても全文消さずに，追加で文字を挿入したり，不要な文字は×で消したりすればよい。

見直しは習慣化するよう，継続的に指導する。

4 仕上げる　絵と文を組み合わせて，仕上げよう。

「見直しができましたね。間違いは直せましたか。」

清書用紙を配る。

では，最初に描いた『好きなもの』の絵と，文とを組み合わせて，『ぼく（わたし）のすきなものカード』を作りましょう。
絵も文も見てもらうんだ。
文をきれいに書き直したいな。

できあがりの見本を準備しておいて見せる。

清書用紙のマス目のない半分には，最初に描いた「好きなもの」の絵を貼らせる。マス目には，もう一度きれいに清書をさせる。（これまでに書いたものを貼り付けてもよい。）

「次の時間は，友達のカードを読み合いましょう。」

もし，テンポよく進むのであれば，別の「すきなもの」，または「かわいいもの」や「ほしいもの」などを２文の文章で書く取り組みをしてもよい。

すきな　もの，なあに
第 7 時 (7/7)

本時の目標
書いた文章を読み合い，感想を交流することができる。

授業のポイント
あらかじめ，読むポイントを指示しておくことで，より自主的に読むことにつながる。

本時の評価
書いた文章を読み合い，よい点に着目して感想をもち，発表することができた。

板書例

〈読み合う〉読むポイントを明確にしてから，交流します。丁寧に一人ひとりの文を読む児童を

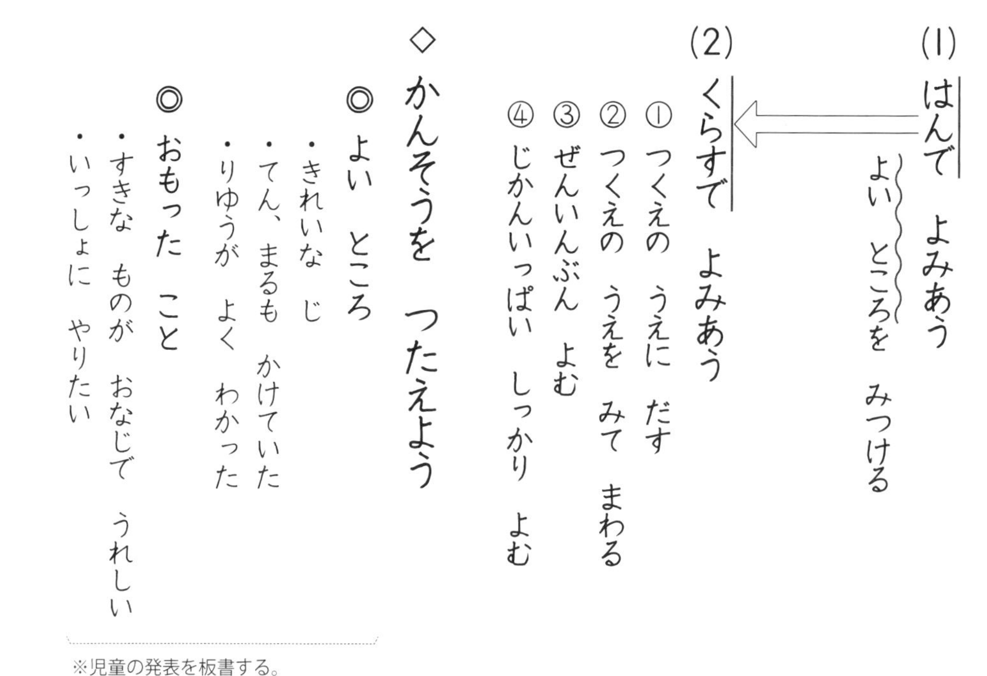

(1) はんで　よみあう
よい　ところを　みつける
(2) くらすで　よみあう
① つくえの　うえに　だす
② つくえの　うえを　みて　まわる
③ ぜんいんぶん　よむ
④ じかんいっぱい　しっかり　よむ
◇かんそうを　つたえよう
◎よい　ところ
・きれいな　じ
・てん、まるも　かけていた
・りゆうが　よく　わかった
◎おもった　こと
・すきな　ものが　おなじで　うれしい
・いっしょに　やりたい
※児童の発表を板書する。

1 確かめる 交流する　「好きなもの」をグループで読み合おう。

「前の時間に書いた文章をグループの人に読んでもらいましょう。前にお話で伝えたことが，文で伝えられているか確かめましょう。」

・好きな理由をお話ししたときとは，変えたけど…。

「書いた文では理由が違っていてもいいのです。ただ，読むときに気をつけることがあります。」

○２つの文が書いてある。
○点（、）や丸（。）の有無や，書いてある位置。
○きれいに書いてある。

他に，文の語尾「～です」，助詞「は」「を」「へ」の使い方，理由の書き方などを付け加えてもよい。

では，グループの人とカードを交換して読み合って，よいところを見つけましょう。
うわあ，きれいな字で書いてあるね。
ちゃんと，２つの文でうまく書けている。理由も話を聞いたときと違うけど，分かりやすいね。

2 知る　「好きなもの」をクラス全体で読み合う方法を知ろう。

「今度は，グループの人だけではなく，みんなに読んでもらいましょう。」

書いた文を机の上に出して，ほかの人に読んでもらいます。もちろん，全員が机の上を見て回って，友達の文を読みに行きます。
同じ「すさなもの」を書いている人もいるかもね。楽しみだな。
全員の分を，読むの？

「時間が足りないかもしれませんが，勝手にやめたり，坐ったりしないで，時間いっぱいできるだけたくさんの人の文を読みます。後で，感想も聞きますよ 。」

・じゃあ，ぼくのも読まれるんだ。
・ちょっと恥ずかしいな。

取り上げてほめ，全体によい姿を広げるようにします。

すきなもの、なあに

ⓜ ともだちと　よみあって、かんそうを　つたえよう

◇ともだちの　かいた　ものを　よもう

よむとき

・2つの　ぶんで　かいて　ある
・「、」「。」の　こと
・きれいに　かいて　ある

きを　つける

主体的・対話的で深い学び

・あらかじめ，読むポイントを指示しておくと，より自主的に読むことにつながるだろう。また，よい点を取り上げて感想を伝え合うように指導したい。
・クラスの友達みんなと交流することで，お互いの好きなものを知り，今後の交流に生かしたい。
・人に見せるために書く場合は，常に読んでくれる人を意識しながら，内容・構成・丁寧さなどに気をつけて書くことを振り返りで確かめ，今後の活動に取り組ませたい。

準備物

3 交流する　クラス全体で読み合おう。

「まず，自分の書いた文を机の上に広げましょう。」

もし，ノートに書かせた場合は，今回の文の最初のページを広げさせる。

では，全員立ちましょう。できるだけみんなの文を読みましょう。友達の文でいいところをたくさん見つけましょう。読んで思ったことも，後で聞きますよ。
よし，どんどん読むぞ。
読むときに気をつけることを見ればいいね。

区切りをつけるためにも，全員が立った状態から始める。クラスの実態に応じて，メモや付箋紙などを使い，感想を書き込むのもよい。

4 対話する 振り返る　感想を発表し，全体を振り返ろう。

それでは，感想を発表してもらいます。よいところを見つけられましたか。読んで，自分が思ったことも発表しましょう。
○○さんは，きれいな字で，点や丸もきちんと書けていました。
△△さんは，理由が詳しく書けていて，よく分かった。
□□さんは，ぼくと好きなものが同じで嬉しかったです。今度一緒にサッカーをしたいです。

たくさん発表させ，教師が気づいたことも加える。

「理由が分かって，みんなの好きなものがよく分かりましたね。」

「最後に，どんなことができるようになったか振り返りましょう。」
・好きなものとその理由が友達にうまく伝えられた。
・話したことを，マス目にきれいに書けた。

おむすび　ころりん

全授業時間５時間

◎ 指導目標 ◎

・語のまとまりや言葉の響きなどに気をつけて音読することができる。
・場面の様子や登場人物の行動など，内容の大体を捉えることができる。
・音読の読み聞かせを聞くなどして，我が国の伝統的な言語文化に親しむことができる。
・進んで昔話の内容を捉え，これまでの学習をいかして音読しようとすることができる。

◎ 指導にあたって ◎

①　教材について

日本人にとって七五調のリズムは，心地よいものです。理論的な研究もありますが，そういった知識を持たなくても，ふだんの生活の中で標語や川柳など七五調が使われていることや，なんといっても１人ひとりの実感がそれを証明しているといえるでしょう。

その心地よい七五調を充分に楽しませたい教材です。七五調だけに，児童が自然に口ずさむ場面もあるでしょう。そのリズムを全員でそろえたり，１人でじっくり楽しんだりする経験を，音読を通して持たせることを目指します。

音読のイメージを広げる手立てとして，挿絵も活用できます。言葉に基づいた話し合いや説明をより有効なものにできるでしょう。

また，昔話は児童の生活とは大きく異なり分かりにくい部分もありますが，多くの児童は素直にお話を楽しむことができます。昔話を意図的に児童に伝えていくことも大切です。

②　主体的・対話的で深い学びのために

音読に主体的に取り組む姿勢を引き出したい教材です。そのためには，正しく間違えずに読むだけではなく，できれば自分なりに工夫して練習することを指導したいものです。

もちろん，１年生にとって教科書をすらすら読むだけでも簡単なことではなく，この段階をきちんとふまえる必要はあります。ただし，クラスの実態によっては，そこから次の段階も指導者としては見据えておきましょう。特別な工夫ではなくても，声の大きさを変えたり，間をゆったりとったりという基本的な読み方を指導するだけでも，児童の意識は大きく変わる場合があります。

◉ 評価規準 ◉

知識 及び 技能	・語のまとまりや言葉の響きなどに気をつけて音読している。 ・音読の読み聞かせを聞くなどして，我が国の伝統的な言語文化に親しんでいる。
思考力，判断力，表現力等	「読むこと」において，場面の様子や登場人物の行動など，内容の大体を捉えている。
主体的に学習に取り組む態度	進んで昔話の内容を捉え，これまでの学習をいかして音読しようとしている。

◉ 学習指導計画　全 5 時間 ◉

次	時	学習活動	指導上の留意点
1	1	・これまでの音読，読書について振り返り，学習の見通しをもつ。 ・学習課題として「音読発表会」をすることを知る。	・「おおきな　かぶ」の音読発表を思い出させる。
	2	・範読を聞き，物語のあらすじを理解する。 ・音読練習し，読んだ感想を交流する。	・登場人物について確かめる。 ・挿絵を見て，あらすじを確かめていく。
2	3	・場面や登場人物についてイメージを広げながら音読をする。	・教科書 P91 の挿絵を活用して，登場人物の気持ちを想像させる。
	4	・グループで役割を分担し，登場人物になりきって音読発表の練習をする。	・読み方の工夫を班で話し合わせ，発表会のときの立ち方や合図も確かめさせる。
3	5	・グループで音読発表をする。 ・感想を交流する。 ・学習を振り返る。	・準備などに時間をかけすぎず，音読発表の意欲を引き出すという位置づけで行う。 ・音読発表の決まり（発表者・聞き手）を確かめる。 ・繰り返しや言葉の響きやリズムを楽しみながら，学習したことを確かめる。

DVD **収録（イラスト，画像）** ※本書 P211，213「準備物」欄に掲載しています。

おむすびころりん 第1時（1/5）

本時の目標

読書や音読の経験を振り返り，学習の見通しを持つことができる。

授業のポイント

できれば，クラス以外の児童や，地域の人，児童の保護者に音読を聞いてもらう場を設定したい。それを児童にあらかじめ告げることで意欲も高まる。

本時の評価

読書や音読の経験を振り返り，学習の見通しを持つことができた。

〈音読〉児童は，教師の範読をよく聞いています。まずは，教師が抑揚，間の取り方，声の強弱

板書例

〈「おおきな　かぶ」の　べんきょう〉
・おんどくはっぴょうかい
・よみかたを　いろいろ　くふう

おむすび　ころりん

○おんどくはっぴょうかい
・じゅんばんを　きめて
　まえで　おんどく
・おきゃくさんに
　きいて　もらう

○どんな　おはなし
・「　」は　ない
・りずむが　よい

1 出し合う　昔話を読んだことがあるかな。

「今度勉強する『おむすびころりん』は日本の昔話です。みなさんは，昔話を読んだことがありますか。」
・ある！
「何ていうお話だったか覚えていますか。」
・ももたろう
・さるかに合戦
・うらしまたろう

その昔話を読んで，面白かったところを言えますか。
ももたろうが強くて，鬼をどんどん退治していくのが面白かった。
悪いことをしたさるが，こらしめられてよかった。

「昔話は，昔から残ってきたお話だから，日本人には面白かったり，ためになったりしてきたのですね。」

2 思い出す　「おおきなかぶ」の学習で音読したことを思い出そう。

「日本の昔話ではありませんが，お話の勉強はしたことがあります。覚えていますか。」
・「はなのみち」！
・「おおきなかぶ」もやったね。

教科書の「おおきなかぶ」（P68-77）を開かせる。

「『おおきなかぶ』のお話では，どんな勉強をしたか覚えていますか。」
・役を決めて，音読発表会をしました。
・音読の練習もいっぱいしたよ。

音読の練習では，どんなふうに読んでみたでしょう。
繰り返しの言葉の読み方を工夫した。
ぼくは「おおきなおおきな」の２回目は長く伸ばして読みました。
おじいさんの様子をいろいろ考えて，おじいさんの言葉を工夫して読んだ。

「いろいろ工夫して読みましたね。」

などを意識して，音読するようにしましょう。

おむすび　ころりん

(め) おんどくはっぴょうかいの
みとおしを　もとう

〈にほんの　むかしばなし〉

○これまでに　よんだ　おはなし

・ももたろう
・さるかにかっせん
・うらしまたろう

※児童の発表を板書する。

主体的・対話的で深い学び

・音読発表会という場の設定をあらかじめ知らせることで，児童がいっそう意欲的に取り組むことが期待できる。最初に説明して終わりではなく，学習の折々に，音読発表会についてふれたり，内容について少しずつ説明したりすることで，児童の意識が前向きになるだろう。

準備物

・黒板掲示用イラスト　DVD 収録【1_26_01】

3 めあて つかむ　学習課題「音読発表会をしよう」を確認しよう。

「おむすびころりん」でも，音読の練習をしっかりして，最後に音読発表会をします。
やった！
うまく発表できるように頑張ろう。

「発表会では，順番を決めて音読してもらいます。」
・お客さんもいるのかな。
「クラスだけでもやりますが，今度，幼稚園の子と交流しますから，そのときに聞いてもらいましょう。」
・えーっ?!
・やったー！楽しみ。

参観を利用したり，他のクラスや学年にも依頼したりして，できるだけお客さんがいる場を作るとよい。あらかじめそのことを予告しておけば，児童の意欲も高まる。

4 見通す　学習の見通しをもち，次時への意欲を高めよう。

『おむすびころりん』は，かぎ（「　」）のついた会話はありません。そのかわり，とてもリズムがよい文になっています。そのリズムがうまく出せるような読み方ができるといいですね。

どんなお話なのかな。
間違えたり，ゆっくりすぎたりしたらダメだね。

「音読発表会があるので，それまでにしっかり練習しましょう。まずはすらすら読めるようになるといいですね。」
・発表会の日まで，たくさん練習しよう！
・がんばるぞ!!

「では，次の時間からがんばりましょう。」

おむすびころりん 第2時 (2/5)

本時の目標

範読を聞いてあらすじをつかむことができる。

授業のポイント

登場人物という言葉をここでも再度教えておく。今後も使う機会が多い。

本時の評価

範読を聞いて，登場人物やできごとについて理解することができた。

〈あらすじ〉挿絵を並べ替える際には，「なぜ」と問いかけ，理由を求めます。本文中の叙述に

板書例

〈おはなしの　5まいの　え〉

・おむすびが　ころがった
・おじいさんが　おいかけた
・おむすびは　あなの　なかへ
・おむすび　ころりん　すっとんとん
・おじいさんは　おどりだす
・おじいさんも　あなへ
・ねずみの　おうちに
・おいしい　ごちそう
・ねずみの　おどり
・おれいに　こづち
・こづちを　ふりふり
・おこめや　こばん

〈おんどくれんしゅう〉

※児童の発表をまとめながら板書する

1 聞く 「おむすびころりん」の範読を聞こう。

「先生がまず読みます。教科書86ページの題名からです。1行目の『お』を指で押さえましょう。」
・大きい字のところだね。

先生が読むのに合わせて，押さえた指を動かしていきましょう。いきます。『おむすびころりん』大丈夫？押さえられていますか。
大丈夫！
押さえています。
おむすび ころりん
むかし むかしの
やまの はたけ
おなかが

「むかしむかしのはなしだよ。 やまの… 」

最後まで教師が読んで聞かせる。音読が苦手な児童は，読み聞かせの部分を目で追うことも苦手な場合が多い。指でなぞることをあえて全員にさせ，集中させることにつなげる。

「こづち」「こばん」などの難しい言葉は，挿絵やDVDの画像を使って説明する。

2 つかむ 登場人物を確かめよう。

出てきた人を登場人物といいます。「おむすびころりん」の登場人物はだれでしょう。
おじいさん！
おばあさんもいる。
ねずみは人じゃないけど，登場人物なのかな。

「いいところに気づきました。本当のねずみは，確かに人ではありません。でも，本当のねずみは『おむすびころりん』のように歌を歌いますか。」
・歌わないよ。(笑)
「着物も着ないし，踊りも踊りませんよね。だから，このねずみは『おむすびころりん』の中では，人と同じように かかれているということになります。」
・じゃあ，登場人物に入れていいね。

即した根拠を示すことができるように指導しましょう。

おむすび ころりん

㋱ どんな おはなしか たしかめよう

〈よみきかせ〉

・ゆびで なぞりながら きく

〈とうじょうじんぶつ〉

・おじいさん
・おばあさん
・ねずみ

おはなしに でて くる ひと

主体的・対話的で深い学び

・あらすじを理解することで，おはなしのある部分が別の部分と関連があったり，より深く読めたりする場合が多い。そのときに学習している部分だけでなく，別の場面もつなげて考えたり，発表したりする児童がいれば，大いに認めたい。そのことで，いっそう主体的にあらすじを理解し直し，活用する場面が増えるだろう。

準備物

・黒板掲示用イラスト DVD 収録【1_26_01】
・画像（こづち，小判） DVD 収録【1_26_02， 1_26_03】

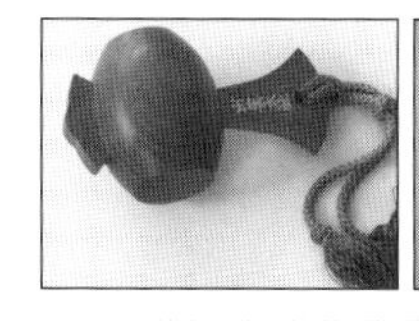

3 確かめる 挿絵の順番通りに並べ替えて，物語のあらすじを確かめよう。

教科書の中から５枚の挿絵を貼ります。順番はばらばらです。お話の順に並べ替えられるかな。まず，１枚目はどれでしょう。
おじいさんが転がったおむすびを追いかけているのが，１枚目です。

「１枚目が分かりましたね。では，２枚目は？」

児童に発表させながら，挿絵を順に貼り替えていく。

「さあ，順番通りになりました。最初から順にどんな場面だったか思い出してみましょう。分からなければ，教科書を見ながらでもいいですよ。」

・転がったおむすびが穴に落ちて，穴から「おむすびころりんすっとんとん。」って聞こえてきたんだ。
・おじいさんが楽しくなって踊って…。
・穴から落ちた。

挿絵を見ながら，順にあらすじを確かめていく。

4 読む 交流する 音読練習を始めよう。読んだ感想を交流しよう。

「では，音読の練習に入りましょう。先生に続いて読みます。『おむすびころりん』」

・おむすびころりん

「むかしむかしのはなしだよ。」

・むかしむかしのはなしだよ。

最初の練習なので，１行ずつに分けて，教師に続いて音読させながら，最後まで読む。

読んでみて，好きなところや面白いところはありましたか。

「おむすびころりんすっとんとん。」の歌が楽しくて好きです。

何回も出てきて，読んでいても面白かった。

「みんなで読むと楽しいですね。音読発表会に向けて，おうちでも練習しておきましょう。」

おむすびころりん
第3,4時（3,4/5）

〈音読練習〉音読練習では，「工夫すること」を意識して，練習します。よい練習をしている児童を

本時の目標
イメージを広げて，音読する。

授業のポイント
吹き出しの活動を２つ取り入れてある。できるだけ否定をせずに，児童の自由な意見を引き出したい。絵を細かく見せるとよい。

本時の評価
イメージを広げて，音読することができる。

板書例

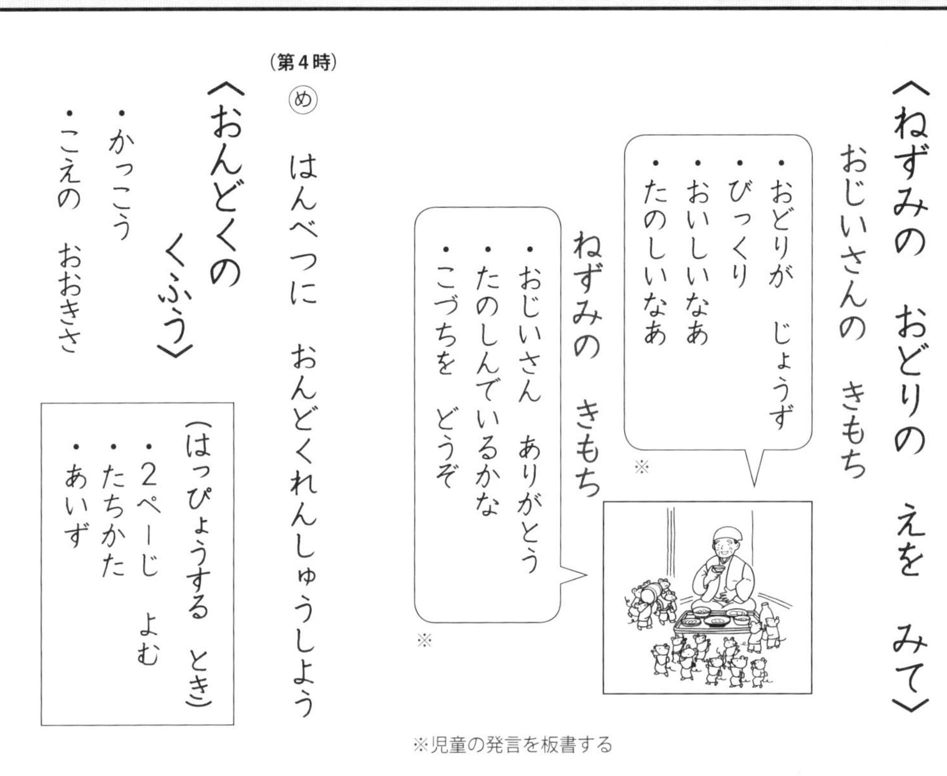
〈ねずみの　おどりの　えを　みて〉
おじいさんの　きもち
・おどりが　じょうず
・びっくり
・おいしいなあ
・たのしいなあ
※
ねずみの　きもち
・おじいさん　ありがとう
・たのしんでいるかな
・こづちを　どうぞ
※
（第４時）
㋱　はんべつに　おんどくれんしゅうしよう
〈おんどくの　くふう〉
（はっぴょうする　とき）
・２ぺーじ　よむ
・たちかた
・あいず
・かっこう
・こえの　おおきさ
※児童の発言を板書する

（第３時）

1 音読する つかむ　音読練習をして，リズムよく感じる秘密を見つけよう。

「音読練習から始めましょう。教科書を見ずに言える人はいるかな。全部じゃなくてもいいですよ。」
・はい！最初のページなら言える！

暗誦できる児童がいれば，みんなの前でやってもらってもよい。本人にとっては自信になり，周りの児童には刺激になる。「このページだけ次の時間までに覚えられる人はいるかなあ」といった声かけに対して，「やってくる！」「できる！」といった反応が期待できる。

リズムよく音読できましたね。『おむすびころりん』のお話には，リズムよく感じる秘密があります。１行の字の数を数えてみましょう
最初の「むかしむかしの　はなしだよ」は，７つと５つです。
２行目と３行目も同じだよ。

殆どの行が７音･５音や，８音･５音であることを確かめる。

「だから同じリズムで歌うように読めるのですね。」

2 想像する　ねずみのもてなしの様子を描いた挿絵からイメージを広げよう。

「ねずみのおうちでは，おじいさんはどんな気持ちだったのでしょう。」
・おどりがじょうずだなあ。
・着物を着てねずみが踊るから，びっくりしている。
・料理がおいしいなあ。楽しいなあ。
「本当に，おいしそうだし，楽しそうにしているね。」

全ての場面を扱うと音読練習の時間が少なくなる。使いやすい挿絵を取り上げる。（ここではP91の挿絵）

では，ねずみの気持ちも考えてみましょう。
おじいさん，ありがとう。
「おむすび　たくさん　ありがとう。」ってあるね。
踊りを楽しんで。
こづちをどうぞ。

「おじいさんやねずみの気持ちになって読めるようになると，上手な音読になりますよ。」

取り上げ，どこがよいか，なぜよいのかを共有しましょう。

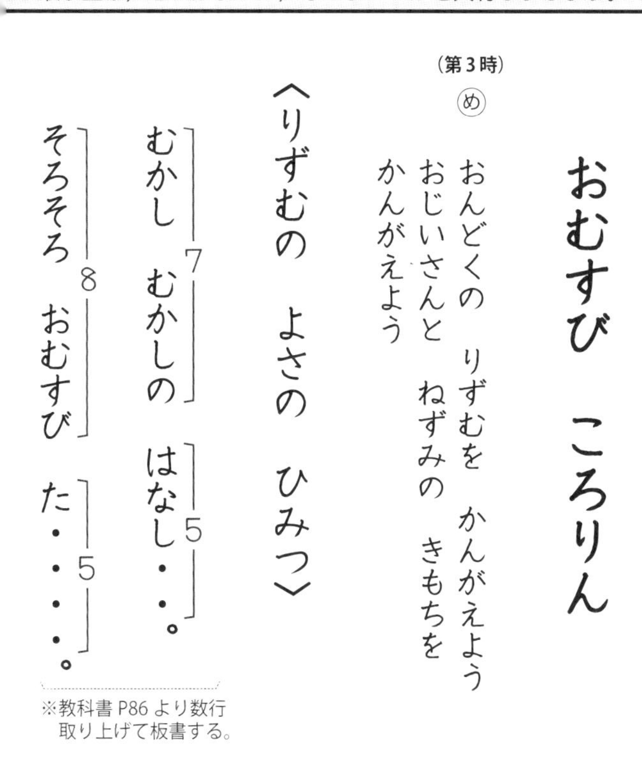

（第3時）
め
おむすび　ころりん
おんどくの　りずむを　かんがえよう
おじいさんと　ねずみの　きもちを
かんがえよう
〈りずむの　よさの　ひみつ〉
むかし　むかしの　はなし・・。
7
5
そろそろ　おむすび　た・・・・。
8
5
※教科書P86より数行取り上げて板書する。

主体的・対話的で深い学び

・文章を元に，文章に表現されていないことを想像する楽しさを児童に味わわせたい。その楽しさを実感した児童は，それまで以上に意欲的に挿絵を見たり，文章を読み込んだりするだろう。

準備物

・黒板掲示用イラスト（第2時で使用したもの）

3（第4時）対話する 読む　グループで音読練習しよう。

「次の時間は，音読発表会です。お客さんにも来てもらいます。班に分かれてしっかり練習しましょう。」
・お客さんの前で，うまく読みたいなあ。

班の人と話し合っていろいろ工夫しながら，音読の練習をたくさんしましょう。おじいさんやねずみの気持ちになって音読しましょう。
おじいさんがおむすびを追いかけるところは，そのかっこうで読んでみようよ。
「まてまてまて」のところだね。

「かっこうをどうするか考えている班がありました。ちょっとやってみてもらいましょう。」

机間巡視で工夫して音読している班を見つけたら，１部分でもいいので見本として取り上げる。

「いいなと思ったところは，どんどん真似しましょう。他の場面でも同じように工夫できるかもしれません。」
・「おむすびころりん～」は，特に大きな声で読もう。

4 決める 練習する　音読発表会の分担を決め，もっと練習しよう。

音読発表会では，班ごとに２ページずつ音読してもらいます。
ぼくは，「こばんがざっくざく」のところがいい！
ねずみのごちそうのページがいいな。

全体で８ページあるので，４つに分けるとよい。クラスの班の数に合わせて分ける。８班あれば，同じ場面を２つの班が担当となる。練習の様子を見て，班の組み合わせを教師が判断してもよい。

「班で読むので，立ち方や最初の合図も決めます。」
・立つ順番はどうしようか。
・ぼくが合図するね。

「読むところが決まって，立ち方や合図も班で相談できたら，音読の練習をたくさんしましょう。」

おむすびころりん

第5時（5/5）

〈音読発表〉人前で発表するのは勇気がいることです。聞き方のポイント，拍手の仕方などを事前に

本時の目標

音読発表会で楽しく発表する。

授業のポイント

「音読発表会が楽しい」と感じられることが第一である。この時間で急にうまくなることを要求しても難しい。できているレベルで楽しめるよう支援する。

本時の評価

音読発表会で楽しく発表することができる。

板書例

〈はっぴょうの　しかた〉
・たつ　ばしょ
・ならびかた
・よみかたの　くふう

〈はっぴょうの　きまり〉
○はじめの　ことば
・「いまから　○はんの　おんどくを　はじめます。」
・「きをつけ、れい」
○おわりの　ことば
・「これで　はっぴょうを　おわります。」
・「れい。」
○ほんの　もちかた
・よむとき…　くちを　かくさない
・はじめと　おわり…　とじて　からだの　よこ

〈きく　ひと〉
○はじめと　おわりに　はくしゅ
○よかった　ところ
・よみかた
・たちかた
・ほんの　もちかた
・あいさつ
・しせい

1 音読する 確かめる　みんなで音読し，音読発表会について確かめよう。

今日は，音読発表会です。班ごとに練習してきたことを出しましょう。
練習したとおりにできるかな。
いっぱい練習したから大丈夫だよ。

「お客さんがいても，いつもと同じように読んだらいいのですよ。」

いろいろな音読発表会が可能だが，あまり小道具や衣装に時間をかけずに，シンプルに行うことをおすすめしたい。

もちろん，生活，図工と組み合わせるなど，発展的に扱うことも考えられる。クラスの実態と担任の考え方次第である。

2 音読する　発表会前に，最後の練習をしよう。

「では，あいさつの声をかける人や並び方を確かめて，最後の練習をしましょう。時間は５分くらいです。」

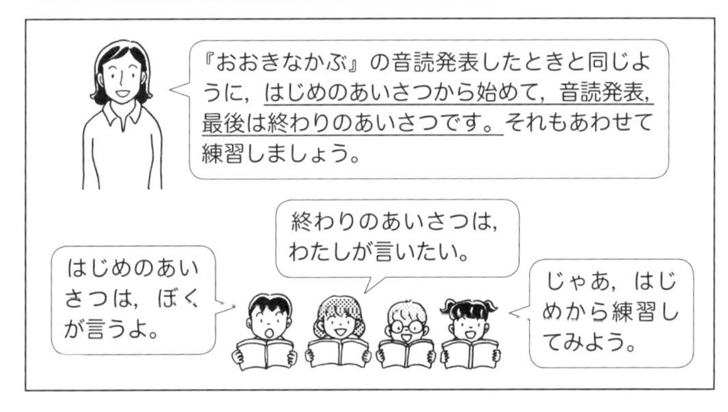
『おおきなかぶ』の音読発表したときと同じように，はじめのあいさつから始めて，音読発表，最後は終わりのあいさつです。それもあわせて練習しましょう。
終わりのあいさつは，わたしが言いたい。
はじめのあいさつは，ぼくが言うよ。
じゃあ，はじめから練習してみよう。

発表するときの決まりを確かめる。（板書例参照）「おおきなかぶ」の音読発表と同内容にするのがよい。

「さっと始められる班が上手ですよ。」
・さあ，やろう！

音読自体の出来も大切だが，２回目の音読発表会を発表の定型に沿わせながら，班で楽しく行わせたい。

１年を見通せば，音読発表を繰り返すにつれ，発表するときの決まりとして自然にできるようになる。

確認し，温かい雰囲気で音読発表会を行いましょう。

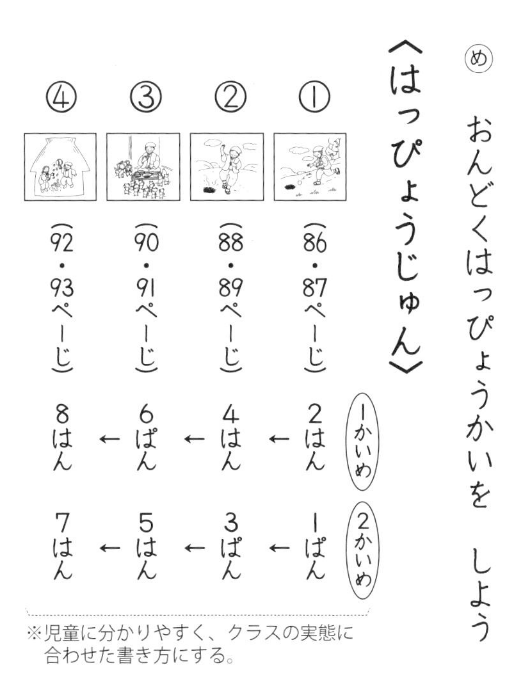
おむすび　ころりん
め
おんどくはっぴょうかいを　しよう
〈はっぴょうじゅん〉
①（86・87ぺーじ）
②（88・89ぺーじ）
③（90・91ぺーじ）
④（92・93ぺーじ）
1かいめ
2はん ← 4はん ← 6ぱん ← 8はん
2かいめ
1ぱん ← 3ぱん ← 5はん ← 7はん
※児童に分かりやすく、クラスの実態に合わせた書き方にする。

主体的・対話的で深い学び

・自らの発表をがんばるだけでなく，他のグループの発表も前向きに聞く児童に育てたい。そのためには，単に「ちゃんと聞きなさい」というだけでなく，「声の大きさを変えていた」「間をとっていた」「声を登場人物で変えていた」などの視点も与えたい。できれば，ここまでの練習の中で指導しておきたいところだが，発表後の感想でもよいものを取り上げていく。それが，「主体的に聞く」ということにつながっていく。

準備物

・黒板掲示用イラスト（第2時で使用したもの）

3 発表する 聞く　音読発表会をしよう。発表を聞く人の決まりも確かめよう。

「では，音読発表会を始めます。発表を聞く班の人は，しっかり聞きましょう。はじめと終わりには拍手しましょう。よかったところを伝えられるといいですね。」

聞く側の注意点も確認する。拍手の決まりも，経験しているうちに自然に行動できるようになる。友達が頑張ったときに，拍手をすることで場の雰囲気がよくなるということを体感させておきたい。

感想は，原則として「よいところを言う」決まりとする。読み方の工夫のほかに，「声，姿勢，（あいさつなどの）態度」のどれを言ってもよいことを教えておく。

では，1班の人から始めましょう。前に出てください。
今から，1班の音読を始めます。きをつけ，れい。

4 交流する 振り返る　発表の感想を伝え合い，学習を振り返ろう。

では，1班の発表が終わったところで，感想を言ってもらいます。
はい！○○さんが，大きな声でリズムよく読んでいました。
おむすびを追いかけるかっこうがよかったです。

「いいところが見つけられましたね。ほかには？」
・△△さんがいい姿勢でした。

ほかの班の発表後も同じように感想を聞いていく。

まだテンポよく進められない場合は，教師が1つひとつ指示を出せばよい。これも1年を見通して，今は細かく，確実に行わせる時期だという意識で指導する。

「みんな上手に音読発表できましたね。」

最後に，全体を振り返り，登場人物や挿絵で展開を確認したこと，音読練習や発表会について確かめ，感想を伝え合う。

としょかんと　なかよし

全授業時間２時間

◉ 指導目標 ◉

・読書に親しみ，いろいろな本があることを知ることができる。
・積極的にいろいろな本を手に取り，これまでの学習をいかして本を選ぼうとすることができる。

◉ 指導にあたって ◉

①　教材について

既習の単元「としょかんへいこう」で図書館の基本的な決まりや使い方については，学習しています。本単元では，その確認をしながらも，さらにくわしい本の探し方や読み方について学びます。

実際には，これまでに図書館へ何度も行っていたり，学級文庫での読書指導の場面があったりしたかもしれません。時期にこだわらず，適切なタイミングで指導しておきたい内容です。

②　主体的・対話的で深い学びのために

児童によっては，自分が読みたい本が分からないという場合もあります。そういうときは，まずは，読めそうな本，絵やイラストなどで目を引く本でよいので，手に取ってみることを勧めます。いつまでもうろうろと迷っているだけで時間が過ぎてしまうことを繰り返すことにならないようにしたいところです。

自分が読みたい本があれば，同じ作者で探したり，似たような分野で探したりといった主体的な読書の入り口に立ったといえます。

また，交流ができれば，いっそう読書が楽しくなります。児童は，友達が読んだ本について意外と関心を持っているものです。友達に話すことで，次回から「ここのことを話そう」などと考える児童も出てくるかもしれません。また，「(友達が読んだ) その本を，次は自分が借りたい！」といったこともめずらしくありません。

◎ 評価規準 ◎

知識及び技能	読書に親しみ，いろいろな本があることを知っている。
主体的に学習に取り組む態度	積極的にいろいろな本を手に取り，これまでの学習をいかして本を選ぼうとしている。

◎ 学習指導計画　全２時間 ◎

次	時	学習活動	指導上の留意点
1	1	・図書館に行って，読みたい本の見つけ方を知る。 ・表紙や，題名，作者，本の中に着目して探す。 ・司書の先生に聞く。	・本棚の分類についても簡単に説明するとよい。
	2	・おもしろいところや心に残るところを見つけながら読む。 ・本を読み終わったら，読書記録をつける。	・交流については，おもしろかったところなどを話すことが難しい児童は，題名と好きな絵や登場人物だけでもよいことにする。

DVD 収録（ワークシート）

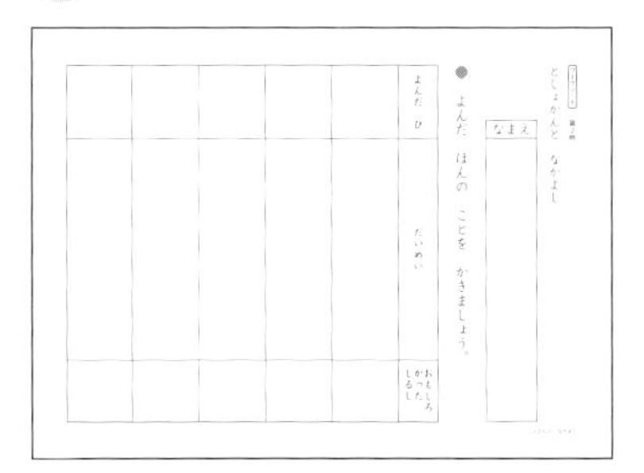
としょかんと　なかよし
なまえ
よんだ　ほんの　ことを　かきましょう。
よんだ　ひ
だいめい
おもしろかったしるし

としょかんと なかよし
第 1 時 (1/2)

本時の目標

読みたい本を探す方法が分かる。

授業のポイント

本棚を順番に見ていくだけではなく，探し方について実際に体験させたい。

本時の評価

読みたい本を探す方法が分かっている。

板書例

〈板書〉学校図書館での授業です。板書は図書館のホワイトボードなどに書いていることを前提に

・ひょうし
・だいめい
・さくしゃ
・ほんの　なか

よく　みて
さがそう

わからないときは、しつもんしよう！

◇ほんを　えらんで　よもう
（10ぷんまえまで）

◇こうりゅうしよう
・ひょうし
・だいめい（さくしゃめい）
・おもしろかったところ、え、くいず

1 知る つかむ　本の探し方を知ろう。

「今日は，まず本の探し方を勉強します。」
・見たら分かるよ。題名で，探せるから…。
「確かに本棚を見ていくだけでも，そのうち見つかるかもしれませんね。でも，他の探し方もありますよ。」

本は，どんな順番で並んでいるかな。
こっちは，難しい本が並んでいるな。
あの棚は絵本ばっかり。

「どんな本かで分けてあるところが多いですね。本棚に説明がありますよ。」
・ほんとうだ。これは，「いきもの」。
・絵本のところは，「絵本」と書いてあるね。
「みんなは絵本を読むことが多いかな。絵本を探したければ，だいたい絵本の棚のところにあるはずです。」

2 確かめる 探す　本の並び方を確かめ，読みたい本を探そう。

「では，絵本はどんな順番に並んでいるかな。」
・順番が決まっているの？
・大きさではないね…。あっ，なんか書いてあるよ。
「では，絵本の棚を見てみましょう。作者で並んでいることが分かるかな。」
・ほんとうだ！同じ作者の本を続けて読めるね。

並び方が分かりやすいところを示すとよい。

読みたい本を探すときは，表紙や題名，作者をよく見て探しましょう。気になる本があれば，手に取って本の中をちょっと見てみるといいですね。
そうか，いつも読んでいる○○シリーズの本の場所で探せばいいんだ。
本の中を見てイヤだと思ったら，別の本にすればいいんだね。

「今から，読んでみたい本を探してみましょう。分からないときは，先生（司書が居る場合は，司書も）に聞いてください。」

しています。

としょかんと　なかよし

㋱ ほんの　さがしかたを　しろう
ほんを　よんで　こうりゅうしよう

〈さがしかた〉
どんな　ほん？

えほん　の　たな

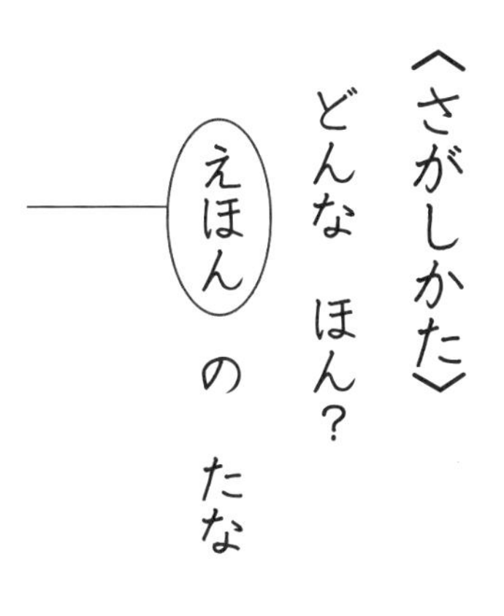

※本の分類表や学校ごとの説明のポスターがあれば，貼る。

主体的・対話的で深い学び

・自分が読んだ本について，交流することを楽しむことができる児童は多いと思われる。一方で，何をいってよいか分からないという児童もいる。具体的に表紙を見せて話すこと，できるだけ読んでいる間にどこの部分を紹介するか，聞いている側はどのようなことを質問するかなどを指導しておく。

・交流のポイントについては，画用紙などに記入し，今後も図書の時間にはそれを見せて確認するようにすると，主体的に読書に取り組む姿勢が育っていく。

準備物

3 確かめる 読む　図書館の決まりを確認し，選んだ本を読もう。

本が見つかった人は，席にもどって読みましょう。図書館での決まりは覚えているかな。
静かにする。
本を大切にする。

「後で，読んだ本について交流します。本の表紙，題名，作者を同じテーブルの人に説明してもらいます。できれば，一番好きな絵やおもしろかったところなどが言えるといいですね。クイズにすると聞いている人も楽しいですよ。」
・どうすればいいかな。
・好きな絵のことだったら，言えるかな。

「今日は，最初の交流なので，授業が終わる10分前に始めることにします。では，読みましょう。」

4 交流する　読んだ本について交流しよう。

「時間になったので，交流を始めましょう。難しいと思う人は，表紙を見せて，題名と作者名を言うだけでもいいですよ。」
・それならできそう。
・ぼくは，見せたい絵があるよ。

紹介する本を机上に置くなど，聞いている児童に表紙を見せるように指導する。聞く側がかなり集中できる。

うさぎ！
ねずみとカエルもいるよ!!
わたしが読んだ本は『てぶくろ』です。おじいさんが落としたてぶくろの中にいろんな動物が入ってしまうところが面白かったです。表紙の絵のてぶくろの中には，どんな動物が入っているでしょう。

「全員が終わったかな。友達で上手な発表ができている人がいたら，次はそのまねができるといいですね。」

としょかんと なかよし
第 2 時 （2/2）

本時の目標
おもしろいところを見つけながら読むことができる。

授業のポイント
おもしろいと思ったところがどこかを，具体的にページや部分を絞れるようにしておくと進めやすい。

本時の評価
おもしろいところを見つけながら読むことができている。

板書例

〈長音のカタカナ表記〉カタカナ表記の長音を，カタカナ未習の段階に書く場合は，「ぺえじ」や「ぺーじ」のどちらでも

（○ふんまえまで）

◇ こうりゅうしよう

① ひょうし

② だいめい（さくしゃめい）

③ おもしろかった ところ

◇ かーどに きろくしよう

・よんだ ひ

・だいめい

・おもしろかった しるし ◎○△

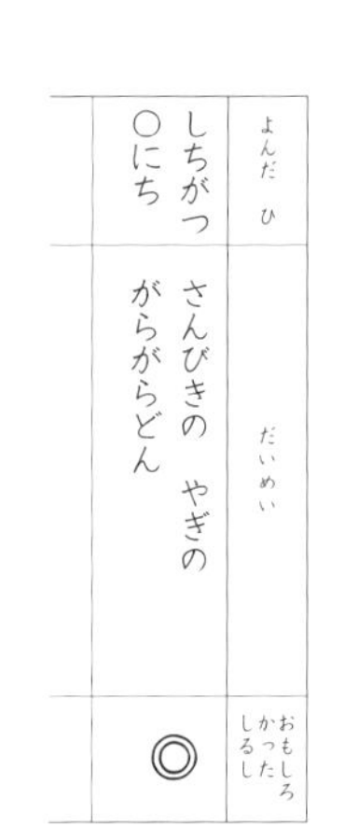
よんだ ひ
しちがつ ○にち
だいめい
さんびきの やぎの がらがらどん
おもしろかったしるし
◎
※児童の記録例。

1 めあて つかむ　おもしろいと思うところを見つけよう。

「今日も，本を探して読みましょう。後で，自分が読んだ本についてグループで交流します。」

今日の読書は，おもしろいと思うところを見つけながら読んでみましょう。
どうやって見つけるのかな。
全部，おもしろかったら？

「交流の時間に，おもしろいと思ったところを話してもらいます。たくさんある人も，その中の一番おもしろかったところはどこかを，同じグループの人に話しましょう。どのページのどの文かを覚えておくと話しやすいですね。」

2 読む　おもしろいと思うところを見つけながら読もう。

「では，前の時間のように，本を探して，見つけた人から読み始めましょう。」
・この前の続きを読もう。
・同じ作者の本が並んでいるんだったね。

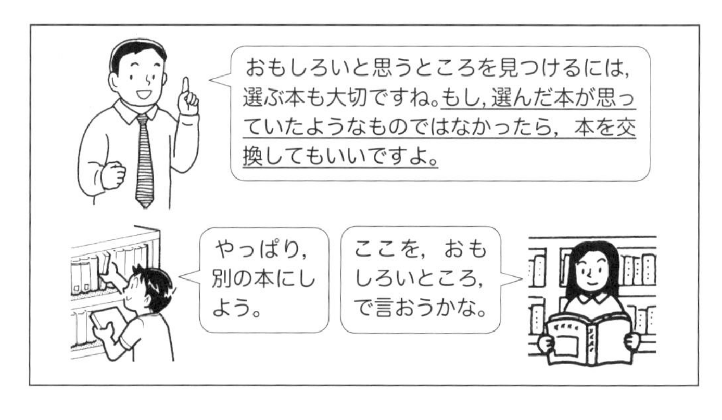
おもしろいと思うところを見つけるには，選ぶ本も大切ですね。もし，選んだ本が思っていたようなものではなかったら，本を交換してもいいですよ。
やっぱり，別の本にしよう。
ここを，おもしろいところ，で言おうかな。

「おもしろいところが見つかった人は，ページ数やどこの絵や文なのかを覚えておきましょう。」
・ここのページがいちばんおもしろい。
・どうしよう，決まらない…。

交流を始める時間（授業終了○分前など）をあらかじめ伝え，読む時間に限りがあることを知らせておく。

よいことになっています。本時の板書では「ぺーじ」「かーど」としています。

としょかんと　なかよし

㋱ おもしろい　ところを
みつけながら　よもう

◇ ほんを　よもう

◎ いちばん　おもしろい　ところ
・ぺーじ、ぶん
・すきな　ひと
・すきな　さしえ

主体的・対話的で深い学び

・読書の中でおもしろいと思ったところが交流できれば，主体的・対話的な時間になる可能性が高い。ただし，何を言えばよいのか分からない児童が少なくないことを前提として，例えば，どんなことを言えばよいのか指導しておく。それでも分からない場合は，好きな登場人物やイラストについて話せばよいことにしておくと児童の負担感が少なくなる。

準備物

・読書カード（児童数）
（児童用ワークシート見本 DVD 収録【1_27_01】）

3 交流する　おもしろいと思ったところを交流しよう。

「どうしても決まらない人や，どこにしたらいいか分からない人は，出てくる中で好きな人や挿絵のことでもいいので，交流のときに何か言えるといいですね。」
・お話に出てくる人でよかったら言える！
・わたしは，この絵のことを話そう。

以下３点を基本としておさえて，交流させる。
① 表紙を見せる。
② 題名，作者名を言う。
③ おもしろかったところを言う。

「では，交流を始めましょう。」

ぼくが読んだ本は『どろんこハリー』です。作者はジーン・ジオンです。おふろが大嫌いなハリーが，どろんこになった自分を洗ってくれと家の人にたのむところがおもしろかったです。
おもしろそうな本だな。次はあれを読んでみよう。

4 記録する　読書カードに記録しよう。

読書カードを配り，項目を確かめ，書かせる。
○ 読んだ日
○ 題名
○ おもしろかった　しるし

読書カードに記載する項目は，実際に学校やクラスの使用するものに合わせて指示する。

読書カードに読んだ本を書いておきましょう。

読んだ日は，７月○日。題名は『三びきのやぎのがらがらどん』。おもしろかったしるしは…，◎！

「これから，自分が読んだ本や読み聞かせしてもらった本をこのカードに書いていきましょう。１年生が終わるまでにどのくらい読めるかな。」
・カードいっぱいにしたいな。

こんな　ことが　あったよ

全授業時間６時間

◉ 指導目標 ◉

・経験したことや想像したことなどから書くことを見つけ，必要な事柄を集めたり確かめたりして，伝えたいことを明確にすることができる。
・文章の内容と自分の体験とを結び付けて，感想をもつことができる。
・言葉には，事物の内容を表す働きや，経験したことを伝える働きがあることに気づくことができる。
・積極的に出来事や経験を思い出し，これまでの学習をいかして日記に書こうとすることができる。

◉ 指導にあたって ◉

①　教材について

ほとんどの１年生にとって，作文はとても難しいものです。しかし，書く力がつくと，書くこと自体が楽しくなり，しかも様々な自己表現にもつながります。また，学年が上がるにつれ，様々な場で文章表記を求められるようになります。実質作文の力で，他教科の力も評価されてしまうような実態もあります。ぜひ，本単元のような，身近で無理のない段階で，書くことへの抵抗をなくしたいものです。

作文だけに限りませんが，回数をこなすことは児童が力をつける上でとても重要な要素です。特に，作文の場合，得意な児童以外は自然に自分から書くということはまず考えられません。授業中に，できるだけ多くの場を設定することで，クラスの全員が作文の力をつけていくことができます。

「書くことがない」，「書き方が分からない」，は作文が苦手な児童の２大理由です。書き慣れるまでは，全員で共通の題材を扱ったり，ある程度限定した題材で書かせたりする方が苦手意識を作る危険性が減ります。書き方も同様で，書き出しなどを指示する方が書きやすくなる児童も多いはずです。作文嫌いをできるだけ作らずにすむよう配慮したいものです。

②　主体的・対話的で深い学びのために

書くことに慣れてくると，自ら素材を探したり，よりよい表現を工夫したりといった主体的な姿勢も見られるようになります。できるだけ多くの児童がそういう状態になれるように，具体的にほめたり，よい点を指摘して広めたりしたいものです。

また，児童の作品を読み聞かせる場も多めに確保したいところです。自分の作品を友達の前で紹介された児童には励みになり，聞いている児童は刺激を受け，学びにつながります。

◎ 評価規準 ◎

知識 及び 技能	言葉には，事物の内容を表す働きや，経験したことを伝える働きがあることに気づいている。
思考力，判断力，表現力等	・「書くこと」において，経験したことや想像したことなどから書くことを見つけ，必要な事柄を集めたり確かめたりして，伝えたいことを明確にしている。 ・「書くこと」において，文章の内容と自分の経験とを結び付けて，感想をもっている。
主体的に学習に取り組む態度	積極的に出来事や経験を思い出し，これまでの学習をいかして日記に書こうとしている。

◎ 学習指導計画　全 6 時間 ◎

次	時	学習活動	指導上の留意点
1	1・2	・教科書 P96-97 を読み，学習課題「楽しかったことを文章に書いて，交流しよう」を確認する。 ・絵と文で伝えるよさを知り，絵カードのかき方を理解する。 ・共通テーマ「砂場遊び」について，クラス全体で考える。	・絵を先に描くことなどを今後のクラスの決まりとすることを想定して指導する。 ・いきなり自由にテーマを考えさせず，できるだけ実際に共通体験させたテーマ設定で考えさせる。
2	3	・共通テーマ「砂場遊び」で絵カードをかく。 ・カードには「簡単な絵」「題」「名前」「3 文程度の文」をかく。	・1 回目の絵カード作成は共通テーマで作成させる。 ・3 文には「いつ」「場所」「人」「したこと・見たこと・聞いたこと」「思ったこと」を書くことを指導する。
	4・5	・自分で題材を選んで絵カードをかく。 ・見直しのポイントで自分の間違いに気づかせる。	・選ぶことが難しい児童には，かきやすそうなものを薦めるなどして無理のないようにする。
3	6	・書いたものを読み合い，感想を交流する。 ・学習を振り返る。	・よいところを見つけて，今後の参考にもする。

DVD 収録（児童用ワークシート見本）※本書 P229「準備物」欄に掲載しています。

こんな　ことが あったよ

第 1,2 時（1,2/6）

本時の目標

「楽しかった体験」を伝える絵カードのかき方を理解する。

授業のポイント

夏休みの絵日記の準備段階である。かくことへの期待感を持たせたいので，絵や文が苦手な児童にも，この絵カードの書式であれば「大丈夫」と感じさせたい。

本時の評価

「楽しかった体験」を伝える絵カードのかき方を理解することができた。

〈事前準備〉 砂場遊びなどのクラス全員で共有できる体験をさせましょう。図工や生活の時間と

板書例

ぶんに　かいて　つたえあおう

〈ぶんに　かいて　あること〉

わたしは、どようびに、
おじいちゃんとはなびを
み・・・。そらに、おおきな
は・・・・・みたいでした。
とても・・・でした。

※教科書 P96 の文例を板書する。

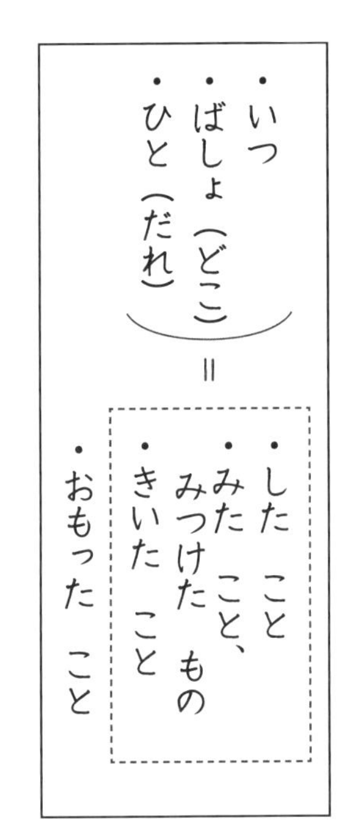

・いつ
・ばしょ（どこ）
・ひと（だれ）
＝
・した　こと
・みた　こと、みつけた　もの
・きいた　こと
・おもった　こと

1 めあて つかむ（第１時）　学習課題を知り，学習の見通しを持とう。

「教科書 96 ページを見ましょう。『楽しかったこと』を絵と文で紹介しています。文を読みます。」

「はなびたいかい」の絵カードを範読後，音読する。

今度の学習は，『楽しかったことを文に書いて，伝え合おう』です。このような絵カードをかきます。
早くかいてみたいな。
絵も文もかくんだね。

「自分がいちばんかきたいと思うことがかきやすいことです。何かかきたいことはありますか。教科書と同じでも，それがかきたいことならそれでいいですよ。」
・何にしようかな…。

「かくことを決めるのが，まず，難しいかもしれませんね。浮かばない人は，一緒に考えていきましょう。最初は，同じテーマで練習しましょう。」

2 知る　絵と文で伝えるよさを知ろう。

言葉で書くのは難しいことも，絵だと分かりやすく描けることもあります。
ぼくは，絵を描く方がいいな。
わたしは，絵が苦手だから，文を書く方が好き。

「この絵カードには，絵も言葉も両方ありますね。」

ここで，伝えたいことを絵と文で紹介するよさを印象づける。中には，絵に苦手意識を持っている児童もいる。この場では，以下の２点を簡単に説明しておく。
○文を書くための絵であること。
○図工の絵ではないので，簡単でよいこと。

絵を描くときの注意は，実際に描くときにする。

計画的にリンクさせることで，効率的に取り組みましょう。

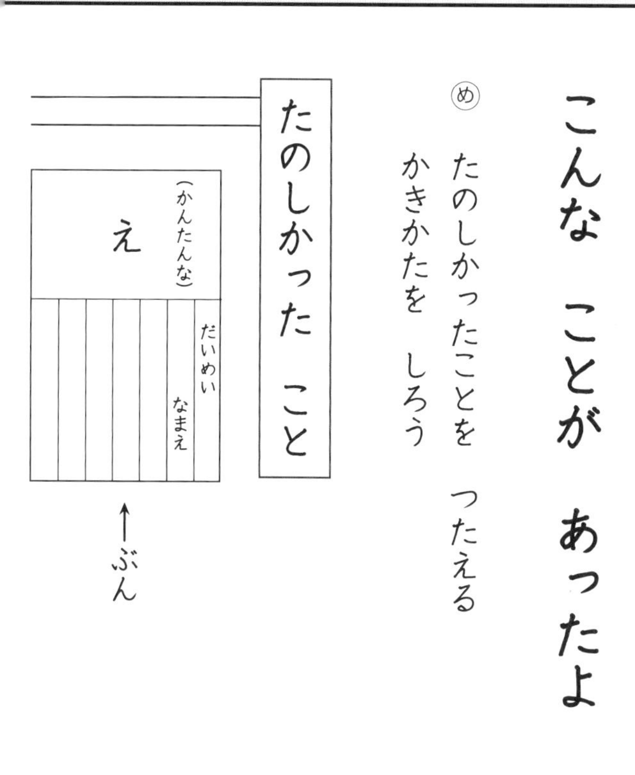
こんな　ことが　あったよ
め　たのしかったことを　つたえる
かきかたを　しろう
たのしかった　こと
（かんたんな）
え
だいめい
なまえ
←ぶん

主体的・対話的で深い学び

・共通した体験を作文のテーマにする場合，書き始める前に楽しかったことや思ったことなどを言葉にしてできるだけ多く出し合わせる。作文が苦手な児童は，書くことが分からない場合が多い。自分も経験したことを言葉にして並べてあれば，そこから自分の考えが生まれやすくなる。

準備物

・砂遊びをしているときの写真
（児童からの意見が出なかったときに思い出させるために使う）

3 確かめる とらえる　教科書の例をよく見て，絵カードのかき方を理解しよう。

「みんなも同じような絵カードをかいてもらいます。」
・うまくかけるかな…。
「何をどうかいたらいいのでしょう。教科書 96 ページをよく見てみましょう。」
・花火の絵。　・題名と名前です。
「その後の，文には何が書いてありますか。」
・「土曜日に，おじいちゃんと花火を見た」だって。
・それから，花火を見た気持ちを書いてあります。

文には，このように『いつ』『人』『したこと』『思ったこと』を書くと分かりやすいですね。他に，『どこで（場所）』も書くといいですね。
文の中に書くといいことがあるんだね。

教科書 P96 下の「したこと」「みたこと，みつけたもの」「きいたこと」「おもったこと」も合わせて確かめる。

（第 2 時）
4 活動（遊ぶ） 考える　（事前に）みんなで砂遊びしよう。（その後）「砂場遊び」を考えよう。

クラスで砂場遊びの経験をさせる。図工や生活と計画的にリンクさせることで，効率的に取り組む。

まず，みんなが砂場で遊んだときのことを思い出してかきましょう。
大きな山を作ったよ。
トンネルをほった。
カップでかざりつけをした。

「後で，それぞれがいちばんかきたいことを考えてかいてもらいます。まず，練習もかねて砂遊びのことをかいてみましょう。」

クラス全員で事前に「砂場遊び」を楽しむことで，この授業もスムーズに進めたい。いきなり自由にテーマを考えさせるよりも，共通のテーマで経験をした方が指導もしやすい。やはり直前に経験していることは話しやすいものである。低学年では，特に，できるだけ実際に共通の経験をした上で，取り組む方がよい。

こんな　ことが　あったよ
第 3 時　(3/6)

本時の目標
共通テーマ「砂遊び」を題材にして，絵と３文でできた絵カードをかく。

授業のポイント
絵日記風様式では，絵を簡潔に書かせることが第１のポイントである。時間をかけすぎず，考えすぎず，のアドバイスをする。

本時の評価
「砂遊び」を題材にして絵と３文でできた絵カードをかくことができる。

板書例

〈かきかた〉

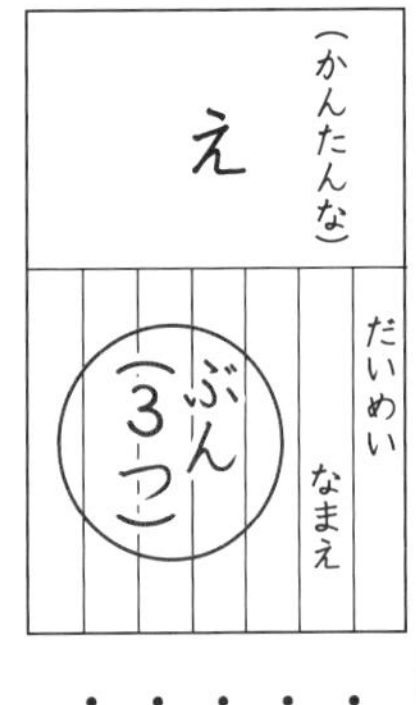

(かんたんな)
え
だいめい
なまえ
ぶん
(3つ)

ぶんに　かく　こと
- いつ、ばしょ、ひと
- した　こと
- みた　こと
- きいた　こと
- おもった　こと

(れい)
- きょう、すなばで　ともだちと
  あそびました。
- ○○を　しました。
  ○○を　つくりました。
- ○○でした。
  (とても　たのしかったです。)

※書き進まない児童に例示する。

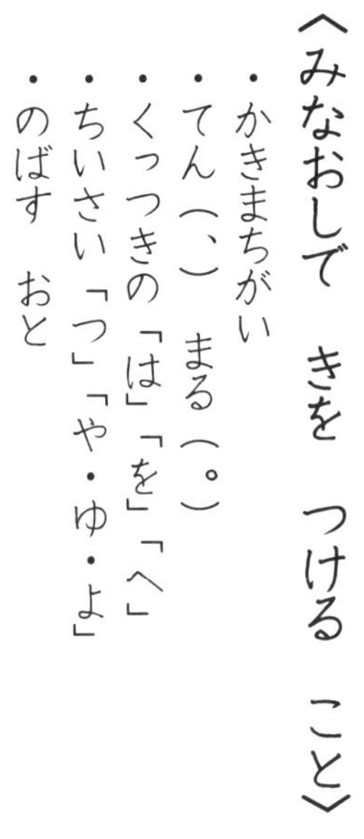

〈みなおしで　きを　つける　こと〉
・かきまちがい
・てん(、)　まる(。)
・くっつきの「は」「を」「へ」
・ちいさい「つ」「や・ゆ・よ」
・のばす　おと

※掲示用紙を貼る。

1 思い出す　砂場で遊んだときのことを思い出そう。

「教科書では花火大会のことですが，みんなは何をかくことにしたのか覚えていますか。」
・砂場遊びのことです。

砂場でどんな遊びをしましたか。
大きな山を作りました。
水も流して遊びました。
トンネルが崩れてやりなおしになったけど，もっと大きなトンネルがつくれました。

前の時間に発表されたことも確認する。また，写真を見せるなどして思い出させるのもよい。

「題は，みんな同じで『すなばあそび』にしましょう。題が書けたら，自分の名前を書きましょう。」

本稿では，１回目のカード作成に共通のテーマに設定している。児童の実態によって，最初からそれぞれの体験をかかせてもよい。

2 確かめる　絵日記のかき方を思い出そう。

では，楽しかったことを絵カードにかきましょう。絵カードにかくことは何でしたか。
名前。
題名。
絵。
文。

「今日は，文３つで書くことを目指します。文に何を書けばいいか覚えていますか。」

「いつ」「場所」「人」「したこと」「思ったこと」などを確認する。ここまでに，２文を書き慣れていれば，自然に３文を書く児童も出てくるだろう。作文が進まない児童がいたら，下記のような型を教えてもよい。
① 「砂場で遊びました。」
② 「○○をしました。」
③ 「○○でした。(楽しかったです。おもしろかったです。またやりたいです。など)」

書きたいのか，児童に話させるとよいでしょう。

こんな ことが あったよ

(め)「すなばあそび」の ことを かいて つたえよう

〈すなばで あそんだ こと〉

※砂場遊びの写真を貼る。

・おおきな やまを つくった
・おおきな とんねるを つくった
・みずを ながして あそんだ

※児童の発表を板書する。

主体的・対話的で深い学び

・読み直しのポイントをより定着させるのであれば，児童の書いた文を黒板に写し，順番にチェックするという方法もある。「書き間違いはどうかな?」「点，丸は，できている?」などと1つずつ確認し，できていなければ赤で直し，できていれば，丸をつけていく。教師だけでやるのではなく，児童の意見を引き出しながら進めることで，より主体的で，共働的な作業となる。

準備物

・絵カード用紙（児童数）
（児童用ワークシート見本 DVD 収録【1_28_01】）
・砂遊びをしているときの写真
・「みなおしできをつけること」を書いた掲示用紙

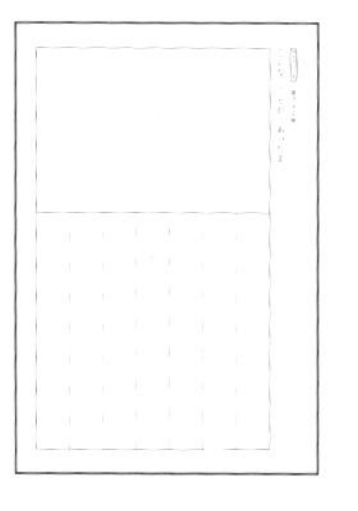

3 描く 書く　絵カードをかこう。

最初に絵から描きます。図工ではないので，簡単でいいですよ。
絵を簡単に描いてから，文を書くんだね。
そんな簡単に絵を描けるかな…。

「絵は簡単に」といっても，描き出したら止まらない児童がいる。一方で，いつまでも迷って進まない児童もいる。それを前提にして進めていく。

「色は塗りません。」
「絵の時間は５分にします。（途中でもかまわない）」

あくまで，絵は文の補助と考える。また，慣れていけば絵も文も速くかけるようになるので，ここで無理にすばらしい絵を描かせる必要はない。

絵の後，「題」「名前」と作文に取り組ませる。

4 見直す　「みなおしできをつけること」に注意して読み直そう。

文が３つ書けたら，読み直してみましょう。見直しで気をつけることに注意して確かめましょう。
いっぱいあるね。
・かきまちがい
・てん（、）まる（。）
・くっつきの「は」「を」「へ」
・ちいさい「っ」「ゃ・ゅ・ょ」
・のばすおと

見直すポイントは画用紙で掲示する。作文の度に板書したり，言い直したりする必要がなくなる。

「丸（。）は，きちんと書いてありますか。」
「くっつきの『は，を，へ』がちゃんと書けていますか。」

この時期，表記上の誤りはたくさんあるものとして，ここでは，自分で間違いを見つけた児童を大いにほめたい。ただし，自分で間違いを見つけることはなかなか難しい。机間巡視しながら，声かけしていく。

「次の時間は，自分で決めた題でカードをかきます。何についてかきたいか考えておきましょう。」

こんな　ことが あったよ

第4,5時（4, 5/6）

本時の目標

自分で題材を選んで，楽しかったことを紹介する絵カードをかくことができる。

授業のポイント

題材をいい加減に決めて始めると後で苦労することになる。あらかじめ予告しておき，自分がかきやすいテーマについて考えさせておくとよい。

本時の評価

自分で題材を選んで，楽しかったことを紹介する絵カードをかいている。

〈書く〉書くことが苦手な児童には，教師が手本を準備します。完成イメージがあれば，苦手な

板書例

○ みんなに　しらせたい　こと
・あさがお
・やすみじかん
・たいいく
・ほん

※児童の発表を板書する。

◇ かいてみよう
① え
② だい、なまえ
③ 3つの　ぶん

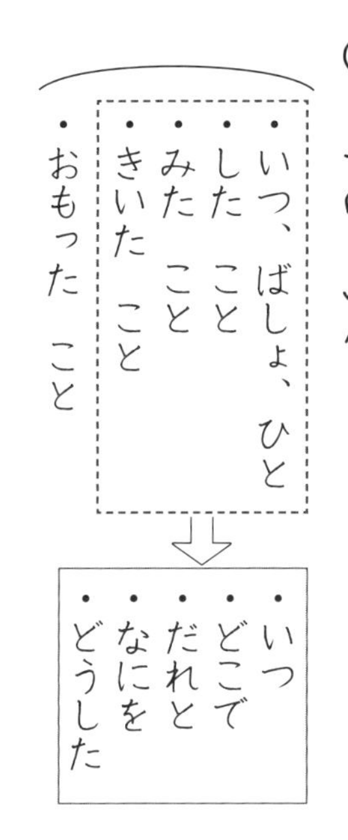
・いつ、ばしょ、ひと
・した　こと
・みた　こと
・きいた　こと
・おもった　こと
・いつ
・どこで
・だれと
・なにを
・どうした

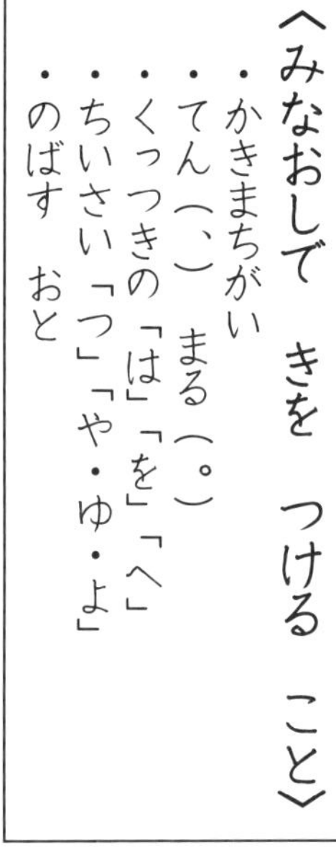
〈みなおしで　きを　つける　こと〉
・かきまちがい
・てん（、）　まる（。）
・くっつきの「は」「を」「へ」
・ちいさい「つ」「や・ゆ・よ」
・のばす　おと

※掲示用紙を貼る。

1 聞く　1回目にかいた「砂場遊び」絵カードの読み聞かせを聞こう。

1回目にみんながかいたカードで，先生が面白かったものの中からいくつか読みます。1枚目は，『すなばであそびました。ともだちと大きなトンネルをほりました。とてもたのしかったです。』3文で，じょうずにかけましたね。
うまいなあ。

3文程度の短い文なので，できれば全員読みたいが，人数によっては難しいかもしれない。教師がよいと思うところがある作品をあらかじめ選んでおく。その際，全てが優れている必要はない。

「詳しく書けているね。」「絵が上手です。」「字が丁寧に書けています。」など，児童によっては文以外のよいところをあえて取り上げるのもよい。

「上手にかけている人がたくさんいましたね。」

2 想起する 決める　自分で題材を決めよう。

今度は，自分が楽しかったことで，知らせたいことをカードにかきます。どんなことをカードにかきたいですか。
あさがおのこと。
休み時間のこと。
体育でプールに入ったときのこと。

いきなり，「自由にかきましょう。」では，まだ無理な児童がほとんどだろう。まずは，かきたいことが心に浮かんでいる児童にいくつか発表してもらう。その中から，選ばせるのが負担の少ない進め方となる。

「かくことを決めたら，題をノートに書きましょう。」
- わたしも，休み時間のことにしよう。きのう，おにごっこで楽しかったから。
- ぼくは，図書館で見つけた面白い本のことを書こうかな。

児童も頑張って取り組みやすくなります。

こんな　ことが　あったよ

(め) たのしかった　ことを　ひとつ　えらんで　かこう

〈ともだちの　かいた　もの〉

すなあそび　○○○○○
やすみじかん、
ぼく…

すなあそび　□□□□

すなあそび　○△△△

※児童の作品を貼る。

〈かく　こと〉

○　たのしかった　こと

主体的・対話的で深い学び

・間違いについては，なかなか自分では見つけられないものである。隣どうしやグループで読み合って，誤字脱字やよりよい表現について考える機会が持てるとよい。実際には，1年生には推敲は難しいが，「間違いはないかな」「友達の上手なところは見つけられたかな」などと声かけをして，読み直すことへの意識も持たせたい。

準備物

・絵カード用紙（児童数）
・「みなおしできをつけること」を書いた掲示用紙（第3時で使用したもの）

3 描く 書く　楽しかったことを紹介するカードをかこう。

「絵にはあまり時間をとりません。文を分かりやすくするための絵だから，色はなくてもいいです。文を書いて時間があれば，絵の続きを描きましょう。」

用紙を配る。できるだけ文を書く時間を確保する。

では，題，名前，３つの文を書きます。文に書くことは前の時間にも説明しました。何でしたか。
いつ，場所，人。
したこと，見たこと，聞いたこと。
最後に，思ったこと。

「そうですね。『いつ』『場所』『人』『したこと（見たこと，聞いたこと）』を別の言い方では，『いつ』『どこで』『誰と』『何を』『どうした』となります。３つの文に，知らせたいことが人に分かるように書きましょう。」

児童の実態で，教師が個別で聞いた内容を書いてやったり，一文だけでも自分で書かせたりして対応する。

4 見直す　絵カードを読み直そう。

「かけた人は読み直してみましょう。まず，自分で間違いを見つけてみましょう。」

見直すポイント（前時に示したもの）を再掲示する。
○書き間違い。
○くっつきの「は」「を」「へ」
○点（，）や丸（。），小さい「つ」などの書き方。

ただし，これもクラスによって違う。間違いがないのに何度も指摘する必要はない。また，同じ間違いが出てきたら，それを追加する。

自分で読み直せたら，隣の人にも間違いがないか，見てもらいましょう。
休み時間のことを書いたんだね。あれ？一番最後の丸（。）を書いてないよ。
本当だ！教えてくれて，ありがとう。

「直しが見つかったら，間違いを直しておきましょう。」

こんな　ことが　あったよ

第6時（6/6）

本時の目標

書いた文の読み合いをして，感想を交流する。

授業のポイント

読み合いをする際のポイントを明確に伝えておかないと，ただ読んだだけになりかねないので事前に指導しておく。

本時の評価

書いた文の読み合いをして，よいところを見つけ，相手に伝えたり，自分の参考にすることができた。

〈振り返り〉振り返りの視点を２～３つ用意します。その項目ごとに，活動を通して児童自身の

板書例

○　みなおしで　きを　つけること
・かきまちがい
・てん（、）　まる（。）
・くっつきの「は」「を」「へ」
・ちいさい「っ」「や・ゆ・よ」
・のばす　おと

◇　よみあおう
①　よむ
②　よかった　ところを　いう
③　（いわれた　ひとは）　ありがとう

○　はんで
○　じゆうに　ふたりぐみに　なって

◇　ふりかえろう

1　めあて つかむ　完成した文を，友達と読み合うときに気をつけることは何かな。

「今日は，前の時間に書いたカードの文を，友達と読み合います。」
・読みたい！　　・恥ずかしいな…。

作文が得意な人も苦手な人もいます。一生懸命に書いた文ですから，できるだけよいところを見つけるつもりで読みましょう。
よいところって？
文が上手とか？

「例えば，どんなことを書くか説明しましたね。」
・場所，人，とかのこと？

「そのどれかが書けていたら，それはよいところです。見直しのポイントも説明しましたね。もちろん，自分で上手とか，好きだとか思ったことが言えるとすごいですね。」

2　読む 対話する　グループで絵カードを読み合い，お互いに感想を伝えよう。

グループで交換して読み合いましょう。よかったところを中心に感想を言いましょう。
○○さんの文は，「したこと」に「場所」や「人」も書けていて上手です。字もきれいです。
ありがとう。

「言ってもらったら，『ありがとう』と言えた人がいます。それも大事ですね。」
・◇◇さんは，間違いもなく，休み時間に遊んで楽しかったことがよく分かりました。
・ありがとう。

「みんな，上手に感想を言えていましたね。」
・ほめてもらって，嬉しかった。
「よいところを言ってもらって，ほめてもらえるとみんな嬉しいですね。」

成果と課題を明らかにすることができるようにします。

こんな　ことが　あったよ

㋱ かいた　ものを　よみあって、
かんそうを　つたえよう

〈よみあう　ときに　きを　つける　こと〉

★よい　ところを　みつける

○ ぶんに　かく　こと
・いつ、ばしょ、ひと
・したこと、みたこと、きいたこと
・おもったこと

主体的・対話的で深い学び

・感想が浮かばない児童には，前時までに指導した見直しのポイントについて，できていたところや上手だったところを言うように促してもよい。自分なりの感想が言えている児童が見つかれば，ぜひそれを取り上げ，広げることで，児童どうしの学びの深まりが期待できる。

準備物

3 読む 対話する　他の友達とも読み合おう。

「今度は，別の人と交換をして２回目の読み合いをします。１回目と同じように感想も言いましょう。」

２回目のカード交換は，席を立って相手を見つけましょう。
読み合いしよう。
いいよ！よろしく。

自由に読み合いの相手を見つけて交流させる。うまく２人組ができなければ，教師が相手になったり，３人組にさせたりして調整する。

「今度も，うまく感想が言えましたか。」
・△△さんは，字が丁寧で読みやすかったです。ぼくも，今度はきれいな字で書こうと思いました。

「友達のよいところを見せてもらって，次の作文に生かせるのは，とてもよいことですね。」

4 振り返る 交流する　学習を振り返り，感想を交流しよう。

「振り返りをしましょう。」
・絵カードをかきました。
「カードには，何をかきましたか。」
・絵を描いた。
・題と名前，それから文は３つの文で書きました。
「文を書くときのポイントも振り返りましょう。」

板書や見直しのポイントの掲示で確認する。

絵カードをかいてみた感想を発表しましょう。友達の絵カードを見て思ったことでもいいですよ。

３つの文で書くときに，「いつ」「どこで」「だれと」「(何を) どうした」を考えると，うまく書けてよかったです。
□□さんは，ぼくと同じ遊びのことを書いていたけど，「思ったこと」は違っていて，面白いと思った。

「みんなの絵カードを掲示板に貼るので，見てください。これからも，こんなカードをかくことがあります。ここで学習したことや，友達のカードを見て気づいたことがそのとき使えるといいですね。」

つづけよう②

こえに　だして　よもう「いちねんせいの　うた」

全授業時間２時間

◉ 指導目標 ◉

・場面の様子や登場人物の行動など，内容の大体を捉えることができる。
・語のまとまりや言葉の響きなどに気をつけて音読することができる。
・これまでの学習をいかしながら，進んで詩の内容を捉え，音読を楽しもうとすることができる。

◉ 指導にあたって ◉

①　教材について

休み明けにふさわしい，明るくさわやかな詩です。みんなと一緒に元気な声で読む楽しさを充分に味わわせたい教材です。また，教科書上では，初めての漢字「一」も出てきます。「一」のイメージを様々にふくらませるのもよいでしょう。

これまでと同様に，音読を重視して進めます。まずは，元気な声が教室に響く気持ちよさを思い出させるためにも，全員で読みたいところです。気持ちが解放されてきたところで，人数を減らしたり，リレー形式で読んだりと変化をつけて音読を繰り返します。

１学期に扱った詩と比べると，覚えることが難しいといえます。しかしそれだけに２学期の初めの意欲が高い時期に挑戦するのもよいでしょう。夏休みをはさんで，音読についての決まりを忘れている児童もいるはずです。また，ひさしぶりで声を出すのが恥ずかしいと感じる児童がいるかもしれません。そんな児童がいることも前提に，１学期に指導したことを確認しながら進めていきましょう。

②　主体的・対話的で深い学びのために

詩の内容からいっても，元気な声で読むことが第一です。ただし，ただ大きい声を出すだけでなく，自分が強調したいところを決めて，ゆっくり読んだり，間をあけたり，といったことができると読み方がずいぶんと変わってきます。何よりも読んでいる児童自身が，いっそう音読を楽しめるようになるはずです。

もし，変化をつけて読むことができた児童がいたら，全員に聞いてもらい，「どこを工夫していたか分かった？」「目立たせたいところ，よく分かったよね？」などとクラス全体で共有し，学習を深めていくようにしましょう。

◉ 評価規準 ◉

知識 及び 技能	語のまとまりや言葉の響きなどに気をつけて音読している。
思考力，判断力，表現力等	「読むこと」において，場面の様子や登場人物の行動など，内容の大体を捉えている。
主体的に学習に取り組む態度	これまでの学習をいかしながら，進んで詩の内容を捉え，音読を楽しもうとしている。

◉ 学習指導計画　全２時間 ◉

次	時	学習活動	指導上の留意点
1	1	・教科書 P98 － 99「いちねんせいのうた」の詩の内容や言葉の響きを考えながら工夫して音読する。 ・「いちねんせいのうた」を視写する。	・挿絵を活用してイメージを広げる。 ・詩をイメージさせながら，漢字の「一」を空書きさせる。 ・１学期に指導した視写の決まりを思い出させる。
	2	・班で音読の工夫を考え，練習する。 ・班で音読発表する。 ・自分たちの「いちねんせいのうた」を作る。 ・「いちねんせいのうた」を歌って楽しむ。	・教師からもいろいろな読み方をアドバイスする。 ・１学期に指導した発表の決まりを思い出させる。 ・指導書付録 CD を利用する。

※短時間で取り組むことが可能な単元です。各配当時間を 15 分ずつなどに分割して扱ってもよいでしょう。

DVD 収録（イラスト，児童用ワークシート見本）

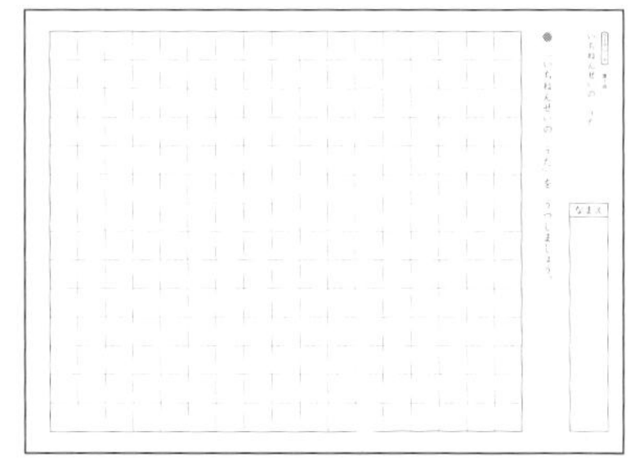

いちねんせいのうた

第1時（1/2）

本時の目標

詩の内容や言葉の響きを考えながら音読し，視写することができる。

授業のポイント

まずは，クラス全員でそろって元気な声を出す。次に，人数や読み方に変化をつける。

本時の評価

元気な声でリズムよく音読し，ていねいに正しく視写をしている。

〈音読〉教師の範読に合わせて，文字を指で追います。どこをどのように読むかを確認するため

板書例

いちねんせいの　うた

あおい　そら・　こくばん・
な・　か・・
うで・　の・・
ちから・　こ・・
ま・・・
いちねんせいの　一
ぼく・　か・
わたし・　か・
いちねんせいの　一
い・・・　は・・・・　一
おひさま　み・・
かぜ・　ふ・

※「いちねんせいのうた」を全文板書する。

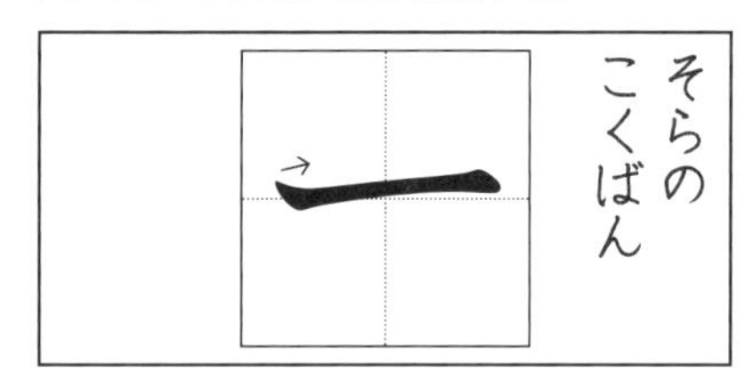

そらの
こくばん
一

◇　かきうつそう

〈きまり〉

・ていねいに　じを　かく
・一ますあけに　きを　つける
・ぎょうを　かえる

1 見る 確かめる　教科書の挿絵を見て，様子を確かめよう。

「教科書98，99ページの絵を見ましょう。絵には何がかいてあるでしょう。まず，絵の右の方はどうですか。」

・子どもも犬も走っているよ。
・空には，大きなお日様があって，鳥が飛んでいます。

「では，絵の左の方はどうですか。ちょっと様子が違いますね。」

・こっちの子どもはみんな立っています。
・立って，青空に手を伸ばして指さししています。

挿絵の右側と左側の違いをじっくり見て，自由に発言させながら，絵の変化をとらえていく。

絵の中のみんなは，何を指さしているのだろうね。
空を指さしているのかな。みんなそろって同じです。
指を１本だけのばして，「1」ってしているみたいです。

2 音読する　全員で「いちねんせいのうた」を読んでみよう。

先生について，読みましょう。「いちねんせいのうた」
「いちねんせいのうた」

「あおい そらの こくばんに」

・あおい そらの こくばんに

「なに かこう」

・なに かこう

最後まで読んでいく。句読点がないので，「行」が読むときの区切りの目安となる。児童の様子を見ながら，１行ずつから，２行ずつなどと変化をつけていく。読むときのリズムや速さにも気をつける。

児童に音読させながら，「いちねんせいのうた」を全文板書する。

です。苦手な児童も文字を見て音読しやすくなります。

いちねんせいの うた

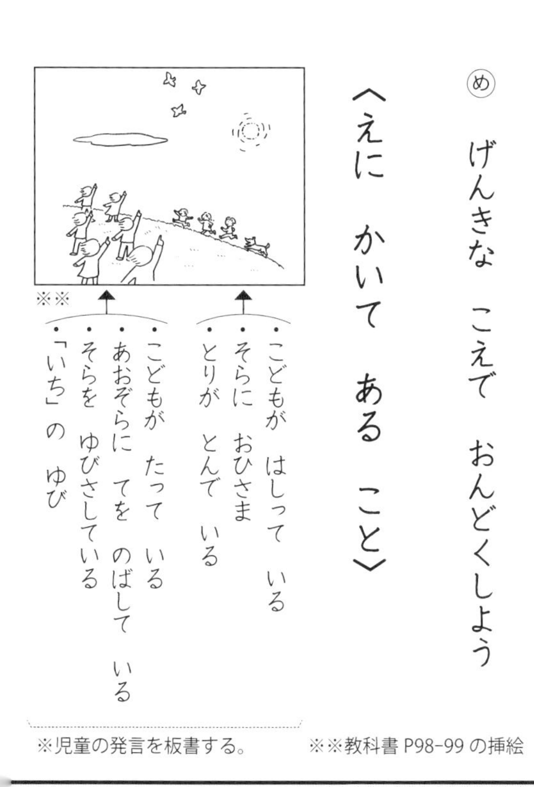

め げんきな こえで おんどくしよう
〈えに かいて ある こと〉
・こどもが はしって いる
・そらに おひさま
・とりが とんで いる
・こどもが たって いる
・あおぞらに てを のばして いる
・そらを ゆびさしている
・「いち」の ゆび
※※

※児童の発言を板書する。　※※教科書 P98-99 の挿絵

主体的・対話的で深い学び

・夏休み明けの教材なので，挿絵を見て想像を膨らませるところから始めたい。挿絵の右側と左側を対比させながら，「空はどんな様子かな」「みんなで何をしようとしていると思う?」「みんなはどこを見ているのだろうね」などの問いかけをしていくとよい。児童が想像を広げたところで「いちねんせいのうた」の詩を楽しませたい。

・視写の力の差がまだかなりあると考えられる。絵を描く活動を入れることで時間調整にもなり，早い児童には発展的課題にもなる。

準備物

・黒板掲示用イラスト　DVD 収録【1_29_01】

・視写用紙（児童数）
（児童用ワークシート見本　DVD 収録【1_29_02】）

3 読み取る 対話する　詩の内容を読み取ろう。漢字の「一」を空書きしよう。

「『そらのこくばん』って本当にあると思いますか。」
・教室の黒板と一緒ではないよね。
・空のことを黒板のように思って書くってことだよね。

『そらのこくばん』に何を書くのでしょう。
一。
かんじの「一」です。

「みんなが習う，初めての漢字ですね。」

「『ぼくもかく』『わたしもかく』とあるから，みんなも空の黒板に書いてみましょうか。」
・絵の中の子どもみたいだね。

窓の方を見たり，天井を空と考えて上を見たりして，全員で片手を挙げて「一」を空中に書く。

4 書く　「いちねんせいのうた」を視写しよう。

『いちねんせいのうた』を写し書きしましょう。視写のときに気をつけることは何でしたか。
ていねいな字で書く。
１マスあけに気をつける。
行をかえる。

注意点を確認し，ノートか，「空」をイメージした水色の視写用紙を配って書かせる。

1年生のこの時期は，継続的に視写に取り組んでもまだスピードや正確さに差がある。続けて練習することでその差は埋まってくるはずなので，視写に取り組む意義もある。但し，課題意識がないと，乱雑な字でいい加減に書きなぐって早さを競うことになりかねない。注意点を常に意識させるようにする。

早くできた児童には，詩に関係のあるイラストを丁寧に描かせるよう指示して時間調整する。

いちねんせいのうた

第2時（2/2）

本時の目標

「いちねんせいのうた」を音読したり，歌ったりして楽しむ。

授業のポイント

班ごとに音読の工夫を話し合わせてから，音読発表させる。いろいろな読み方をアドバイスしながら，大きな声で楽しく音読させたい。

本時の評価

詩に興味をもち，工夫しながら楽しんで音読している。

〈聞く〉聞く側は，発表に対して感想を述べるようにします。思ったことや工夫したこと，アド

板書例

〈はっぴょうの　きまり〉
○はじめの　あいさつ
「いまから　○はんの　おんどくを　はじめます。
「きをつけ、れい。」
○おんどく
○おわりの　あいさつ
「これで　おわります。」
「きをつけ、れい。」
◎きく　とき
・しっかり　きく
・おわったら　はくしゅ

◇くらすの「いちねんせいのうた」をつくろう
○「そらの　こくばん」に　かきたい　こと
・2くみの　2
・じぶんの　なまえ

◇うたを　うたおう

1 音読する 対話する　どう読むとよいか班で話し合い，音読練習しよう。

「『いちねんせいのうた』をみんなで音読しましょう。」

一斉音読する。その後，人数を減らしたり，リレー形式で読んだりと変化をつけて音読を繰り返す。

では，班ごとに読む練習をしましょう。あとで発表してもらいます。どんなふうに読むとよいか話し合ってみましょう。
元気な声で読むといいと思う。
「ちからをこめて」ってあるから，力が入っている感じかな。
「うでをのばし」て，読んでみようか。

「話し合いができたら，班で音読練習しましょう。」
「班でそろって読めるようになりましたか。それでは，『ぼくもかく』を男の子，『わたしもかく』を女の子が読むようにしてみましょう。」

続けて，いろいろ変化をつけることをアドバイスしていく。

2 音読発表　「いちねんせいのうた」の音読発表をしよう。

「発表のときの決まりを思い出しましょう。」
・まず，はじめのあいさつ。
・音読したら，終わりのあいさつもします。
・聞く人は，しっかり聞く，です。

始めるときの声かけやあいさつ，聞いている側の拍手など，発表の機会ごとに行うことは一貫して指導する。

班ごとに音読発表しましょう。
いまから１班の音読を始めます。きをつけ，れい。

今後も班で音読をする機会をできるだけもち，同じ決まりで発表させると，練習時間が短くて済むようになる。

バイスなど，あらかじめ視点を示すとよいでしょう。

いちねんせいの　うた

(め) おんどくを　くふうして　はっぴょうしよう
くらすの「うた」を　つくろう

おんどくはっぴょう

〈おんどくの　くふう〉
・ちからを　こめて
・げんきに
・うでを　のばす（うごき）
・「ぼく」と「わたし」に　わかれて

※児童の発言から音読の工夫を取り上げて板書する。

主体的・対話的で深い学び

・「『うでをのばし　ちからをこめて』ってどんな感じだと思う?やってみて」と，理解したことを動作で表現させてもよい。児童によって違いが出やすく，また様々な表現が可能になる。違いが出たときは，それについても考えさせたい。
・自分の「うた」を作る学習では，あまり細かいことにこだわらず，児童が思いついた素材をあてはめて楽しみたい。例えば，「一」を変えたときは，「まっすぐ」の部分を「上手に」や「しっかり」などと変えてもよい。1つの意見が出たら，それを素材に他の部分をどう合わせたらよいかも話し合いながら，進めていく。

準備物

・指導書付録 CD

3 対話する つくる　自分たちの「いちねんせいのうた」を作ってみよう。

みんなだったら，「そらのこくばん」に何をかきたいですか。
2くみの「2」
じぶんのなまえ。

いろいろな部分を考えるのは難しい場合，「いちねんせいの一」だけを変えることを考えてもよい。

「では『いちねんせいの一』のところを『2くみの2』に変えて読んでみましょう。」
・～まっすぐ2くみの　2，
ぼくもかく わたしもかく　2くみの2，～

「つぎは，『いちねんせいの一』を『じぶんのなまえ』に変えて読みましょう。」

4 歌う　「いちねんせいのうた」を歌おう。

今度は，みんなで歌ってみましょう。
歌になっているんだ。
歌うのだいすき！

指導書付録の CD を聞き，メロディーがついた詩を楽しむ。簡単なメロディーなので，一緒に歌いたい。

「今度は，動きを入れて歌ってみましょう。」

音楽の授業ではないので，上手に歌うことよりも，詩の内容をイメージした動作なども取り入れて，元気に楽しく歌えることを目指したい。自分たちで作り替えた「いちねんせいのうた」を，替え歌にして歌ってみるのも楽しい。

時間はあまり余裕がないと考えられるので，教師が率先して歌をリードしていく。

つづけよう②

ききたいな，ともだちの　はなし

全授業時間 2 時間

◎ 指導目標 ◎

・話し手が知らせたいことや自分が聞きたいことを落とさないように集中して聞き，話の内容を捉えて感想をもつことができる。
・言葉には，経験したことを伝える働きがあることに気づくことができる。
・身近なことや経験したことなどから話題を決め，伝え合うために必要な事柄を選ぶことができる。
・これまでの学習をいかし，積極的に友達の話を聞き，質問や感想を述べようとすることができる。

◎ 指導にあたって ◎

① 教材について

夏休みの経験について話し，同時に，友達の話を聞く学習です。「話す」については，休み時間に雑談で話すことは楽しんでできても，授業といういわば公的な場でそれにふさわしい言葉遣いで話すとなると戸惑う児童も少なくありません。それでも，ポイントを明確にした指導を受けて経験を重ねることで自然に話せるようになっていきます。

まず，話す以上は，相手に聞こえること，分かりやすいことが大前提となります。しかし，これが児童によっては，とても難しい場合もあります。小さな声で早口で下を向いて終わらせてしまうようなこともあります。相手を意識することができていないのです。まず，しっかり相手の方を見て，伝えようという気持ちを持つことを，時間をかけて指導していく必要があります。

「話す」「聞く」は，授業でも朝の会や終わりの会でも常に活用する技能でもあります。この単元での学習とそれらの場面での指導を一貫して積み重ねていくことで，学習の意義も高まり，朝の会・終わりの会といった場面の質も高まります。

② 主体的・対話的で深い学びのために

夏休みの話は，話題さえ決まれば，楽しみながら話せる児童が多いことでしょう。ここでは，それを友達に分かるように話せるか，内容をイメージしながら聞くことができるかということがポイントになります。

上手な質問ができると，話す側も聞く側もレベルが上がるきっかけになります。ただし，この質問というものも，児童によって得意，不得意が大きい分野です。具体的な質問の仕方や内容を指導し，上手にできた児童を取り上げてほめることで，少しずつ学習内容が広まっていくことでしょう。

◎ 評価規準 ◎

知識及び技能	言葉には，経験したことを伝える働きがあることに気づいている。
思考力，判断力，表現力等	・「話すこと・聞くこと」において，身近なことや経験したことなどから話題を決め，伝え合うために必要な事柄を選んでいる。 ・「話すこと・聞くこと」において，話し手が知らせたいことや自分が聞きたいことを落とさないように集中して聞き，話の内容を捉えて感想をもっている。
主体的に学習に取り組む態度	これまでの学習をいかし，積極的に友達の話を聞き，質問や感想を述べようとしている。

◎ 学習指導計画　全２時間 ◎

次	時	学習活動	指導上の留意点
1	1	・教科書 P100－101 を見て，学習課題「友達の夏休みの様子を，しっかり聞こう」を確かめる。 ・夏休みの出来事を思い出し，話の題材を決める。 ・決めた題材について，知らせることの内容とその順番を考える。 ・話し方，聞き方を確かめ，２人組で話す練習をする。	・友だちに伝わるように話すことを確認する。 ・題材を絞り切れない児童にも，具体的に話す内容を考えさせることで，話しやすいかどうか判断させる。 ・発表するときの決まりも確かめる。
	2	・発表前に，話す内容と，話し方，聞き方を再確認する。 ・１人ずつ，夏休みの経験を発表する。 発表を聞いた人は，発表者に質問や感想を言う。 ・発表した感想を交流する。 ・学習を振り返る。	・短く，丁寧な言葉で話す，ということをクラスの習慣になるぐらい徹底して定着させることを目指す。 ・聞く側からの質問があることで，より分かることがあることに気づかせる。

※短時間で取り組むことが可能な単元です。各配当時間を 15 分ずつなどに分割して扱ってもよいでしょう。

きき たいな，ともだちの　はなし
第1時　(1/2)

本時の目標
学習の見通しを持ち，話の題材を決め，話す練習をする。

授業のポイント
具体的な内容まで考えられると，話しやすいテーマかどうか判断しやすくなる。

本時の評価
学習の見通しを持ち，話す題材について詳しい内容や必要なものについて考え，話している。
また，友達の話を聞いている。

〈話す構成〉順番を決めるために，話す内容を短冊や付箋に書き出します。順番を入れ替えたり，

板書例

〈はなす　こと〉
○ 一つ　きめる
○ どんな　ことを
　どんな　じゅんばんで
○ はなすときに　つかうもの
　（え、しゃしんなど）

はなしかた
・ていねいな　ことば「～です」「～ます」
・みじかく　はなす
　（×～で、～して、～だから、～）
・ゆっくり、はっきり
・はっぴょうするとき
　「いまから、はなします。」
　「これで、おわります。」

ききかた
・しつもん
・かんそう

1 めあて つかむ　学習課題を確かめよう。

「教科書100ページを読みましょう。」

友達の夏休みの様子を，しっかり聞く学習です。
あさがおの水やりのことを，みんなの前で話しているよ。
その話を「様子を思い浮かべながら聞く」学習なんだね。

「となりの101ページも読んでみましょう。」
・質問もしているよ。
・話した人は，質問に答えているね。

「ただ，友達の夏休みの話を聞くだけでなく，知りたいことを質問したり，感想を言ったりする学習です。話をする人は，聞く人が分かりやすいように話をしないと，聞いても分かりません。」

教科書から，夏休みの経験を話したり聞いたりする際の具体的なイメージをつかませる。

2 思い出す 見通す　夏休みにしたことを思い出そう。学習の見通しをもとう。

「まず，夏休みに何をしたのか，お話してもらいます。1つだけ話すことを選びます。」

まずは，夏休みにあったことを思い出してみましょう。
海水浴に行った。
野球を見に行ったよ。
キャンプもした。
おばあちゃんのうちに行ったよ。

「何がいちばん話したいことでしょう。それは話しやすいことかどうかも考えるといいですね。」

「しっかり聞いてもらえるように，ちゃんと準備してからみんなの前で話すことにします。」
・話すことをちゃんと決めておかないと。
・話すときに，写真を見せたら分かりやすいと思う。

「何を話すかだけでなく，写真や絵を見せて話すとか，何が楽しかったとか，話す順番も考えておきましょう。」

追加・削除したりするのが容易になります。

ききたいな，ともだちの　はなし

㋱ なつやすみの　ことを　おもいだして
はなそう

ともだちの　なつやすみの　ようすを
しっかり　きこう

〈なつやすみの　こと〉
・かいすいよく
・やきゅうを　みに　いった
・きゃんぷ
・おばあちゃんの　うち

※児童の発言を板書する。

主体的・対話的で深い学び

・何をテーマにするかで，話の質が大きく変わってくる。すぐに話したいテーマが浮かんでこない児童に対しては，日常的なお手伝いや友達の遊びの中からも，自分が話しやすい話題があるかもしれないことを，いろいろと聞き出しながら指導していきたい。

準備物

3 決める 考える　話すことを１つに決め，話す内容や話す順番を考えよう。

まず，自分が話すことを決めましょう。
ぼくはキャンプのことにする。
わたしは，おばあちゃんのうちに行ったこと！
どうしようかな…。

「決めたテーマをノートに書きましょう。書いた人は，どんなことをどんな順番で話すかを詳しく考えましょう。今すぐ決められない人は話すことを詳しく考えながら１つに決めましょう。」

・キャンプで，バーベキューをして…。山にも登ったなあ。花火もしたよ。
・おばあちゃんのうちでしたことは，虫とりと…。

決められない児童も，詳しく考え始めると，話したいことや話しやすいことが分かってくることが多い。

話したいことを簡単な絵にかかせて準備させてもよい。

4 確かめる 練習する　話し方で注意することを考え，２人組で話す練習をしよう。

「話すことが決まって，言うことを詳しく考えられたら，次は話し方です。教科書で確かめましょう。」

・「です」や「ます」の，ていねいな言葉で話している。

「他に，短い文で，ゆっくり，はっきりと話すことも大切です。それから，聞く人の気持ちの準備ができるように，話の始めと終わりに挨拶もします。」

・始めに，「今から，夏休みの話をします。」
・最後に，「これで終わります。」だね。

みんなの前で発表するのは次の時間です。その前に隣の人と練習してみましょう。聞いた人は，質問や感想を言えるといいですね。
今から，夏休みの話をします。ぼくはキャンプに行って…。これで終わります。
バーベキューで何を食べましたか。

交代で「話す・聞く」練習をさせる。次時に，必要に応じて，絵や写真をもってくるように伝えておく。

きききたいな，ともだちの　はなし
第 2 時 （2/2）

〈話す〉人前で話すことは，誰でも勇気がいることです。教師は，児童に失敗感を与えないように

本時の目標

夏休みに経験したことを発表できる。また，友達の発表をよく聞いて，質問や感想が言える。

授業のポイント

話すときは，短く話す，丁寧語で話すということを，クラスの習慣としてしまうくらいに徹底して定着させたい。

本時の評価

夏休みに経験したことを，話し方の注意に気をつけて，発表している。また，友達の発表を集中して聞き，発言している。

板書例

はなしかた
・ていねいな　ことば「～です」「～ます」
・みじかく　はなす
（×～て、～して、～だから、～）
・ゆっくり、はっきり
・はっぴょうするとき
「いまから、はなします。」
「これで、おわります。」

ききかた
・しつもん
・かんそう
）ていねいな　ことばで
・あいてを　みて　きく

◇ふりかえろう

1 確かめる　発表することと，話し方の注意を確かめよう。

「今日は，いよいよ発表です。話をするのに使う絵や写真がある人は準備しましょう。それから，ノートを見て，何を話すか確かめておきましょう。」
・ぼくが，話すことはキャンプのこと。
・わたしは，プールに行ったときの話をしよう。

話し方の注意がありました。みんなが聞きやすい話し方とは，どんな話し方でしたか。
短く話すように気をつける。
わたしは，声が小さかったから，もっと大きな声で。
ゆっくり，はっきり話すことも大事だったね。

「発表するときは，どうするのでしたか。」
・話す人は，始めと終わりに挨拶する。
・始めに，「今から，話します。」
・終わりには「これで終わります。」

発表する側の注意点を確かめる。

2 確かめる　聞き方，質問の仕方の注意も確かめよう。

聞く人の方は，何を注意するのでしたか。
質問をします。
質問だけじゃなくて，感想でもいいです。

「しっかり聞かないと，質問も感想も言えませんね。聞くときには，話をしている人の方をよく見ることも大切です。」

教科書 P101 で，質問者や周囲の人の様子を確かめる。

「質問している人の様子はどうですか。」
・立って質問している。
・ていねいな言葉で質問しています。

「他の人の様子はどうですか。」
・みんな，質問している人のことを見ています。

フォローすることを心がけます。

ききたいな，ともだちの　はなし

㋱ ともだちの　なつやすみの　はなしを
しっかり　きこう

◇ なつやすみの　ことを　わかりやすく
はなそう、しっかり　きこう

〈はっぴょうまえに　たしかめること〉
○ はなす　こと
○ はなす　じゅんばん
○ みせる　もの（え、しゃしんなど）

主体的・対話的で深い学び

・みんなに質問ができるようになってもらいたいところである。指導がなければ，同じ児童だけが質問をしたり，まったく質問する意識がなくぼんやり聞いていたりということになりかねない。質問がうまくできると，話し手の内容もさらに引き出され，周りの児童もより明確に内容がイメージできる。ぜひ，質問が苦手な児童にも同じように機会を持たせることで慣れていってもらいたいところである。

準備物

3 話す 聞く　夏休みの経験を話そう。しっかり集中して聞こう。

「では，決めた順番どおりに，1番の○○さんから発表を始めましょう。聞く人は，しっかり聞きましょう。」

・今から，夏休みにキャンプに行ったときのことを話します。キャンプでは，カレーライスを作りました。とってもおいしかったです。これで終わります。

○○さんの話を聞いて，何か質問や感想がある人はいますか。
はい！キャンプにはだれと行きましたか。
家族と，親戚も一緒に，大勢で行きました。

「○○さんは，短く，はっきり話をしていて分かりやすかったですね。△△さんの質問もすごくよかったです。しっかり聞いていたから，いい質問ができました。」

最初のうちは，教師がよかった点を取り上げて，クラス全体で広げていく。

隣の人と順番に話す練習をします。

4 交流する 振り返る　発表した感想を交流しよう。学習を振り返ろう。

発表した感想，発表を聞いた感想を言いましょう。
はっきり，大きな声で発表できました。
△△さんの質問がすごく上手でした。

「△△さんの質問に答えてもらって，○○さんの話していることがもっと詳しく分かりましたね。」

「では，学習したことを振り返りましょう。」

・夏休みにしたことを1つ選んで話をしました。
・話す前に，話し方や聞き方を勉強した。

「話す方は，聞く人が聞きやすい話し方に気をつけて，聞く方は，話す人の方を見て，しっかり聞きましたね。」

「これからも，みんなの前で話をするときがたくさんあります。この勉強をいかせるといいですね。」

つづけよう②

たのしいな，ことばあそび

全授業時間２時間

◉ 指導目標 ◉

- 身近なことを表す語句の量を増し，語彙を豊かにすることができる。
- 長く親しまれている言葉遊びを通して，言葉の豊かさに気づくことができる。
- これまでの学習をいかし，積極的に言葉遊びに取り組み，自分でも言葉遊びを作成しようとすることができる。

◉ 指導にあたって ◉

① 教材について

平仮名は，一通り学習し，連絡帳やノートなどで様々な形で活用しています。その平仮名をさらに使いこなすために，言葉見つけやしりとりなどで楽しみながら，取り組ませていきます。その過程で，新たな言葉を知ったり，書いたりする児童もいるはずです。

児童によって，語彙の差は大きいのが実態です。ただ，言葉を見つけるだけでなく，その言葉の意味を確認したり，初めて聞く児童に説明したりして，クラス全体で言葉の力を高めていく取り組みにもしたいところです。

② 主体的・対話的で深い学びのために

言葉遊びは，うまく取り組ませることができれば，遊び感覚で楽しめる学習です。適度に競争を取り入れたり，問題を出し合ったりと，ペアやグループを使って進めることで効果的な時間にすることができます。

語彙力も，児童によって大きく違いがあります。他の児童といっしょに学習することで，語彙が少ない児童は新しい語彙に出会い，語彙の多い児童は教えることで学び直しができます。

ゲームの要素を持った，児童にとって楽しい活動です。マスのワークシートを準備しておき，宿題や自主的な学習としてこの単元が終わった後も，継続して取り組めるような環境をつくっておけば，より効果的な学習になるでしょう。

◉ 評価規準 ◉

知識 及び 技能	・身近なことを表す語句の量を増し，語彙を豊かにしている。 ・長く親しまれている言葉遊びを通して，言葉の豊かさに気づいている。
主体的に学習に取り組む態度	これまでの学習をいかし，積極的に言葉遊びに取り組み，自分でも言葉遊びを作成しようとしている。

◉ 学習指導計画　全 2 時間 ◉

次	時	学習活動	指導上の留意点
1	1	・教科書P102の表を見て，平仮名を読み，縦，横，斜めに隠れている言葉を見つける。 ・見つけた言葉を書き，発表する。	・ゲーム感覚で楽しく，できるだけたくさんの言葉を扱いたい。
	2	・前時の学習を振り返る。 ・3 文字の言葉を集める。 ・9 マスに言葉やひらがなを書き入れ，問題を作る。 ・友達と自作の問題を出し合って，楽しむ。	・ワークシートを用意する。 ・問題作りに入る前に，3 文字の言葉をできるだけたくさん集めさせ，問題作りの準備とする。

※短時間で取り組むことが可能な単元です。各配当時間を 15 分ずつなどに分割して扱ってもよいでしょう。

DVD 収録（児童用ワークシート見本）

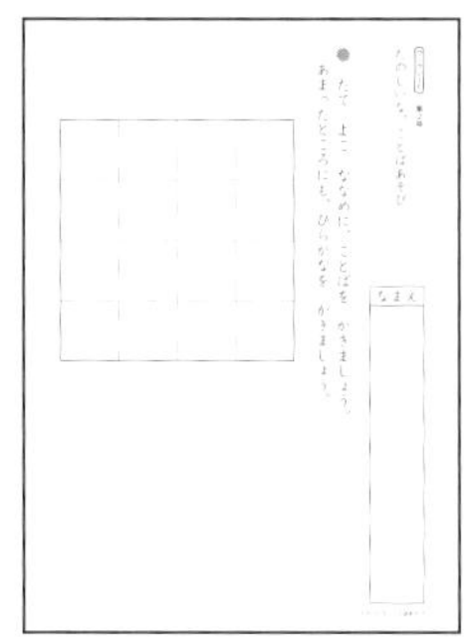

たのしいな，ことばあそび
第 1 時 （1/2）

本時の目標
平仮名を読んで言葉を見つけ，正しく書くことができる。

授業のポイント
１人の児童が見つけた言葉を，クラス全員が見つけていることを確認しながら進める。

本時の評価
ワークシートの言葉を見つけて○で囲むことができた。言葉を書くことができた。

板書例

〈言葉遊び〉知っている言葉は見つかるけれど，知らない言葉は見つけにくいものです。隣どうし

よこ

い	ち	ね	ん	せ	い	さ	や
ぬ	た	こ	お	ん	ぷ	し	か
あ	り	ま	く	ま	な	り	ん
ひ	と	え	き	ご	つ	と	そ
つ	け	も	ぐ	ら	や	り	ら
じ	い	も	だ	は	す	ず	め
え	ほ	ん	い	ち	み	い	だ
ひ	び	し	く	さ	ん	ぽ	か

いちねんせい
しか
くま
もぐら
すずめ
えほん

ななめ

ひとつ

すいか
ともだち
りす
いし

か・め
ひ・き

〈すすめかた〉
① ことばを　みつけて　かく
② みつけた　ことばを　はっぴょうする
③ ことばを　みんなで　たしかめる

※児童の発表を板書する。あわせて表の言葉も囲んでいく。発表された言葉を全員で

1 めあて つかむ　言葉の見つけ方を確かめよう。

「教科書 102 ページの『ひらがなあつまれ』の表を見てみましょう。何か気づきませんか。」

・「いぬ」って，赤い線で囲まれている。

この表の中に，『いぬ』のような言葉が，他にもありませんか。見つけたら，指で押さえてみましょう。
んせいさや
おんぷしか
くまなりん
「やかん」って書いてある。
本当だ。あった！

「では，やかんを『赤鉛筆』で囲んでみましょう。」

・「いぬ」と同じように囲めばいいんだね。

「このように，この表にはたくさんの言葉が隠れています。それを今から見つけます。では，教科書の下の文を読んでみましょう。」

・たて，よこ，ななめ，もあるんだね。

教科書を斉読し，学習課題を確認する。

2 探す 書く　言葉を見つけてノートに書こう。

では，『やかん』と『いぬ』のほかにも，もう１つ見つけて○で囲んでみましょう。
「やかん」の下に，「そら」も見つけた！
よこに「いちねんせい」があるよ！

机間巡視して確認する。特に，ななめの言葉を見つけている児童がいたら取り上げる。

「○○さんは，『ともだち』を見つけました。分かるかな。『ともだち』は，ななめだから見つけにくいですね。分からない人には近くの人が教えてあげてください。」

・「ともだち」はここにあるよ。

・あ～，見つけた。ありがとう。

「できるだけたくさん見つけましょう。見つけた言葉は，ノートにていねいに書きましょう。」

各自で探してノートに書く時間は，５分程度にする。

で言葉遊びをすることで，言葉がさらに増えます。

たのしいな、ことばあそび

㋱ ことばを　たくさん　みつけて　かこう

たて

い	ち	ね	ん	せ	い	さ	や
ぬ	た	こ	お	ん	ぷ	し	か
あ	り	ま	く	ま	な	り	ん
ひ	と	え	き	ご	つ	と	そ
つ	け	も	ぐ	ら	や	り	ら
じ	い	も	だ	は	す	ず	め
え	ほ	ん	い	ち	み	い	だ
ひ	び	し	く	さ	ん	ぽ	か

やかん
そら
めだか
しりとり
ねこ
とけい

見つけ，囲んでいることも確かめながら進める。

主体的・対話的で深い学び

・席が隣どうしの児童が協力して見つけるという設定も可能である。見つける数には差が出ると予想されるが，協力することで刺激になり，意欲も高まる。また，次の時間に言葉集めをするときの準備にもなる。

準備物

・教科書 P102の拡大コピー（3枚）

3 発表する 対話する　見つけた言葉を発表しよう。

「どんな言葉がありましたか。見つけた言葉を発表しましょう。」

・めだか。　　・しりとり。

・くま。　　・りす。

『めだか』はありましたか。見つけた人，手を挙げて。近くに手を挙げていない人がいたら教えてあげて。
ほら，「やかん」「そら」の下だよ。
どこどこ？

「『しりとり』はどうですか。」

全員が手を挙げていること，または挙げていない児童に周りが教えていることを確認しながら１つずつ進める。

板書では，P102 の表を３つ準備して記入していくとよい。（板書例参照）

4 探す 書く　もう一度探してみよう。見つけた言葉をノートに書こう。

「『か』の１つの文字も，○で囲んでいますね。」

・あ，虫の蚊のことだね。

「このような１文字でも意味がある言葉でもいいのですよ。」

・それなら，もっとたくさん見つけられそう。

「め」や「ち」など１文字の言葉も認められること，囲んだ言葉が二重に囲まれたり，別の言葉に使われたりしてもよいことを確認する。

では，ななめや１文字の言葉，２度使われる文字などにも気をつけて，もう１回探してノートに書きましょう。
たくさん見つけるぞ！
ななめに「すいか」って見つけた。

時間を区切って，見つけた言葉を全員で確認する。

たのしいな，ことばあそび

第2時（2/2）

本時の目標

言葉集めをして問題を作る。

授業のポイント

前時の学習を振り返ったり，確認したりすることにより，言葉集めの問題を作りやすくする。

本時の評価

ペアやグループで言葉集めをして問題を作ることができた。

〈言葉遊び〉語彙が増えたら，筆談しりとりがおすすめです。語彙を増やすトレーニングと，

板書例

〈もんだいづくり〉

9マス

ご	く	こ
り	つ	
ら		

（つくりかた）

① 3もじの　ことばを　一つ　かく

② つづけて　ことばを　かく

・2もじでも　よい

・できるだけ、つづける（たて、よこ、ななめ）

③ あまった　ますには　なにか　ひらがなを　かく（ことばに　ならなくて　よい）

◇ ともだちの　もんだいを　やってみよう

・おとなりと　こうかん

・もっと（はんの　ひと、いどうして）

1 めあて つかむ　前時の学習を振り返り，学習課題を確かめよう。

「前の時間にした勉強を振り返ってみましょう。」

・言葉遊び。

・たて，よこ，ななめに言葉があった。

・おもしろかったね。

「今日は，その言葉遊びの問題をみんなに作ってもらいます。」

・どんなふうにするのかな。

・どんな言葉を使うのかな。

9マスの問題用紙を配る。

まず，9マスの枠を使って問題をつくってみましょう。
これならできそう。3文字の言葉を集めればいいんだ。
2文字はいいのかな？

2 考える 書く　言葉集めをして，集めた言葉をノートに書こう。

「最初は一緒にやってみましょう。3文字の言葉は何があるかな？できるだけたくさん考えてみましょう。」

・こくご。

・ごりら。

次に，考えた3文字の言葉を，できるだけたくさんノートに書きましょう。隣の人と協力して同じ言葉を書いてもいいことにします。
「つくえ」「かばん」って，考えたよ。
わたしは，「きつね」「きりん」。

「言葉集めの練習でもあります。どんどんノートに書きましょう。」

・問題に使えるかな。

・考えた言葉が2人分だと，たくさんあるね。

書く力を伸ばす練習量を確保できます。

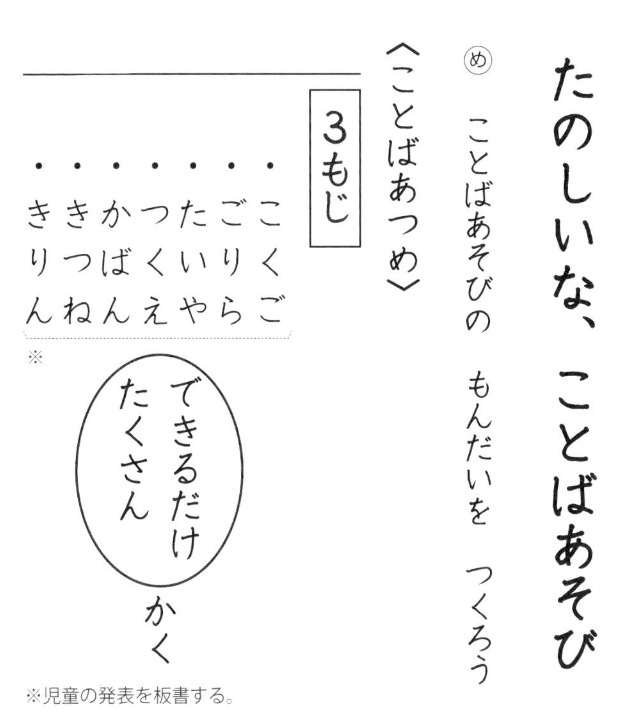

たのしいな、ことばあそび
め ことばあそびの もんだいを つくろう
〈ことばあつめ〉
3もじ
・こくご
・ごりら
・たいや
・つくえ
・かばん
・きつね
・きりん
※
できるだけ たくさん かく

※児童の発表を板書する。

主体的・対話的で深い学び

・できれば，問題を出し合った後，もう一度，問題を作る機会を持ちたい。他の児童の問題を知ることでよりイメージが明確になったり，刺激を受けたりする児童が増えるだろう。教師もできるだけ，様々な問題を取り上げて紹介したい。

準備物

・9マスの問題用紙（児童数×2枚）※

・16マスの問題用紙（児童数×2枚）※
（児童用ワークシート見本 DVD 収録【1_31_01，1_31_02】）

※それぞれ2枚分ずつ用意しておく。展開によっては，9マス問題を数回作らせて児童に選ばせたり，休み時間に自由にやったりしてもよいことにする。

3 対話する つくる　問題の作り方を知り，集めた言葉を使って問題をつくろう。

「では，みんなでやってみましょう。だれか，3 文字の言葉を 1 つ言ってくれるかな。」
・こくご。

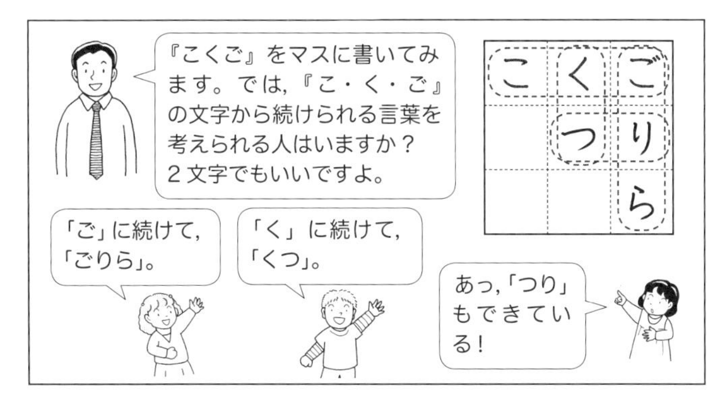

『こくご』をマスに書いてみます。では，『こ・く・ご』の文字から続けられる言葉を考えられる人はいますか？2 文字でもいいですよ。
こ
く
ご
つ
り
ら
「ご」に続けて，「ごりら」。
「く」に続けて，「くつ」。
あっ，「つり」もできている！

「ばらばらの言葉 3 つでもいいけど，できるだけ続けて，言葉を入れられると面白い問題になりますね。」
・最初の言葉を使えばいいんだね！

9 マスの問題用紙を配り，以下①，②の決まりを確かめ，各自で問題を作らせる。

① たて・よこ・ななめにできるだけ言葉を書く。
② あまったマスは，言葉にならなくてもよいので，適当なひらがなで埋める。

4 交流する 学びを深める　作った問題を友達と出し合おう。

では，できた問題をお隣の人に見てもらいましょう。9 マスだから，線で囲まなくてもできますね。
すごいね。言葉を 5 つも使っている！
面白い言葉があるね。

「では，他の人と問題を交換して見てもらいましょう。」

グループで交換し合ったり，自由に席移動してペアになったりして，たくさんの人と見せ合うようにする。

「斜めを使っている人や，2 文字を使ってたくさんの言葉を使っている人など，いろいろありましたね。」
・もっとやりたい。

時間を見ながら，9 マスの問題作りをもう一度取り組ませたり，16 マスの問題用紙を使った問題作りをさせたりして，言葉遊びで楽しく交流する。

おはなしを　たのしもう

やくそく

全授業時間８時間

◎ 指導目標 ◎

・場面の様子や登場人物の行動など，内容の大体を捉えることができる。
・語のまとまりや言葉の響きなどに気をつけて音読することができる。
・場面の様子に着目して，登場人物の行動を具体的に想像することができる。
・学習の見通しをもって，進んで登場人物の行動を確かめ，声に出してお話を楽しもうとすることができる。

◎ 指導にあたって ◎

① 教材について

１年生として本格的に「おはなしをたのしもう」と単元名が位置づけられた初の物語です。お話について感想を言い合ったり，好きな場面を音読するのを聞いてもらったりして，想像を広げることを楽しんでほしい教材です。

題名の「やくそく」について考える場面では，具体的に，自分がどんな「やくそく」をしたことがあるか，そしてそれはどんな結果になったかなどを出し合うと，内容への興味が深まるでしょう。あおむしは全部で３匹出てきます。また，おおきな木の言葉もあります。どの会話がだれの言葉か混乱したり，意識できていなかったりする児童もいるでしょう。１つひとつ確認していくとよいでしょう。場面の様子に着目して，登場人物の行動を具体的に想像するために挿絵を有効に活用します。文章と照らし合わせながら，物語について想像を膨らませることができるようにしましょう。

グループでの音読は，まずどの場面を選ぶかがスムーズに決められないグループがあるかもしれません。範囲を明確に提示し，どのグループがどの場面を選んだかが全員に分かるように板書などで明示しましょう。

② 主体的・対話的で深い学びのために

音読は，会話部分が工夫しやすいのがふつうです。いきなり児童に任せるのではなく，１つの会話を取り上げ，誰がどんな様子でどんな気持ちで話しているかを想像した上で，それらを表現するように音読することを目指します。

実際には，音読自体はそれほど変わらないかもしれません。そうだとしても，１人ひとりの児童が何となく読むのではなく，自分なりのイメージをもって取り組むことに意義があります。

◉ 評価規準 ◉

知識及び技能	語のまとまりや言葉の響きなどに気をつけて音読している。
思考力，判断力，表現力等	・「読むこと」において，場面の様子や登場人物の行動など，内容の大体を捉えている。 ・「読むこと」において，場面の様子に着目して，登場人物の行動を具体的に想像している。
主体的に学習に取り組む態度	学習の見通しをもって，進んで登場人物の行動を確かめ，声に出してお話を楽しもうとしている。

◉ 学習指導計画　全8時間 ◉

次	時	学習活動	指導上の留意点
1	1	・学習の見通しを持つ。 ・題名から連想することを話し合う。 ・お話の好きなところを見つけて音読しようという学習課題を知る。 ・範読を聞いて感想を発表する。	・どんな約束をしたことがあるか，それがどうなったかなどについて出し合う。
2	2	・題名と作者，登場人物を確認する。 ・いっぴきのあおむしの様子を読み取る。	・どのあおむしの言葉なのか確認しながら進める。 ・特に，会話部分に着目し，だれが，どんな状態で話しているかを確認する。 ・挿絵も活用して文中の表現をイメージする。
	3	・2匹のあおむしが言い合いをする場面を読み取る。	
	4	・3匹のあおむしたちのけんかの場面を読み取る。	
	5	・大きな木が言葉をかける場面を読み取る。	
	6	・3匹の「やくそく」の場面を読み取り，その後について想像する。	
3	7	・グループで場面を選んで音読する。 ・役割を分担して読む。	・場面の区切りを明確にし，どのグループがどの場面を担当するのかを板書する。
	8	・グループ音読を発表する。 ・学習を振り返る。	・発表者だけでなく，感想を言う順番も明確にし，聞く側も意識させる。

DVD **収録（イラスト）** ※本書 P270，271 に掲載しています。

やくそく

第1時 (1/8)

本時の目標

お話の好きなところを見つけて音読しようという学習課題を知る。

授業のポイント

学習課題を提示しても，単元を通して意識できている児童はほとんどいない。学習の過程で折々に触れれるようにするとよい。

本時の評価

お話の好きなところを見つけて音読しようという学習課題を知ろうとしている。

〈長音のカタカナ表記〉伸ばす音を含む言葉を，カタカナ未習の段階にひらがなで書く場合は，「ぐるうぷ」や「ぐるーぷ」の

板書例

〈いままでに　した　やくそく〉
・おかあさんと　しゅくだい
・ともだちと　あそぶ
→（まもれた？　まもれなかった？）

おはなしを　たのしもう
○ だれが　でて　くるかを　たしかめる
○ でて　きた　ひとに　なった　つもりで　おんどくする

→ すきな　ところを　えらんで　ぐるーぷで　おんどくしよう

1 振り返る　既習の物語の学習を振り返ろう。

「今日から，『やくそく』というお話の勉強をします。お話では，みんなはこれまで『はなのみち』『おおきなかぶ』『おむすびころりん』を勉強してきました。」

これまでお話の勉強で，どんな勉強をして，どんなことができるようになりましたか。
『はなのみち』のときは，くまさんのかっこうで，くまさんの言葉を言ったね。
『おおきなかぶ』とか『おむすびころりん』では，音読の工夫をいろいろ考えて，班で音読発表した。

「今度の『やくそく』のお話では，どんな勉強がしてみたいですか。」
- やっぱり，音読かなあ。出てくる人の気持ちを考えて音読の工夫をするのは面白かったから。
- 前のときは，恥ずかしくてうまく音読発表できなかったから，今度は練習したとおりに音読発表したい。

2 思い出す 出し合う　これまでに「やくそく」した経験を思い出し，出し合おう。

「まず，題名の『やくそく』を見て，思い浮かぶことを発表してください。」
- 「やくそく」って，何をするか決めること。
- お母さんと，宿題はすぐにするって約束したよ。

今までに，どんな約束をしたことがありますか。
帰ってから遊ぶ約束をしました。
休み時間にドッジボールをする約束をしたよ。

「その約束は，きちんと守れたかな。」
- いっしょに遊んだから約束は，守れたね。
- 守れなかった。休み時間に違う遊びをしたから。

これから読む物語を自分の経験と重ね合わせて読めるよう，自分の経験を想起させる。

「さあ，このお話はどんな約束が出てくるのでしょう。」

どちらでもよいことになっています。本時の板書では「ぐるーぷ」としています。

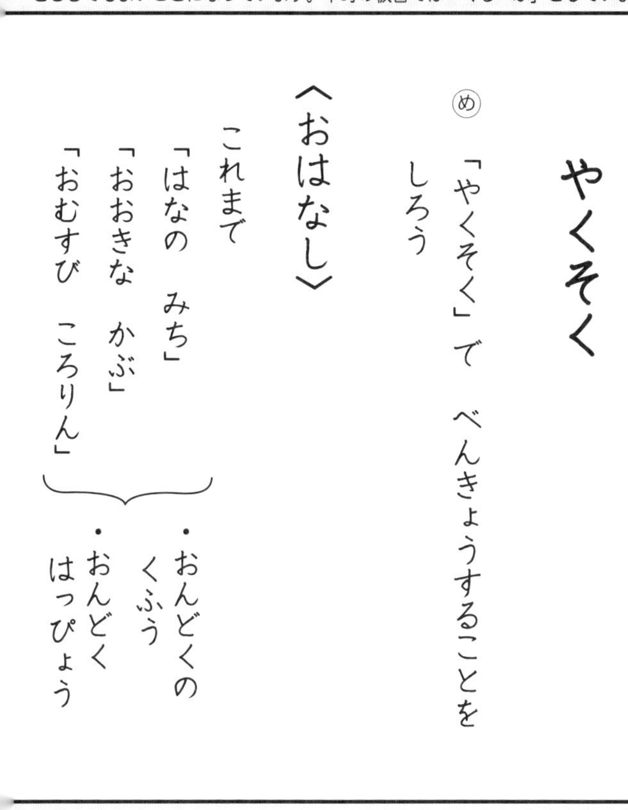
やくそく
㋱「やくそく」で　べんきょうすることを
しろう
〈おはなし〉
これまで
「はなの　みち」
「おおきな　かぶ」
「おむすび　ころりん」
・おんどくの
くふう
・おんどく
はっぴょう

主体的・対話的で深い学び

・題名から，イメージを広げる学習は，それぞれの体験から広げていきたい。実際にどんな約束をしたか，そしてそれは守れたか，その後どうなったかなど，様々な経験を交流することで，「やくそく」という言葉のイメージが広がっていく。また，学習を進める中で，「○○さんが，最初に同じようなことを言っていたね」などと，さかのぼって取り上げるときが出てくるかもしれない。

準備物

3 めあて つかむ　『やくそく』の学習課題を知ろう。

「教科書 104 ページの最初の 1 行をみんなで読みましょう。」
・(一斉に) おはなしを　たのしもう

「『やくそく』の勉強では，お話を楽しんで読みましょう。だれが出てくるかを確かめてから，その人になったつもりで，お話を声に出して読んでいきます。」
・だれが出てくるのかな。
・お話を声に出して読む，ってことは，やっぱり音読の勉強なんだ。

『やくそく』で勉強することは，「好きなところを選んでグループで音読しよう」です。
また，音読発表会かな。
好きなところって，どうやって決めるのかな。

「これから，お話を読んでいろいろ勉強していきます。好きなところを考えながらできるといいですね。」

4 聞く 交流する　お話を聞いて，感想を出し合おう。

「今日は，先生が読みます。読み終わったら，初めてお話を聞いたときの感想を言ってもらいます。お話を楽しんで聞いてくださいね。では，読みます。」

全文を範読する。

お話を聞いて，どう思いましたか。
みんな自分勝手。
自分が葉っぱを食べることしか考えてない。

・木に言われて，木の上まで登ってみてからはなかよくなってよかった。
・なかよくなって「やくそく」できたのがよかった。

初めて聞いた感想を，自由に出し合わせる。

「では，次から，くわしく勉強していきましょう。」

やくそく

第2時（2/8）

本時の目標

登場人物を確かめ，最初の場面のあおむしの様子を読み取ることができる。

授業のポイント

名前が出てこないので，児童が混乱するかもしれない。1匹目，2匹目，3匹目と，別々のあおむしが話していることを挿絵も使いながら確認しておく。

本時の評価

登場人物を確かめ，最初の場面のあおむしの様子を読み取ろうとしている。

〈音読〉文字を目で追って音読することが苦手な児童もいます。本人，家庭の了承を得て，スリット

板書例

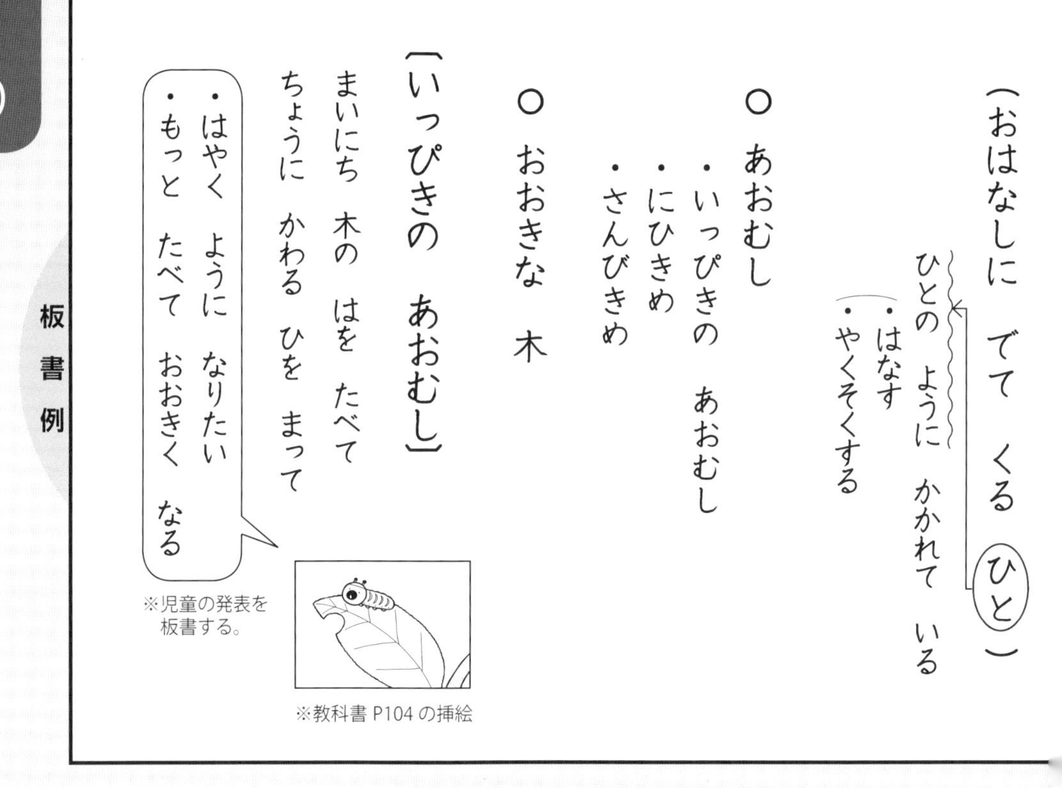

（おはなしに　でて　くる　ひと）
ひとの　ように　かかれて　いる
・はなす
・やくそくする
○　あおむし
・いっぴきの　あおむし
・にひきめ
・さんびきめ
○　おおきな　木
〔いっぴきの　あおむし〕
まいにち　木の　はを　たべて
ちょうに　かわる　ひを　まって
・はやく　ように　なりたい
・もっと　たべて　おおきく　なる

※児童の発表を板書する。

※教科書 P104 の挿絵

1 知る 読む　作者と題名について知ろう。全文を音読しよう。

「このお話の題名は何ですか。」

・『やくそく』です。

「では，この文を書いた人はだれでしょう。」

・だれかな。

・名前が2人書いてあるよ。

題名の次に，こかぜさち　さく・くろいけん　え，と書いていますね。お話の『作者』とは，お話をつくった人のことを言います。
じゃあ，こかぜさちさんだね。
くろい　けんさんは，「え」をかいた人だ。

「これからお話を読むときも，作者がだれかを見るといいですね。自分の好きな作者の書いた文は，おもしろいと感じるかもしれません。」

「では，先生と一緒に『やくそく』を読みましょう。」

全文を音読する。

2 つかむ 確かめる　登場人物とは何か知り，登場人物を確かめよう。

「お話に出てくる人のことを『登場人物』と言います。」

・あおむしは，人じゃないけど…。

「そうですね，あおむしは人ではありません。でも，このお話の中では，あおむしを人のように書いています。お話をしたり，約束をしたりしているでしょう。」

・そうか，じゃあ，木もおしゃべりしたら登場人物だ。

では，『やくそく』の登場人物を確かめましょう。最初に出てくるのは？それから，だれが出てきましたか。
あおむし。1匹のあおむしです。
それから，2匹目，3匹目のあおむしも出てきた。
「おおきな木」も。しゃべったから。

最初の場面に出てくる「おおきな木」は，人のような言動はない。最初の登場人物は，あおむしからと考えられる。

入りの補助具を使用するとよいでしょう。

やくそく

(め) とうじょうじんぶつを　たしかめ、いっぴきの
あおむしの　ようすを　よみとろう

だいめい　「やくそく」
＝
さくしゃ　こかぜ　さち
（おはなしを　つくった　ひと）

＝
とうじょうじんぶつ

主体的・対話的で深い学び

・「やくそく」の登場人物として，あおむしが3匹出てくる。名前がついていないので，混乱する児童がいると予想される。1つずつ，会話部分とあおむしを確認してきちんとおさえたい。その際，挿絵を活用することも有効である。

準備物

・教科書 P104の挿絵の拡大コピー，または，
黒板掲示用イラスト DVD 収録【1_32_01】

3 音読する　最初の場面の音読をしよう。

最初の場面の音読をしましょう。
全員で読みます。さん，はい。
あるおおきな木に～

最初の場面（教科書 P104 ～ P105 L1）を音読する。

「次は，１人で立って読んでみましょう。３回読んだら座ります。」

様々な読み方で全員がすらすら読めるようになることを目指す。クラスの実態によっては，句点（ 。）で，交代するだけでなく，読点（ , ）で区切って練習するのもよい。

１人ずつ読むことで，児童の実態を把握することができる。ただし，読めない児童に大きなプレッシャーを感じさせすぎないように配慮する。

4 読み取る　最初の場面のあおむしの様子を読み取ろう。

あおむしについて分かる言葉はありますか。
まいにち木のはをたべて
ちょうにかわるひをまっていました。

「このあおむしは，どんなことを考えながら木の葉を食べていたのでしょう。」
・はやくちょうになりたいな。
・もっと食べて大きくなるぞ。
・食べてばっかりでいやだな。
・いつになったら，ちょうのからだになるのかな。

あおむしの気持ちを自由に想像させ，発表させる。

「さあ，この後，あおむしは，どうなるのでしょう。」

やくそく

第 3 時 (3/8)

本時の目標

2 匹のあおむしの言い合いの場面を読み取ることができる。

授業のポイント

あおむしの心情を想像するときに，表情などを問うと考えやすくなる。

本時の評価

2 匹のあおむしの言い合いの場面を読み取っている。

〈音読〉2 匹のあおむしの気持ちを想像したことを生かして，音読につなげます。登場人物に

板書例

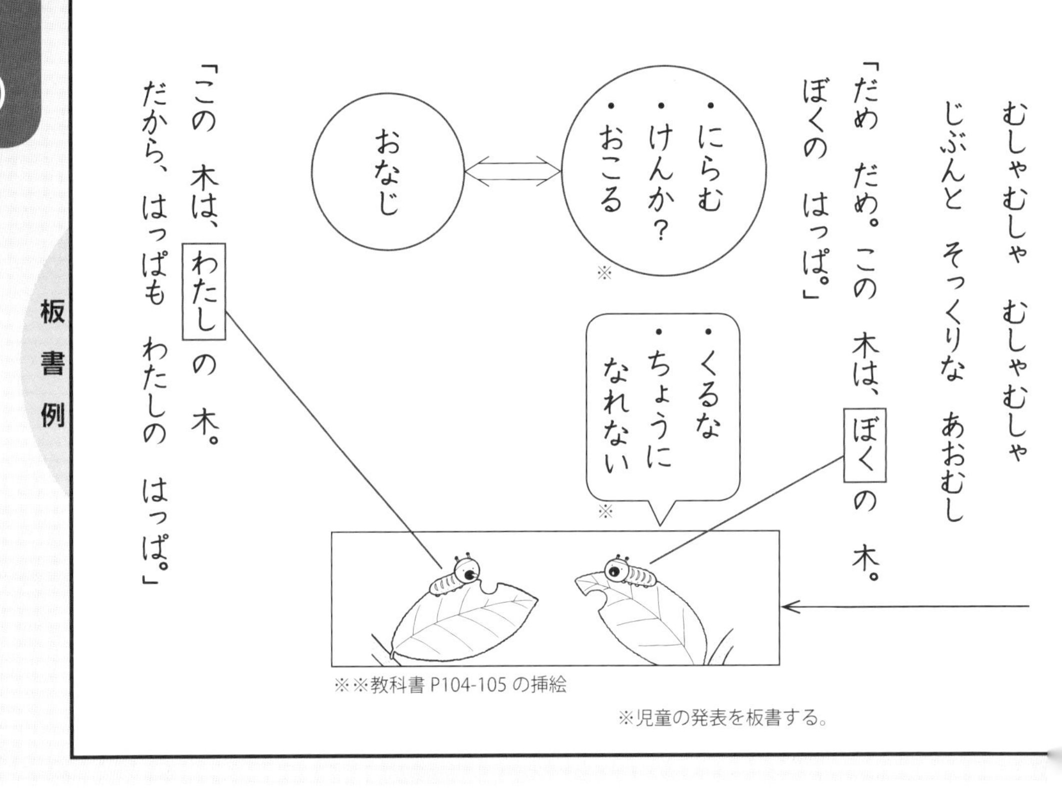

むしゃむしゃ　むしゃむしゃ
じぶんと　そっくりな　あおむし
「だめ　だめ。この　木は、ぼくの　木。
ぼくの　はっぱ。」
・にらむ
・けんか?
・おこる
おなじ
・くるな
・ちょうに
なれない
「この　木は、わたしの　木。
だから、はっぱも　わたしの　はっぱ。」
※※教科書 P104-105 の挿絵
※児童の発表を板書する。

1 音読する　第 2 場面の音読をしよう。

第 2 場面（教科書 P105 L3 ～ P106 L4）を斉読する。

次は，お隣といっしょに声をそろえて読んでみましょう。
始めるよ。せーの。
(2 人で）あるとき～

様々な読み方で，授業中に音読練習をたくさん行う時間を確保したい。宿題で音読練習を出している場合も，きちんとできているか，教師の指示したことを理解して取り組んでいるかを，チェックしながら進める。

「今日の勉強は，2 匹のあおむしの言い合いの様子を読み取ることです。」
- もう 1 匹出てきた。
- 言い合いをしているね。

2 読み取る　2 匹目のあおむしの登場の場面を読み取ろう。

まず，最初は，どういう場面かな。
あるとき，いつものように，あおむしがはっぱを食べていた。
どこからか，「むしゃむしゃ　むしゃむしゃ」と音が聞こえてきた。

「むしゃむしゃ，というのは何の音かな。」
- はっぱを食べる音。
- 別のあおむしが食べる音だよ。

「それは，どんなあおむしでしたか。」
- 自分とそっくり。
- ほんとうに，絵がそっくりだ。
- 形はそっくりだけど，顔の色が違うね。

なりきった音読に近づけます。

やくそく

㋱ にひきの　あおむしの　いいあいの
ようすを　よみとろう

〔にひきの　あおむし〕
ある　とき、
いつもの　ように
はを　たべて　いる

※※教科書 P104 の挿絵

主体的・対話的で深い学び

・あおむしが言い合いをしている場面で，いきなりそれぞれのあおむしの心情を尋ねても考えにくい児童がいると予想される。よりイメージ豊かに読むためには，おあむしの動作や表情などを文章に沿って考えさせるとよい。心情を想像する準備ができ，より主体的に取り組めるだろう。

準備物

・教科書 P104，105の挿絵の拡大コピー，または，
黒板掲示用イラスト DVD 収録【1_32_01，1_32_02】

3 想像する 読み取る　2匹のあおむしの言い合いの様子を想像しよう。

「2匹のあおむしは，なんと言っているかな。」
・「だめだめ。この木は，ぼくの木。ぼくのはっぱ。」
・「この木は，わたしの木。だから，はっぱも，わたしのはっぱ。」

このとき，最初のあおむしは，どんなかっこうや顔をしていると思う？
相手をにらみつけている。
けんかになってもいいようにふんばっている。
必死な顔。
怒った顔。

「心の中で何と言っているのかな。あおむしの気持ちになって考えてみましょう。」
・勝手に来るなよ。
・ぼくのはっぱを食べられてしまったら，ぼくが，ちょうになれないだろ。食べちゃだめだ。

4 まとめ 交流する　第2場面で分かったことを発表しよう。

「2匹のあおむしは，形はそっくりなのにね。」
・相手に言っていることも似ているね。
・1匹目は「ぼく」と言っているから男の子，2匹目は「わたし」と言っているから女の子だね。
・同じはっぱを食べているから，取り合いになるのかな。
・はっぱは，いっぱいあるのにね。

今日の勉強で分かったことを発表しましょう。
同じあおむしなのに，言い合いをしている。
2匹とも自分のことだけ考えている。
自分だけのはっぱだと思っている。

「このあと，この2匹はどうなるのでしょうね。」

やくそく

第 4 時 (4/8)

本時の目標

３匹のあおむしたちのけんかのようすを読み取ることができる。

授業のポイント

短い文章なので,「なんと」「そっくり」「おなじ木」などの言葉をていねいに取り上げて確認しながら進めたい。

本時の評価

３匹のあおむしたちのけんかのようすを読み取っている。

〈読み取る〉誰の言葉なのか，本文の叙述に基づきながら検討していきます。言葉にこだわり，

板書例

なんと
じぶんたちと　そっくりな　あおむし

〔あおむしたち〕
おなじ　木で
「ぼくのだぞ。」
「わたしの　はっぱ。」
「しる・ものか。」
⇨ おおげんか

※※教科書 P106 の挿絵

〈わかった　こと〉
・あおむしは　さんびき
みんな　そっくり（いって　いる　ことも）
・おなじ　木で　はを　たべる　↓　けんか

※児童の発言を板書する。

1 音読する　あおむしたちがおおげんかをする場面の音読をしよう。

また，別のあおむしが出てきますよ。何匹出てきたのか考えながら読めるといいですね。では，全員で読みましょう。さん，はい。
にひきが　いいあいを　して　いると～

第３場面の初めの部分（P106 L5～P107 L7）を音読する。

「『やくそく』のお話全体の中で勉強することは何だったか，覚えているかな。」
- 「いいあいのようすをよみとろう」かな？
- 好きなところの音読をする。

「そうでしたね。だいぶ勉強が進んできたけど，今までのところでは，好きな場面はあったかな。」
- 忘れていた。好きなところ…，どこかあったかな。
- わたしは，けんかのところはいやだな。

2 つかむ 読み取る　３匹目のあおむしの登場の場面を読み取ろう。

今日の勉強のめあては，あおむしたちのおおげんかの場面を読み取ることです。
おおげんかしているね。
でも，同じことばっかり言っているよ。

「あおむしは，何匹になったかな？」
- ３匹です。
- 最初から，２匹いるから５匹じゃないの？

「最初の２匹は，この３匹に入っているかな。」
- 入っているよ。顔の色で分かる。最初に黄緑とピンク色の顔のあおむしがいたけど，今度は緑色の青虫がやってきたんだよ。
- 「じぶんたちとそっくりな」だから，最初の２匹とそっくりな別のあおむしが３匹目だと思います。

読み取るようにします。

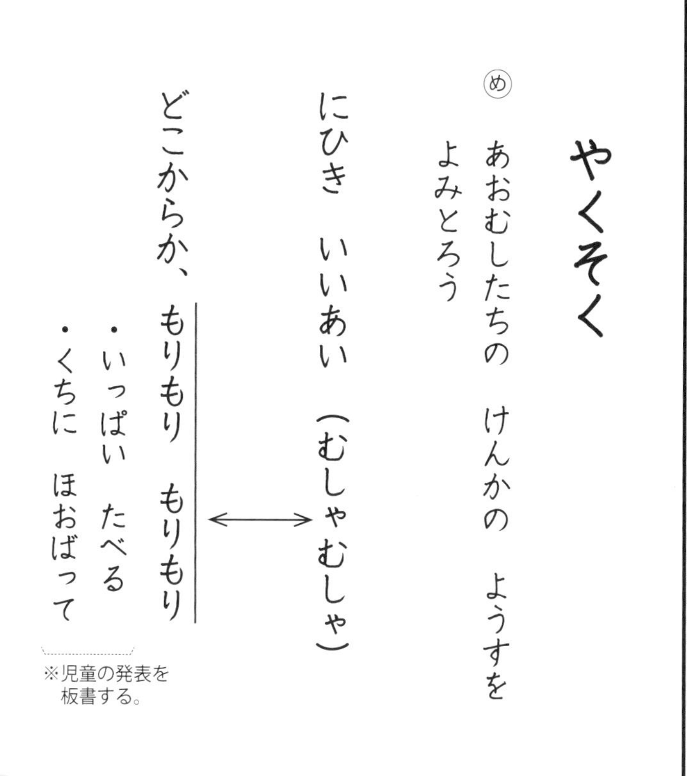
やくそく
め
あおむしたちの　けんかの　ようすを
よみとろう
にひき　いいあい（むしゃむしゃ）
どこからか、もりもり　もりもり
・いっぱい　たべる
・くちに　ほおばって
※児童の発表を
板書する。

主体的・対話的で深い学び

・あおむしたちのけんかの場面で，自分に置き換えて発言できる児童がいれば，ぜひ取り上げたい。「同じようなことはみんなにあるかな」と尋ねて，生活の場面とつなげることができれば，より具体的にイメージでき，学習意欲も高まる。

準備物

・教科書 P106の挿絵の拡大コピー，または，
黒板掲示用イラスト　DVD 収録【1_32_03】

3 想像する 読み取る　3匹目のあおむしの様子を想像しよう。

「『もりもり　もりもり』は何の音かな。」
・あおむしが葉っぱを食べている。
・あれっ，最初は，「むしゃむしゃ」だったね。

よく気がつきましたね。『むしゃむしゃ』と『もりもり』は，どんな違いがあるかな。
もりもりの方がいっぱい食べている感じがする。
むしゃむしゃは，葉っぱをかんでいる音で，もりもりは口にほおばっている感じ。
最初の２匹より大きいのかな。

「3匹目のあおむしの様子が分かる言葉はどれかな。」
・「じぶんたちとそっくりな」。
・「なんと」がびっくりした感じ。最初の２匹がびっくりしているからかな。
・最初の２匹が「食べるな」って言っても，「しるものか」って言い返している。
・同じ木で，はっぱを食べて大げんかしているんだね。

4 まとめ 交流する　あおむしたちがおおげんかする場面で分かったことを発表しよう。

今日読んだ場面で，分かったことを発表しましょう。
あおむしは，全部で３匹。みんなそっくり。
「もりもり」と「むしゃむしゃ」は違う。

「他にはありますか。」
・「なんと」で，２匹がびっくりしているのが分かった。
・自分たちとそっくりだからかな。
・言い合いしているのも，言っていることも似ていたね。
・最初の２匹のあおむしは，「自分のはっぱを食べるな」って言うけど，３匹目は言い返して「おおげんか」になった。

「このあと，3匹のあおむしはどうなるのでしょう。」

やくそく

第5時（5/8）

本時の目標

３匹のあおむしが海を見る場面を読み取ることができる。

授業のポイント

「目を丸く」といった言葉も，文字通り目の形と思っている児童がいるかもしれない。１つずつ確認しておく。

本時の評価

３匹のあおむしが海を見る場面を読み取っている。

板書例

〈検討する〉展開３の「なぜ」と尋ねた後，出てきた意見のうちでどれが一番納得できるかを検討

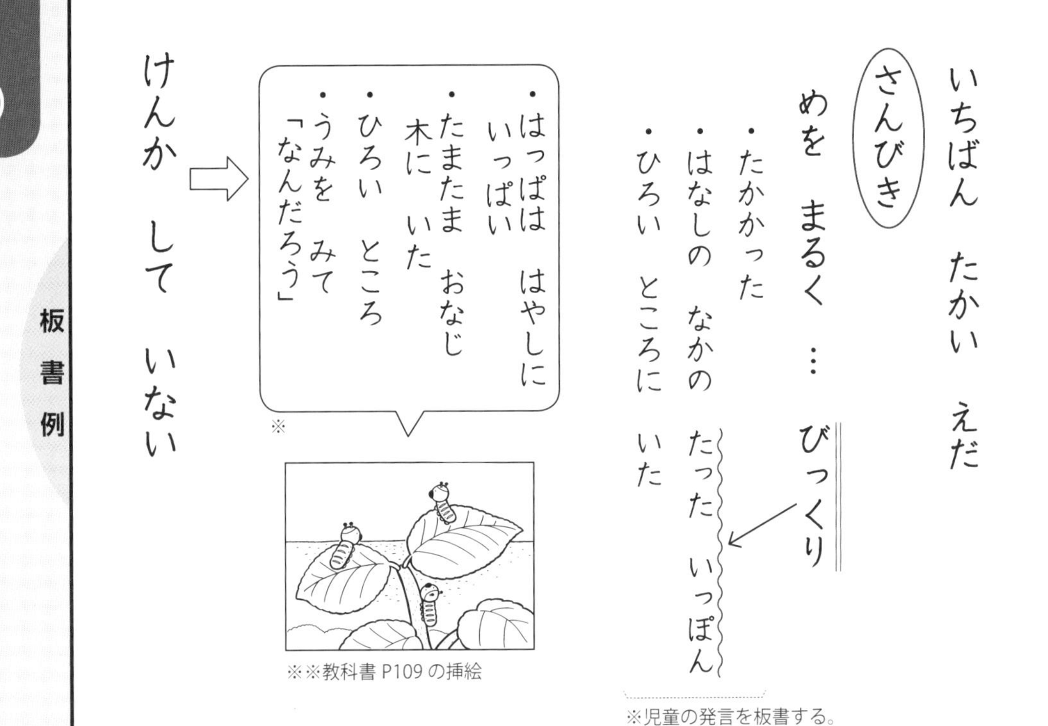

いちばん　たかい　えだ
さんびき
めを　まるく　…　びっくり
・たかかった
・はなしの　なかの　たった　いっぽん
・ひろい　ところに　いた
・はっぱは　はやしに　いっぱい
・たまたま　おなじ　木に　いた
・ひろい　ところ
・うみを　みて　「なんだろう」
※
けんか　して　いない
※※教科書 P109 の挿絵
※児童の発言を板書する。

1 音読する 確かめる　第３場面の続きを音読し，登場人物を確かめよう。

第３場面の続き（P107 L8～P109 L8）を全員で音読する。

次は，まる（。）ごとに交代して読んでいきましょう。
そのときです。
「うるさいぞ。」
おおきな　木が～

多様な読み方で，授業中の練習量を確保する。

「新しい登場人物がいますね。」
- 木！　でも，最初から出ていたよ。
- しゃべったのはここが初めてだよ。

「『たった』から分かることはあるかな。」
- 「いっぽん」しかない。
- 「はやし」だから他に木がいっぱいある。
- あおむしたちは，葉を取り合わなくてもいい。

2 つかむ 読み取る　あおむしたちが木の上にのぼった場面を読み取ろう。

今日のめあては，『３匹のあおむしが海を見る様子を読み取ろう』です。
挿絵のあおむしは海を見ているね。
いちばん高い枝から見ているんだ。

「あおむしは，何匹出てきましたか？」
- ３匹。最初が２匹で，後から１匹。

「前の場面では，この３匹はどうしていたかな。」
- おおげんか。
- はっぱを取り合っていた。
- その後で，木が「うるさいぞ」って言った。
- 「みんな，もっとうえまでのぼって～」って言った。

「それから，３匹はどうしたのかな。」
- 木をのぼった。言われた通りにしたんだ。
- 木がしゃべったから，びっくりしたろうね。

します。そして，展開４につなげるようにします。

やくそく

㋱ おおむしたちが　うみを　みる
ようすを　よみとろう

その　とき、
「うるさいぞ。」
おおきな　木
「みんな、もっと　うえまで　のぼって　…」

主体的・対話的で深い学び

・「めをまるく」した理由は，次の文に出ている。そのことをすぐに理解できる児童は少ないと思われる。教師の助言で理解を促し，あおむしたちがあんなにもめていた木が，林の中の「たったいっぽん」だったことを印象づけたい。

準備物

・教科書 P109の挿絵の拡大コピー，または，黒板掲示用イラスト DVD 収録【1_32_04】

3 想像する 読み取る　あおむしたちが海を見る様子を想像しよう。

「いちばん高い枝に着いたときの，あおむしの様子が分かる言葉はどれかな。」
・めをまるくしました。

『めをまるくしました』とは，どういう意味でしょう。本当に目が丸くなったのかな。
目を大きく開いた。
びっくりしている。

「そうですね。『めをまるくする』というのは，びっくりした様子を表すときに使います。なぜ，びっくりしたのかな。」
・のぼったところが高かったから。
・大きな木が，林の中のたったいっぽんだったから。
・自分たちが広いところにいたって分かったから。
・「そらもこんなにひろい」ってびっくりしている。

4 まとめ 交流する　あおむしたちが木の上にのぼった場面で分かったことを発表しよう。

「『めをまるくしました』の次の文に，『この～たったいっぽんだったのです』とあります。あおむしたちが目を丸くした理由は，この木が林の中のたった１本だったことに気がついたからだったのですね。」
・はっぱは林にいっぱいあったんだ。
・たまたま同じ木にいたあおむしでけんかしていた。
・自分たちが広いところにいると分かった。
・海を見て不思議に思っているね。

今日の勉強で分かったことを発表しましょう。
木があおむしに外の世界を教えた。
林には木がたくさんあって，あおむしがいたのは，その中のたったいっぽんだった。
あおむしたちは，広いところにいたと気づいた。

「おおげんかしていたあおむしたちは，どうなりましたか？」
・もうけんかしていないね。

やくそく

第6時（6/8）

本時の目標

あおむしたちの約束の場面を読み取ることができる。

授業のポイント

題名にもなっている「やくそく」について印象づけたい。やくそくは，はじめのころのあおむしと変わったことの象徴なので，強調しておきたい。

本時の評価

あおむしたちの約束の場面を読み取っている。

板書例

〈つなぐ〉約束を守るためにはどうすればよいか，自分たちの日常生活とつなげて考える学びを

（木に　のぼる　まえ）
・はっぱの　とりあい
・たくさんの　はっぱが　あったのに
・じぶんの　ことばかり
※

・木に　のぼってから
・うみを　みてから
・「たった　いっぽん」と　きづいてから
※

・はやく　ちょうに　なりたい
・とんで　みたい
・みんなで　いっしょに　いきたい
※

やくそく

・みんなで　うみに　いきたい　きもち
・ちょうに　なったら
・ずっと　なかよしで
※

※※教科書 P110 の挿絵

※児童の発言を板書する。

1 音読する　最後の場面を音読しよう。

最後の場面（P109 L9 ～最後まで）を全員で音読する。

今読んだ場面に出てきたのは，どのあおむしですか。
3匹のあおむし。木にのぼった3匹です。
最初はおおげんかしていたね。

「もう，何回も音読してきましたね。自分の好きなところは，もう選べたかな。」
・忘れてた！
・もう，決まっているよ。
・いっぱいあるんだけど…。

「次の時間までには，決めておけるといいですね。次の時間は，好きなところをグループで選んで決めてもらいます。」

2 つかむ 読み取る　3匹のあおむしがやくそくした場面を読み取ろう。

今日のめあては「約束の場面を読み取ろう」です。
最後に約束しているね。
おおげんかしてたのにね。

「このお話の題名は，『やくそく』ですから，この『やくそく』という言葉は，とても大切な言葉ということです。」
・ぼくも約束したことあるよ。
・守れないときもあるけど。
・あおむしたちの約束はどうなるかな。

「そうですね。あおむしたちの約束の場面の様子を想像しながら読んでみましょう。」

展開することも考えられます。

やくそく

(め) やくそくの　ばめんを　よみとろう

〔さんびきの　あおむし〕

「きれいだね。
からだが　ちょうに
かわったら・・」

「わたしも、あそこまで
とんで　みたいな。」

「それなら、みんなで　いこう。」

※※教科書 P109 の挿絵

主体的・対話的で深い学び

・下記記載の他に，教材文の中から「くんねりくんねり」「さらさら」といった言葉も取り上げたい。この言葉の響きと，この後のあおむしたちの暮らし方とを合わせて想像させることで，よりイメージ豊かに読むことができる。

準備物

・教科書 P109，P110の挿絵の拡大コピー，または，黒板掲示用イラスト DVD 収録【1_32_04，1_32_05】

3 想像する 読み取る　あおむしたちがやくそくをする様子を読み取ろう。

「あおむしは，どんな言葉を言っていますか。」
- 「きれいだね。からだがちょうにかわったら，あそこまでとんでみたいな。」
- 「わたしも，あそこまでとんでみたい。」
- 「それなら，みんなでいこう。」

あおむしの言葉から，どんなことが分かりますか。
早くちょうになりたい。
とんでみたい。
みんなで一緒にきれいなところまで行きたい。

「木にのぼる前はどうだったかな。」
- はっぱの取り合いをしていた。
- 本当はたくさんはっぱがあったのに。
- 自分のことばかり考えていた。

4 まとめ 交流する　あおむしたちがやくそくをした場面で分かったことを発表しよう。

「おあむしたちは，どこで変わったのかな。」
- 木にのぼってから。
- 海を見てから。
- 「たったいっぽん」と気づいてから。

「どうしたら，このやくそくは守られるかな。」
- みんなで海に行きたいと思っていたら。
- その前にみんながちゃんとちょうにならないとね。
- ずっとなかよしでいられるかな。

今日の勉強で分かったことを発表しましょう。
あおむしが最初と変わっている。
木にのぼって海を見たときに変わった。
「たったいっぽん」と分かったときに変ったんだね。

やくそく

第 7 時 (7/8)

本時の目標

グループで場面を選んで音読することができる。

授業のポイント

できるだけスムーズに分担できるように，先に場面の区切りを児童に伝え，グループでどこを選ぶかを決めさせるとよい。

本時の評価

グループで場面を選んで音読している。

〈グループ読み〉 みんなで協力して音読します。任された場面をうまくできるように練習します。

板書例

4 107ぺーじ8ぎょうめ～108ぺーじ6ぎょうめ
5 108ぺーじ7ぎょうめ～109ぺーじ8ぎょうめ
6 109ぺーじ9ぎょうめ～さいご

〈おんどくれんしゅう〉

○ひとりで　よむところと
　ぜんいんで　よむところ
○おんどくの　くふう
　・あおむし
　・おおきな　木　に　なった　つもりで
○はっきり
○おおきな　こえ
○しせいよく

6　2　3・4

※各班が選んだ場面に

1 対話する 決める　グループで音読する場面を決めよう。

「今日は，グループで音読するところを決めて，練習します。発表会は，次の時間です。」

・好きなところを選ぶのだったね。

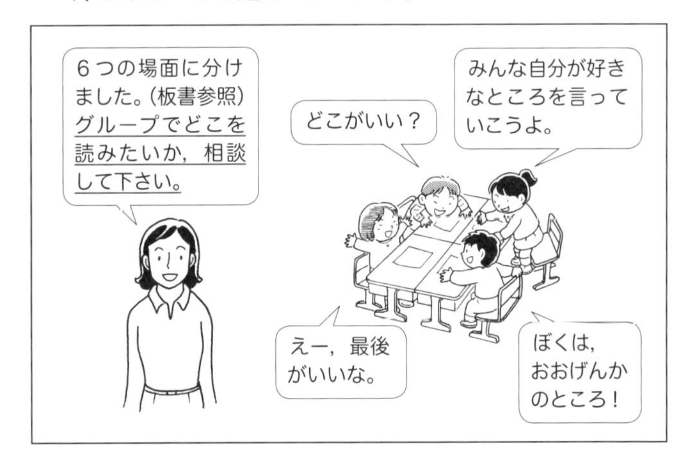
６つの場面に分けました。(板書参照) グループでどこを読みたいか，相談して下さい。
どこがいい？
みんな自分が好きなところを言っていこうよ。
えー，最後がいいな。
ぼくは，おおげんかのところ！

「どうしてそこを選びたいのかも言うと，グループの人も納得してくれるかもしれませんね。」

・ぼくは，おおげんかしているところを音読発表したいから3がいい。
・わたしは，「やくそく」のところだから6を読みたい。

2 対話する 決める　どこを音読するかグループどうしで相談して決めよう。

では，決まったところから発表してください。早い者勝ちではないので，きちんと話し合って決めましょう。
１班は，2にします。
３班は，6です。
あっ，6をとられちゃった…。

「できれば，６つの場面を分けてやってほしいです。でも，みんなが好きなところを選んで，グループで話し合って決めたのですから，どこもやらないところがあっても仕方ありませんね。」

・じゃあ，４班も6にします。
・２班は，5です。

各班の発表に合わせて，選んだ場面に班の番号を板書していく。

同じ場面を読む仲間と助言し合うとよいでしょう。

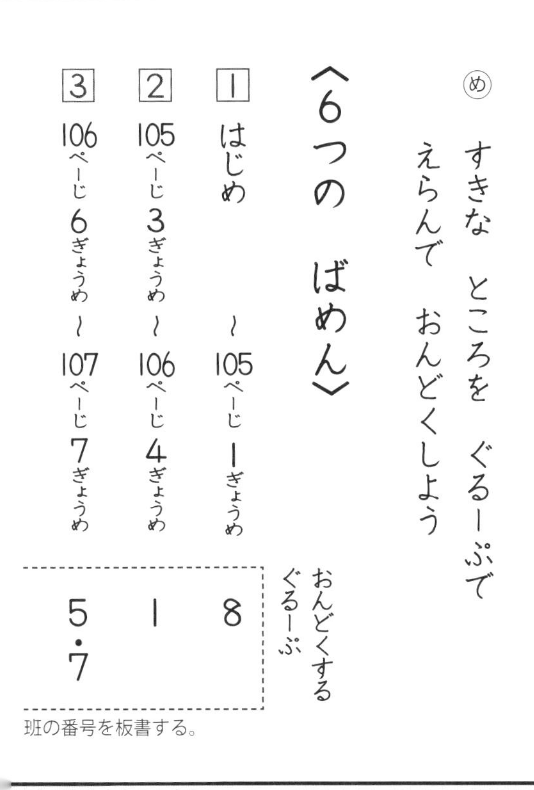
やくそく
(め) すきな　ところを　ぐるーぷで
えらんで　おんどくしよう
〈6つの　ばめん〉
1 はじめ　～　105ぺーじ　1ぎょうめ
2 105ぺーじ　3ぎょうめ　～　106ぺーじ　4ぎょうめ
3 106ぺーじ　6ぎょうめ　～　107ぺーじ　7ぎょうめ
おんどくする ぐるーぷ
8
1
5・7
班の番号を板書する。

主体的・対話的で深い学び

・好きな場面でグループを作り音読を行う場合，同じ場面を選んだ児童が集まってグループを作ることも考えられる。これは，人数の調整や座席の移動などといったことが出てくるので，1年生には難しい。希望通りにはならない児童が出てくることも考えられる。そこで，まずグループがあり，そこで好きな場面を選ぶ方が流れとしては分かりやすくなるだろう。教師は，最終的に場面を決める前に，そのことを確認しておくとよい。

準備物

3 つかむ 対話する　音読で気をつけることを知り，音読の工夫の仕方を考えよう。

「それでは，グループで練習をしてもらいます。」
・よし，大きな声で読もうね。
・1人で読むところがあってもいいのかな。
「練習するときに，気をつけることをいいます。1人で読むところと，全員で読むところがあってもいいです。」
・あおむしの言葉をやりたい。
・ぼくは，木のところがいい。

あおむしや木になったつもりで，音読するといいですね。どんな工夫ができるか，班のみんなで話し合ってみましょう。
「だめだめ」っていうときは，手で×を作りながら言うのはどうかな。
いいね。そのとき，特に大きな声で言おうよ。

「他に，注意はあるかな。」
・はっきりと，大きな声で読む。
・姿勢もいいほうが，かっこいいよ。

4 音読する 練習する　グループで選んだ場面の音読練習をしよう。

「それでは，グループで練習を始めましょう。」
・あおむしの声は，だれがやる？
・みんなで大きな声で読もうよ。
・ぼくは1匹目のあおむしをやりたい！

決められないところは，まず全員でしっかり読む練習から始めてもいいですね。
読むよ，さん，はいっ。
そうか，まずやってみようよ。

「次の時間，前に出て発表してもらいます。練習でも立って並んでやってみると，本番もうまくいくかもしれませんね。」
・どう並ぶ？
・1人ずつで読む順番にしたら？

「次の時間は，グループごとに発表してもらいます。」
・がんばろう！

やくそく

第 8 時 （8/8）

本時の目標

グループで音読発表をすることができる。

授業のポイント

前に出てからもじもじしたり，感想が言えなかったりすると，音読以外のことに時間がかかってしまう。進め方を確認しておくことも重要である。

本時の評価

グループで音読発表をしている。

〈振り返り〉「楽しかった」「頑張った」ではなく，この学習を通してどんな力が育ったのか，自分の

板書例

1 8ばん
2 1ぱん
3 5はん、7はん
4 6ぱん
5 2はん
6 3ぱん、4はん

※前時に決めた班を板書する。

〈きく ときに きを つけること〉
・こえの おおきさ
・おんどくの くふう
・しせい、たいど

◇ ふりかえろう

1 つかむ　音読発表会の進め方を知ろう。

「今日は，いよいよ音読発表会です。」
・はやく発表したい。
・どのグループからかな？

○場面の順番に発表。
○発表するグループは，はじめとおわりに礼。
○発表を聞いた感想を，発表が1つ前に終わったグループが言う。

進め方を説明します。

（感想については，右上記載「主体的・対話的で深い学び」欄の補足説明参照）

・じゃあ，ぼくたちのグループからだ。
・わたしたちは，最初に感想を言うグループだね。

「感想を言うグループではないときも，発表はしっかり聞きましょう。」

2 練習する つかむ　発表前に音読練習をしよう。聞く側の注意点を確かめよう。

「発表前の最後の練習をしましょう。本番と同じように，あいさつや並び方も練習しておきましょう。」
・あいさつはみんなでやろうよ。
・ちゃんと横一列に並ぼうね。

○声の大きさ
○工夫
○姿勢，態度
感想を言う人たちは，特に３つのことを気をつけて見たり聞いたりしてください。発表する人もこの３つに気をつけるといいですね。

「練習時間は，５分間です。さっと動いてたくさん練習できるのが上手なグループですよ。」
・すぐに始めよう。
・さっと並ぼう。
・練習のときから姿勢に気をつけよう。

成長に気づくための振り返りにします。

やくそく

㋱ おんどくはっぴょうかいを　しよう

おんどくはっぴょうかい

○ ばめんの　じゅんばんに　はっぴょう

○ はじめと　おわりに　れい

○ かんそう（ひとつ　まえの　はん）

主体的・対話的で深い学び

・「発表を聞いた感想を，発表が1つ前に終わったグループに言ってもらいます」とは，例えば，2番目のグループが発表した後に，1番目に発表を終えたグループが感想を言う。1番目のグループについては，最後に発表するグループが言う，ということになる。ねらいは，感想を言うグループがはっきりしている方が意識して聞くことができ，どの児童にも機会があること，発表後の方が落ち着いてコメントを考えられることである。

・担当のグループが感想を言った後に，他のグループの希望者を当てたり，発表したグループも言ったり，といった応用が考えられる。

準備物

3 発表する 対話する　音読発表会をしよう。

「では，発表会を始めます。最初のグループは，前に出ましょう。感想を言うのは，最後のグループですね。」

・さあ，ぼくたちから発表だ。がんばろうね！
・姿勢も気をつけよう。
・感想を言う班だから，工夫のところもよく見よう。

1班の発表を始めます。
礼。
「あるおおきな木に～」
これで，1班の
発表を終わります。
礼。

「では，感想を言ってもらいます。最後のグループの人，どうぞ。」

・みんな大きな声で音読できたと思います。
・「まいにち」を大きく読んで，上手に工夫していました。
・あいさつがしっかりできていました。

4 振り返る 対話する　「やくそく」で勉強したことを発表し，交流しよう。

「全部のグループの発表が終わりました。『やくそく』の勉強をして分かったことを発表しましょう。」

・題名で，「やくそく」のことを話したよ。
・「題名」と「作者」のことを勉強した。あとは…。

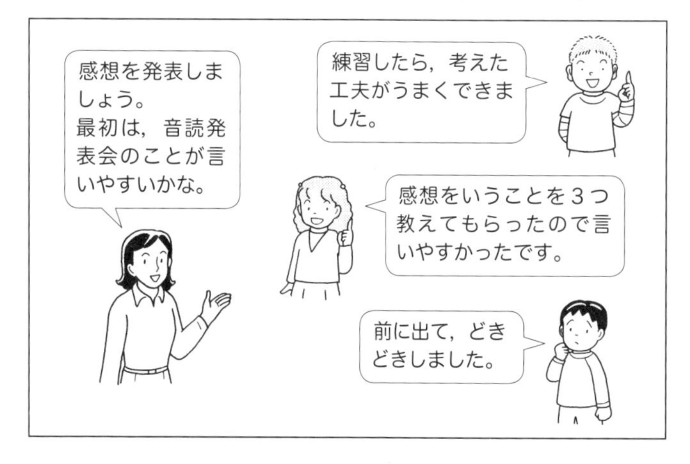
感想を発表しましょう。
最初は，音読発表会のことが言いやすいかな。
練習したら，考えた工夫がうまくできました。
感想をいうことを３つ教えてもらったので言いやすかったです。
前に出て，どきどきしました。

「教科書やノートを見直すと勉強したことを思い出しやすくなりますよ。」

・「むしゃむしゃ」と「もりもり」で食べ方が違う感じがすると分かりました。
・あおむしたちは，最初はおおげんかしていたけど，最後はみんなで一緒に海に行く約束をしていました。

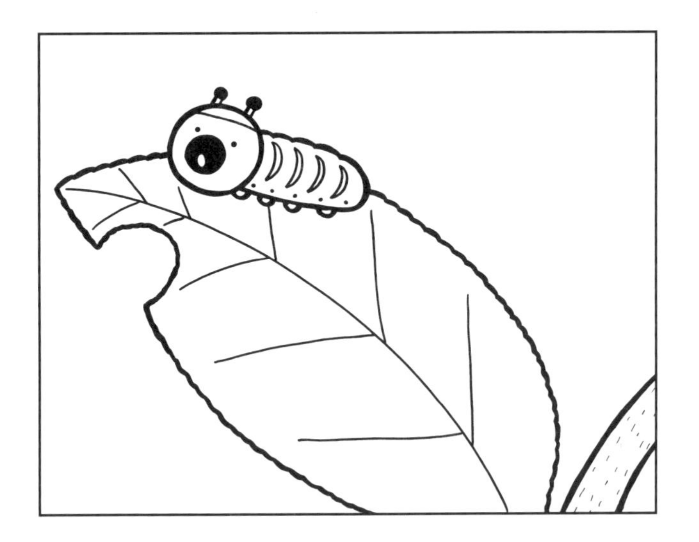

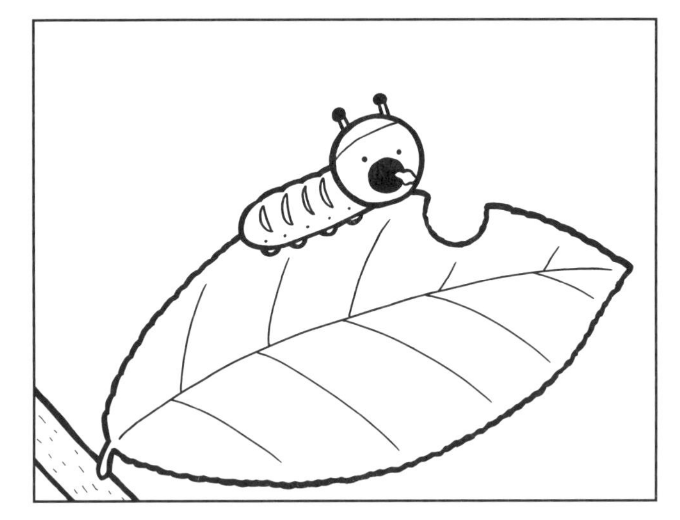

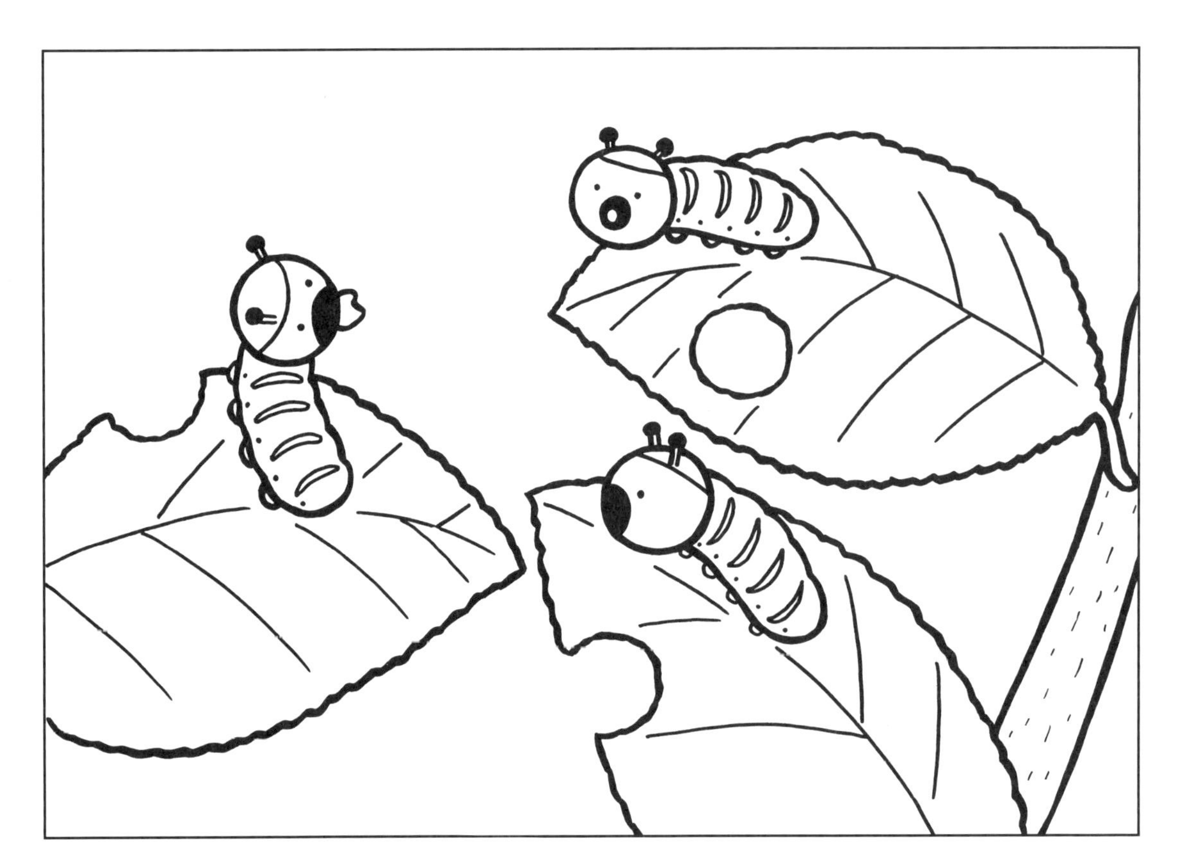

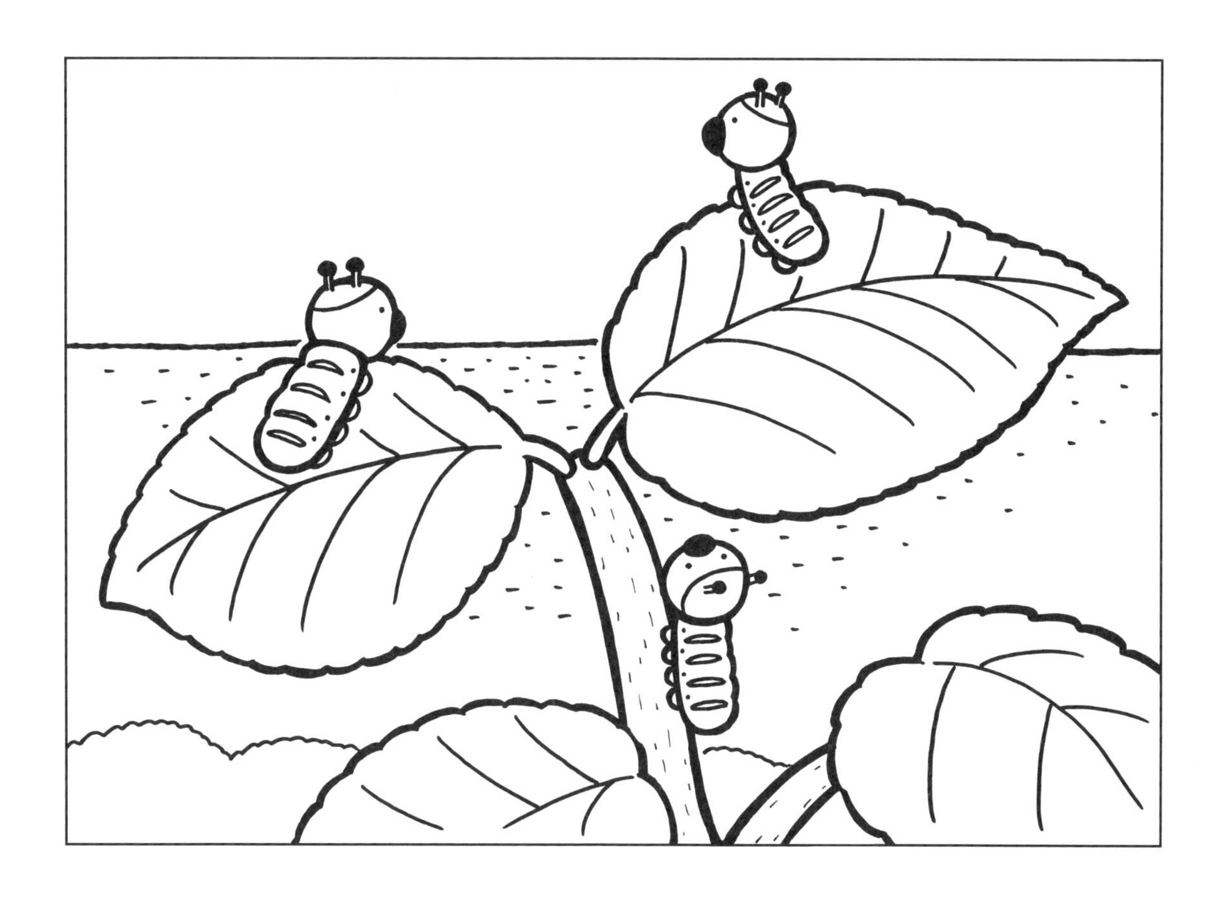

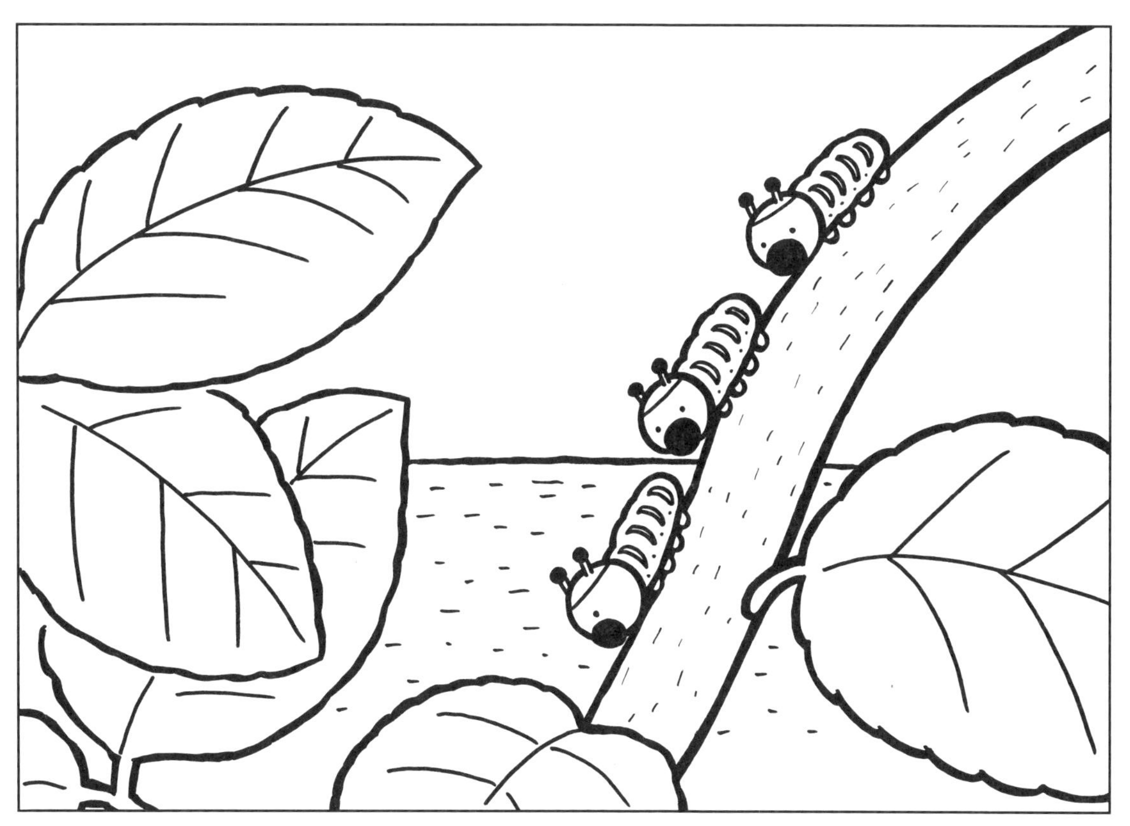

かたかなを　みつけよう

全授業時間２時間

◉ 指導目標 ◉

- 片仮名を読み，書くとともに，片仮名の長音，拗音，促音，撥音などの表記を理解して文や文章の中で使うことができる。
- 語と語との続き方に注意しながら文を書き表すことができる。
- 身の回りから片仮名で書く言葉を進んで見つけ，これまでの学習をいかして簡単な文を書こうとすることができる。

◉ 指導にあたって ◉

①　教材について

コップ，サラダ，パンなど朝食に関係のある言葉で片仮名の学習をします。片仮名は，授業で学習するのは初めてでも見慣れている児童も多いでしょう。意欲を持って，学習に入れるはずです。また，朝食や身近なもののイラストも児童の意欲が高まる素材です。おそらく，次々と片仮名の言葉を見つけ出すでしょう。

ここで提示された片仮名をこの時間だけで完全に書けることを目指す必要はありません。授業は，あくまで学習のきっかけと考える方がよいでしょう。継続的に練習したり，生活の中で意図的に取り上げたりすることが必要です。また，漢字の小テストのように，定期的に確認をする機会も作りたいものです。

②　主体的・対話的で深い学びのために

片仮名は，表記の面では正確に書くことは意外と難しい内容です。高学年になっても，「ツ」「シ」や「ソ」「ン」が正しく書くことができない児童を見ることがあります。その面では，低学年のうちに，きちんと定着させておきたいところです。

その一方で，片仮名は，生活の中でたくさん目にする機会があります。会話の中でも自然に使っています。このことに改めて目を向けさせることで，片仮名への関心を引き出します。片仮名について普段の生活の中でも友達どうしでのやりとりがあるようにしたいところです。

◎ 評価規準 ◎

知識 及び 技能	片仮名を読み，書くとともに，片仮名の長音，拗音，促音，撥音などの表記を理解して文や文章の中で使っている。
思考力，判断力，表現力等	「書くこと」において，語と語との続き方に注意しながら文を書き表している。
主体的に学習に取り組む態度	身の回りから片仮名で書く言葉を進んで見つけ，これまでの学習をいかして簡単な文を書こうとしている。

◎ 学習指導計画　全 2 時間 ◎

次	時	学習活動	指導上の留意点
1	1	・教科書 P112 の「かたかなの唱え歌」を音読する。 ・「かたかなの唱え歌」に出てきた片仮名の語を正しく読んだり書いたりする。 ・間違えやすい字「ン」と「ソ」，「ツ」と「シ」の区別の仕方を知り，練習する。	・促音・拗音・　長音の書き方を確かめさせる。 ・違いを区別する覚え方を指導する。
	2	・第 1 時で学習した「かたかなの唱え歌」の片仮名の語を再確認する。 ・教科書 P113 の挿絵を片仮名の言葉で書く。 ・身の回りから，片仮名で書く言葉を見つけて書く。	・教科書 P126-127 にある，片仮名一覧表を確認し，今後に活用するよう促す。 ・見つけた片仮名の言葉を板書し，ノートに視写させる。

DVD 収録（ワークシート，イラスト）※イラストは，本書 P278，279 に掲載しています。

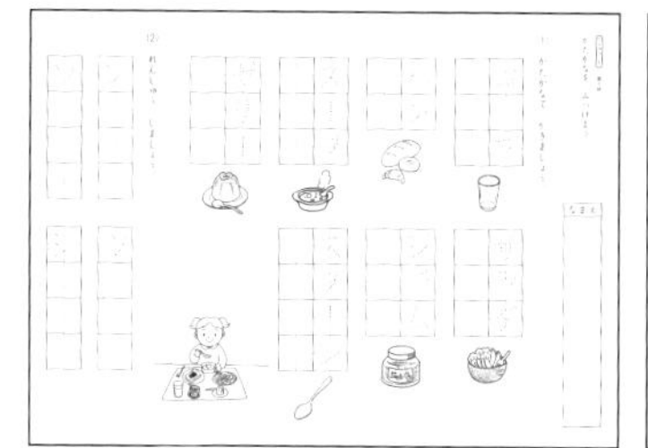

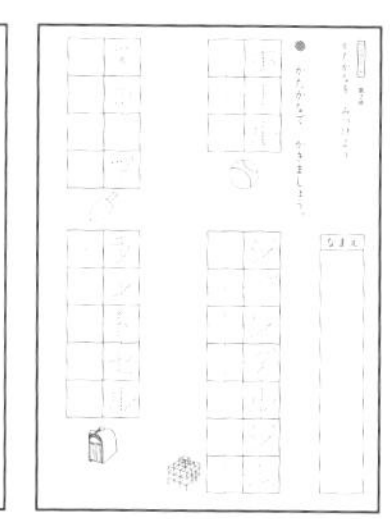

かたかなを みつけよう
第 1 時 (1/2)

〈書く〉「ン」と「ソ」,「シ」と「ツ」は，高学年でも正確に書けない児童がいます。低学年のうちに，

本時の目標

片仮名の語を正しく読んだり書いたりできる。

授業のポイント

出てくる片仮名の数が多いので，細かい部分まで徹底するのは時間的に無理がある。継続的に練習するきっかけと位置づける。

本時の評価

教科書に出てきた片仮名を正しく読み，書いている。

板書例

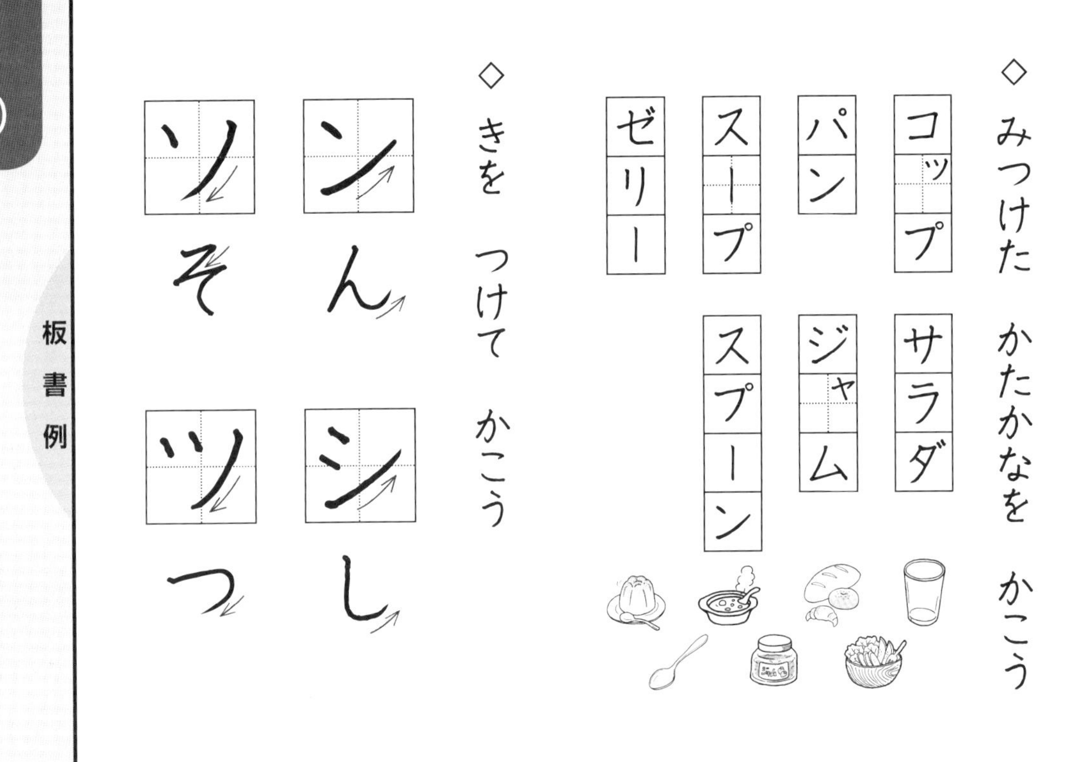

◇ みつけた かたかなを かこう
コップ
サラダ
パン
ジャム
スープ
スプーン
ゼリー
◇ きを つけて かこう
ン
ん
シ
し
ソ
そ
ツ
つ

1 音読する 教科書の「かたかなの唱え歌」を音読しよう。

「教科書を先生が読みます。教科書を開きましょう。片仮名の勉強です。」

教科書 P112 の唱え歌を範読する。

次は，みんなで読んでみましょう。さんはい。
コップに ぎゅうにゅう
おさらに サラダ …

まずは，読み方に慣れるために，いろいろな方法で楽しみながら唱え歌の音読練習に取り組む。

「2 行ごとに，教師と児童全員が交代で読む」，「児童の代表と，ほかの児童が交代で読む」，「列ごとに読む」など，短い文章なので様々な方法で取り組める。

2 見つける 唱え歌から，片仮名を見つけよう。

「この文の中に片仮名がありましたね。順番に言ってみましょう。」
- コップ！

そうですね。『コップ』を見つけた人は，指でおさえて反対の手をあげましょう。次の片仮名は何ですか。
サラダ。
次は，パン

片仮名を 1 つずつ確認していく。

「小さく書く片仮名や，伸ばす音，丸（゜），点々（゛）がついている片仮名もありますね。」
- 小さく書く字は，ひらがなと同じように片仮名を小さく書いてあるね。
- 伸ばす音って，たてぼうみたいなんだね。
- 丸（゜）や点々（゛）は，ひらがなの形と同じだ！

確実に習得できるようにしましょう。

かたかなを　みつけよう

㋱　かたかなを　よんだり　かいたりしよう

コップ・　ぎゅうにゅう
おさら・　サラダ
パン・・　ジャム・
つ・・・・・
スープ・　スプーン・
の・・・・・
ゼリー・　しょくご・
お・・・・

※教科書 P112 の唱え歌を板書する。

主体的・対話的で深い学び

・細かい表記の間違いは，教師だけでは，チェックしきれいな場合もある。隣どうしで，確認し合ったり教え合ったりすることができるように，指導しておきたい。児童どうしの交流を通して，いっそう意欲的，主体的に取り組むようになる。

準備物

・黒板掲示用イラスト　DVD 収録【1_33_01】

・ワークシート
（児童用ワークシート見本　DVD 収録【1_33_02】）

3 とらえる 書く　濁音，促音，拗音，長音に気をつけて，片仮名を書く練習をしよう。

出てきた片仮名を書く練習をしましょう。小さく書く「ツ」「ヤ・ユ・ヨ」や，伸ばす音を書く場所に気をつけましょう。
ツ
ヤ
小さい「ツ」を書く場所は，ひらがなと同じだね。
小さい「ヤ・ユ・ヨ」も同じだ。

「ひらがなもそうでしたが，小さく書く片仮名も真ん中に書いてしまう人がいるので気をつけましょう。」

「伸ばす音は，どうですか。」
・簡単！ひらがなと違って，全部同じものを書けばいい。
「丸（゜）や点々（゛）を書く場所は，どうですか。」
・これは，ひらがなと同じ！

1 文字ずつゆっくり練習するには，ここで記載されている片仮名の数は多い。細かい部分の徹底は，ワーク（シート）などを使って少しずつ取り組ませる。

4 つかむ 練習する　間違えやすい字を確かめ，しっかり書く練習しよう。

特に間違いやすい片仮名を言っておきます。まず，先生と一緒に空書きしてみましょう。
ン
ひらがなの最後と同じ向きだね。
「ン」の長いぼうは，下から上に書く。

○「ン」はつなげて書くと，「ん」になり，最後の払いは下から上に向かう。
○「ソ」はつなげて書くと「そ」の上の部分になり，最後は上から下に向かう。
○「ツ」は，つなげて書くと「つ」になり，最後の払いは上から下に向かう。
○「シ」は，つなげて書くと「し」になり，最後の払いは下から上に向かう。

上記の例のように覚え方を指導し，ノートやワークで書く練習をしっかりさせる。

かたかなを みつけよう

第 2 時 (2/2)

本時の目標

身近なところから片仮名を見つけることができる。

授業のポイント

片仮名で表記するものは，外来語や擬音語などであるが，あまりこだわらずにどんどん見つけ書かせていくことを重視したい。

本時の評価

身の回りにある片仮名の言葉を見つけている。

〈カタカナ遊び〉カタカナ言葉を書いて，しりとりをします。書く練習量を保障するとともに，

板書例

ジャングルジム

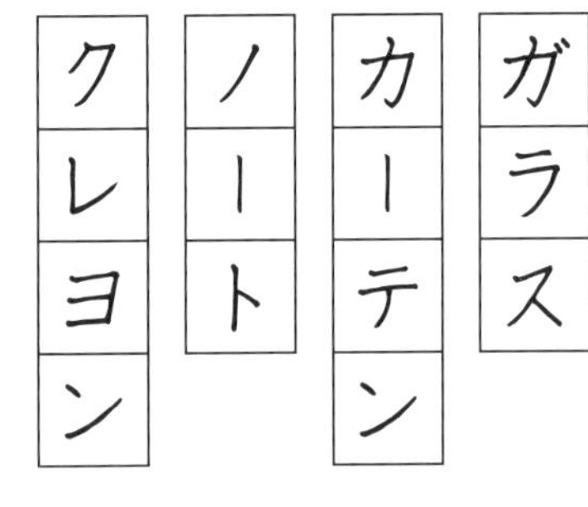

〈きょうしつから〉
ガラス
カーテン
ノート
クレヨン

※

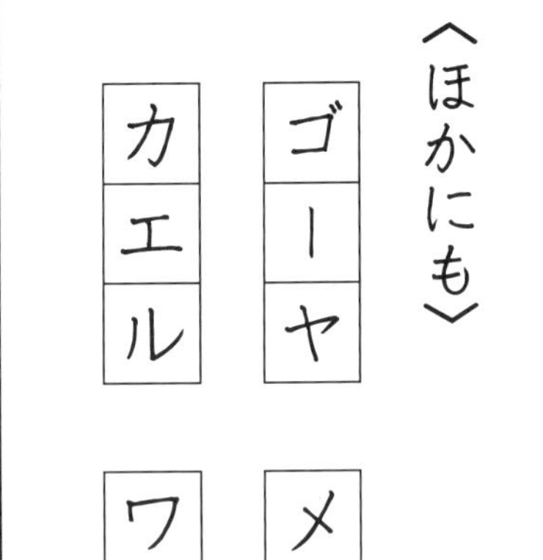

〈ほかにも〉
ゴーヤ
カエル
メダカ
ワンタン

※

※児童の発表を板書する。

1 振り返る 書く　前時で学習した「かたかなの唱え歌」の片仮名を思い出して書こう。

先生が言う言葉を片仮名で書きましょう。最初は『コップ』です。それから，『サラダ』『パン』…。

「コップ」は，小さい「ツ」を書く場所に気をつけよう。
「パン」の「ン」は，どう書けばよかったかな…？

前時に書いた言葉をいくつかノートに書かせる。

「まだ書けなくても仕方ありません。これから覚えていきましょう。答えを黒板に書くので写しましょう。」

思い出せない児童もいる場合，ここでは時間をかけずに，答えを写させればよい。

2 見つける　教科書の片仮名一覧表を見よう。ひらがなと比べてみよう。

「まだ習っていない片仮名もたくさんありますが，教科書の後ろ（P126 -127）に全部載っています。」

・本当だ。ひらがなの表と同じだね。

「忘れてしまったときも，ここに全部の片仮名が載っていることを覚えていれば，調べられますね。」

巻末に載っている平仮名と片仮名の一覧表を，1年生が使いこなすことは難しい。それでも，授業で紹介しておくことで，自信がないときに調べたり，自分なりに活用したりする児童が出てくることも考えられる。

片仮名の表を見てみましょう。ひらがなと同じ形や，ひらがなと似た形の片仮名があります。隣の人と一緒に探してみましょう。

『へ』や『リ』は，ひらがなと同じ形だ！
『カ』『ヤ』の字は，同じじゃないけど，すごく似ているよ。

カタカナを書くことに慣れるようにします。

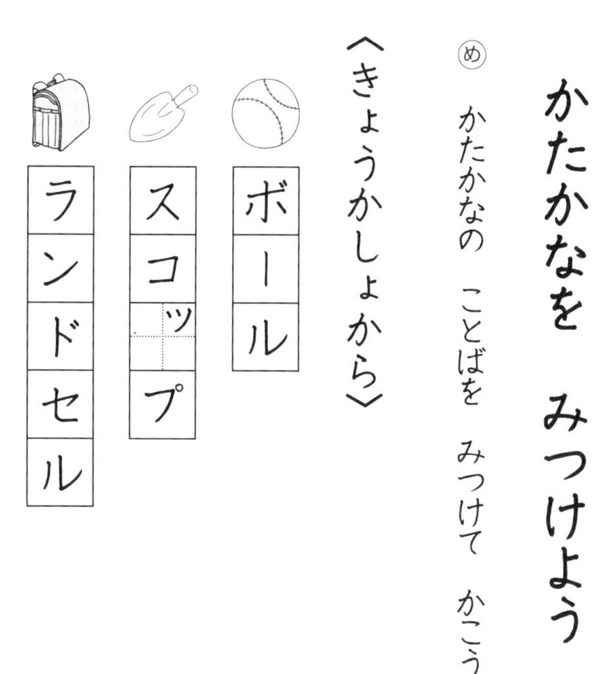
かたかなを　みつけよう
め かたかなの　ことばを　みつけて　かこう
〈きょうかしょから〉
ボール
スコップ
ランドセル

主体的・対話的で深い学び

・片仮名が使われている言葉を探す学習では，日常の読書や意識で大きな個人差がある。隣どうしで教え合って，できるだけたくさんの言葉を見つける，また見つけた数を数字で確認するといった方法も可能である。

準備物

・黒板掲示用イラスト　DVD 収録【1_33_03】
・ワークシート
（児童用ワークシート見本　DVD 収録【1_33_04】）

3 書く 見つける　教科書のイラストを片仮名で書こう。教室の中から片仮名を見つけよう。

「教科書 113 ページの絵を見て，ノートに片仮名で書いてみましょう。」
・ボール。スコップ。
・ランドセル，ジャングルジム。長い言葉だなあ。

それぞれの言葉を板書し，時間のかかる児童には答えを写させる。

今度は，教室の中から片仮名で書く言葉を見つけてノートに書きましょう。書けたら，言ってみてください。
窓のガラス，カーテン。
ノートに…，クレヨン！

児童がノートに書いている間，机間巡視しながら片仮名で書く言葉かどうか，書いた文字に間違いがないかを確かめていく。児童が発表した言葉は，板書して正しい書き方を確認させる。

4 広げる 書く　他にも片仮名の言葉を考え，見つけた言葉を書いてみよう。

他にも自分の身の回りにあった片仮名の言葉が思い出せますか。学校の中で考えられるかな。
学校の「緑のカーテン」にゴーヤが使われているよ。
観察池にメダカやカエルを見たことがある！

「そうですね。動物や植物は片仮名で書かれているときもあります。」
・ワンワン，とかはどうなのかな。
「なるほど，鳴き声や音も使われるときがあります。」

外来語以外のものが出てきたときは，間違いを指摘した上で，「外国からきた言葉が片仮名になることが多い」という程度の説明をすればよい。出てきた片仮名は板書し，ノートに写させる。

「片仮名もたくさん練習して，ひらがなと同じように使えるようになりましょう。」

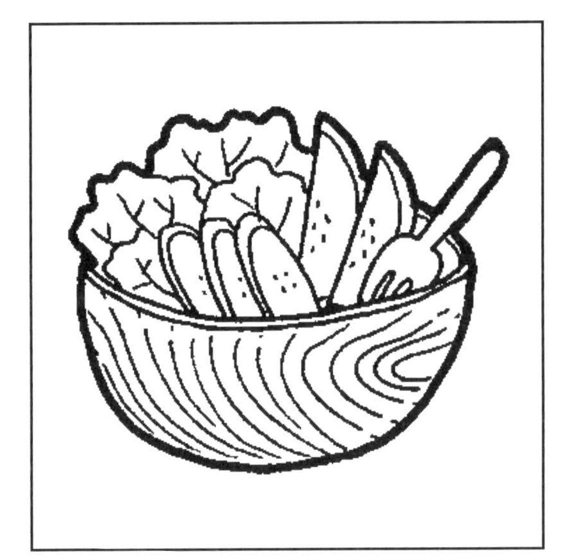

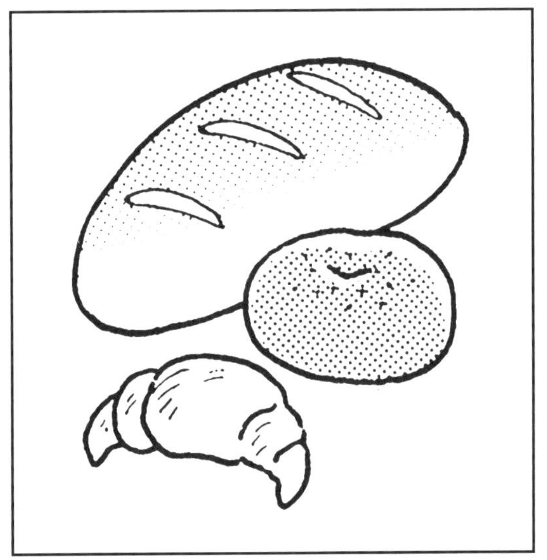

ジャム

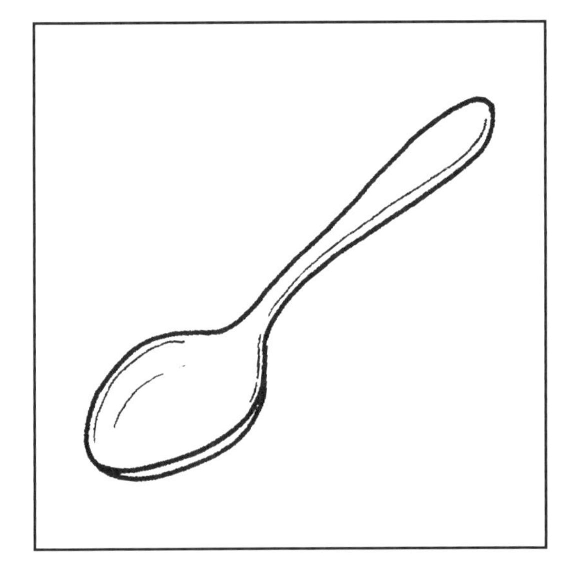

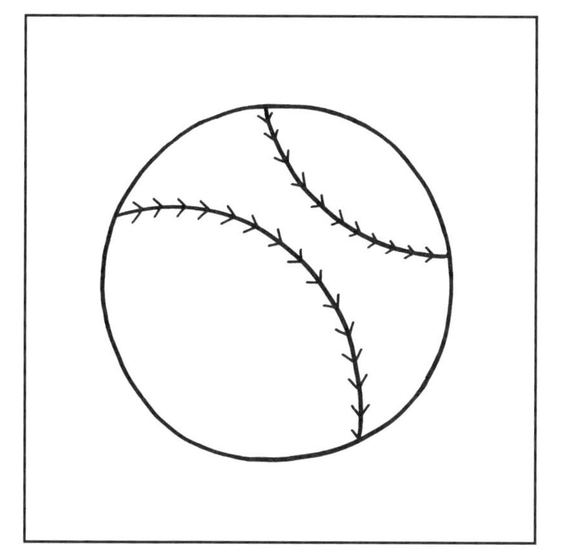

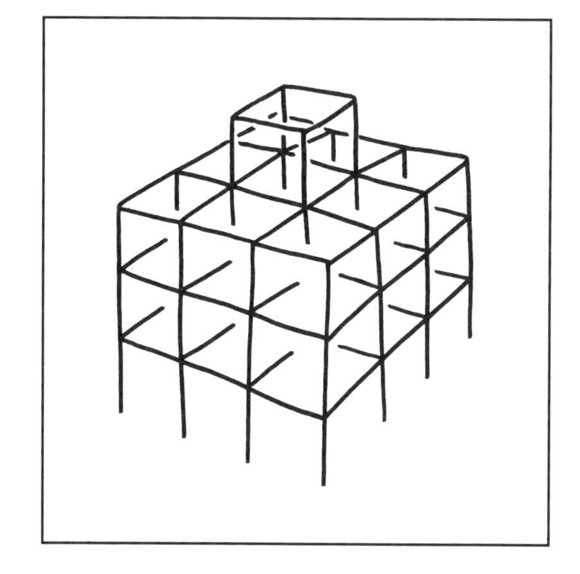

よんで　たしかめよう

うみの　かくれんぼ

全授業時間８時間

◉ 指導目標 ◉

- 文章の中の重要な語や文を考えて選び出すことができる。
- 文の中における主語と述語との関係に気づくことができる。
- 事柄の順序など情報と情報との関係について理解することができる。
- 事柄の順序などを考えながら，内容の大体を捉えることができる。
- 学習課題に沿って，文章の中で大事な言葉を押さえながら粘り強く読み，分かったことを伝えようとすることができる。

◉ 指導にあたって ◉

① 教材について

「くちばし」に続く２単元目の説明的文章の学習です。３種類の海の生き物の隠れ方について書いてあります。はじめに「なにが，どのようにかくれているのでしょうか。」という問いの文があるので，ここから視点をはずさずに，あとの教材を読んでいくようにします。

答えの文は，同じ文型で書かれていて文章から見つけやすくなっています。また，３枚の写真からも隠れる様子が読み取りやすくなっています。児童は，その興味深い隠れ方に驚きながら楽しく読むことができるでしょう。

第３次では，図鑑や本を読む活動を設定しています。こういうときには，児童が読みたくなるような図鑑や本をできるだけ集めておくことが大切です。公立の図書館では団体貸し出しという制度を作っているところもあります。学校で申し込むと，まとめてたくさん借りられたり，調べることを協力してくれたりするので，必要があれば活用したいところです。

② 主体的・対話的で深い学びのために

生き物の意外な一面を表す内容です。興味を持って読む児童も多いと思われます。それだけに，言葉の学習も主体的に取り組ませたいものです。

学習の進め方が分かると児童は進んで考えやすくなります。教材文は，３種類の生き物を取り上げ，同じ説明の仕方を３回繰り返しています。授業の進め方もこれを生かして，板書や発問などに一貫性を持たせ，児童に次の展開がイメージしやすいように計画します。最初は教師中心，次は児童が半分，最後は児童中心で進めるようにします。そうすれば，教師の指示を待たずに自ら考える児童が増え，時間も効率的に進めることができるでしょう。

また，展開が分かりやすいということは，児童どうしでも考えやすいということです。隣どうしやグループで考えたり確認したりする機会を持つことで，より深い学びにつながるでしょう。

◎ 評価規準 ◎

知識及び技能	・文の中における主語と述語との関係に気づいている。 ・事柄の順序など情報と情報との関係について理解している。
思考力，判断力，表現力等	・「読むこと」において，事柄の順序などを考えながら，内容の大体を捉えている。 ・「読むこと」において，文章の中の重要な語や文を考えて選び出している。
主体的に学習に取り組む態度	学習課題に沿って，文章の中で大事な言葉を押さえながら粘り強く読み，分かったことを伝えようとしている。

◎ 学習指導計画　全8時間 ◎

次	時	学習活動	指導上の留意点
1	1・2	・範読を聞き，学習の見通しを持つ。 ・「生き物について調べて，友達に分かりやすく知らせる」という学習課題を確認する。	・生活科などで生き物探しをしたときのことを思い出させる。
2	3	・「問題」の文を確かめる。 ・出てくる生き物（3種類）を確かめる。	・既習の「くちばし」の,「問題」と「答え」を思い出させる。
	4	・「はまぐり」のかくれんぼを調べ，問題に対する「答え」を考える。	・文と写真を見比べて確認させる。
	5	・「たこ」「もくずしょい」のかくれんぼを調べ，「答え」を考える。	・3種類の生き物が同じ説明の仕方で書かれていることに気づかせる。
	6	・3種類の生き物の答えの文について確かめる。 ・生き物を1つ選んで視写する。	・3種類の答えの文が,「隠れ場所」「体の仕組み」「隠れ方」の3文で構成されていることに気づかせる。
3	7・8	・図鑑や科学読み物を読み，他の生き物について調べて発表する。	・家に図鑑や本がある児童には持ってこさせる。 ・図書室などであらかじめ使えそうな本を探してコピーしておく。

◇第3次（第7, 8時）の活動をあらかじめ知らせることで，第1次（第1, 2時）や第2次（第3～6時）の学習にも意欲と目的を持って取り組めます。実際には，ずっと第3次をイメージし続けることは難しいので，折々に教師が，話題に出す必要があるでしょう。

うみの かくれんぼ 第1,2時（1,2/8）

本時の目標

生き物について知っていることや自分の経験を思い出し，教材を読むことに興味を持つことができる。

授業のポイント

教師が第３次までの内容につながりを持って計画し指導することで，児童にも見通しを与えることができる。ここでは，生き物調べが第３次になる。

本時の評価

自分の経験や知識と結び付けて，教材文を読もうとし，学習の見通しをもつことができている。

〈並行読書〉第３次の学習活動を見通して，学校の図書室や地域の図書館に行き，生き物の本や

板書例

〈がくしゅうの　めあて〉

いきものが　どんな　かくれんぼを
していたか
（しらべて）→
ともだちに　はなす

(1) うみの　３つの　いきものの
かくれんぼに　ついて　べんきょうする
（ひとに　わかりやすく　つたえる　いいかた）

(2) ほかの　いきものに　ついて
しらべて，
ともだちに　わかりやすく　しらせる

1 想像する 聞く　教材文の題名と最初の２行から内容を想像し，範読を聞こう。

「今日から『うみのかくれんぼ』の勉強です。教科書 114-115 ページを見ましょう。」

「先生が読むのを聞いて，みんなも読みましょう。」

・（斉読）うみのかくれんぼ
　うみには，いきものがかくれています。
　なにが，どのようにかくれているのでしょうか。

この後，どんなことが書いてあると思いますか。
うみの かくれんぼ
海で生き物が隠れているお話だと思います。
「かくれんぼ」って楽しい遊びみたいです。

「まず，全文を先生が読みます。どんな生き物が出てくるか見つけながら，聞きましょう。」

この教材では写真に重要な役割がある。範読前や範読中でもじっくり間をとって写真を見る時間をとる。

2 思い出す 出し合う　生き物を見つけたときのことを思い出そう。

「教科書 114-115 ページの写真をもう一度見ましょう。こんな広い海のどこかで生き物がかくれんぼしていると，探すのが大変です。」

みんなは，海で何か生き物見つけたことはありますか。
夏休みに海に行って，小さいカニを見つけました。
海水浴で，小さい魚を見たことがあるよ。

「では，海だけでなく，他の場所で生き物を探して見つけたことがありますか。」

・公園でチョウチョウを見つけたことがあります。
・生活科で虫探ししました。
・バッタとか，コオロギを見つけて捕まえました。

生き物を見つけたときのことを出し合う。

図鑑を探す時間をとるようにします。

うみの　かくれんぼ

(め) がくしゅうの　みとおしを　もとう

◇いきものを　みつけたときのことを
おもいだそう

・小さい　かに
・小さい　さかな
・ちょうちょう
・むし（ばった、こおろぎ）

※児童の発表を板書する。

主体的・対話的で深い学び

・「生き物について調べて，友達に分かりやすく話そう」というだけでは，イメージができる児童の方が少ない。本単元の様々な場面で，「自分で調べるときは〜」「こんな生き物を調べるのもおもしろいね」「友達に話すときは〜」といったことを触れて，布石を打っておく。もし，自分で図鑑や本を持ってきたり，休み時間に知っている海の生き物の話をしていたりする児童があれば，そういう話題も取り上げる。

準備物

・生き物の「かくれんぼ」に関わる本や図鑑　何冊か
（教科書 P119参照）

3 見通す　全体の学習の見通しを持とう。

この勉強について説明します。119ページを開いて読んでみましょう。
海の生き物は，どんなかくれんぼをしていましたか。友達と話しましょう。
はじめて知ったことは何ですか。

教科書 P119 の手引きを活用し，学習課題を確認する。

「次の時間から，写真を見ながら３つの生き物のかくれんぼについて考えていきます。ここで，人に分かりやすく伝える言い方を勉強します。そのあとに，他の生き物について調べます。調べたことをどんなふうに伝えるといいのか，勉強していきましょう。」

「かくれんぼしている生き物の本や図鑑を探しておきましょう。」

図鑑を何冊か紹介する。ここから，並行読書を進めておきたい。第３次の学習がスムーズに進められる。

4 音読する 対話する　音読練習しよう。はじめて知ったことを発表して，話し合おう。

「まず，すらすら読めるように音読練習しましょう。」

３種類の生き物が１ページずつ写真と文とのセットで出てくる構成となっている。そういう意味では，視覚的にも分かりやすい。音読練習をする中でも，この構造を意識させていきたい。それが第２次（第３〜６時）の読解にもつながっていく。

全文が読めました。この文を読んで，初めて知ったことはありましたか。
みんな，いろいろなやり方でかくれんぼしていることを初めて知りました。
はまぐりとたこは知っていたけど，もくずしょい，って初めて聞きました。

まだ詳しく読み取りする前段階なので，深追いはしない。

「では，次の時間から詳しく読んでいきましょう。」

うみのかくれんぼ
第3時（3/8）

本時の目標
問題の文があり，３種類の生き物が出てくることを確かめることができる。

授業のポイント
問題の文は，次時以降も活用するので，これで学習を進めることを強調しておきたい。

本時の評価
問題の文があり，３種類の生き物が出てくることを確かめることができた。

〈説明文〉 問いに対する答えの文を見つけながら読むことが大切です。尋ねられている「何」

板書例

「うみの　かくれんぼ」では，

〈もんだい〉

なにが，どのように
かくれて　いるのでしょうか。

もんだい

なにが　かくれて　いるのでしょうか。

こたえ

・はまぐり
・たこ
・もくずしょい

※児童１人ひとりに教科書で探させた後，発表させ，板書する。

1 音読する　「うみのかくれんぼ」の音読練習をしよう。

音読練習をしましょう。すらすら読めるようになりましょう。

うみのかくれんぼ
うみには，いきものがかくれています。
なにが，どのようにかくれているのでしょうか。～

説明文の音読は，物語と違って気持ちを考えて表現するといったことはない。しかし，まずは，すらすら読めるようになることが前提なのは同じである。

すらすら読めるようになった上で，児童にゆとりがあれば，説明文の音読の場合にも，キーワードやキーセンテンスを大きくしたり，前後の間をあけたりして強調するという方法がある。

2 思い出す 対話する　既習教材「くちばし」を見て，問題の文について思い出そう。

「最初の114-115ページに戻りましょう。115ページの文を，もう一度みんなで読んでみましょう。」
- うみには，いきものがかくれています。なにが，どのようにかくれているのでしょうか。

「これは，お話ではなく，本当のことを書いた説明文です。同じ説明文の『くちばし』を見てみましょう。」

P52「くちばし」を開かせる。２ページ目以降にある「これは，なんのくちばしでしょう。」を確認する。

『これは，なんの～でしょう。』のように，何か尋ねている文を何というか覚えていますか。
問題の文です。
問題の文のあとには，「これは○○のくちばしです。」と答えの文がありました。

「説明文では，『問題』と『答え』の文があることが多いのです。」

「どのように」の指す言葉を意識して読みます。

うみの　かくれんぼ

(め)「もんだい」と「こたえ」の　ある
ぶんを　おもいだそう

もんだい　の　ぶん
＝
（なにか　たずねて　いる）

「くちばし」の　がくしゅうでは、
もんだい　これは　なんの　くちばしでしょう。
こたえ　これは　きつつきの　くちばしです。

主体的・対話的で深い学び

・ここでは，「もんだい」と「こたえ」ということを意識させたい。「くちばし」でも使っているので，ある程度なじみはあるはずである。できれば，児童どうしで，簡単な「もんだい」や「こたえ」を出し合うような場面を作ることができると，より深い学びにつながりやすい。

準備物

・問題の文を書いた掲示物

3 確かめる　問題の文を確かめよう。

では,「うみのかくれんぼ」の文を見てみましょう。問題の文はありますか。
何がどのようにかくれているのでしょうか。

児童の答えを待って問題文を書いた紙を貼る。

「次の時間からは，この問題の文の答えを考えながら読むことにします。」

問題の文については，第２次の読解の学習でも，第３次の図鑑などの読書の際にも意識させておきたい。そのために，問題の文「なにが，どのようにかくれているのでしょうか。」と書いた掲示物を貼る。次時以降，同じ掲示物が出てくることで，児童の意識にも問題の文が定着しやすくなる。

「まず，何が隠れているのか確かめましょう。」

4 確かめる　3つの生き物を確かめ，それぞれの答えの文を見つけよう。

最初に出てくる海の生き物は何ですか。教科書を指で押さえましょう。
押さえました。

３種類の生き物が出てきて，それについて学習していくという見通しを持たせるための活動である。

「何がでてきたか」と問えば，すぐに３種類を答えられる児童もいる。ただ，それでは全く考えず聞いているだけの児童も出てくる。全員が活動する場面をつくるため，あえて答えを言わず教科書の文から見つけて押さえさせるという指示をしている。

「では，みんなで言ってみましょう。」
・（全員で）はまぐり。

他（たこ，もくずしょい）も同様に確かめていく。

うみのかくれんぼ

第4時 (4/8)

本時の目標

「はまぐり」が，どのようにして隠れているかについて読み取ることができる。

授業のポイント

３種類の生き物について学習する１回目である。同じパターンで，発問・板書することで児童が徐々に主体的に取り組める場面を増やしていく。

本時の評価

「はまぐり」が，どのようにして隠れているかについて読み取っている。

〈調べる〉はまぐりがどのようにして逃げるのかを確かめます。確かめた際に出てきた言葉を整理

板書例

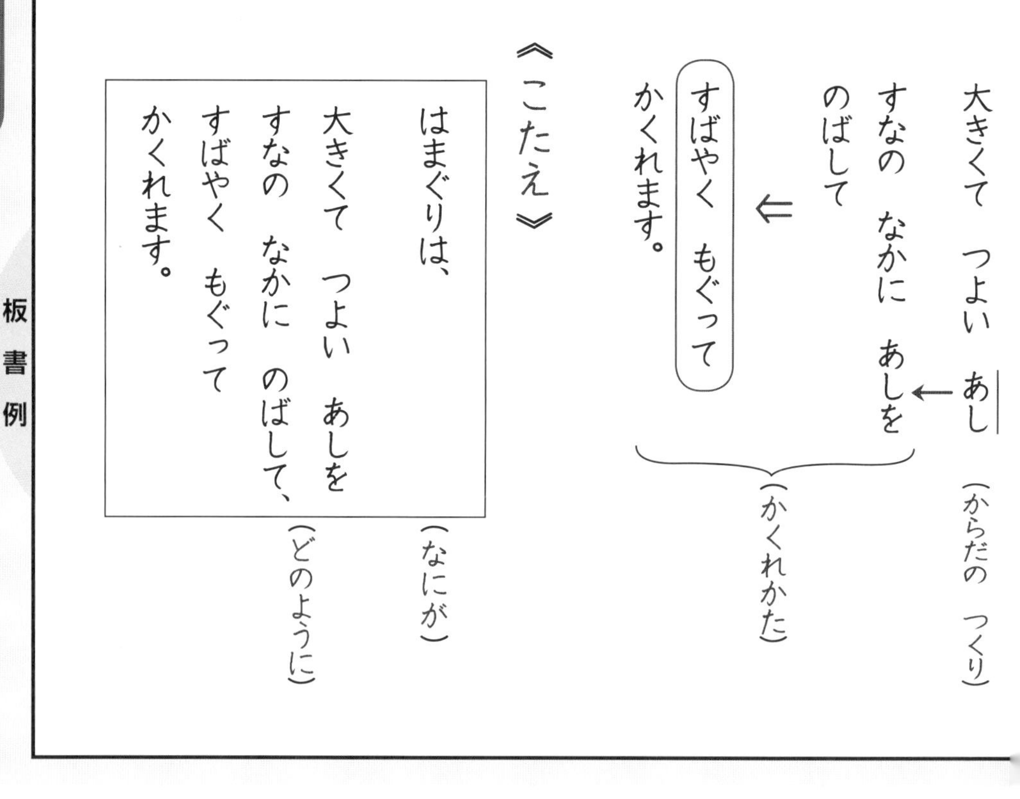

大きくて　つよい　あし
（からだの　つくり）
すなの　なかに　あしを
のばして
⇐
すばやく　もぐって
かくれます。
（かくれかた）
《こたえ》
はまぐりは，
（なにが）
大きくて　つよい　あしを
すなの　なかに　のばして，
すばやく　もぐって
かくれます。
（どのように）

1 音読する 振り返る　全文を音読し，前時の学習を振り返ろう。

「みんなで最初から音読しましょう。さんはい。」

一斉音読する。

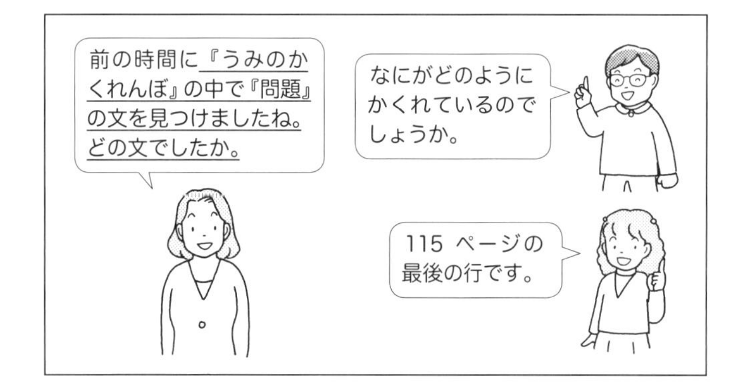

前の時間に『うみのかくれんぼ』の中で『問題』の文を見つけましたね。どの文でしたか。
なにがどのようにかくれているのでしょうか。
115 ページの最後の行です。

問題の文を書いた紙を黒板に貼る。

「では，最初に出てくる生き物は何ですか。」
・はまぐりです。
「そうですね。では，もう一度，最初のページから，はまぐりについて書いてある 116 ページまでを読みましょう。」

問題の文に対して，「はまぐり」についての答えを考えていくことを意識させる。

2 対話する 読み取る　文章から，はまぐりの隠れ場所，体のつくり，隠れ方を読み取ろう。

さあ，『なにがどのようにかくれているのでしょうか』という問題の答えを探していきますよ。
まず，ここでは，何が隠れていますか。
簡単だ！
はまぐりです。

「はまぐりは，どこに隠れていますか。」
・砂の中です。
「次に，はまぐりについてどんなことが書いてありますか。」
・大きくてつよいあしをもっています。
「はまぐりは，それでどうするのですか。」
・砂の中にあしをのばして，すばやくもぐってかくれます。

「隠れるための体のつくりと，隠れ方が分かりましたね。」

線，矢印，囲みなどの記号を使って板書し，児童にも同じようにノートに書かせる。あえて違う記号を使うことで，次の生き物では，児童が主体的に考えるヒントにさせたい。

して，一文でまとめます。

うみの　かくれんぼ

㋱　はまぐりの　かくれんぼを　しらべよう

《もんだい》

なにが、どのように
かくれて　いるのでしょうか。

1　はまぐり…すなの　なか（どこに）

主体的・対話的で深い学び

・3つの生き物を同じ表現の仕方で説明している。児童が主体的に考えることができるように，展開に一貫性を持たせたい。板書の仕方やノートの書かせ方，できれば，色チョーク，矢印の種類といったことまで，あらかじめ計画的に使用することで，児童は考えやすくなる。多くの児童が考えるパターンが分かるようになれば，隣どうしで答えの確認やその理由などをすることも可能になってくる。

準備物

・問題の文を書いた掲示物

3 調べる 確かめる　はまぐりの写真と説明文を見比べてみよう。

「今度は写真をよく見ていきましょう。いちばん上の写真はどんな様子ですか。」
・はまぐりが砂の上にいます。

「2 番目の写真はどうですか。」
・殻から，何か出ているよ。
・体を少し出しているみたいです。

文章を読み直してみてください。それから，もう一度写真を見てみましょう。
砂の中に足をのばそうとしているところです。
あ，これが「大きくて強い足」なんだ。

「では，最後の写真はどうですか。」
・砂の中に半分隠れてしまっています。

説明文と写真を対比させながら，説明文の内容を確かめていく。

4 確かめる　問題の文の答えを考えよう。

「問題の文は何でしたか。」
・なにが，どのようにかくれているのでしょうか。

問題の文の答えを，黒板を見ながら言ってみましょう。
はまぐりは，大きくてつよい足を，砂の中にのばして，すばやくもぐって，隠れます。

順番に黒板を指していきながら，答えの文を確かめる。最初なので，児童だけで言えないようであれば，教師が教えていけばよい。

最後に，もう一度最初から P116 まで読む。

P115 の問いの部分を教師，P116 の答えにあたる部分を児童が読むようにしてもよい。

うみの かくれんぼ 第5時 (5/8)

〈まとめる〉前時と同様に，「たこ」と「もくずしょい」の逃げ方を確認します。そして，出て

本時の目標

「たこ」と「もくずしょい」が，どのようにして隠れているかについて読み取ることができる。

授業のポイント

３種類の生き物について学習する２時間目である。同じパターンで，発問・板書することで児童が主体的に取り組める場面を増やしていく。

本時の評価

「たこ」「もくずしょい」が，どのようにして隠れているかについて読み取っている。

板書例

からだの いろを かえる ← まわりと おなじ いろ ⇐ からだを かくす

はさみで かいそう などを 小さく きる ← からだに つけて ⇐ へんしん

《こたえ》

② たこは、からだの いろを かえて、まわりと おなじ いろに なって、からだを かくします。

③ もくずしょいは、はさみで かいそうなどを 小さく きって、からだに つけて、へんしんします。

1 音読する 見る　たこの隠れ方を意識して，教科書を読もう。写真も確かめよう。

「2 番目の生き物は何ですか。」
・たこです。

教科書 P115 の問題の文を含む 2 行を読んでから，P117 のたこの説明文を読む。

写真を見てみましょう。3 枚目の写真でたこが見えますか。
岩か何かに変身しているみたいだけど，いるよ。
本当に隠れるのが上手だね。

文章を音読させた後，写真でたこが隠れている様子を確認させる。

「問題の文は何でしたか。」
・なにが，どのようにかくれているのでしょうか。

問題の文を書いた紙を黒板に貼り，「②たこ」とまず板書する。

2 対話する 読み取る　文章から，たこの隠れ場所，体のつくり，隠れ方を読み取ろう。

黒板の「たこ」の下には，何を書いたらよいか分かりますか。「はまぐり」のところを見て考えてみましょう。
「はまぐり」では，「すなのなか」と書いてあるから…。
「うみのそこ」です。

前時のノートを確認させながら進めていく。

「そう，ここは隠れる場所を書いたらいいですね。その横は何を書きますか。」（板書する）
・からだのいろをかえる。

「隠れるためにどんな体のつくりか，を書くのでしたね。」
板書し，さらに，矢印を 2 つ書く。

「では，ここには何を書くでしょう。」
・まわりとおなじいろ
・からだをかくす

形式をあわせて板書し，答えの文も確認する。

きた言葉を一文にまとめます。

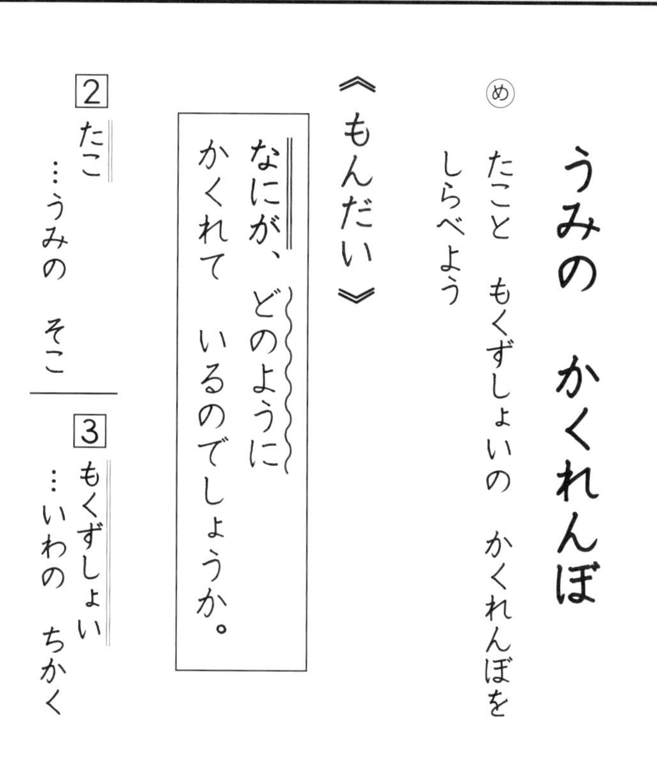

うみの　かくれんぼ
(め) たこと　もくずしょいの　かくれんぼを
しらべよう
《もんだい》
なにが、どのように
かくれて　いるのでしょうか。
2 たこ
…うみの　そこ
3 もくずしょい
…いわの　ちかく

主体的・対話的で深い学び

・前時で，児童が考えやすいように計画的に板書や発問などを準備できていれば，この時間は比較的スムーズに進むと予想される。それだけに，隣どうし，グループで，答えの確認や理由についてのやりとりをする機会をつくりたい。

準備物

・問題の文を書いた掲示物

3 音読する 見る　もくずしょいの隠れ方を意識して，教科書を読もう。写真も確かめよう。

「さあ，次の生き物は何でしたか。」
・もくずしょい。かにの仲間です。
「『もくずしょい』の『もくず』は『かいそうのくず，きれはし』のことを言います。『しょい』は『背負い』の別の言い方です。もくずを背中につけている『かに』ということですね。」

「たこ」と同様に，教科書 P115 の問題の文を含む 2 行を読んでから，P118 のもくずしょいの説明文を読む。

もくずしょいの 3 枚の写真を見てみましょう。
3 枚目では，うまく隠れているなぁ。
岩にべったりくっついた緑の海藻に見えるね。

これも「たこ」と同様に，音読後に，写真でもくずしょいが隠れている様子を確かめさせる。

4 読み取る 書く　もくずしょいの隠れ場所，体のつくり，隠れ方を各自で読み取ろう。

「はい，問題の文を言いましょう。」
・なにが，どのようにかくれているのでしょうか。
「今度は，最初に何を書けばよいでしょう。」
・もくずしょい。

今度は3回目なので，できるだけ自分で考えてみましょう。
「もくずしょい」と書いたら，その下に隠れ場所…「いわのちかく」を書けばいいね。それから…

矢印 2 種類を先に書き，入れる言葉を考えさせる。机間指導しながら，分からない児童がいれば，ノートを見直させたり，「ここは何を書いたらいいのかな」などヒントを出したり，隣どうしやグループで確かめ合わせたりする。

最後に，正解を板書し，全員で答えの文も確認する。

うみの かくれんぼ
第6時 (6/8)

本時の目標
3種類の生き物の隠れ方について再確認し，その文章の構成に気づくことができる。

授業のポイント
これまでの読解内容を再確認し，その内容や文章の構成について気づいたことを交流し，読みを深めさせる。

本時の評価
3種類の生き物の隠れ方について再確認し，その文章の構成に気づいている。

〈書く〉次時に向けて，3つの中から好きな生き物を選び，視写します。書き出しは1マスで下げる，

板書例

はまぐりが	すなの　なかに　あしを　のばして　すばやく　もぐって
たこが	まわりと　おなじ　いろに　なって
もくずしょいが	かいそうに　へんしんして

かくれて　いる

〈こたえの　ぶんの　じゅんじょ〉
- かくれる　ばしょ
- からだの　つくり
- かくれかた

3ぶんで　かかれて　いる

〈かくれんぼの　わけ〉
- てきに　みつからないように
- えさを　とるため

〈つぎの　じかん〉
ほかの　いきものの　しらべ
◎ いきものずかん・ほんを　もって　くる

1 音読する 交流する　全文を音読し，初めて知ったことについて感想を出し合おう。

「全文を音読しましょう。」
「海の生き物が3つ出てきましたね。何でしょう。」
- はまぐり
- たこ
- もくずしょい

「どんなかくれんぼをしていたか分かりましたか。」
- 文と写真でよく分かりました。
- 最初に「問題」の文があって，その後に「答え」の文で生き物のかくれんぼの仕方が書いてありました。

初めて知ったことは何でしたか。それを知って，どう思いましたか。
もくずしょいって，知らなかった。
海の生き物が，みんなかくれんぼしていることを知らなかった。
本当にうまく隠れていてびっくりしました。

2 対話する 読み取る　問題の文と，3つの生き物の答えの文を確かめよう。

「問題の文は何でしたか。」
- なにが，どのようにかくれているのでしょうか。

「では，3つの生き物について，この問題の文に合わせた答えの文を考えてみましょう。」

『何が』『どのように』隠れている，と答えましょう。1番目のはまぐりではどんな答えの文になりますか。隣の人と相談してもいいですよ。

「何が」は，「はまぐり」。簡単だね。
「どのように」は…，「砂の中に足をのばして，すばやくもぐって」隠れています，でいいかな。

「『はまぐり』の答えの文を発表してください。」
- はまぐりが，砂の中に足をのばして，すばやくもぐって隠れています。

「上手にできました。では，2番目，3番目は？」
- たこが，まわりと同じ色になって隠れています。
- もくずしょいが，かいそうに変身して隠れています。

句読点の書く位置などに気をつけて書くようにします。

うみの　かくれんぼ

(め) 3つの　いきものの　かくれんぼの　こたえの　ぶんを　しらべよう

《もんだい》

なにが、どのように　かくれて　いるのでしょうか。

《こたえ》

なにが　どのように

主体的・対話的で深い学び

・「どうして『かくれんぼ』をしていると思いますか」の問いは，多くの児童にとっては，難しい質問となる。「本当に，かくれんぼをして遊んでいるのかな」「隠れないとどんなこまったことが起きるかな」などと発問を補う問いを用意しておき，児童の考えが出るようにする。何らかの意見が出たときには，「この意見に賛成の人」などと他の児童の思考も深める活用をしたい。その際，仮に反対が多かった場合でも，「〇〇さんが意見を出してくれたおかげで，他の人も賢くなれましたね」などのフォローを忘れないようにする。

準備物

・問題の文を書いた掲示物

3 調べる 対話する　答えの文の構成を確かめよう。

「もう一度，答えの文をよく見てみましょう。いくつの文でできていますか。」

・どの生き物の文も，全部３つの文でできています。

３つの生き物の，それぞれ最初の文は何が書いてありますか。
隠れている場所です。はまぐりだと，「すなの中」です。
「どこに」の答えになるところだね。

「では，２番目の文は何のことが書いてありますか。」

・はまぐりは足，たこは体の色，もくずしょいはハサミのこと。

「そう，どれも体のつくりのことが書いてあります。隠れるための体のつくりです。そして，３番目は？」

・３番目は，隠れ方です。

・この文が，「どのように」の答えなんだね。

4 学びを深める 書く　かくれんぼの理由を考えてみよう。好きな生き物の文を視写しよう。

どうして『かくれんぼ』していると思いますか。
わたしたちと一緒で，遊んでいるのかな？
図鑑で読んだことあるよ。敵に見つからないようにするため，だって。
食べられないように，だね。

答えが出なければ，「敵から身を守るため」「身を隠して餌をとるため」と説明すればよい。

「では，３つの中から好きな生き物を選んで，教科書115ページの問題の文とあわせて視写しましょう。丁寧な字で点（，）や丸（。）に気をつけて，漢字のところも頑張って書きましょう。」

最後に，全文を一斉音読し，次時の活動を伝える。

「次の時間は，他の生き物について調べます。図鑑や本をもう選んで持っている人は，次の時間に持ってきてください。海の生き物でなくてもいいですよ。」

うみのかくれんぼ
第7,8時（7,8/8）

本時の目標
図鑑や本で他の生き物について調べて発表することができる。

授業のポイント
ここでも，問題の文を意識して，隠れ方を中心に調べさせると，やるべきことが明確になる。

本時の評価
図鑑や本を使って，他の生き物について調べて発表している。

〈調べる〉隠れる生き物の資料を教師が事前に準備しておきます。「うみのかくれんぼ」の本文の

板書例

◇しらべてみよう
★ずかんや　ほんで　しらべる

◇はっぴょうしよう
〈はっぴょうの　しかた〉
・○○について　はっぴょうします。
・かくればしょは，～　です。
・かくれかたは，～　です。
（ほかにわかったことでもよい）
・これで　はっぴょうを　おわります。
・れい

〈きくとき〉
・かおを　みて　きく
・おわったら　はくしゅ
・しつもん，かんそうを　いう

1 めあて 調べる　課題を確かめ，他の生き物について調べよう。

「『うみのかくれんぼ』では，どんな生き物が出てきましたか。」
・はまぐり，たこ，もくずしょい。
・どれも海の生き物です。
「3種類の海の生き物が，どのように隠れているかが書いてありましたね。」

では，今度は，みんなが他の生き物について調べましょう。
家から図鑑を持ってきました！
どうしよう。何にするかまだ決めていない…。

「図鑑や本を用意したので，まだ決めていない人はそれで調べましょう。家から持ってきてくれた人は，自分の図鑑を使ってください。いくつも持ってきてくれたのであれば，周りの友だちに貸してあげましょう。」

2 振り返る 確かめる　『うみのかくれんぼ』の問題の文と，答えの書き方を再確認しよう。

「黒板の問題の文を読んでみましょう。」
・なにが，どのようにかくれているのでしょうか。
「せっかく，『うみのかくれんぼ』の勉強をしたので，問題の文に合わせて調べられるといいですね。」

『うみのかくれんぼ』では，答えの文はどんな書き方でしたか。3つのことが書いてありましたね。
隠れる場所
隠れるための体のつくり
隠れ方

実際には，図鑑や本が隠れ方を中心に書いてあるわけではない。中には，読むだけでせいいっぱいの児童もいる。できるだけ隠れ方について調べ，できる範囲で同じ観点で答えるようにする，という程度でよしとする。

書き方を参考にして，文章にまとめます。

うみの　かくれんぼ

㋱ ほかの　いきものに　ついて　しらべよう

「うみの　かくれんぼ」では、

〈もんだい〉
なにが、どのように
かくれて　いるのでしょうか。

〈こたえ〉
・かくれる　ばしょ
・からだの　つくり
・かくれかた

主体的・対話的で深い学び

・最終的には，何か発表することを持っていなくては最後の学習が成立しない。しかし，1年生にとって，調べるというのはとても難しい課題でもある。調べ方について，何を，どのように使って，どのように発表するのかを手取り足取り教えるつもりで指導する必要がある。調べ方や発表について進んでいる児童がいれば，取り上げて「○○さんは，こんなことを調べたんだって。発表できるね」などと，他の児童のイメージが明確になるようにする。

準備物

・生き物を調べるための図鑑や本
（事前に伝えておき，準備できる児童には，家から持ってこさせる。教師の方でもできるだけ準備する）
・図鑑の，生き物について書いてある部分のコピー（児童数）

3 とらえる 調べる　調べ方を知り，他の生き物のかくれんぼについて図鑑や本で調べよう。

「ここに図鑑のコピーがあります。みんなで調べる練習をしてみましょう。」

隠れ方が載っている図鑑のコピーを配る。

この中に隠れ方が載っていますね。『何がどのようにかくれているのでしょうか。』の問題に答える文を考えましょう。
「このはがに」だって。
木の葉みたいにして，隠れているんだね。
「隠れ方は，木の葉のふりをしています。」と言えるよね。

「答え方は『○○について発表します。隠れ場所は～。隠れ方は～』と言えるといいですね。隠れ方が分からないときは，他に分かったことでもいいことにします 。」

ノートに書かせる作業は省略しても構わない。口頭発表でもいいので，みんなで答えを確かめ合わせる。

「調べ方は分かりましたか。では，自分の選んだ生き物について調べましょう。」

4 発表する 振り返る　調べたことを発表しよう。学習を振り返ろう。

さあ，調べて見つけたことを班の中で発表しましょう。
ヒラメについて発表します。隠れ場所は海の底です。隠れ方は，周りの色や模様に合わせて，体の色や模様を変えます。
うまく調べたね。
隠れ場所も隠れ方もよく分かる。

最初に発表する児童を決めさせる。発表するときの決まり，聞くときの決まりも確認してから始める。

時間があれば，全体での発表もできるだけさせたい。いくつか発表することがある児童は，付箋紙を使って，図鑑や本のページが分からなくならないようにする方法も指導する。

最後に，教科書 P119「たいせつ」で，学習を振り返る。

「『うみのかくれんぼ』では，何が，どこに，どのように隠れているか，の説明文を，大事な言葉を確かめながらしっかり読めましたね。」

かずと　かんじ

全授業時間４時間

◉ 指導目標 ◉

・第１学年に配当されている漢字を読み，漸次書くことができる。
・語と語との続き方に注意しながら文を書き表すことができる。
・これまでの学習や経験をいかし，積極的に数え方に興味をもち，漢字を使って数え歌を書こうとすることができる。

◉ 指導にあたって ◉

①　教材について

数の数え方は，自然に覚えている部分が大きく，あらためて「なぜ，『ひき』『ぴき』『びき』があるのか」と着目してみると不思議なことも少なくありません。この詩は，こぶたが増えているという分かりやすい内容で，そういった数詞を意識させている教材です。

児童がよく知っている動物で言えば，ゾウやトラは，「頭（とう）」，猫や犬は「匹」，ウサギは，「匹」「羽（わ）」です。授業で教えた上で，普段の生活の中でもできるだけ適切な数詞を使うように声かけをしていきます。

１年生の漢字は，２年生以降に比べれば，画数も少なく身近なものが多いのは事実です。それだけに，教師がつい何となくできているような気になってしまう危険性があります。数字に関しても同じです。指導した漢字は連絡帳，ノートなどで積極的に使うように心がけ，児童が書き慣れるようにしていきます。

②　主体的・対話的で深い学びのために

「数え方の辞典」（小学館）という辞典が出ているほど，数え方は多様で奥が深いものです。地方や家庭による違いもあるかもしれません。児童がその複雑さを面白いと感じてくれるように進められるように楽しい授業を目指します。

ここでは，いろいろな数え方があることをまず理解させます。その上で，具体的に何がどんな数え方をするのかを確認していきます。児童によって，予備知識は大きく異なっているはずです。いろいろな素材を取り上げて，「どのように数えるとよいか隣の人と話し合ってみましょう」などとすると，その違いがかえって数え方に対する意識を明確にするかもしれません。

◎ 評価規準 ◎

知識及び技能	第１学年に配当されている漢字を読み，漸次書いている。
思考力，判断力，表現力等	「書くこと」において，語と語との続き方に注意しながら文を書き表している。
主体的に学習に取り組む態度	これまでの学習や経験をいかし，積極的に数え方に興味をもち，漢字を使って数え歌を書こうとしている。

◎ 学習指導計画　全４時間 ◎

次	時	学習活動	指導上の留意点
1	1・2	・教科書 P120-121「数の数え歌」をリズムよく手拍子を入れたり，こぶたの鳴き声を入れたりしながら読む。 ・「数の数え歌」を覚える。 ・数を表す漢字を書く練習をする。	・漢字も数え方も，できるだけ普段の生活の中で意識的に取り上げていきたい。
	3	・教科書 P122-123 の絵を見て，身近なもののいろいろな数え方を知る。 ・一から十まで数えたものをノートに書く。	・ものによって数え方がいろいろあることを確かめる。 ・ノートの書き方を統一するため，最初にきっちり指導する。
	4	・「数の数え歌」の一部を数えるものや数え方を変えて，自分の「数え歌」を作る。 ・自分の「数え歌」をノートに書く。 ・書いた「数え歌」を友達と読み合う。	・数えるものによって数え方が違うことと，「数え歌」の最後の行の変化に注意させる。 ・ノートの書き方を事前に指導しておく。

DVD 収録（イラスト，児童用ワークシート見本）

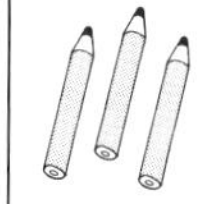

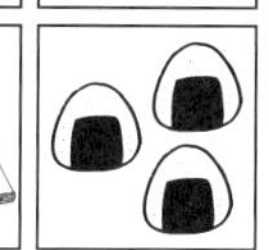
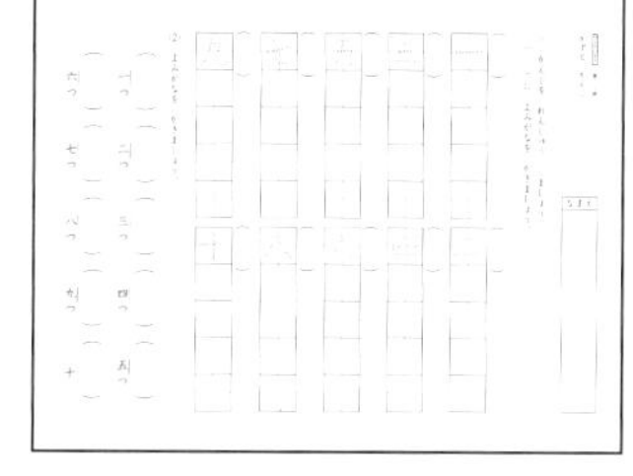

かずとかんじ
第1,2時（1,2/4）

本時の目標

いろいろな物の数え方を理解し，数を表す漢字の読み書きをすることができる。

授業のポイント

数え方を理解していない児童には難しい内容である。漢字とともに，今後生活の中で扱うことを前提に，そのきっかけという位置づけで指導する。

本時の評価

漢数字を読み，ものの数え方に親しんでいる。漢数字にはいくつかの読み方があることを理解し，正しく書いている。

〈書く〉漢字を正確に書くことができるようにします。手の平に利き手の人差し指で書き順通りに

板書例

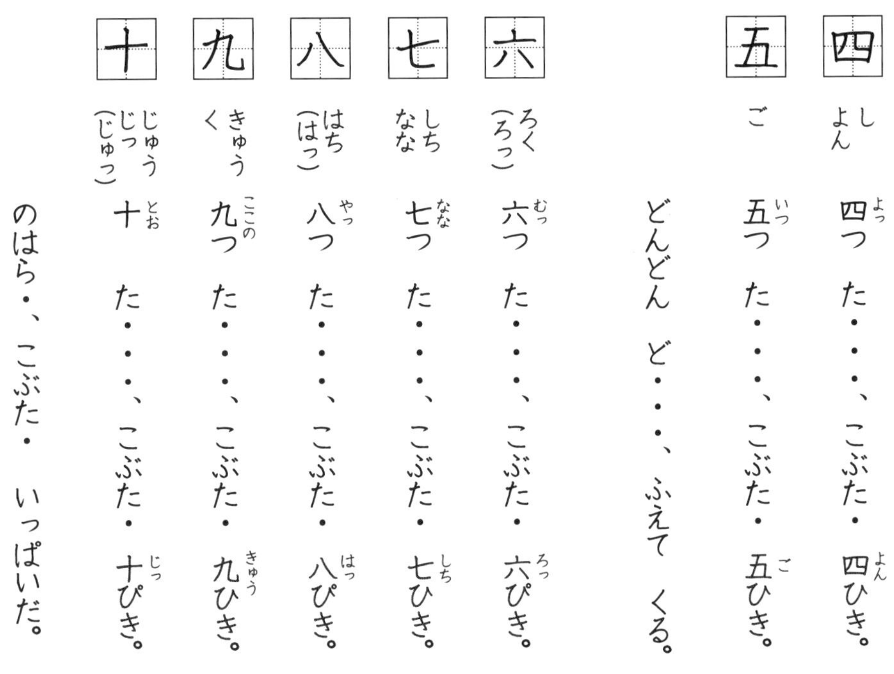
四
し
よん
五
ご
六
ろく
（ろっ）
七
しち
なな
八
はち
（はっ）
九
きゅう
く
十
じゅう
じっ
（じゅっ）
四つ　た・・・・、こぶた・四ひき。
五つ　た・・・・、こぶた・五ひき。
どんどん　ど・・・、ふえて　くる。
六つ　た・・・・、こぶた・六ぴき。
七つ　た・・・・、こぶた・七ひき。
八つ　た・・・・、こぶた・八ぴき。
九つ　た・・・・、こぶた・九ひき。
十　た・・・、こぶた・十ぴき。
のはら・、こぶた・　いっぱいだ。

※第１時では，「数の数え歌」のみ板書する。第２時で，マス目入りの漢字と漢字の読みをつけ

1 聞く 音読する（第１時）　「かずとかんじ」の数え歌を音読しよう。

「教科書 120 ページを開きましょう。かずとかんじの数え歌です。先生が読みます。聞いてください。」

数え歌を範読する。

次は，先生に続けて，みんなで読みましょう。一つたたくと，こぶたが一ぴき。～
一つたたくと，こぶたが一ぴき。～

まず，１行ずつ読ませる。「四，七，十」のところは，特に読み方を注意しながら，リズムよく楽しい雰囲気で音読する。以下の読み方の工夫が考えられる。

○各行「たたくと」のあと，手拍子をその回数入れる。
○数に合わせて，各行最後にこぶたの鳴き声を入れる。
（一つでは「ぶう」，二つでは「ぶうぶう」…）

「では，手拍子を入れて読んでみましょう。」
・一つたたくと，（手拍子パン）こぶたが一ぴき
　二つたたくと，（手拍子パンパン）こぶたが二ひき…

2 読む 覚える　「かずとかんじ」の数え歌を覚えよう。

「この数え歌を今から覚えましょう。教科書を閉じてください。」
「先生が読むから続きを言いましょう。」

一つたたくと，こぶたが
一ぴき
二つたたくと，こぶたが
二ひき

同様に数え歌の最後まで続けていく。

「けっこうできたね。では，１人で練習しましょう。」

「一つたたくと，こぶたが」までは数以外の部分は共通している。覚えようとすることで，「ぴき」「ひき」「びき」の数詞の違いに，意識を向けさせたい。

また，「こぶた」のところを，「ことり」や「こうま」などに変えて，数詞を「羽（わ）」や「頭（とう）」に変えて読ませてみてもよい。鳴き声も動物に合わせると面白い。

書きます。視覚，聴覚，触覚を使って学びます。

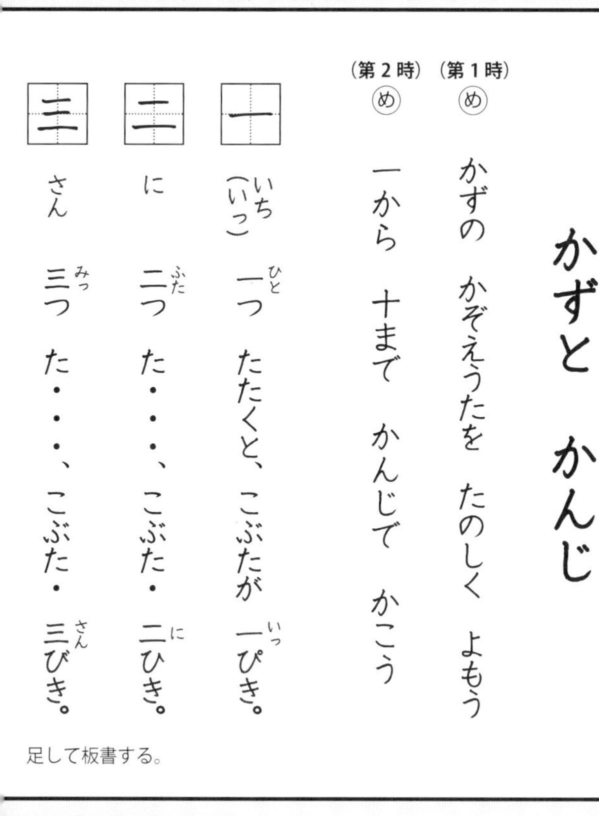
かずと　かんじ
（第1時）め　かずの　かぞえうたを　たのしく　よもう
（第2時）め　一から　十まで　かんじで　かこう
一　いち（いっ）　一つ　たたくと、こぶたが　一ぴき。
二　に　二つ　た・・・、こぶた・　二ひき。
三　さん　三つ　た・・・、こぶた・　三びき。
足して板書する。

主体的・対話的で深い学び

・数え歌を隣どうしや列ごとに交代で歌うといった進め方も考えられる。歌う側にすれば，隣の友達が聞いていると思えば真剣に取り組みやすくなる。また，聞く側にとっては，数え方に変化があるので，隣の友達がどう歌うのか気になるところでもある。

準備物

・漢数字（一～十）ワークシート（児童数）
（児童用ワークシート見本　DVD 収録【1_35_01】）

（第2時）

3 書く　一から十までの漢字を書く練習をしよう。

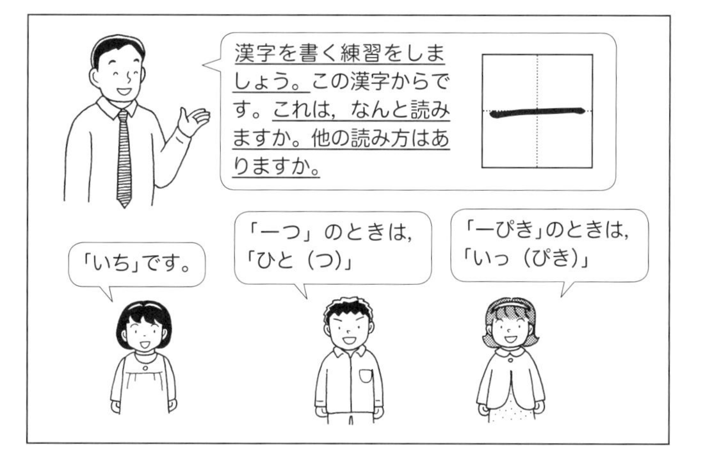
漢字を書く練習をしましょう。この漢字からです。これは，なんと読みますか。他の読み方はありますか。
一
「いち」です。
「一つ」のときは，「ひと（つ）」
「一ぴき」のときは，「いっ（ぴき）」

1年生の漢字学習の始めの段階なので，1日1文字程度のペースで進めたい。ここでは，数え方の学習も兼ねているので一気に10文字を扱う。細かい部分までの確認は今後継続的に行うこととして，この時間ではポイントだけをおさえてさっと進める。

〈指導例〉

①読み方を確認する。(「四, 七, 十」に特に注意。)

1つの漢字に読み方が複数あることも確認する。

②筆順を強調しながら，教師が黒板に書く。

③空書きをいっしょにする。　など

4 書く 覚える　一から十までの漢字を覚えよう。

「いっぺんにたくさんの漢字を勉強しました。覚えられそうですか。」

「では，一を書いてみましょう。」

『四, 五, 八, 九』は，特に字の形に気をつけましょう。
「五」のたてぼうは，上から飛び出ないように…。
「九」のはねは，上に向かって…。

ワークシートを使う場合は，そこに書き込む。

この時間だけで完全に覚えることは無理だろうが，残り時間に合わせて，数回程度ずつ練習する。教師は，机間指導で一人ひとり丁寧に見て回り，字形や筆順のほか，姿勢や鉛筆の持ち方についても指導していく。

正しく書けた児童には，一字ごとにほめ，花丸を書くと，いっそう意欲的になる。

かずとかんじ
第 3 時 (3/4)

本時の目標
いろいろな物の数え方を知り，正しく数えることができる。

授業のポイント
展開４では，ノートの書き方を最初にきちんと統一しておいた方が，余計な混乱が少なくて済む。

本時の評価
身の回りのものを正しい数え方で数え，漢字を使って正しく書いている。

板書例

〈数え方〉数え方に児童は関心をもつはずです。児童の興味を引きそうな内容の絵本なども活用

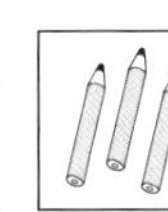
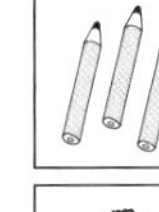

ほん　一ぽん　二ほん　三ぼん

さつ　一さつ　二さつ　三さつ

だい　一だい　二だい　三だい

まい…うすっぺらい もの
ひらたい もの
ほん…ほそながい もの

〈かぞえかたが　かわる　もの〉

・ひき　・ほん　・はい

〈ノートの　かきかた〉

1
一ぽん・二ほん・三ぼん
四ほん・五ほん・六ぽん
七ほん・八ぽん・九ほん
十ぽん

※口述しながら板書し，ノートに同じように書かせる。

1 見る 数える　教科書の絵の数を数えて，ものによって変わる数え方を確かめよう。

「教科書 122 ページを見ましょう。折り紙の絵があります。一緒に折り紙を数えてみましょう。」
- ・一まい，二まい，三まい。

「こぶたは，ひき，ぴき，びき，だったけど，折り紙は，『まい』ですね。りんごはどう数えるといいですか。」
- ・一こ，二こ，三こ。

では，えんぴつはなんて数えるかな。にんじんは？
えんぴつは，「一ぽん，二ほん，三ぼん。」
にんじんも同じです。「一ぽん，二ほん，三ぼん。」

残りの絵の数え方も確かめ，どんなものをどのように数えるかを押さえる。その中で，「枚（まい）」は薄っぺらいものや平らなもの，「本（ほん）」は細長いものを数えるときの数え方としてとらえさせたい。

2 数える つかむ　十まで数えて，数え方の変化を確かめよう。

「こぶたの数をもう一度 10 まで数えてみましょう。」
- ・一ぴき，二ひき，三びき，四ひき…，十ぴき。

「数字のあとの言い方がいろいろ変わっていますね。折り紙を数えるとき『まい』はどうでしょう。1 枚から 10 枚まで数えてみましょう。」
- ・一まい，二まい，三まい，四まい，…，十まい。
- ・「まい」は，一緒です。

りんごやおにぎりの「一こ，二こ…」も確認する。

「『まい』や『こ』は変わらないですね。」

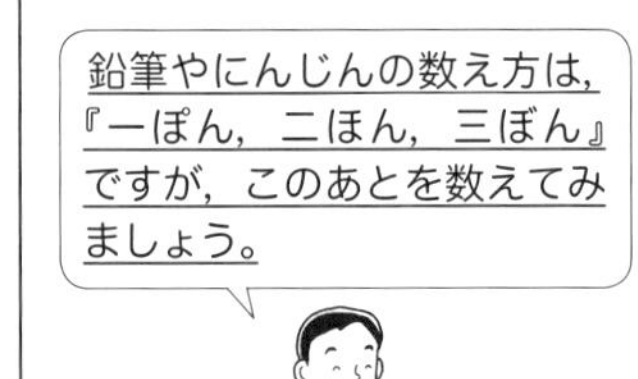
鉛筆やにんじんの数え方は，『一ぽん，二ほん，三ぼん』ですが，このあとを数えてみましょう。
四ほん，五ほん，六ぽん，七ほん，八ぽん，九ほん，十ぽん。
こぶたの「ひき」みたいにいろいろ変わります。

「数え方は，数えるものによって変わるときも変わらないときもあるのですね。」

して，さまざまな数え方を学ばせるとよいでしょう。

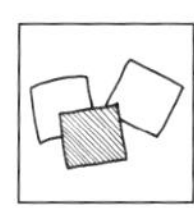

かずと　かんじ

Ⓜ いろいろな　ものを　かぞえよう

〈かぞえかた〉

ひき　一ぴき　二ひき　三びき

まい　一まい　二まい　三まい

こ　一こ　二こ　三こ

主体的・対話的で深い学び

・「教室の中のものを数えよう」という学習では，分からなくなったり，間違えたりする児童も出てくることだろう。あまり無理に考えさせるのではなく，「みんなどう思う?」「みんなもいろいろ考えてものしりになるね」と全体で考えるきっかけとしたい。
・『数え方のえほん』（高野紀子著，あすなろ書房発行）など参考になりそうな絵本も活用して，さまざまな数え方を学ばせたい。

準備物

・黒板掲示用イラスト　 収録【1_35_02】

3 見つける 数える　教室の中のものを数えてみよう。

今度は，教室の中にあるものを数えてみましょう。
ノート!
いす!
ノートの数え方は，本と同じだよね。

「ではノートから。さん，はい。」
・一さつ，二さつ，三さつ，…。
「今度は，いすです。いすは『きゃく』で数えます。うまく言えるかな。さん，はい。」
・一きゃく，二きゃく，三きゃく，…。

順に，教室にあるものを数えていく。いすの「きゃく」のような難しい言い方も，児童から出てきたときはチャンスと考えて指導する。

「本」「ひき」のように，言い方が途中で変わる「はい」などは，特に丁寧に確認しながら進める。

4 書く　数えたものをノートに書こう。

「今度は数えたものをノートに書いていきましょう。」

まず，1番目は，みんなで同じものを書きましょう。チョークにしましょうか。一ぽん，二ほん…。
1を書いて…。
「一ぽん」のあとに，点（・）を書いてから，「二ほん」…。

順に言いながら黒板に書き，ノートに同じように書かせていく。「2」以降は，各自で書いていかせる。（板書参照）

書き方は，クラスで統一しておいた方がよい。児童が迷うことが少なくなり，机間巡視のときに一目で進み具合も分かりやすい。

〈書き方例〉
○最初は番号をふる。
○番号は，１マス目に書く。
○下に続けて書くが，中点（・）を間に打つ。など

かずとかんじ
第4時 (4/4)

〈書く〉児童は関心をもってオリジナル数え歌を作成します。できた作品は，学級通信での発信や

本時の目標
漢数字を使って数え歌を作り，正しく読んだり書いたりすることができる。

授業のポイント
何を素材にするかが決まれば作ること自体は難しくない。行数が多くなるので，ノートの書き方を事前にきちんと指導しておくことが重要である。

本時の評価
漢数字を使って数え歌を作り，正しく読み書きしている。

板書例

四つ　た・・・、えんぴつが　四ほん。
五つ　た・・・、えんぴつが　五ほん。
どんどん　ど・・・、ふえて　くる。
六つ　た・・・、えんぴつが　六ぽん。
七つ　た・・・、えんぴつが　七ほん。
八つ　た・・・、えんぴつが　八ぽん。
九つ　た・・・、えんぴつが　九ほん。
十　た・・・、えんぴつが　十ぽん。
ふでばこは、えんぴつで　いっぱいだ。

※黒板に１つ例示する。

〈かぞえかた〉
○ えほん … さつ
○ ライオン・ゾウ・キリン … とう
○ くるま … だい

〈ノートの　かきかた〉
一ばん　うえから　かく
一つ　たたくと、こねこが　一
ぴき。

1 めあて つかむ　自分の「かずとかんじ」の数え歌の作り方を知ろう。

教科書 P120―121 の『かずとかんじ』を音読する。

今日はみんなにもこの歌を作ってもらいます。例えば，『こぶた』を『こいぬ』にすると，どうなるでしょう。
一つたたくと，こいぬが一ぴき。二つたたくと，こいぬが二ひき，…。

「上手に『こぶた』の代わりに『こいぬ』を入れられました。これから作ってもらう歌は，『ひき』で数えられなくてもいいのです。例えば，『えんぴつ』の数え歌にすると，どうなりますか。」
・一つたたくと，えんぴつが 一ぽん。…
　十たたくと，えんぴつが 十ぽん。のはら…あれ？
「最後の行は，『のはら』を『ふでばこ』にすると？」
・ふでばこは，えんぴつでいっぱいだ！

『こぶた』『ひき』『のはら』の部分を変えて，数え歌を作ることに気づかせる。

2 選ぶ 確かめる　何の数え歌にするか決め，数え方を確かめよう。

最初に，自分は何の数え歌にするか決めましょう。
わたしは，こねこの数え歌にしよう。
絵本でもいいですか。

「動物でなくても，いいですよ。絵本なら，一さつ，二さつでしたね。」
・ライオンは，「ひき」でいいですか。
「ゾウやキリンなどの大きい動物は，どのように数えるとよいか知っている人いますか。」
・「とう」です。

「ほかに，自分の決めたものの数え方に自信がなかったら先生に聞いてください。最後の行の『のはら』のところも，工夫して考えてみてください。」
・絵本だったら，「ほんだなは，えほんでいっぱいだ」。

掲示の工夫をします。児童の学習意欲を高めましょう。

かずと　かんじ

㋱ じぶんの「かずの　かぞえうた」を
つくろう

〈つくりかた〉
・こぶた
・ひき（ぴき・びき）
・のはら
｝の　ところを　かえる

〈れい〉
一つ　たたくと、えんぴつが　一ぽん。
二つ　た・・・、えんぴつが　二ほん。
三つ　た・・・、えんぴつが　三ぼん。

主体的・対話的で深い学び

・それぞれが作った数え歌を班で読み合う場合，友達の間違いを見つける児童が出てくるかもしれない。「間違いを見つけたら，親切な気持ちでていねいに教えてあげて下さい。」「見つけてもらった人は，数え歌が正しく直すことができたのだから，ありがとうという気持ちで直しましょう」とあらかじめ，指示しておくとよい。間違いの指摘の仕方がうまい児童がいたら，ぜひ，取り上げて広めたい。

準備物

・ワークシート（児童数）
（児童用ワークシート見本　DVD 収録【1_35_03】）

3 書く　書き方に気をつけて，自分の数え歌をノートに書こう。

では，ノートに自分の数え歌を書きましょう。書き方に気をつけましょう。

○最初は，一番上のマスから書く。
○「たたくと」のあとに「、」をつける。
○最後に「。」をつける。

３つのことに気をつけるんだね。

書き方を確認してから書かせる。

数え歌を作ること自体は，それほど難しいことではないと考えられる。それでも，自信がない児童はなかなか作り始めない場合がある。机間指導をしながら，その児童の持ちものや好きなものから選ぶようにアドバイスをしていく。

どうしても書けない児童には，黒板の「えんぴつの数え歌」をノートに視写させてもよいことにする。

4 交流する　自分が作った数え歌を友達と読み合おう。

グループになって，作った数え歌を発表してもらいます。
ぼくは，車で作りました。「一つたたくと、くるまが一だい。…十だい。ちゅうじゃじょうはくるまでいっぱいだ。」
うまく作ったね。

自作の数え歌を友達と交流する。

全員発表している時間がない場合，いろいろな交流の仕方が他にも以下の通り考えられる。

○隣どうしでノートを交換して，読み合う。

○席を立って，自由に見に行く。

掲示用にするのであれば，別の紙に清書をさせてもよい。この場合，行数が多いので，あらかじめ枠や印をつけたワークシートを渡すとよい。

時間に余裕があれば，児童が作ったおもしろい数え歌をクラス全体で共有し，音読して楽しむ。

DVD 映像

【出典】

『手袋を買いに』新美南吉（青空文庫）

1年（下） 目次

著者紹介（敬称略）

【著者】
岡 篤　　神戸市立ありの台小学校教諭
＊所属は 2020 年３月現在

【特別映像 寄稿】
菊池 省三　　教育実践研究家
岡 篤　　神戸市立ありの台小学校教諭
＊所属は 2020 年３月現在

【原稿執筆協力者】
南山 拓也　　西宮市立南甲子園小学校
＊所属は 2020 年３月現在

【初版 著者】（五十音順）
岡 篤
原田 善造

喜楽研の DVD つき授業シリーズ

新版
全授業の板書例と展開がわかる　DVD からすぐ使える
〜菊池 省三・岡 篤の授業実践の特別映像つき〜
まるごと授業　国語　1 年（上）

2015 年 4 月 2 日　初版　第 1 刷発行

2020 年 4 月 10 日　新版　第 1 刷発行
2020 年 7 月 10 日　　　　第 2 刷発行

著　　者：岡 篤　菊池 省三
イラスト：山口 亜耶　白川 えみ
撮影協力：（菊池 省三 特別映像）有限会社オフィスハル
（岡 篤 特別映像）井本 彰
河野 修三
企画・編集：原田 善造（他 8 名）
編　　集：わかる喜び学ぶ楽しさを創造する教育研究所　編集部

発 行 者：岸本 なおこ
発 行 所：喜楽研（わかる喜び学ぶ楽しさを創造する教育研究所）
〒 604-0827 京都府京都市中京区高倉通二条下ル瓦町 543-1
TEL　075-213-7701　FAX　075-213-7706
HP　http://www.kirakuken.jp/
印　　刷：創栄図書印刷株式会社

ISBN：978-4-86277-281-7

Printed in Japan